土地财政与中国宏观经济波动

梅冬州◎著

「十四五」时期国家重点出版物出版专项规划项目

「国家经济发展与经济安全」系列丛书

中国财经出版传媒集团
经济科学出版社
Economic Science Press
·北京·

图书在版编目（CIP）数据

土地财政与中国宏观经济波动/梅冬州著. -- 北京：经济科学出版社，2024.7

（国家经济发展与经济安全系列丛书）

ISBN 978-7-5218-4997-4

Ⅰ.①土… Ⅱ.①梅… Ⅲ.①土地制度-财政制度-关系-中国经济-宏观经济-经济波动-研究 Ⅳ.①F321.1②F123.16

中国国家版本馆 CIP 数据核字（2023）第 147590 号

责任编辑：王　娟　李艳红
责任校对：隗立娜
责任印制：张佳裕

土地财政与中国宏观经济波动
TUDI CAIZHENG YU ZHONGGUO HONGGUAN JINGJI BODONG
梅冬州　著
经济科学出版社出版、发行　新华书店经销
社址：北京市海淀区阜成路甲 28 号　邮编：100142
总编部电话：010-88191217　发行部电话：010-88191522
网址：www.esp.com.cn
电子邮箱：esp@esp.com.cn
天猫网店：经济科学出版社旗舰店
网址：http://jjkxcbs.tmall.com
固安华明印业有限公司印装
700×1000　16 开　21 印张　310000 字
2024 年 7 月第 1 版　2024 年 7 月第 1 次印刷
ISBN 978-7-5218-4997-4　定价：86.00 元
（图书出现印装问题，本社负责调换。电话：010-88191545）

目录

第一章 引言

土地财政，即以政府为主体、围绕土地进行的财政收支活动和利益分配，包括政府与土地相关的租税费、土地财政收入分配及相应的支出安排。根据 Wind 数据库的统计数据，1998 年我国地方土地出让收入为 507 亿元，而 2020 年这一收入规模已高达 8.4 万亿元，增长约 165 倍；地方政府从土地出让中获得的收入是地方收入最主要的来源，以 2020 年为例，全国土地出让收入占当年地方财政收入的比重高达 55%；在一些大城市，如上海、北京、杭州等，土地出让收入等于甚至超过了地方预算收入，因此土地出让收入也被称为预算收入之后的“第二财政”。如果将土地出让相关的其他税费收入也纳入土地财政的范畴，那么地方财政对土地财政的依赖程度则更高。

自土地财政产生以来，与之相关的争议不断。土地财政对弥补地方财政支出不足、加速工业化与城市化进程、推动地方经济发展起到重要的作用。但与此同时，土地财政也引发了被征地农民利益受损、房价快速上涨和扭曲资源配置等诸多弊端。随着土地出让收入在地方收入份额的急剧上升，土地财政已成为整个社会广泛关注的热点问题。那么推动土地财政发展壮大的原因是什么？如此庞大的土地财政发展对宏观经济造成了怎样的影响？本章首先系统梳理土地财政的发展历程，界定土地财政的内涵，并归纳和总结推动土地财政不断发展背后的驱动因素；其次整理和分析宏观经济数据，客观评价土地财政在我国经济社会发展中的积极作用，从多个方面分析和概括土地财政对宏观经济波动的影响；最后基于基本事实和当前社会普遍关注的焦点问题，提出全书的研究问题和研究内容，并在概括和比较的基础上，提炼本书的特色和创新之处。

第一节 土地财政的发展历程

土地财政最早是对土地财政收入在地方财政收入中占比较高这一现象

的一种形象说法。究竟什么是土地财政？土地财政包含哪些内容？尽管很多学者给出了相关的定义，但不同定义之间差异较大。之所以难以精确定义，是因为土地财政在不断发展和演化，其概念和内容也随时间和政策的改变而不断变化。因此，若想正确理解土地财政的概念和内容，就要了解土地财政的发展历程。

自 1978 年以来，我国土地财政的发展经历了萌芽、发展、演化和改革四个阶段（如图 1－1 所示）。第一阶段为土地财政的萌芽阶段：改革开放以来，尽管城市化和工业化不断发展，但我国政府收入仍然相对匮乏。1994 年分税制改革使得地方财政收入份额降低，进而迫使地方政府通过土地财政获取收益，土地财政应运而生。第二阶段为土地财政的完善和发展阶段：1997 年亚洲金融危机给我国经济带来巨大冲击，同时在 1998 年住房制度改革和城市人口规模急剧扩张的背景下，居民房地产需求大幅增加。我国房地产业在 1997～2007 年间快速发展，这也促进了土地财政的完善和发展。第三阶段是土地财政演化为土地金融阶段：面对 2008 年全球金融危机，我国政府推行了“四万亿”经济刺激政策，放松了对地方融资的限制，地方政府借助土地财政大量融资，推动土地价格和房地产价格的飞速上涨，土地财政演化为土地金融。第四阶段为土地财政的改革阶段：2016 年以来，快速上涨的土地价格和房地产价格带来大量金融泡沫，高房价、高地价极易引发系统性金融风险。为降低金融风险，中央严格调控房地产，坚持“房住不炒”的方针，并鼓励地方政府执行“一城一策”“因城施策”的精准化调控政策，并逐步扩大个人住房房产税改革试点范围。与此同时，农地入市、土地审批权下放等土地财政相关改革措施也有助于提高土地供给效率，优化土地供给结构。

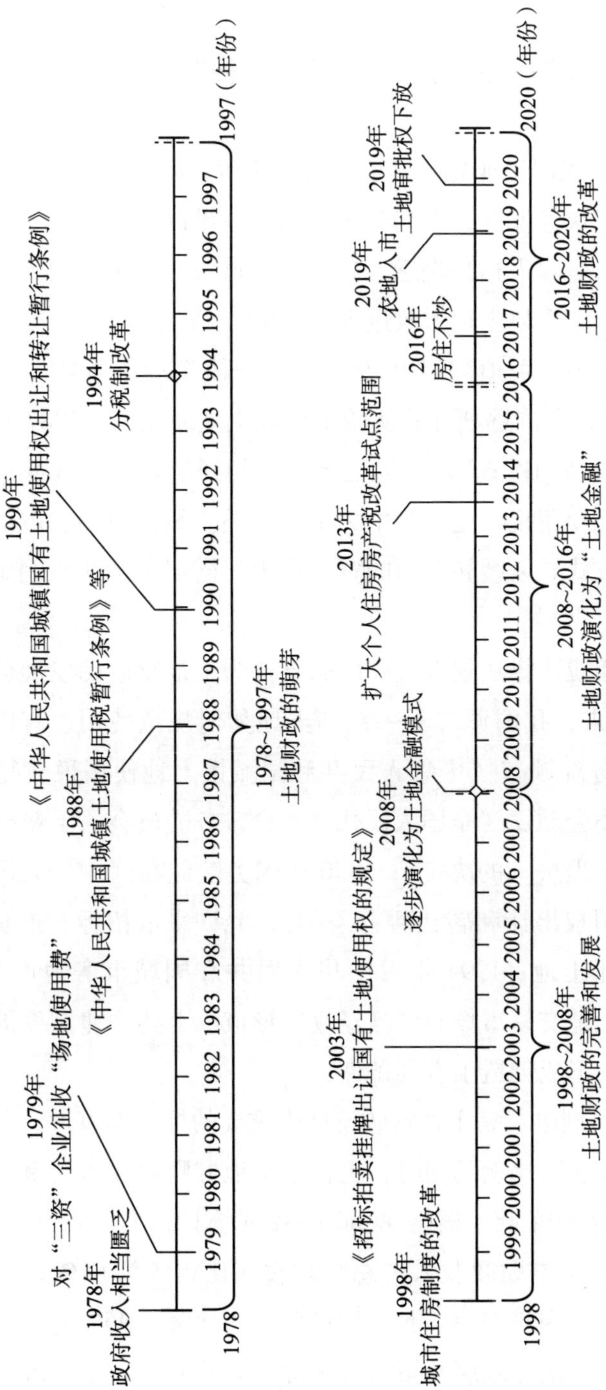

图1－1 土地财政的发展历程

一、土地财政的萌芽阶段（1978～1997年）

1978年以前，我国工业化和城市化较为落后，但在改革开放后，城市化和工业化得到了快速发展，人们对城市基础建设以及住房建设存在着迫切要求，但当时政府收入相当匮乏，难以满足城市建设的需要。因此，地方政府为筹集资金，促使土地财政进入萌芽期。

土地有偿使用最早可追溯至1979年对“三资”企业征收“场地使用费”。1980年以后，我国逐渐开始从城市征收土地使用费。1987年深圳首次引入“土地有偿使用模式”，成为土地财政的开启者。1988年中央政府决定开始征收土地使用税，地方和中央平分收益。最初我国收取的是土地使用费，但这种方式难以缓解政府的资金压力，同年我国初步制定了土地出让金的标准。

与此同时，相应法律法规以及制度的支持为土地财政的发展创造了条件。自1988年以来，我国颁布了一系列土地如何规范使用、有偿使用的规定：1988年国务院颁布《中华人民共和国城镇土地使用税暂行条例》、同年全国人大常委会颁发《全国人民代表大会常务委员会关于修改〈中华人民共和国土地管理法〉的决定》；1990年国务院颁布《中华人民共和国城镇国有土地使用权出让和转让暂行条例》，允许采取招标、拍卖、挂牌和协议等方式出让土地；1994年《中华人民共和国城市房地产管理法》实施后，中国的土地交易市场制度已经逐步形成。上述法律制度的相继颁布，为土地财政的形成创造了有利条件。

1994年的分税制改革是土地财政发展中重要的标志性事件，分税制改革在提高中央财政收入比例的同时，也挤压了地方财政收入份额，导致地方政府税收收入急剧降低。根据Wind的数据统计，实行分税制改革前（1980～1993年），地方财政收入占总财政收入比重约为68%，中央财政占比约为32%；分税制改革后，地方财政收入占比降至45%左右。地方财政收入的缩水，迫使地方政府开拓收入来源。与此同时，中央政府规定存量土地收益留存地方，土地财政顺势而起，不仅增加了政府收入来源，还弥补了财政缺口。因此，分税制改革刺激了土地财政的发展。

二、土地财政的完善和发展（1998～2007 年）

1997 年亚洲金融危机爆发，亚洲新兴经济体受到重创，地方政府的税收收入增长乏力。而恢复经济的关键是拉动投资和内需，房地产正是带动内需的关键行业之一。在 1998 年取消福利分房、开展城市住房制度改革后，城市人口规模急剧扩张，城市化快速推进，城市住房需求快速增加，这为房地产业创造良好的发展条件。2002 年《招标拍卖挂牌出让国有土地使用权规定》的出台，以及居民收入增长使得家庭对改善住房需求有了强大意愿，在这一系列的政策和住房需求的推动下，房地产行业进入了快速发展期。

这期间，城市化和房地产需求的快速增加带来城市住宅用地的大量需求。与此同时，土地财政也在逐渐完善和发展。地方政府低价征收土地、高价出让房地产商，从而获取大量高额回报。一方面，地方政府的行为直接增加了财政收入；另一方面，房地产业的快速增长在惠及商业银行及相关企业的同时，带动了建材、五金、家具、水泥、钢铁等行业的快速发展，也同样给地方政府带来大量税收收入。2000～2009 年间，全国土地出让金收入从 595 亿元上涨至 17180 亿元，上涨约 28 倍；土地财政收入从 1432 亿元增长到 24646 亿元，上涨约 16 倍。[①]

三、土地财政演化为土地金融（2008～2015 年）

2008 年金融危机的爆发引致全球经济衰退，同样也对中国经济造成巨

① 选自田传浩：《土地制度兴衰探源》，浙江大学出版社 2018 年出版，第 291～321 页。对应该书第十四章，原题“国家汲取资源：土地财政的历史考察”。

大的负面影响。为了遏制国内生产总值（GDP）的下降，中国出台了“四万亿”的经济刺激政策。地方政府大量投资于基础建设、房地产等行业，使得我国地方政府债务规模急剧扩大。在地方财政收入有限的情况下，地方政府为提升还债能力，不仅通过土地出让，同时也依赖土地抵押获取收益。一方面，地方政府通过低价征地、高价出让获取高额收益。根据Wind的数据统计，土地出让金从2007年的1万亿元增至2015年的5万亿元，2014年在不考虑土地融资的情况下土地财政贡献了地方财政收入的35.63%，2015年国有土地使用权出让收入达到4.26万亿元。此外，2003～2015年间土地出让金与地方一般预算收入之比平均为49.74%。[①] 在土地出让金大幅增长的同时，我国城市土地价格和土地交易量也在增加。由此可见，土地出让成为增加地方政府财政收入的重要方式。另一方面，以土地作抵押的土地融资也是地方政府财政资金的重要来源。事实上，地方政府受《预算法》的限制不能直接发放债务，故而以土地作为信用抵押依赖融资平台进行融资。2009年，中国人民银行与银监会公布了《关于进一步加强信贷结构调整促进国民经济平稳较快发展的指导意见》，中央政府逐步放开对融资平台的限制，支持合规的政府投融资平台，吸引和激励银行业金融机构加大对中央投资项目的信贷支持力度，这催生了大量融资平台，使得土地财政逐渐演变为土地金融。

值得注意的是，土地财政的大规模发展具有明显的区域异质性，很显然这和人口流动、地理禀赋高度相关。在东部地区，由于土地资源相对比较稀缺，土地价格较为高昂，地方政府更易获取高额的土地出让金。在中西部地区，经济发展较慢，人口呈现流出趋势，这使得土地财政规模较小、房地产过剩。因此，中西部地区的房价相对于东部较低，而较低的房价又导致了较低的地价，进而导致了较低的土地出让收入和相关的土地税费。

① 根据Wind数据库整理。

四、土地财政的改革（2016 年至今）

改革开放 40 多年来，土地财政对中国经济腾飞发展起到至关重要的作用，但土地财政的快速发展也遭到诟病。一方面，快速上涨的土地价格和房地产价格催生大量金融泡沫，给金融系统带来巨大的风险隐患。另一方面，土地财政收入占地方政府收入比重高，导致地方政府收入结构严重失衡（贾康和刘薇，2012）。为降低土地财政对宏观经济带来的风险，以及优化与土地财政相关的政策，中央政府出台了“房住不炒”、农地入市，土地审批权下放等相关政策。

首先，中央政府明确提出遏制房价上涨。2016 年中央经济工作会议首次提出，要坚持“房子是用来住的，不是用来炒的”的定位，要求回归住房居住属性。之后在 2018 年、2020 年、2021 年《政府工作报告》中，中央政府多次重申“坚持房住不炒”的基调，以保证稳地价、稳房价、稳预期。但每个城市的自身情况并不相同，2019 年中央要求地方执行“一城一策”“因城施策”的精准化调控政策，各个城市根据自身情况量身定制调控措施。除各项管控措施外，我国也逐步扩大个人住房房产税改革试点范围，通过房产税改善财政收入，从而降低对土地财政的依赖，促使房地产行业和土地财政健康平稳地发展。

其次，政府通过农地入市，优化土地供给结构，提高资源配置效率。2019 年，国务院办公厅印发《关于完善建设用地使用权转让、出租、抵押二级市场的指导意见》，允许将集体建设用地自由流入市场，这在很大程度上盘活了农村存量土地，提升了土地开放利用度，改变了土地供应格局。随后，2021 年《政府工作报告》提到“通过增加土地供应、安排专项资金、集中建设等办法，切实增加保障性租赁住房和共有产权住房供给”，旨在锁定刚性需求、增加土地供应。以往土地财政仅仅带动城市化发展，此后也将重视对农村建设的影响。农村土地同样可以给地方政府带来收入，这就需要政府把目光从城市建设移到农村建设，对农村引入各类产业项目。2020年9月，中共中央办公厅、国务院办公厅印发《关于调整完善土地出让收入使用范围优先支持乡村振兴的意见》，各省（自治区、直辖市）从“十四五”规划的第一年开始，分年度稳步提高土地出让收入用于农业农村比例，直至“十四五”期末实现土地出让收益用于农业农村比例达到50%以上。

最后，下放土地审批权，提高审批效率，优化土地供给结构。2020年3月，国务院发布《关于授权和委托用地审批权的决定》，其一是将永久基本农田以外的农用地转化为建设用地的审批权限下放到省、市、自治区，其二是将首批8个省市的永久基本农田转化为建设用地和征地的审批权下放到省、市、自治区。审批权的下放，一方面，提高了土地流转率，盘活了农村的存量土地，优化了土地供给结构；另一方面，加快了永久基本农田转化为建设土地的节奏，简化了审批流程，提高了土地审批效率，加快了相关地区基础设施的建设。

综上所述，当前土地财政改革主要围绕以下两个方向：其一，政府盘活存量土地，优化土地供给，发力破解“用地难”困境，提高土地管理利用水平，保障实体经济的持续发展；其二，逐步调整土地收入结构，在推行房产税收入的同时，提高财产税和土地增值税的税收强度，实现土地财政从“以土地出让收入为主”到“以税收收入为主”的转型，降低地方政府对土地买卖收入的依赖。

第二节　土地财政的形成原因

当前，土地财政已成为地方政府获取财力不可或缺的部分，那么究竟是什么驱动土地财政急剧膨胀呢？通过对土地财政发展历史的回顾，本节归纳出以下几点原因。

一、1994 年分税制改革造成地方政府财政缺口，推动土地财政的形成

为缓解自 20 世纪 80 年代末以来中央财政入不敷出的情况，中央政府于 1994 年推行分税制改革。由于“财权上移”，中央财政收入占全国财政收入的比重有所提高。财政收入权主要归中央所有，但是基层政府依旧需要承担支出责任，这导致收入权与支出权严重不对称。根据国家统计局公布的数据，分税制改革前，地方财政收入占总财政收入的比重接近 68%；分税制改革后，该比重则维持在 45% 左右，而地方财政支出占总财政支出的比重维持在 65% 以上。地方政府财政收支在初次分配环节不可避免地产生巨大缺口，从而地方政府的财政收支平衡被打破。面对地方财政收支呈现的“剪刀差”，地方政府只有寻求新的非正式资金收入来缓解中央财政集权的压力。而土地财政作为非一般公共预算收入，自由度相对较高，故地方政府更多依靠土地财政来解决资金不足问题。

二、在“政治晋升锦标赛”的推动下，土地财政愈演愈烈

改革开放以来，在对官员的评价体系还没有健全的情况下，随着中央适当下放干部管理权限，省级政府可以通过任命权对下级政府发动经济竞赛。当上级政府提出某个经济发展指标（如 GDP 增长率），下级政府就会竞相提出更高的发展指标，出现层层分解、层层加码的现象。由于经济绩效成为官员晋升的主要指标之一，地方政府官员也越来越热衷于 GDP 和相关经济指标的排名。在这场以 GDP 为考核指标的“政治晋升锦标赛”中，希望在竞争中脱颖而出的地方官员具有强烈的“竞争冲动”。再加上工业化和城市化的启动，地方政府进行基础设施建设的意愿更加强烈，这也进一步加剧了地方政府的融资冲动。为了拉动地方辖区的经济增长，进而达到政府官员晋升的考核标准，地方政府通过土地作为招商引资的政策工具

进行基础设施建设。为了吸引企业投资，低价协议出让土地成了地方政府最重要的财政竞争手段。随之而来的是，地方政府竞相以“血本”出让土地，使土地征用与供给的规模大大增加，这吸引了更多外地私营企业到本地开展投资。一时间，城市开发区和各类工业园区遍地开花。

此外，在土地公有制的情况下，地方政府不仅成为土地的管理者，也是土地的合法经营者。地方政府可以利用公权以低价征收、高价出让的形式，进而获取土地出让收益。在以房地产为经济支柱产业的政策指导下，大量的财政支出被用于房地产相关行业的基础设施投资，进而带动经济增长。在尝到经济增长的甜头后，地方政府还通过成立各种城投公司，以土地为抵押举债融资不断扩大其投资规模。具体而言，土地抵押融资多数是以地方政府的还款承诺，即政府信用作为支撑。在城市扩张过程中，地方政府通过成立地方融资平台，如土地储备中心或开发公司等，以土地作为抵押向银行贷款筹集建设资金，将其投向地方开发建设，并以地方财政的未来预期收入和土地增值收益作为还款来源。在“政治晋升锦标赛”的推动下，地方政府通过对土地实行低价出让、低买高卖和抵押融资，致使土地财政愈演愈烈。

三、相关制度的变迁为土地财政的发展壮大创造条件

我国相关制度的变迁，推动了土地财政的发展。这些制度具体可以分为：财税体制、土地制度与住房制度。

在财税体制方面，随着市场经济的不断发展，土地出让金制度和土地房产税体系也在不断演变。就土地出让金制度而言，近年来随着城市化、工业化进程的加快，土地的经济价值凸显。地方政府的土地出让金收益迅速增加，并且土地出让金收入的管理以及土地出让收益的分配也引起了中央政府的重视。就土地房产税体系而言，1994 年税制改革奠定了我国现行房地产税制的基本格局。按照 1994 年分税制分税办法，现行的土地房产税收体系中几乎所有税种都属于地方税。伴随着预算制度和分税制改革，

营业税和土地增值税成为地方政府预算内财政征收的重点，而土地出让金则成为预算外财政征收的重点。土地及其相关产业的租、税、费收入逐渐成为地方政府财政收入的重要来源。

在土地制度方面，2001～2006年间土地"招拍挂"出让制度的逐渐完善进一步规范了土地市场秩序，改善了投资环境，也促使一些地方政府将从农民手里低价征得的土地，以招、拍、挂的形式高价出售给开发商从事非农建设，进而获得巨大的土地增值收益。于是，农地非农化的增值收益成为我国地方政府土地财政收入的主要部分。因此，土地出让制度的完善为土地财政的发展提供了保障。

在住房制度方面，1998年住房制度改革明确了城镇住房的市场化、货币化、商品化改革方向，标志着以市场供应为主的住房供应体系的确立。在实行住房制度改革后，住宅产业成为中国新的经济增长点和支柱产业，土地增值的空间开始显现，住宅用地需求增加，土地的市场化供应快速增长，土地市场和房地产业进一步得到发展。1998年住房制度改革带来更多的土地出让收益和房地产行业相关税收，而这些收益与税收逐渐成为土地财政的重要组成部分。

此外，为了应对2008年金融危机，我国实施"四万亿"经济刺激政策，地方政府融资平台应运而生。许多地方政府选择大量注入土地，以隐性担保的做法，通过扩大融资平台的资产规模来增强其运作能力，进而借入大量资金来投资基建。城市建设的改善提升了土地价值，使城投公司进一步融得更多资金，从而有利于债务的清偿。这种"注入土地—土地抵押—城市建设—土地升值—土地出让—还债"的模式，成为地方政府通过融资平台举债融资并进行基建投资的最基本运营模式。自2010年起，土地抵押规模相对于土地出让规模开始飙升，以地融资模式的内涵逐步从土地财政转变为土地金融。

第三节 土地财政与城市化

急剧膨胀的土地财政增加了我国地方政府的财政收入，且地方政府将大部分收入用于基础设施建设，推进了工业化建设，加快了中国的城市化进程。

一、地方政府借助土地财政成功筹集资金

从本质上看，我国的土地财政是指地方政府的可支配财力及其融资活动高度依赖土地运作的一种财政模式，是以政府为主体、围绕土地所进行的财政收支和政府投融资活动，其真正目的在于融资和投资。土地财政拓展了地方政府融资制度和政策空间，成功实现了土地资源向资本、资产和资金的转变，使城市建设融资工具由少变多，融资空间由小变大。

这种融资模式成功实现了政府的投融资目标。一方面，地方政府通过对土地进行抵押，及时筹集资金；另一方面，地方政府也可以通过其他途径筹集资金，如地方政府通过垄断土地使用权转让一级市场获得巨额土地收益。这种土地利益激励机制也为我国地方政府集聚了一笔巨额的可支配财力。国家统计局数据显示，1994 年分税制改革后，地方财政收入逐年上升，直至 2000 年达到 6400 多亿元，这期间地方财政收入占全国财政收入的比重从近 80% 下降至 45%。

二、土地财政促进了基础设施建设，带动了城市化和工业化

由于我国工业化和城镇化的快速发展，地方政府对供水、供热、交通、绿化等城市基础设施的需求激增，而土地财政的出现增加了地方政府

的财政收入和财政支出，推动了固定资产投资尤其是基础设施投资的增长，促进了当地的经济发展，带动了城市化和工业化。具体而言，一方面，土地财政带动了投资，大力推动了基础设施建设，促进了城镇规模的扩张，增加了城镇的就业，提高了人口城镇化率。从财政部提供的全国土地出让收支情况看，2015 年全国缴入国库的土地出让收入达 33657.73 亿元，全国土地出让支出 33727.78 亿元，其中 3531.53 亿元用于城市建设支出，823.49 亿元用于保障性安居工程支出，2528.17 亿元用于农业农村支出。由此可见，土地出让支出部分用于投资，进一步带动基础设施建设和城镇发展。另一方面，由于地区经济发展是上级考核下级官员政绩的核心内容，因此地方官员需要通过招商引资推动经济增长，进而增加上缴的财政收入，从而利用其政绩求取提升（或留任）的机会。虽然土地成为政府吸引企业的主要手段之一，但低价出让工业用地会减少地方财政收入。对此，商住用地的出让为地方政府提供了一个“两全之策”：政府通过低价出让工业用地促进工业发展和就业增长，工人数量的增加进一步推动城市人口扩张，城市居民的住房需求随之提高，进而刺激商住用地价格上涨。于是，政府从商住用地出让中获取大量出让金，反过来又为地方政府提供更大的财政空间以继续降低地价招商引资，最终形成地区经济和财政收入共同增长的局面，实现吸引企业、招商引资、促进生产的目的，推动了工业化进程。

第四节 土地财政与宏观经济波动

巨额的土地财政收入，不仅增加了地方政府的财政收入，还对中国的经济增长与波动产生深刻的影响。土地财政助推了房价的持续上升，加剧了地方债务风险和宏观经济波动，对民营企业投资带来负面效应，同时也影响了宏观政策的制定。特别的，2008 年以后，地方政府成立大量的融资平台，依靠土地财政抵押或担保从银行获取信贷，为地方基础设施建设融资。土地财政逐渐演变为土地融资，从而加剧了宏观经济的系统性风险。

一、地方政府的土地财政行为抬高了房价

1994 年的分税制改革规定，土地出让金全部纳入地方政府的财政收入，这使得土地出让金成为地方政府财政收入的重要来源[①]。根据 1998 年的《中华人民共和国土地管理法》，地方政府成为土地的唯一供给主体，在出让土地时具有较强的溢价能力。地方政府有动机通过控制土地供给操控地价，从而获取更高的土地红利。

图 1－2 展示了 2008～2020 年间中国 100 个大、中城市的土地供应数量。从土地供给水平看，工业用地的供应量最大，住宅用地次之，商服用地最小。图 1－3 分别展示了 2008～2020 年间中国 100 个大、中城市的供应土地挂牌均价以及成交溢价率。在土地出让的“招拍挂”制度下，一方面住宅用地和商服用地的挂牌价不断走高，另一方面住宅用地和商服用地的土地溢价率（土地竞拍成交价格相对于挂牌价格的溢价率）水平相对较高且具有较大波动，其中 2016 年住宅用地的土地溢价率甚至高达 66.2%。在两方面的共同作用下，商服、住宅用地的地价水平整体上升。相比之下，工业用地的供应量大，且地价长期处于稳定的低水平状态。其原因是，价位低廉的工业用地降低了企业进行生产活动的成本，从而吸引投资、增加就业，有助于推动区域经济的发展，并在长期增加地方政府的相关税收收入。此外，区域经济增长带来的人口增长和城镇化也将推高商服和住宅用地的需求，进一步抬高地价，增加地方政府的土地财政收入。总而言之，地方政府以低成本征收农业用地后，一方面通过低廉的工业用地招商引资，即“引资生税”；另一方面利用其在土地供给的垄断地位抬高

---

① 财政部统计数据显示，2010 年以后，地方政府的土地出让金收入在地方政府性基金收入中的占比在 80%左右，到 2018 年这一比值甚至高达 86.9%。

住宅和商服用地的地价，以获取高额的土地出让收入，即“以地生财”。地方政府的这一行为形成了以土地出让为核心的“土地财政”模式（陶然等，2009；雷潇雨和龚六堂，2014）。

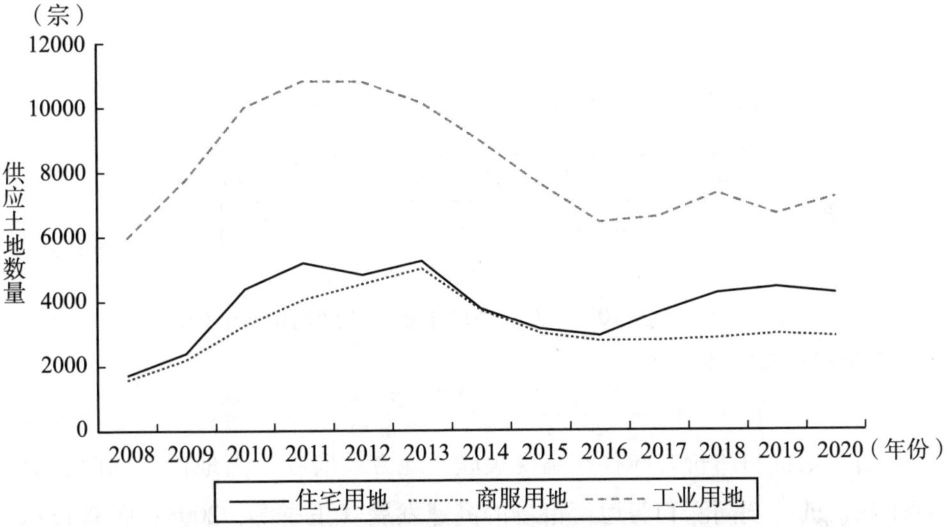

图 1-2 中国 100 个大、中城市供应土地数量

资料来源：Wind 数据库。

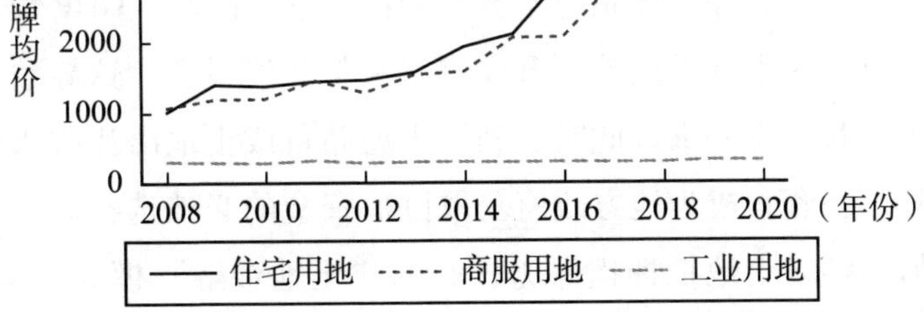

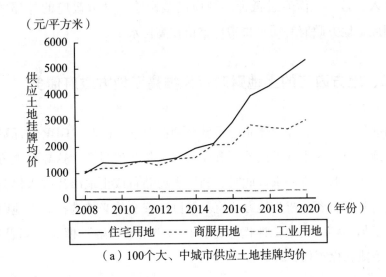

（a）100个大、中城市供应土地挂牌均价

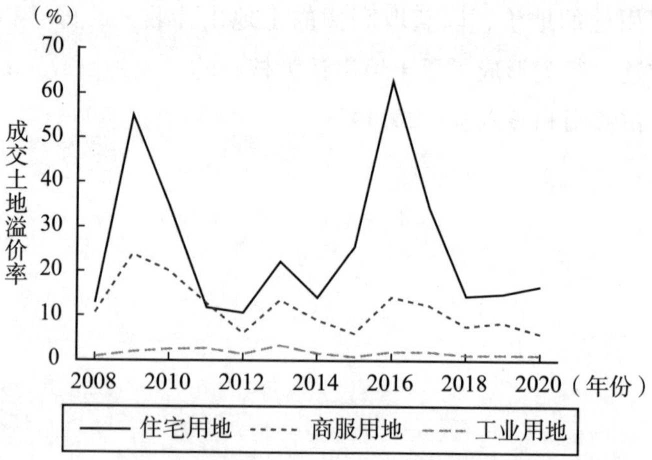

（b）100个大、中城市成交土地溢价率

图 1-3　中国 100 个大、中城市土地挂牌均价与溢价率

资料来源：Wind 数据库。

由于地价与房价之间存在高度关联，地方政府在抬高地价的同时，促使了房价的持续高涨和房地产市场的高速发展（王举等，2008；张双长和李稻葵，2010；宫汝凯，2012）。地方政府的土地财政行为带动了房价的上涨，同时房价的上涨一方面直接增加了地方政府的土地出让金以及相关税收收入，另一方面通过抵押品效应间接影响了地方政府的外部融资能力。因此，地方政府有动机将房价维持在高位水平。

二、地方政府的土地财政行为推高了地方政府债务

前些年，在官员评价体系尚不健全的情况下，面对“GDP 锦标赛”的激励，地方政府为了寻求政治晋升而进行大量政府投资，这导致地方财政收入难以满足其开支需求。此时，利用土地储备或土地出让收入作为抵押担保进行外部融资，成为地方政府获取巨额资金的必然选择。土地财政逐渐形成了另一种以土地抵押担保为核心的“土地金融”模式（郑思齐等，2014；毛捷和徐军伟，2019）。

适度的土地融资有助于推进地方基础设施建设，刺激地方经济发展，但在“GDP 锦标赛”的激励下，地方政府往往倾向于超额发行政府债务，而这增加了地方政府的债务风险①。从显性债务水平看，根据财政部发布的地方政府债券发行和债务余额情况，截至 2020 年末全国地方政府债务余额 25.66 万亿元，相较 2017 年末的 16.47 万亿元上涨了 9.19%。虽然 2019 年中国的政府部门杠杆率水平仅为 52.9%，与新兴市场经济体（51.7%）基本一致且远低于美国（99.8%）、日本（204.6%）、英国（85.4%）、新加坡（126.3%）等发达经济体（100.5%），但是自 1994 年以后，中国地方政府部门的杠杆率水平持续走高（如图 1-4 所示）。2008 年以后，在“四万亿”政策的刺激下，地方政府杠杆率水平从 2008 年第 4 季度的 10.9% 上升至 2020 年第 4 季度的 25.6%，涨幅高达 134.9%。从隐性债务角度看，伴随 2008 年以后大量地方政府融资平台的建立和影子银行的兴起，地方政府隐性债务不断扩大，但缺乏统一的认定标准和统计口径②。

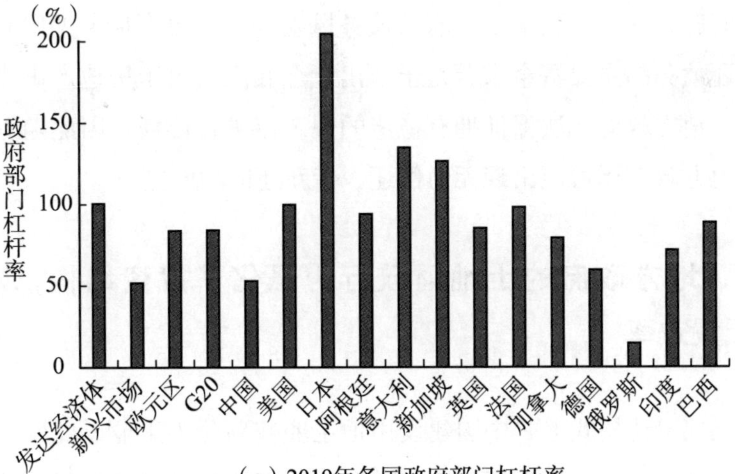

（a）2019年各国政府部门杠杆率

① 熊伟（Xiong，2018）从一般均衡的框架出发，构建模型刻画地方政府的土地财政行为。他的研究发现，在“GDP 锦标赛”的机制下，地方政府在均衡时发行的债务水平高于中央计划者的最优债务水平。

② 参考《中国金融稳定报告（2018）》人民银行对某一省份的调研结果，2017 年该省政府隐性债务余额相比于其显性债务高出 80%。

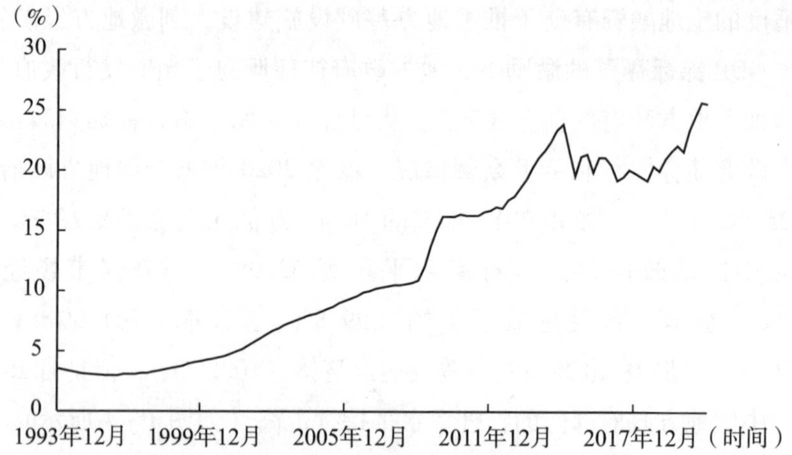

（b）中国地方政府部门杠杆率

图1-4　政府部门杠杆率水平

资料来源：国际清算银行、国家资产负债表研究。

土地融资过度不仅导致地方政府背上沉重的债务负担，而且会引致期限错配问题，从而加剧地方政府的债务风险。地方政府债务期限较短，且用于偿还债务的主要资金来源是土地出让金收入。由于房地产市场的周期性波动，地方政府无法保证拥有稳定的现金流进行偿债。因此随着债务的到期，地方政府还可能出现无力偿还、借新还旧的问题。

三、地方政府的土地财政行为恶化了投资结构，降低了资源配置效率

在土地出让模式上，中国建设用地主要被划分为工业、商服、住宅三种用地类型，但这三种类型城市建设用地的出让价格却存在很大差异。各地方政府作为国有建设用地使用权的唯一出让方，为促进地方经济发展普遍实行协议出让，利用较低的工业用地价格作为招商引资的“筹码”以在区域竞争中胜出。反观商服用地和住宅用地，这两类用地通常以“招拍挂”的方式出售收取高额的土地出让金以弥补地方财政。这种供地模式造

成工业用地与商服、住宅用地价格的较大差异，进而导致建设用地的资源错配。图 1 - 5 展示了从 2003 ~2018 年间各省份“招拍挂”土地出让价格与协议出让土地价格的平均值之比。

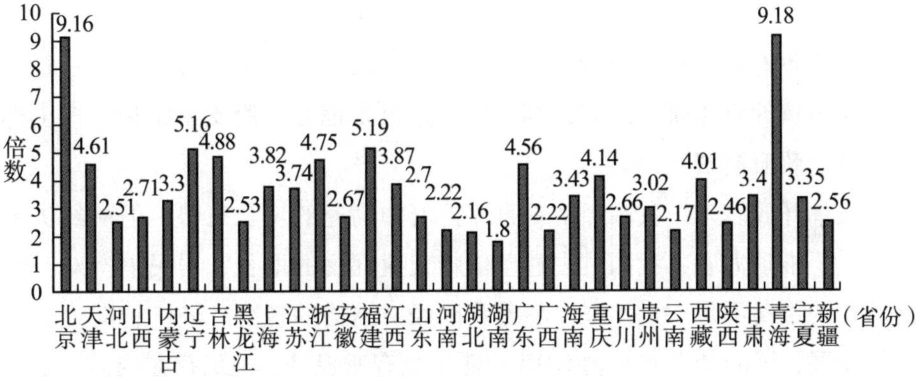

图 1 - 5 2003 ~2018 年中国各省份“招拍挂”与协议出让土地单价比值均值

注：不包含港、澳、台地区。

协议出让的粗放型出让方式使得城市工业用地占比过大，且较低的工业用地价格形成对用地企业的隐性补贴。然而，商服、住宅用地的价格高企推动了房价上涨。这从微观层面降低了企业的资源配置效率，从宏观层面上抑制了城市的产业结构升级和全要素生产率的提升。除土地出让外，地方政府通过抵押土地并抬高地价从银行获取大量贷款，一方面，我国辖区地方金融机构隶属于地方政府，金融机构向地方政府融资决策除考虑盈利外还可能会受到行政因素干扰；另一方面，商业银行追求收益最大化，尤其愿意向具有超强信用的地方政府放贷。金融资源的有限决定信贷规模的有限，更多的贷款流向与土地相关的部门，必然会挤出对实体企业的信贷供给，增加实体企业的资金使用成本。

从地方政府的收支结构看，地方政府通过土地出让收入和土地抵押贷款融资获得财政收入，但也在一定程度上扭曲了土地资源配置和信贷供给结构；同时，地方政府的基础设施建设支出偏好使得这部分财政收入大多流向基建部门，使得基建投资占比不断上升。更高的融资成本导致非基建部门的投资和产出下降，最终导致资源配置效率降低。

四、地方政府的土地财政行为挤出了消费

地方政府的土地财政行为对消费的挤出效应包括两个方面，其一是对于居民消费的直接挤出效应；其二是通过改变地方政府支出结构，挤出部分领域的政府消费支出。

改革开放以来，我国经济一直保持着中高速的增长态势，但从经济增长的主要推动力看，我国过去过于依赖工业部门的增长，居民消费对于经济增长的拉动不足。近年来，随着我国经济结构的转变，经济转向追求高质量发展，国内消费水平占 GDP 的比重虽有所提升，但仍存在内需不足的现象。加之国际经济不确定性的上升，外需下降和内部投资不足的局面使我国经济面临较大的下行压力。为此，国家也将扩大内需、构建双循环的新发展格局作为我国经济工作的重点。土地财政则从两个方面抑制了居民消费的增长，一方面，土地财政带来的高房价增加了普通居民的杠杆，由此带来的房贷还款压力限制了居民消费；另一方面，高房价所带来的财富效应，进一步加大了贫富差距，而财富增长速度快的群体边际消费水平通常较低，即一单位收入增加所带来一单位消费的增加较少，财富效应难以促使整体社会消费水平的提升。在这两方面的作用下，土地财政较大程度地挤出了居民消费。

前些年，在“政治晋升锦标赛”行为驱动下，地方政府将大量土地财政收入投入公路、桥梁、机场等基础设施建设中，以求对经济增长产生立竿见影的效果。基础设施建设带动了钢铁、水泥、建筑等行业的快速发展，推动了地方经济发展。但是，过量的基建投资一方面降低基建领域的边际收益，不利于产业升级；另一方面挤出医药、教育、环保等其他国计民生领域的政府消费支出，不利于提升人民生活质量和社会福利。此外，地方政府在获取土地财政收入后，更倾向于增加经济性公共品

的供给，而抑制非经济公共品的供给，降低了公共品的供给质量（李勇刚等，2013）。

五、地方政府的土地财政行为加剧宏观经济波动

土地财政模式下，地方政府一个重要的资金来源是，通过土地抵押获取银行贷款。土地充当抵押品，其抵押价值主要与房价相关。2008～2019年，我国房价连续快速的上涨为土地价值的增值提供了较大空间，通过这一渠道，地方政府能够进行大量融资，但同时也导致地方政府债务迅速攀升。上述过程加大了我国土地财政隐含的金融风险，使大量土地抵押品的价值由房价来决定，一旦高房价难以维持或泡沫破裂，便难以再支撑过高的土地价值，而土地抵押品价值的缩水将增大地方政府的违约风险，进而导致银行坏账率上升，并最终引发系统性金融风险。

此外，在土地财政下，地方政府的资金来源一方面来自土地出让收入，另一方面来自土地抵押贷款，这两方面的收入均依赖于房价的上涨。尤其对于土地抵押贷款而言，房价上涨带来地价上升并进一步提高了土地的抵押价值，而为了偿还抵押贷款则需要维持房价的不断上涨以保证地方政府收入的不断增加。上述过程形成了一个风险不断积聚的正反馈机制，并且在这一机制形成的过程中，社会炒房炒地等投机行为频发，社会资金脱实向虚，从而推动房地产等资产价格的持续上涨。资金在房地产等部门的积聚不仅加大了金融的不稳定性，同时还拉动了房地产相关行业如钢铁、水泥、建筑等行业的发展，加大了房地产相关产业链的关联性，而这部分产业大多属于我国经济发展的支柱性产业。由此，房地产行业的兴衰深度影响了中国经济，即一旦房地产部门出现波动，整个宏观经济都会受到影响。

最后，从我国地方政府财政收入的源头看，我国1994年推行的分税制改革使地方政府的财权上移至中央政府，而事权仍保留在地方政府，这使得地方政府的收入与支出难以平衡，不得不寻找能够支撑地方政府支出

的收入来源。土地财政便为地方政府财政收入提供了重要支撑，土地出让收入成了地方政府收入来源的主要部分。尤其在一些重点省市，如浙江、北京和天津等，该收入占比甚至超过了50%。但由于土地出让收入的大小与土地价格直接相关，而土地价格又容易受到房价波动的影响。随着我国对房价的调控不断加剧，土地出让收入的波动程度也会逐渐增加，而土地出让收入波动是地方政府收入波动的主要因素。因此，土地财政的不稳定和不可持续性会带来很大的风险，并最终对宏观经济产生影响。

第五节　本书研究内容和章节安排

通过对地方政府土地财政内容的梳理，以及对土地财政如何影响宏观经济的分析，可以看到地方政府的土地财政行为，通过多种方式将宏观经济各个部门连接在一起，影响了宏观经济的波动和政策的作用效果（如图1－6所示）。首先，地方政府作为土地的唯一供给方，向房地产部门和其他经济部门提供土地。为了赚取更高的土地出让收入，地方政府有动机维持高地价。地价成为房价最重要的组成部分，而房价的变动也与地价变动直接联系起来。其次，地方政府出让土地获得的收入成为地方政府的预算外收入，在发展压力和“GDP锦标赛”下，地方政府这些收入主要用于基础设施建设，这进一步影响了投资和产业结构。最后，除了直接出让土地外，地方政府还通过融资平台利用土地抵押融资从银行获得贷款，这带来两方面的结果：一方面，更多的土地抵押带来更高的地方政府债务；另一方面，更多的土地抵押使资金流向政府部门，增加了其他部门获取资金的难度，进而扭曲了投资结构，对宏观经济造成不利影响。

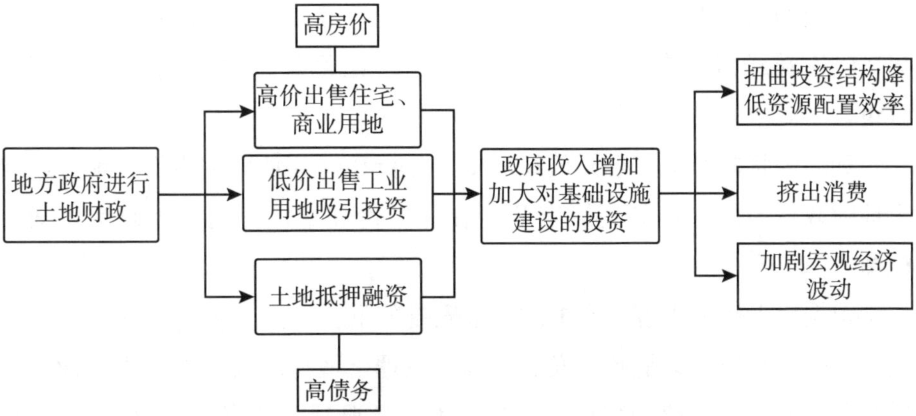

图1-6 土地财政影响宏观经济的逻辑梳理

为分析地方政府的土地财政行为对宏观经济的影响，本书细致考察了土地财政各个行为的作用路径和作用效果，具体分析了土地财政如何影响经济波动、生产率，以及宏观政策的制定，进而分别探讨在封闭和开放经济下如何制定宏观政策调控房价和应对外部冲击。本书从简单到复杂，分步骤地构建模型并展开讨论，具体包括以下几点。

首先，在梳理房价、地价和产出波动等特征事实的基础上，本书构建了一个多部门的 DSGE 模型，在模型中考虑地方政府的土地出让行为和支出结构，引入金融部门和金融摩擦，分析在土地财政背景下房价变动影响经济波动的传导路径和作用效果。

其次，在模型中引入研发部门，并将生产率的变动分解成技术进步和资源配置效率，内生化生产率的变动。这也是首次在宏观经济意义上，从一般均衡的角度，对土地财政对企业研发和技术进步进行研究，并对其中的作用机理和决定因素进行探究。

再次，将地方政府土地供给行为内生化，在一个多部门的 DSGE 模型框架中，分析地方政府调节土地供给会对宏观经济造成怎样的影响，对投资结构造成怎样的扭曲，为宏观政策的制定带来怎样的困扰。

然后，在模型中考虑地方政府的土地抵押融资行为，分析在地方政府债务高企的情形下，房地产调控会如何影响地方政府债务的违约，以及如何影响宏观经济。在此基础上，进一步讨论稳定宏观经济波动的相关政策。

最后，将模型推广至开放经济中，分析在外部负面冲击下，地方政府土地财政行为的存在如何影响政府在保房价和稳汇率这两种政策之间的权衡。

根据以上研究内容，本书的章节安排如下。

第一章聚焦土地财政的发展历程，梳理土地财政发展的若干阶段，探讨其背后的演进规律和特征。此外，本章还概括了全书的主要研究内容，介绍了各章节安排，以及说明了研究的意义和创新之处。

第二章综述土地财政的相关文献，从土地财政的原因、土地财政的积极意义、土地财政对宏观经济各个部分的影响这几个方面进行全面的梳理和归纳，并在此基础上对现有文献进行评述。

第三章特别关注房地产部门的兴衰与中国宏观经济的关系。首先，分析了中国的主要宏观经济变量，并梳理了房价对 GDP 变动的影响路径；在此基础上，结合中国土地市场的特点，以及地方政府依赖土地财政的事实，构建了一个包含金融加速器效应的多部门 DSGE 模型，对房价影响 GDP 的作用渠道和机制进行了细致的刻画和分析，揭示了房地产部门影响中国宏观经济这一现象背后的原因。

第四章重点探讨了土地财政对全要素生产率（Total Factor Productivity, TFP）的影响。自 2008 年以来，在研发投入不断增加、专利申请屡创新高的同时，出现了 TFP 对中国经济增长的贡献不断下降，基建投资成为 GDP 增长的主要驱动因素等特殊现象。为了探究这些现象背后的原因，该章构建了一个内生化生产率变动的多部门 DSGE 模型，并纳入地方政府的土地财政行为。最后，该章还结合反事实分析讨论了提升我国 TFP 的关键因素和重要政策。

第五章重点分析了土地财政所造成的宏观政策困境，从而讨论土地财政如何影响宏观政策的制定。面对外部冲击导致的资本流出和经济下行，对我国一、二线城市土地供给下降，房价不断走高，民间投资增速大幅下降等现象展开分析。在梳理基本事实的基础上，该章构建了一个多部门的小国开放经济 DSGE 模型，模型中嵌入了地方政府的土地财政行为，同时引入了房地产、重工业和非重工业等部门，在解释关键的宏观经济现象的基础上，分析地方政府的土地财政行为对宏观经济和政策制定的影响。

第六章主要讨论了在地方政府债务高企的情况下，房价调控会产生怎样的影响，宏观政策应该如何取舍。基于中国宏观经济的特征事实，本章引入地方政府的土地财政行为，将房价变动与地方政府的偿债能力联系起来；在通过模型分析理清相关思路的基础上，尝试回答了地方政府债务高企的背景下，房价调控能否使得资本流向非房地产部门？以及房价调控如果触发地方政府债务违约，宏观政策应该如何应对？该章结合研究结论提出相关对策建议。

第七章重点关注在外部风险加剧、国内金融脆弱性显现的背景下，中国政策当局面临提高利率、遏制汇率贬值与维持宽松的政策遏制房价下降的政策抉择。通过建立一个小国开放经济模型，本章在一般均衡的框架中对稳汇率和保房价这两个政策进行比较，并找出其中的关键影响因素。

第八章归纳和总结之前章节的主要结论，并在此基础上系统地提出有针对性的政策建议。

第六节 本书的特色与创新之处

一、立足中国经济发展特征，以重大现实问题为导向

本书以政策和学术界关注的重大现实问题为导向，利用规范的经济学

方法，立足中国经济的特点，构建符合中国转型经济特点的宏观经济模型，在一个统一的框架下，细致地展开研究，这对于理解中国宏观经济，提高我国宏观政策调控经济的能力，具有重要的意义。

在当前国内、国际经济形势异常复杂的情况下，谨慎全面地对各种可能的风险作出全面的分析、权衡、把握，避免可能带来的经济剧烈波动和系统性金融风险，提高我国宏观政策调控经济的能力，具有重要的现实意义。只有在理解了导致当前中国经济各种结构性问题背后的主要原因和关键驱动因素，宏观政策才能对症下药。当前中国宏观经济的结构性问题，突出表现为以下几个方面。

第一，快速上涨的房价不仅带来严重的经济社会问题，而且导致系统性金融风险不断升级。房价波动与我国 GDP 波动呈现高度相关性，许多学者认为房价已经深度影响了整个中国经济，导致政府在“稳增长”和“控房价”之间进退两难（黄志刚和许伟，2017；王弟海等，2015）。那么房价波动会如何影响 GDP 的波动呢，或者说什么原因造成房地产与中国经济紧紧捆绑的现状？房价波动通过哪些渠道影响整个经济？其中哪些因素至关重要？

第二，在外需不足、经济下行的背景下，2015 ~ 2017 年，中国一、二线城市的房价不但没有下降反而大幅上涨。2016 年，北京、上海、广州、深圳等一线城市的新建商品住宅价格增幅均在 20% 以上，一些二线城市的涨幅更是达到 50%。一、二线城市房价的暴涨，使得大量资金流向房地产部门和地方政府，导致民间固定资产投资的增速大幅下降，引发整个社会和政策决策者的普遍担忧。面对外部冲击导致的资本流出和经济下行，一、二线城市的房价为何会出现暴涨？民间投资为何出现增速大幅下降和投资结构恶化？

第三，近年来国家在坚持“房子是用来住的、不是用来炒”的定位的基础上，采取多种方式持续加强对房地产市场的管控，严控房价上涨。需要注意的是，由于房价与地方政府债务风险高度“绑定”，对房价的调控不当极有可能触发地方债务风险（毛捷和曹婧，2019）。那么，调控房价能否使得资金流向制造业部门？房价调控与地方政府债务风险又有何联系？

第四，2008 年以来，在 GDP 增速不断下降的同时，TFP 对经济增长的贡献不断下降，基建投资等固定资产投资日益成为 GDP 增长的主要推动因素，这与我国当前实现经济结构转型、提高 TFP 对经济增长贡献率的供给侧改革目标背道而驰。造成这些现象背后的内在原因是什么？地方政府的土地财政行为在这其中扮演了怎样的角色？

第五，在全球金融一体化的今天，美联储的政策具有非常强的外溢性，其加息会对新兴经济体的货币政策的独立性产生直接的冲击。随着中国金融开放程度的不断提高，美联储利率上升对中国资本流出产生持续压力。为了降低美联储对汇率和资本流动带来的冲击，一种政策是加强资本管制，这与当前扩大金融业开放的政策导向相背离；另一种是紧跟美联储提高利率，实行紧缩性的货币政策。需要提到的是，过去十几年中国一、二线城市房价大幅上涨，在此背景下，如果国内加息采用紧缩性的货币政策，势必会影响房地产的发展，一些学者担心这会刺破房地产的泡沫，重创宏观经济。那么，是否应该保房价而放弃汇率稳定呢？

本书在一个统一的框架下，基于土地财政的视角对重要经验事实加以模拟，并利用反事实分析进一步分析现象背后的驱动因素，深入挖掘关键渠道和影响因素。本书对于深入理解一些结构性问题至关重要，同时也为宏观政策制定提供有益的参考。

二、紧扣土地财政，探究中国宏观经济波动问题

本书以土地财政为切入点，强调地方政府围绕土地财政发生的土地买卖、土地抵押和基建支出偏好等一系列行为，并细致地分析了这些行为在经济波动中的作用机制和作用效果，这对于正确理解中国宏观经济波动的关键驱动因素和相应的政策评估都非常重要，也为以后政策反应等相关问题的讨论搭建了一个基础性的框架。

作为一个经济高速增长的转型国家，中国在各个方面存在鲜明的特

点，如地方政府的土地财政行为、金融中介的信贷歧视等。这些因素在中国经济增长和波动中发挥重要的作用，不考虑这些特点，难以精确地刻画中国经济，更难以正确地分析和讨论宏观政策的作用效果。

与发达国家相比，我国的土地市场存在鲜明的特点。对此，本书分步骤、有条理地刻画这些特征，并进行各种反事实分析和数值模拟，在理论和实证上评估这些特征在宏观经济波动中扮演的角色和作用。

三、在一般均衡框架下厘清宏观经济变量间相互作用关系

本书摒弃对某一政策目标单独分析的传统套路，而是在一个一般均衡的框架下，充分考虑重要宏观经济变量相互联系和相互作用，在此基础上再对重要经济变量和政策展开分析和讨论。

宏观经济变量之间相互影响、相互作用，对某一目标的调控必然会影响另一因素，又反过来作用于本来的目标，进而影响政策的效果。中国当前面临的系统性金融风险主要来源于房地产部门、地方政府债务和金融部门，并且这三个部门紧密相连，一个部门风险的恶化可能会传导到其他部门，从而引发系统性金融风险。房地产通过土地财政与地方政府支出和债务联系起来，房价的下降使得政府支出和偿债能力下降，导致产出大幅下降；地方政府的债务一方面受房价和地价的影响，另一方面地方政府债务违约带来的金融风险易触发经济危机，又会反作用于房价和地价；房地产和地方政府债务违约会直接冲击金融部门，金融机构的持有意愿会直接影响地方政府债务能否正常发行与展期。

在该情形下，解决特定部门风险的政策举措有可能会加剧其他部门的风险。因此，中国的主要宏观政策势必要在相互联系、相互作用的一般均衡模型下进行讨论，而之前的研究更多的是基于实证分析或者局部均衡模型框架。对此，本书摒弃针对某一因素单独分析的传统套路，基于中国宏观经济的特征事实，细致刻画房价、地方政府土地财政行为与宏观经济波动三者之间的联系，量化各主要变量的联动关系，在一般均衡的框架下进

行相应的政策分析。

四、综合运用理论实证分析工具，精准评估政策实施效果

本书综合利用各种理论和实证分析工具，在量化相关宏观经济变量的基础上，细致评估了各种政策对产出和经济波动的作用效果。

对于政策分析，精准测度是所有问题的核心，但现有的很多政策分析主要以定性分析为主。只有在精确识别各个变量之间精确的数量关系基础上，才能对各个政策所能起到的作用进行科学的评估。

对此，本书采取如下的研究方式。首先，对于重要的经济问题，综合采用各种量化工具和方法，精确测度不同宏观变量如房价、地方政府收入、投资和产出所呈现的重要的特征事实，从这些重要的特征中总结出重要的特征事实和可能的机制。其次，在此基础上，构建一个一般均衡模型，利用参数赋值和贝叶斯估计方法，对宏观经济这些重要的特征事实进行拟合和验证，并进行大量的稳健性检验，以验证模型的解释性和合理性。再次，在模型正确模拟现实经济的基础上，对地方政府围绕土地财政发生的土地买卖、土地抵押和土地供给下降等一系列行为，在经济波动中的作用机制和作用效果进行了细致的分析，并详细地讨论了包括金融摩擦在内的各个因素在传导路径中的重要作用。最后，在理清模型机制基础上，讨论外部冲击以及不同政策的作用路径和作用效果，并从社会福利、产出等各个方面综合比较，在此基础上得到细致的结论，提出有针对性的政策建议。

不同的宏观政策目标，对应不同的政策手段和调控方式，但各个政策目标又相互作用、相互影响。因此，一方面需要分析具体的宏观目标下的具体应对政策；另一方面需要从全局角度考虑不同政策工具的搭配。此外，也需要考虑政策的长短期的搭配。从本书内容看，短期而言，需要在地方政府高债务和土地财政的约束下，降低冲击带来的经济波动和金融风险；长期而言，需要降低债务存量、打破土地财政对宏观调控的既定约束。

第二章

文献综述

土地财政自产生以来备受争议，随着土地财政在地方收入份额的急剧上升，其更是成为整个社会广泛关注的热点问题，与之相关的研究文献可谓汗牛充栋。结合本书所关注的问题，本章将从土地财政的成因、土地财政的积极影响，以及土地财政对宏观经济的影响这三个方面，对重要文献进行回顾、归纳和总结。

第一节 土地财政形成的原因

对于土地财政的成因，当前存在两种主流观点：其一，土地财政是分税制改革倒逼的结果；其二，改革开放初期，在对官员的评价体系还没有健全的情况下，由于经济绩效成为官员晋升的主要指标之一，当上级政府提出某个经济发展指标时，地方政府官员对此展开激烈竞争以期脱颖而出，地方政府在这种“政治晋升锦标赛”中通过引资竞争使土地财政愈演愈烈。

诸多学者认为，分税制改革是奠定地方政府走向土地财政的制度基础。吴群和李永乐（2010）以及邓子基（2012）认为，1994 年的分税制改革从体制上规范了中央财政和地方财政的分配关系。改革后，政府间财政关系一个突出的特点是“收入集权、支出分权”，即中央政府逐渐掌握更多的财政资源。财政收入增长较快，而基层财政事权扩大、财力缩小，这导致地方政府依靠土地财政筹集收入。有学者从实证层面验证了分税制与土地财政的关系，其中卢洪友等（2011）基于 2005 ~ 2007 年中国地市级经验数据证实分税制模式造成地方政府对土地财政的依赖。类似的，孙秀林和周飞舟（2013）利用省级年度数据也验证了二者之间的密切关系，并指出与财政包干制相比，分税制是一个理性化的制度变革。

当然，也有学者提出不同的看法。例如，范子英（2015）利用部长更换这一政策冲击捕捉财政压力的变化，进而检验财政压力假说。研究结果表明，部长会利用排他性的权力使其出生地获得的专项转移支付显著增加12%，这进一步会降低其出生地的财政压力。但是，部长出生地的土地出让行为并没有随财政压力的变化而变化。因此，财政压力并未导致地方政府出让土地，而“投资冲动”才是土地财政的真实原因。

那么，什么因素催生了地方政府的“投资冲动”？许多学者指出，在前些年对官员的评价体系还没有健全的情况下，为了达到上级政府提出的经济发展指标，实现更好的经济绩效并获得晋升机会，地方政府官员相互竞争带来的“投资冲动”是土地财政形成与演变的重要原因。地方政府不仅仅面临与中央政府之间的纵向财政竞争，还面临政府间的横向晋升竞争（吴群和李永乐，2010）。现实的政绩考核包含了经济绩效考核和非经济绩效考核两方面，为确保在竞争中“胜出”，地方政府需要平衡好“吃饭”与“发展”，也就是在确保非经济绩效达标的前提下，追求相对经济绩效最大（蒋震，2014）。樊继达（2011）以及李郇等（2013）认为，“GDP标杆”和“晋升锦标赛”成功激发了地方政府竭力地“为增长而竞争”，在改善公共基础设施、招商引资上角逐，而土地财政则为地方政府参与竞争提供支撑。但也有学者指出，单纯分析晋升激励是有局限性的。例如，李升等（2018）认为，仅以晋升激励来考察土地财政并非完全合理。由于区域的异质性，在经济落后的区域，地方政府无论多么努力都无法与发达地区的经济实力相抗衡，因此地方政府可能会偏向于追求区域内的福利最大化或自身利益最大化。此时，有关土地财政的政治经济学研究就显得很有必要。

此外，相关制度的变迁也在为土地财政的发展壮大提供条件。这些制度大体可以划分为土地制度、住房制度与财税体制等。土地制度包括土地管理制度、征地制度、土地出让制度、土地收购储备制度等，住房制度包括住房制度改革、房地产业政策等，财税制度则包括所得税分享制度、土地出让金制度等。从土地制度看，唐在富（2012）指出，国有土地管理体制为土地财政创造了条件，而征地制度安排进一步加剧了土地财政的程度。这是因为，《宪法》规定国务院受委托代表全国人民行使土地所有权，而国务院通过《土地管理法》等法律法规层层委托给地方政府具体管理，最终演变为地方政府越权行使土地所有者权力。再者，土地资本化过程完全由政府主导进行收益分配，这也为政府通过大规模的征地与出让取得财政收入提供制度条件。从住房制度看，赵燕菁（2014）认为，伴随1998年住房制度改革、2003年土地“招拍挂”出让等一系列的制度创新，土地财政在不断完善。从财税制度看，董再平（2008）指出，2002年所得税分享改革后，地方政府财政收入增长方式发生明显变化。由于增值税和所得税为共享税种，且中央分享比例较大，故地方政府难以获得这两项税收，而通过发展包括建筑业在内的第三产业。这样，获取完全属于地方税种的营业税收入就成了一件顺理成章的事情。无论是预算外收入还是营业税收入，土地财政都扮演着重要的角色。金融危机爆发后，随着我国“四万亿”经济刺激计划的推出，以地融资的内涵逐渐发生转变。陈金至和宋鹭（2021）指出，为了应对2008年金融危机，地方政府融资平台应运而生，许多地方政府选择了大量注入土地，以隐性担保的做法，通过扩大融资平台的资产规模来增强其运作能力。自2010年起，土地抵押规模相对土地出让规模开始飙升，以地融资模式的内涵逐步从土地财政转变为土地金融。

总体而言，分税制改革和由“政治晋升锦标赛”引致的地方政府竞争是土地财政的两大动因。分税制改革导致了地方政府财权与事权的严重不匹配，促使地方政府通过土地财政筹集资金。而在“政治晋升锦标赛”的推动下，地方政府为了经济绩效动用土地招商引资。此外，相应的财政政策、土地制度、住房制度也为土地财政的发展壮大创造了条件。

第二节　土地财政的积极影响

关于土地财政对经济的积极影响，现有研究普遍认可的观点是，土地财政形成高效率的融资模式，从而为地方政府筹集资金，促进基础设施建设，成功带动城市化和工业化。

不少文献指出，土地财政的存在使地方政府的融资渠道变宽，促进资金的筹集。其中，刘立峰（2014）认为，土地财政拓展了地方政府的融资制度和政策空间，实现了土地资源向资本、资产和资金的转变。土地财政使城市建设的融资渠道变宽，融资工具变多，融资空间变大，而且成功绕开现行体制与政策的障碍，实现了政府的融资、投资和建设的目标。从国家层面看，赵燕菁（2014）认为，中国的土地财政在短短十几年的时间内创造了一个高效率的融资模式，缓解了资本积累阶段的信用饥渴。

地方政府可以运用土地财政，通过多种途径推动工业化、城市化进程。结合现有研究的划分，从政府对土地的使用和筹集资金来源看，地方政府通过土地财政推动工业化与城市化的相应途径大致分为三类。其一，地方政府将出让土地获得的出让金用于引资或建设。邓子基（2012）认为，地方政府可以从农民手中低价征购土地，并通过“招拍挂”的形式高价出让以获取巨额的可支配财力，进而创造就业机会、提升城市化水平，从而推动我国工业化、城市化进程。蒋震（2014）指出，地方政府通过出让商业用地和居住用地所获取的规模巨大的土地出让收入，相当比例通过招商引资优惠转化为对工业资本的补贴。其二，地方政府将与建筑业和房地产相关的税费收入用于投资或建设（董再平，2008）。其三，地方政府将土地提供出去进行招商引资。王玉波（2013）认为，土地财政收入直接增加了投资需求，对固定资产投资、建筑业发展和劳动力就业都有着举足轻重的作用。土地财政模式提供了城市建设用地，拓展了城市发展的空间。唐在富（2012）指出，地方政府为了招商引资可以免费或低价将土地提供给投资方，进一步吸引外来资金，加快本地发展；也可以通过土地资源的合理布局，优化城市的生产生活功能结构；还可以利用土地出让收入或通过土地收益权质押等获得资金，最终投入基础设施和公共设施建设。

当然，土地财政也存在负面影响。例如，有一部分文献讨论了土地财政暴露出的寻租问题（程瑶，2009；李保春，2010）。程瑶（2009）指出，在土地征用和出让的过程中，政府凭借“行政人”的权力以低成本获得土地的所有权，使土地转变为公共资源。当土地使用权转变为商业资源并向私人出售时，人们对公共土地的权利也就不再平等，权力的过分集中必然造成权力寻租。房地产企业不得不通过寻租手段来获得土地开发权，最后通过房地产市场，“租”在高房价的市场假象掩盖下充分地货币化和市场化了。一部分研究还指出，土地财政造成农民利益受损（王玉波，2013；刘立峰，2014）。刘立峰（2014）认为，我国法定的征地补偿标准远低于土地市场价格，失地的集体组织和农民不能从城镇化的增值收益中获利，这进一步导致社会矛盾的积累。此外，程瑶（2009）、刘立峰（2014）还对土地财政的财政风险等问题加以讨论。

整体上，尽管土地财政暴露出一定的缺陷，但其带来的积极影响是显而易见的。地方政府可以通过土地财政筹得资金，可以将获得出让金、相关税费以及抵押贷款进行固定资产投资与基础设施建设，进一步带动建筑业等相关行业的发展，促进劳动力就业，从而推动城市化和工业化。

第三节　土地财政对宏观经济的影响

巨额的土地财政在缓解地方政府财政困境、推进中国的城市化和工业化建设、促进基础设施快速发展的同时，也抬高了房价、扭曲了宏观经济政策，加剧了地方债务风险和宏观经济的波动。为了就土地财政对宏观经济的影响展开全面细致的回顾和总结，本节将分别归纳总结土地财政对房价、地方政府债务、投资效率、消费以及经济波动的影响。

一、地方政府的土地财政行为对房价的影响

1994 年分税制改革实施后，地方政府的财政收入不足以覆盖财政支

出，面临财政收支失衡的困境。与此同时，随着中央政府推行“GDP锦标赛”考核机制，官员的晋升机会与地方经济发展紧密相连。在政治晋升激励下，地方政府有动机增加基础设施建设投资，从而对地方经济发展加以干预（周黎安，2007；罗党论和佘国满，2015）。因此，地方政府也产生大量的资金需求。由于持有土地这一重要资产，地方政府逐渐发展“以地生财”的模式，即以土地出让收入为核心的土地财政（陶然等，2009；雷潇雨和龚六堂，2014），这种模式伴随着房地产价格的大幅上涨和房地产市场的快速发展。

当前研究普遍认为，地方政府对土地财政的依赖与房价水平息息相关，并且大量研究证实两者的同向变动关系。例如，王举等（2008）对分税制改革后地方政府财政收支结构变化进行分析，指出地方政府对房地产市场的过度依赖导致房价不断走高；张双长和李稻葵（2010）发现，地方政府对土地财政的依赖程度与房价呈现同向变动，且地方政府具有为增收而促进房价上涨的动机；宫汝凯（2012，2015）指出，土地财政规模与房价存在着显著的正向反馈效应，在财政分权与“GDP考核观”的双重激励下，地方政府为增收而产生卖地的冲动；朱英姿和许丹（2013）认为，地方政府官员的晋升压力对房价增速存在显著正向影响；唐云锋和马春华（2017）研究发现，地方政府一方面通过高房价增加房地产相关税收，另一方面通过抬高土地出让价格，从而固化“房价棘轮效应”；张莉等（2018）研究发现，土地出让收入的增加会促进城投债的发行，增加房价波动对经济的影响并增加地方政府的偿债风险；赵凯和刘成坤（2018）研究表明，城市之间会为了拉大与邻近城市地价的差距而抬高地价，进而推高本地的房价水平。此外，还有部分学者在一般均衡框架下分析土地财政与房价的关系。例如，高然和龚六堂（2017）在一个动态随机一般均衡模型框架中刻画了地方政府的土地财政行为，研究表明土地财政的存在增加了房价的波动；周彬和杜两省（2010）构建一般均衡模型证明，土地财政必然推动房地产价格的持续上涨，房价越高地方政府的效用就越大，地方政府具有推动房价上升的内在激励。上述研究从多角度出发，通过实证研究和理论模型构建证实了地方政府主要通过土地出让收入和房地产相关税而“以地生财”，因此地方政府有动机抬高地价，进而推动房价的上涨并将房价维持在高位水平。

二、地方政府的土地财政行为对地方债务的影响

随着信贷市场和土地交易市场的发展，土地财政也逐渐形成了以土地作为抵押担保，以土地出让收入作为主要偿债来源的土地金融模式（郑思齐等，2014；张路，2020；毛捷和徐军伟，2019）。为了应对国际金融危机的冲击，2008 年之后中央政府出台“四万亿”经济刺激计划，在各地成立大量的地方政府融资平台。地方政府可以将土地作为担保直接从银行获得贷款，投资地方基础设施建设，这使得地方政府债务与土地之间紧密相关（范子英，2015；Bai et al.，2016；Chang et al.，2016）。郑华（2011）和王叙果等（2012）指出，在双重预算软约束下，地方政府有动力进行发债，商业银行也有强烈的动机向地方政府融资平台提供贷款，最终导致地方政府债务规模急剧增加。

现有的实证研究主要侧重分析土地财政行为与地方政府债务规模之间的联系，例如，项后军等（2017）利用中国省级面板数据展开实证分析，发现土地财政的变动加剧地方债务波动，通过投资波动渠道影响经济稳定；张莉等（2019）对比了地方融资平台和非融资平台的土地抵押数据，发现地方融资平台的抵押金额和抵押率都显著高于非融资平台，且地方政府面对的经济增长压力更大，其土地抵押规模也相对更大；张路（2020）发现，在地方融资平台首次发行债券前，平台获得的土地资产规模会显著增加。

现有的理论研究则侧重讨论土地财政影响地方政府债务的机制和渠道。范剑勇和莫家伟（2014）通过构建“工业投资者—地方政府”模型研究地方政府存在举债冲动的原因，即地方债务能够外生地体现地方政府的能力，一方面地方债务能够直接转化为政府基础设施建设投资；另一方面

基建增加能够间接吸引外部投资，进一步刺激地方经济发展。熊伟（Xiong，2018）构建长期增长理论模型，证实了“GDP 锦标赛”机制虽然能够有效解决地方政府与中央计划者之间的委托代理问题，但也会导致地方政府出现过度举债的现象。并且在地方政府的竞争关系下，地方政府对其他地区的经济增长反应敏感，其债务增长会受到邻近地区债务水平的影响（吕健，2014）。

三、地方政府的土地财政行为对资本配置效率的影响

关于土地财政与资源配置效率的影响，大量研究主要关注土地资源与资本在不同行业的配置效率问题。一方面，土地财政直接导致土地资源的错配，由于工业项目稀缺加之地方政府间激烈的引资竞争，地方政府以垄断低价征收大量土地并以垄断高价出让住宅和商业用地。地方政府对于土地市场具有双向垄断，在压低工业用地价格的同时抬高住宅和商业用地价格（蔡继明和程世勇，2010）。于是，工业用地和商业住宅用地结构出现错配，工业用地成本被严重低估导致低水平的产业投资和土地利用效率（黄忠华和杜雪君，2014）。陈斌开等（2015）研究发现，较高的住宅用地价格造成高房价是一种产品价格扭曲，由此企业利润率与 TFP 的倒挂机制导致资源错配且降低资源重新配置的效率，对全要素生产率的增长产生负面影响。同时，地方政府以低地价甚至零地价大规模出让工业用地的粗放型发展模式造成了土地低效利用的“底线竞争”（李力行等，2016）。由于长期以来经济增长依靠土地要素资源的过度投入，导致土地配置结构不合理，这在不利于经济结构转型的同时也导致生产效率的损失（张雄等，2017）。

另一方面，地方政府的土地金融与财政支出偏好导致资本大量流入基建行业，挤出了非基建部门的投资。地方政府在 2008 年后成立大量融资平台，以土地作为担保获得信贷，政府债务向实体经济外溢，导致大量资金流入政府部门挤出辖区内和辖区间居民和企业的融资，由此可见政府债

务通过金融机构向居民和企业外溢（伏润民等，2017）。在实证方面，车树林（2019）利用782家上市非金融企业数据证实，政府债务对企业杠杆的挤出效应，扭曲了资金在政府部门和企业部门的分配。此外，地方政府的横向竞争加剧地方政府引资竞争并拉动基础设施建设，大量政府收入被用于基建投资（张军等，2007），而政府的基础建设投资所具有的外部性导致投资的机会成本较小（王世磊和张军，2008）。地方政府在晋升动力下利用土地处置权，策略性地出让更多的土地投资于基础设施建设，实现更高的经济产出以向中央发送高效率的能力信号，形成了追求政治收益和经济收益的复合动机（王贤彬等，2014）。土地金融挤出了企业部门的信贷且挤出效应具有企业规模异质性和所有制异质性，银行倾向于向地方政府隐形担保的国有僵尸企业提供信贷的行为加剧了信贷资源分配不平衡。即使是打着低息小微企业信贷的名号的资金，仍然流向了土地财政主导的房地产市场。地方政府作为中介将这部分资金投资于基建部门，扭曲了信贷资源在基建部门和非基建部门的配置（马树才等，2020）。

四、地方政府的土地财政行为对消费的影响

地方政府对土地财政的过度依赖促使房地产价格不断上涨，加大了房地产市场的波动，而房价的上升又对居民消费产生较大的影响（张双长和李稻葵，2010；高然和龚六堂，2017）。通常来说，房价的上涨存在两种效应：一是通过财富效应提高居民消费；二是通过储蓄效应降低居民消费。但从我国房价对居民消费影响的研究现状看，大多数实证分析结果支持后者（陈斌开和杨汝岱，2013）。王策和周博（2016）认为，房价波动的加剧增加了居民的预防性储蓄，且这一行为具有省份之间的空间相关性，当房地产价格不确定性在全国上升时，这一储蓄效应会更加明显，并显著抑制居民消费。李江一（2018）则认为，居民对于房价增速的预期会影响居民的边际消费倾向，预期房价增速越快，居民边际消费倾向越低，进而挤出了居民消费。何兴强和杨锐锋（2019）进一步从财富效应的视角

研究了房价与居民消费的关系，发现房价上涨带来的财富效应主要存在于高收入家庭中，低收入家庭所受到的财富效应则相对较弱。上述研究均表明，土地财政会通过提高房价挤出居民消费。此外，唐云锋和马春华（2017）认为，土地财政对房价的影响会固化房价的“棘轮效应”，即房地产的价格只涨不跌，无论出台何种调控政策都难以逆转房价持续上升的趋势。因此，需要深化对土地财政行为的改革，降低地方政府对土地财政的依赖程度。

土地财政行为还会影响地方政府的财政支出结构，为提高政府的土地收入，地方政府有动机增加与土地城市化相关的公共支出，这使得政府支出更多地流向部分相关产业，虽加快了工业化与城市化，但不利于城市的长期可持续发展（中国经济增长前沿课题组等，2011）。项后军等（2017）研究了地方债与经济波动之间的关系，发现在官员晋升激励下，地方政府官员会依赖土地财政行为增加政府收入，并以地方债作为政府支出的重要支撑，增加能够在短时间内获取效益的项目支出。这不仅加剧了产能过剩问题，还对经济波动产生了较大的影响。储德银和邵娇（2018）认为，财政分权改革引发了财政纵向失衡问题，进而导致政府民生性支出占比提升，扭曲地方政府公共支出的结构，不利于经济增长。

综上所述，一方面，地方政府的土地财政行为会抬升房地产价格，通过财富效应和储蓄效应对居民消费产生影响。但从现有研究看，多数学者认为储蓄效应占据主导，即土地财政行为在整体上降低了居民消费水平。另一方面，土地财政行为能够提升地方政府的财政收入，进而提高政府支出水平，但由于在“政治锦标赛”的激励下，大多数财政收入都流向基建相关产业，用于民生领域的财政支出比重反而下降，这最终引致地方政府消费结构失调，不利于居民消费的增加。

五、地方政府的土地财政行为对宏观经济波动的影响

地方政府的土地财政行为必然会对宏观经济的波动产生较大影响，范

子英（2015）认为，土地财政是由地方政府的投资冲动所导致的，主要为政府投融资提供资金和信贷渠道。而地方政府的投资行为一般是顺周期的，因此由投资冲动引起的一系列土地财政行为会加剧我国宏观经济的波动。赵扶扬等（2017）提出了一个土地财政的动态加速器机制以解释中国宏观经济的波动，认为住房需求的上升，会使地方政府调节住宅土地供给，放松预算约束并加大投资，刺激了产出的增加，这一过程又会通过土地价格和工资上涨带给地方政府和居民财富效应进一步正向刺激经济增长。刘凯（2018）则提出，随着我国工业部门整体占比的下降，现行的土地财政制度和土地供给模式将不再有利于经济的增长，改革地方政府的土地财政行为是降低房地产部门风险、减轻政府高债务以及缩小宏观经济波动的关键。从地方政府将土地作为抵押品融资的土地财政模式看，闫先东和张鹏辉（2019）认为，土地需求会影响土地价格的变动，进一步通过土地抵押约束提升宏观经济的波动，而地方政府通过土地抵押获取融资的行为会加剧这一过程，同时放大宏观经济的波动程度。赵倩和沈坤荣（2018）认为，土地财政催生了房地产等资产泡沫，同时房价的推升增强了房地产部门与宏观经济之间的关联性，从而政府部门的土地财政和行政干预行为都会加剧宏观经济波动。刘元春和陈金至（2020）则认为，土地财政有助于地方政府招商引资，又为地方政府提供了收入和融资来源。但从近年来土地金融表现出的一系列风险看，大量的资金涌入房地产与基建相关产业，加大了中国经济的波动程度，积累了系统性风险。侯伟凤和田新民（2021）进一步研究发现，一方面，土地财政行为会推升地方政府债务水平，降低宏观经济的资源配置效率；另一方面，土地财政行为会提升房地产部门在经济中的比重挤出消费。这两方面共同引起了宏观经济的波动。从地方政府对土地财政收入的过度依赖看，李玉龙（2019）在一般均衡框架下分析了土地财政可能引致的系统性金融风险，发现地方政府过于依赖土地财政收入和融资会使其面临较大的债务风险。一旦土地收入下降，地方政府可能存在违约风险并进一步传导至金融中介，最终使得系统性金融风险上升。

从上述文献看，多数学者认为地方政府的土地财政行为会增强投资顺周期性、降低资源配置效率、引致系统性金融风险等，进而加剧宏观经济波动。甚至已有部分学者提出，我国当前的土地财政制度成为我国宏观经济运行的主要风险点之一。对此，有必要重点关注土地财政与宏观经济波动之间的关系，讨论土地财政加剧宏观经济波动的作用机制，在厘清两者影响关系的基础上，有针对性地提出对策建议。

第四节 文献评述

第一，现有围绕土地财政对宏观经济的研究绝大部分是实证研究，并且大部分研究都专注于其中的某一方面。在土地财政通过多种形式，与宏观经济各个部门紧密连接的情形下，需要在一个相互影响、相互作用的一般均衡框架下讨论土地财政各个组成部门对宏观经济的综合影响。

通过对上述文献的回顾，我们看到已有大量的研究，对土地财政对宏观经济的各个部分展开研究，这些研究对于理解土地财政的具体形式，了解土地财政对经济的具体作用机制具有重要的意义。但这些研究更多的是碎片化的实证研究，缺乏在一般均衡的框架下进行研究，这主要表现在以下两个方面。

其一，地方政府的土地财政行为包含非常丰富的内容，主要表现为地方政府在收入端，高价出让住宅用地、低价出让工业用地，同时利用储备土地抵押借贷；在支出端，将土地财政相关的收入用于城市等基础设施建设。然而，现有的研究更多是从土地财政其中的某一点出发，如一些研究只考虑土地出让收入的影响，一些研究只考虑地方基建支出偏好的影响。要正确和深刻认识土地财政对经济的影响，必须在一个一致的一般均衡框架下引入土地财政的各个组成部分，展开分析和讨论。

其二，宏观经济各个部门相互联系、相互影响且相互作用，而地方政府的土地财政行为进一步地将各个部门联系在一起，这使得宏观经济变量与土地财政行为相互交织、相互影响。在这种情形下，对某一宏观经济变量的影响和作用，都会通过该部门影响至其他部门，进而又会反作用于该部门。具体而言，地方政府垄断土地供给、高价出让住宅用地会导致两方面的结果。一方面，地价是房价的关键组成部分，房价和地价高度相关。高地价是高房价的主要推手，而高房价又拉升了地价。另一方面，在地方政府以融资平台为主要载体、以土地储备作为主要抵押支持、以银行信贷作为主要资金来源的融资模式下，地价变化对地方政府收入影响巨大，直接决定地方政府的偿债能力。以往的研究更多从某一个目标出发展开分析，忽视某一个或者只讨论某一个，这会使得分析得到的结论缺乏指导意义。例如，对房价调控不考虑对地方政府土地财政收入的影响，对债务的讨论不考虑对金融风险的影响。

第二，与发达经济体相比，中国地方政府的土地财政行为存在鲜明的特点，已有大量实证研究强调这些特点在中国经济增长和波动中的重要性。那么，如何在理论模型中刻画这些特点，以及讨论这些因素在经济波动和政策分析中的作用，现有的文献较少对其展开讨论。

与发达国家相比，我国的土地市场存在明显的不同。首先，在中国土地所有权归国家，住宅用地和工业用地存在明确的划分，双方不能自由进行交易。地方政府是土地的唯一供给方，居民和企业都是土地的需求方，地方政府的土地供给是影响土地价格的重要因素。其次，发达国家的土地收入主要来源于对存量土地或住房征收物业税、房产税，而我国地方政府土地财政收入主要依靠土地价格的上涨及土地出让金的增加。2008 年后，依靠融资平台、以土地储备作为抵押从银行获得贷款成为地方政府重要的资金来源，地方政府获取资金的方式从土地财政发展为土地金融。对于东部等发达地区，土地抵押收入远远超过土地出让收入，成为土地财政最重要的表现形式。最后，发达国家与土地相关的收入多用于提供消防、治安、教育、环境改善等公共服务。在中国，土地财政相关收入归地方政府统一支配，属于预算外收入，游离于公共财政框架之外，地方政府具有很大的自由支配权。而根据支出方向和支出重点可以发现，在事权界限不清的情况下，为追求政绩的提升和GDP的增长，大多市县政府将所获土地出让收入投向城市建设、产业园区等基础设施建设。

在刻画土地财政的现有宏观模型中，普遍假定居民和企业均需要土地，土地由两者共同持有。居民和企业既是土地的供给方又是土地的需求方，两者之间能够自由买卖土地，共同决定其价格。然而，这些设定形式与中国土地财政的形式和内容都严重不符。因此，要正确分析土地财政对宏观经济的影响，需要构建符合中国宏观经济事实的理论模型，在拟合中国宏观经济重要特征的基础上，分析土地财政各个部门在经济波动中所扮演的角色。

第三，现有研究更多是定性研究，任何宏观政策的判断和实行都需要基于严谨的定量分析。只有在量化相关宏观经济变量关系的基础上，才能将各种政策对产出和金融风险的作用效果加以评估。

如上所述，地方政府的土地财政行为非常复杂，与地方政府的收入和支出直接关联。一方面，需要在总体上考察土地财政对宏观经济的影响。另一方面，需要考察土地财政各个组成部分在其中的影响路径，包括土地财政各个部分所发挥的作用，究竟是放大还是弱化？对不同经济变量的影响是否存在差异？这种差异跟哪些因素有关？只有正确理解各个部分的具体作用，才能在此基础上提供有针对性的政策建议。

此外，在认识土地财政各个组成部门对宏观经济影响的基础上，还需要定量地评估各种政策对不同经济变量的影响。任何政策都会对经济产生影响，且不同政策的影响也不同。只有通过量化政策效果、判断效果的取决条件，才能得到最优政策。同时，现实中政策目标是多样化的，有些是实现社会福利最大化，有些是实现具体的产出目标，有些是实现居民效用最大化。不同政策对不同的社会目标影响不同，如果无法量化对各种目标的影响，那么对任何政策的讨论都难以得到认可，更难以达成共识。

第三章

房价变动、土地财政与中国经济波动

1998年住房分配制度市场化改革以来，我国各大城市住房价格一路高涨，特别是2008年以来，全国平均房价上涨了2.5倍，其中北京、上海和深圳分别上涨了4.7倍、5.9倍和4.1倍。[①] 一方面，快速上涨的房价加剧了财富分配的不平等，抬高了工商业成本，由此带来的“去工业化”削弱了中国经济的竞争力，同时带来系统性金融风险的不断升级，成为阻碍中国经济持续增长的重大隐患（中国经济增长前沿课题组，2011）。而另一方面，房价波动与我国GDP波动呈现高度相关性，房价的下跌常伴随着GDP增速的下降，在“稳增长”的背景下，地方政府纷纷放松调控出台各种救市措施，导致新一轮的房价上涨，这在2008年到2016年的房价调控中表现得尤其明显。许多学者认为房价与整个中国经济紧密关联，导致政府在“稳增长”和“控房价”之间进退两难（黄志刚和许伟，2017；王弟海等，2015）。那么房价波动会如何影响GDP的波动呢，或者说什么原因造成了房地产与中国经济紧紧捆绑的现状？房价的波动是通过哪些渠道影响整个经济的？在这个过程中哪些因素至关重要？这些均成为学术界和政策决定者关注的焦点问题。

对此，本书将在伯南克等（Bernanke et al.，1999）的BGG模型中引入房地产和非房地产部门，同时引入地方政府并刻画土地财政行为，对土地财政政策下房价变动影响经济波动的传导路径和作用效果进行细致的分析。本章研究发现，不同的外部冲击导致的房价变动，会通过影响土地价格，进而影响地方政府的财政收入和支出。在“GDP锦标赛”的激励下，地方政府的财政支出有很大一部分投向了需要资本和土地的基础设施建设。在考虑到金融市场的不完备、存在金融加速器效应的情况下，房价上涨带来房地产开发投资和地方政府基础设施建设投资的增长，共同拉升了资产价格。这一方面提高了价格水平，降低了居民的购买力，挤出了消费；另一方面，资产价格上升，使得生产部门的企业净值上升，通过改善企业的资产负债表，降低了其外部融资的风险溢价，带来了企业投资的进

① 根据国家统计局网站数据整理。

一步扩张。由于房地产和基建投资占总固定资产投资比重的一半，房价变动导致的投资波动直接带动了 GDP 的波动，造成了房地产深度影响中国经济的现状。

本章的安排如下：第一节总结已有的研究，并指出其中的不足；第二节通过分析中国主要的宏观经济变量，对房价、土地财政和宏观经济波动的相关事实进行梳理和总结；第三节搭建本章的模型框架；第四节对参数进行校准，并用贝叶斯方法对冲击的分布进行估计；第五节进行脉冲分析和方差分解；第六节对本章的研究内容进行总结，说明本章研究的贡献，并给出了有关的政策建议。

第一节　文献回顾与评述

对于房价对经济波动的影响，早期的研究主要从房地产本身作为国民经济的重要产业，以及其带来的财富效应和抵押效应这三个角度出发进行讨论。戴维斯和希思科特（Davis and Heathcote，2005）考虑到房地产投资的波动幅度明显大于其他产业，建立了一个两部门模型，发现房地产投资波动与其他产业和 GDP 的波动保持着很强的正相关性；利默尔（Leamer，2007）的研究进一步指出房地产投资领先于 GDP 增长，是驱动经济周期波动的重要力量，尤其体现在经济衰退时期。卡罗尔等（Carroll et al.，2011）则对房价上升带来的短期和长期财富效应进行了验证，发现在美国住房财富每增加 1 美元，短期消费增长约 2 美分，长期消费增长约 9 美分；米安等（Mian et al.，2013）指出住房可作为抵押借款的担保资产这一属性，会影响住房财富升值所带来的中长期消费变动的幅度；钱尼等（Chaney et al.，2012）则进一步讨论了这种抵押效应对企业行为的影响。近年来，金融市场不完备在经济波动中的作用日益受到关注，许多学者开始考察金融摩擦的存在和货币政策的传导在房价对经济波动的影响中造成的差异。利亚科维洛和内里（Iacoviello and Neri，2010）建立一个包含房地产部门和非房地产部门的 DSGE 模型，考察发现外部冲击下房价的波动会传递到消费上，而金融约束的存在会放大这种影响；贾斯汀诺等（Justiniano et al.，2015）发现金融约束发挥的作用还存在不对称性，这有利于解释美国房地产市场繁荣和衰退下居民借贷和利率变动幅度的不同。泰勒（Taylor，2007）发现自 20 世纪 80 年代以来，房价周期波动明显减弱，并指出这主要与货币政策的积极调整有关；卡尔扎等（Calza et al.，2013）认为住房抵押效应也会影响货币政策的传导，住房信贷市场越发达，货币政策冲击下房价的变动及其带来的投资波动更大。何青等（2015）通过构建一个带有名义价格刚性以及抵押约束特征的动态随机一般均衡模型，对过去二十年间中国房地产市场与宏观经济波动之间的关系进行分析后发现，房地产市场的抵押率冲击和房地产的偏好冲击，对中国的宏观经济波动产生了重要的影响。孟宪春和张屹山（2021）通过构建动态随机一般均衡模型，探讨了家庭债务、房价与宏观经济波动三者之间的影响机制，发现房价上涨会导致家庭债务的扩张，进而挤出居民消费、信贷供给与企业投资，引起宏观经济波动。

房地产生产需要土地，土地作为不可或缺的生产要素在房价影响经济波动中发挥的作用也日益受到关注。戴维斯和希思科特（2007）发现房价波动与地价波动高度相关，清泷等（Kiyotaki et al.，2011）将土地引入有形资产生产函数中，发现土地供给弹性低加剧了外生冲击下房价的波动，进而会影响其财富效应和抵押效应的发挥。刘铮等（Liu et al.，2013）指出土地除了是重要的生产要素，也是企业的抵押担保资产，在该情况下外部冲击导致企业和居民对土地的需求竞争进一步抬高了地价，由于土地可以拿来抵押借款，地价上升放松了企业的信贷约束，刺激其投资，两者共同引起了较大的经济波动。戴维斯等（2022）考察了住宅和商业用地之间替代关系变化时会如何改变住房需求冲击对宏观经济波动的影响，发现当两者不完全替代时，住宅需求冲击解释了产出和投资 10% 左右的波动，而当两者之间完全替代时，住宅需求冲击解释了产出和投资 30% 左右的波动。

这类研究中普遍假定居民和企业均需要土地，土地由两者共同持有。居民和企业既是土地的供给方，又是土地的需求方；两者之间能够自由买卖土地，共同决定其价格。需要注意的是，与发达国家相比，我国的土地市场存在明显的不同，具体表现为：土地所有权归国家，住宅用地和工业用地存在明确的划分，双方不能自由进行交易，也就是地方政府是土地的唯一供给方，居民和企业都是土地的需求方，地方政府的土地供给是影响土地价格的重要因素（邵新建等，2012）。另外，这些发达国家的土地收入主要来源于对存量土地或住房征收物业税、房产税，而我国“土地财政”的发展与之相异，主要依靠土地价格的上涨及带来的土地出让金的增加，买卖土地的这部分收益归地方政府统一支配，属于预算外收入，游离于公共财政框架之外，地方政府具有很大的自由支配权。而从支出方向和支出重点上可以看到，在事权界限不清的背景下，为了追求政绩的提升和GDP的增长，大多市县政府将所获土地出让收入投向了城市建设、产业园区等基础设施建设（贾康和刘微，2012）。赵扶扬等（2021）指出我国地方政府一方面可以通过土地供应获取财政收入，并将收入用于财政支出，提升财政政策效果；另一方面凭借土地抵押可以获取更多资金进行投资。上述行为直接强化了我国宏观调控政策与土地供给之间的关系，使地方政府在宏观调控中发挥了重要的作用。

在这样的背景下，本书认为有必要重新考虑土地在我国经济波动中的作用，厘清土地财政与房价波动的关联，进一步分析其在经济波动中所扮演的角色。学者们对土地财政与房价的相互转化进行了较多分析，周彬和杜两省（2010）研究发现地方政府效用和收入对房地产行业的依赖，使其有充分的动机来推动房价上涨；张双长和李稻葵（2010）基于35个大中型城市的面板数据，也发现在房价上涨时，对土地财政依赖度越高的地方政府越有动力去持续地推动房价上涨；况伟大和李涛（2012）延续使用上述城市2003年至2008年的土地市场和房地产市场数据，进一步考察了土地出让方式对地价和房价的影响。而就土地财政对整个经济的影响，学者们主要从土地财政收入的支配展开讨论。杜雪君等（2009）指出土地财政增加了地方政府的收入，刺激其在固定资产上投资，带动了经济增长；饶晓辉和刘方（2014）发现地方政府用于基础设施等生产性投资活动的支出对经济增长波动的解释十分重要，占到总产出波动的23%。邵朝对等（2016）发现土地财政扩张的偏向性会激化产业结构刚性，房价上涨虽然能推动产业结构的升级，但它在与土地财政的互动中，房价的优化效力被不断削弱。陈金至和宋鹭（2021）估算了土地财政的贡献率，发现土地财政对我国宏观经济的影响并不显著，而土地金融在杠杆效应下加快了地方政府的资本积累，对我国宏观经济发展有着明显的促进作用。

对这些研究进行总结，本书发现相关的研究主要是实证分析，在一个一般均衡的框架下将房价波动、土地财政政策与经济波动联系起来，并细致讨论这三者关系的研究相对较少。且已有研究在讨论房地产部门对 GDP 影响的模型中都假定土地或者不动产在居民和企业之间拉锯，进而影响价格，在这种假定下讨论房价影响经济波动的渠道的有关研究均忽视了背后土地财政的作用。本章则建立了一个包含房地产、非房地产和地方政府的三部门模型，并嵌入了地方政府的土地财政行为，弥补了相关研究在这方面的不足。

第二节　房价变动、土地财政与宏观经济波动的基本事实

下面本章通过对中国主要宏观经济变量的分析，对房价影响 GDP 变动的路径进行简单的梳理[①]。

1998 年以来，在住房制度改革、城市化加快等因素的推动下，房地产

① 本部分使用的宏观经济变量均先用 X12 进行季节调整，然后再用 HP 滤波剔除趋势。如无特殊说明，本书所用的数据均来自 Wind 数据库。

市场规模逐年扩大，2021 年房地产开发投资总额近 15 万亿元，约达到了 1999 年的 75 倍[①]。经过近二十年的快速发展，房地产部门在国民经济发展中扮演的角色愈发重要，成为影响经济波动的主要力量。从 1999 年至 2019 年房价与 GDP 波动的走势来看，在将房价变动滞后三个季度以后，能够看到房价与 GDP 的涨落直接相关，尤其是 2007 年以来滞后三期的房价与 GDP 波动呈现高度的同步性；房价的波动领先整个经济波动三期，这意味着房价的变动大约在三个季度后传递到 GDP，如图 3－1 所示。具体表现为房价上升三个季度后 GDP 开始上升，房价下降三个季度后 GDP 增速开始下降，呈现出 GDP 完全跟随房价变动的走势。值得注意的是，尽管自 1998 年住房市场化改革以来，房地产行业在国民经济中的比重逐年提高，房地产部门开发投资上升态势明显，但实际上形成的固定资本总额在 GDP 中所占比重并不高，2013 年仅为 8%，对 GDP 增长的贡献率也只有 9.3%，无论是基于支出法还是收入法，房地产消费和投资之和在 GDP 中的比例也不超过 15%（许宪春，2015）。那么这样一个规模有限的部门为何与整个宏观经济的波动呈现高度一致的走势？

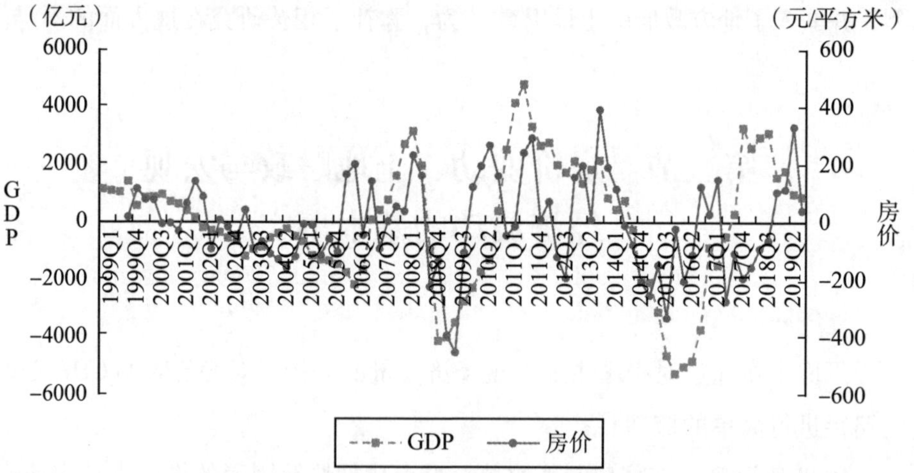

图 3－1　滞后三期的房价与 GDP 变动的走势

① 根据国家统计局网站数据整理。

这需要结合我国地方政策特有的土地财政背景。土地经营权在我国归地方政府垄断所有，地方政府可以通过出让土地获取预算外收入。1994 年我国推进分税制改革，财权上移中央政府，事权仍留置地方，收与支的不匹配使得地方政府不得不依靠土地出让金来弥补财政赤字。1998 年住房改革进一步深化，提高了对土地的需求，这与地方政府追求土地出让收入的动机一拍即合，引致了大规模的土地财政。房价与地价在这个过程中相互拉升，一来，土地成本在房价中所占比重越来越高，以土地出让收入占商品房销售额比重来刻画，2014 年达到了近 55%；二来，进一步扩大了地方政府的土地财政收入，已然成为了地方政府的主要收入来源（郑思齐等，2014），2014 年达到 4.29 万亿元，已占到了地方公共财政收入的 34%，在浙江、北京和天津等地区土地财政收入所占比重甚至超过了 50%①。从 2009 年至 2015 年底房价与卖地收入的走势来看，房价变动与地方政府的卖地收入具有高度重合的周期性，也就是房价的涨落直接决定了地方政府卖地收入的增减，如图 3－2 所示。

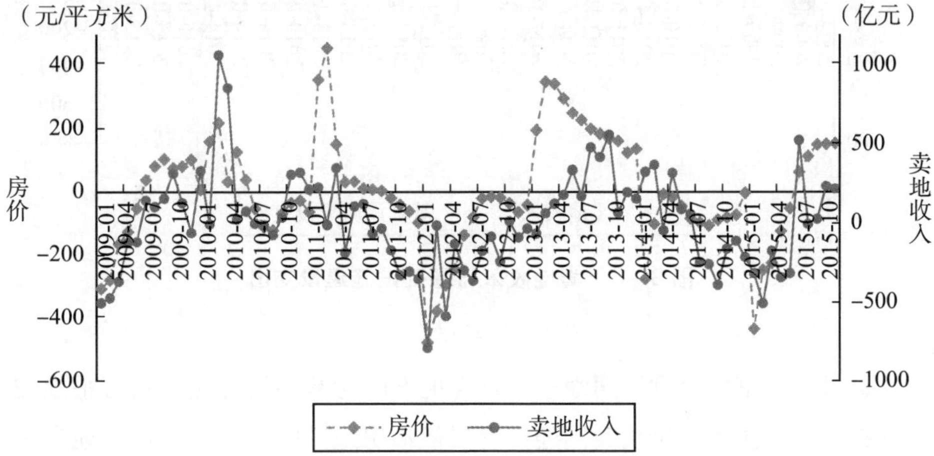

图 3－2 房价与卖地收入

① 数据由财政部官网计算得到，http：//zhs. mof. gov. cn/zhengwuxinxi/zonghexinxi/201503/t20150324_1206018。

大量的土地出让收益又用于基础设施建设，这是土地财政影响经济波动的另一个重要的渠道。我国特有的官员晋升考核机制，将 GDP 增长、财政收入等经济指标作为绩效考核的核心标准。为此，地方政府在逐渐获得地方基础设施建设的投资决策权后，大量地攫取土地出让金，在基础设施建设方面进行投资，以实现 GDP 短期内快速的增长，这在卖地收入与基础设施建设支出的时间序列图中得到很好的体现，如图 3-3 所示。2014 年地方政府可支配土地出让收益的 56% 用于了城市建设，成为我国基础设施建设资金供给中的重要来源①。由此可见，在房价驱动经济波动中，土地财政所扮演的角色不容忽视。

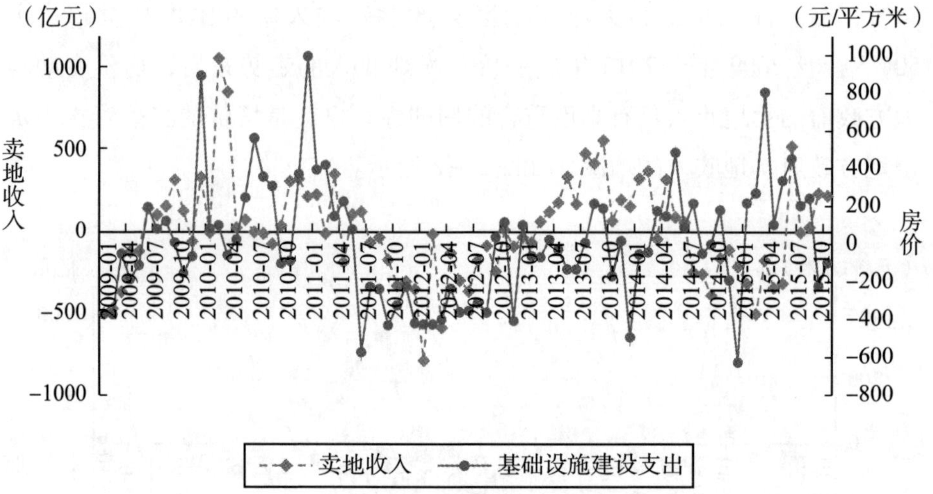

图 3-3 卖地收入与基础设施建设支出

此外，本书注意到，房地产开发与地方政府基础设施建设具有很强的产业链功能，这也是助长我国经济发展依赖房地产的重要因素。房地产生产与基础设施建设需要钢筋、水泥、电力等多项资源的投入，这会拉动经

① 数据来自财政部官网，http：//zhs. mof. gov. cn/zhengwuxinxi/zonghexinxi/201503/t20150324_1206018. html，受卖地收入数据可得性所限，本书选取了 2009 年 1 月至 2015 年 12 月的月度频率数据。

济中其他行业的扩张，这使得粗钢与房地产投资呈现高度一致的走势，如图 3 -4 所示。利用投入产出模型的测算，2013 年房地产业增加值 3.3 万亿元，房地产开发投资拉动的相关行业增加值达到 5.3 万亿元，共占到了 GDP 的 15.3%（许宪春，2015）。也就是说，对其他行业的拉动显著强化了房地产市场与整个宏观经济的关联。

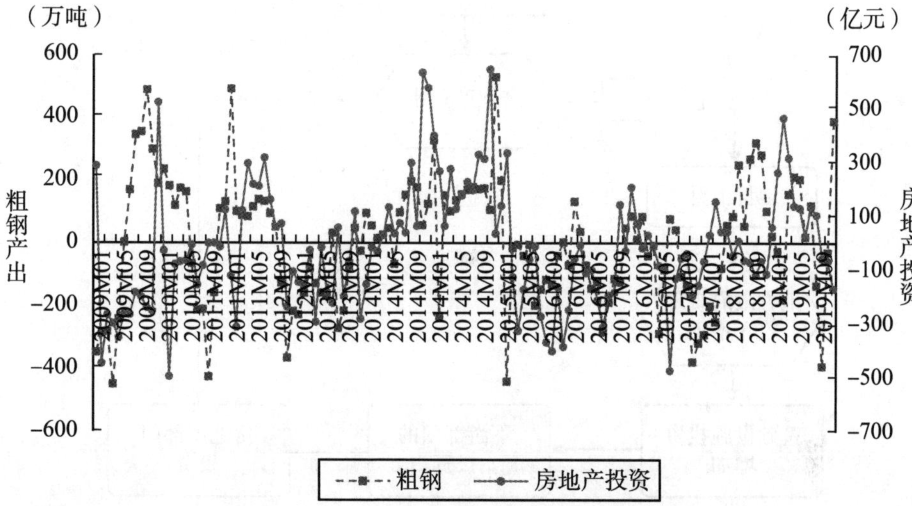

图 3 -4　房地产部门投资与粗钢的产出

基于对上面事实的梳理和分析，本书初步勾勒出房地产价格的变动影响 GDP 的路径，如图 3 -5 所示。由上至下，外部冲击导致房价上升，房地产企业在房价上升后有两个直接的行为：第一，增加对房地产部门的投资。第二，由于房地产开发需要土地，因此房地产商开始向地方政府购买土地。房地产商向地方政府购买土地的行为，会有两个方面的作用：一方面，增加土地需求，拉升地价；另一方面，土地价格的上升，使得地方政府的卖地收入上升。在地方政府进行“GDP 锦标赛”的背景下，政府将增加的收入投入到显示政绩的基础设施建设上。基础设施建设的扩张在直接提升钢铁、水泥和建材等下游行业的产出和投资的同时，拉升了资产价格。由于房地产投资和基础设施投资占总投资的比重接近一半，房价带动的这两个部门和下游部门投资的增加，带动了整个 GDP 的扩张。

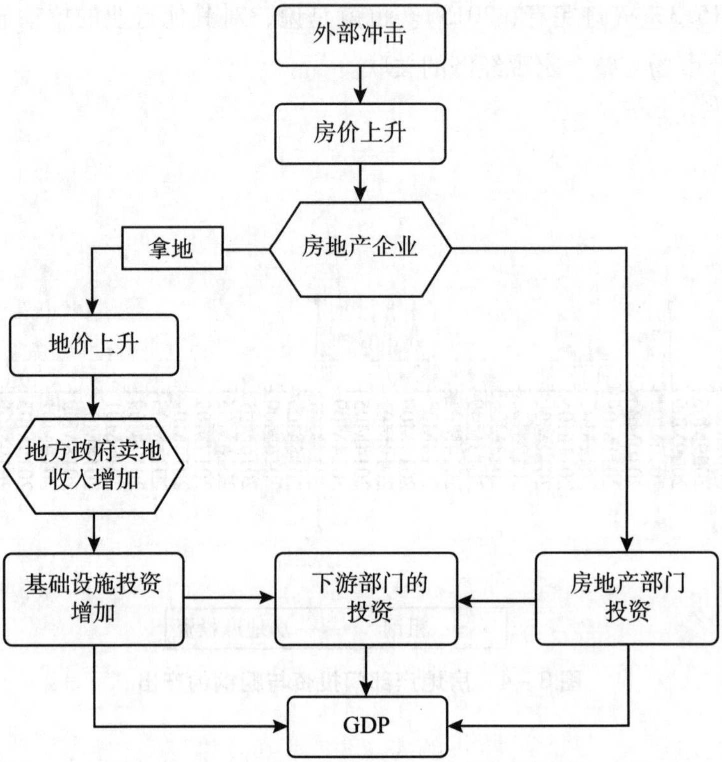

图 3-5　房价影响 GDP 的传导路径

基于上面的事实和逻辑，本章进行下面的工作：一是，构建一个 DSGE 模型，模型中包含房地产部门、非房地产部门和地方政府三个部门。模型中嵌入地方政府的土地财政行为，如土地价格的变动影响地方政府的财政收入，地方政府将获得的财政收入的一部分用于基础设施支出。二是，在构建的模型中讨论外部冲击导致的房价变动通过何种渠道，并以什么方式对 GDP 产生影响，以及这些传导渠道中各个因素起到了怎样的作用。

第三节 理论模型

本章在伯南克等（1999）的 BGG 模型中引入房地产和非房地产部门，同时为了刻画土地财政，引入了地方政府。模型中地方政府是土地的唯一供给方，房地产和非房地产部门进行生产以及地方政府进行基础设施建设都需要土地。这样模型中由下列经济实体构成：家庭、金融中介、资本品制造商、房地产部门、非房地产部门和地方政府。此外，为了引入价格粘性，本章还引入了零售商。

家庭在劳动力市场上提供劳动获得工资收入，并从金融中介分得上一期所放存款的利息收入，将这些收入一部分用于购买消费品和住房，另一部分继续留存在国内的金融中介。为了讨论金融市场的不完备在经济波动中的作用，本章在模型中引入金融中介，金融中介每期从家庭获得存款，并将其借贷给生产部门。金融中介无法观察到生产部门的行为，两者之间存在信息不对称。生产部门包括房地产和非房地产两个部门，它们都利用自身的净资产和从金融中介获得的贷款，从地方政府购买土地，雇佣家庭提供的劳动，以及从资本品制造商手中购买资本等生产要素，进行生产。为了引入价格粘性，参考新凯恩斯模型的标准设定，引入零售商。零售商从非房地产生产商中购买商品，将其分类形成差异后进行复合，居民、企业和政府购买复合后的商品。资本品制造商利用投资生产资本品。地方政府根据中央政府的转移支付和卖出土地获得收入，将获得的收入用于政府消费和基础设施建设。该经济模型中中央政府每期预算约束平衡，通过发行货币和一次性总赋税为地方政府的转移支付融资，并制定货币政策。模型框架如图 3 -6 所示。

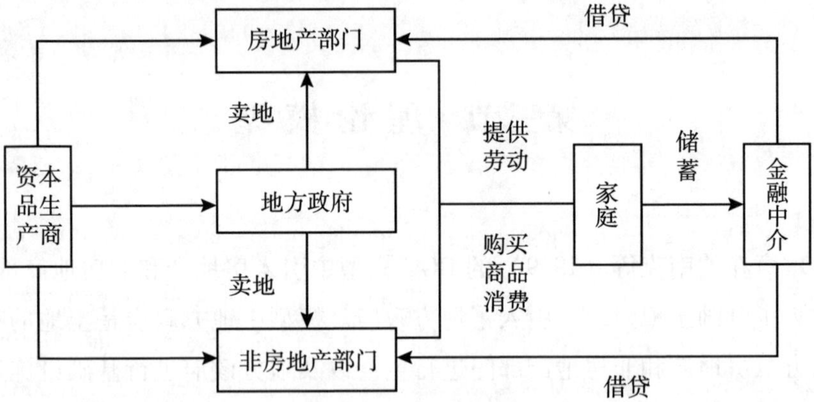

图3-6 模型框架

一、代表性家庭

遵循标准宏观模型设定的范式，无限期生存的家庭，每期选择购买消费品 C_t 和住房 h_t，提供劳动 N_t 并持有一定的货币，以实现终身效用最大化：

$$E_0\sum_{t=0}^{\infty}\beta^t\left[\frac{C_t^{1-\sigma}}{1-\sigma}+\chi\ln\frac{M_t}{P_t}+j_t\ln h_t-\kappa\frac{N_t^{1+\varphi}}{1+\varphi}\right] \tag{3.1}$$

其中，E 表示预期，M_t 是货币持有量，P_t 是价格水平，则 M_t/P_t 为居民持有的实际货币余额。σ 是家庭的风险厌恶系数，β 为贴现因子，j_t 为房地产需求冲击（Iacoviello，2005），劳动供给弹性是 φ 的倒数，参数 $\chi>0$，$\kappa>0$ 分别刻画了实际货币余额和提供劳动对居民福利的影响。代表性家庭向房地产和非房地产两个部门分别提供劳动 $n_{h,t}$ 和 $n_{c,t}$，这样总的劳动供给由两者复合而成（Iacoviello，2010）：

$$N_t=\left[(n_{h,t})^{1+\xi}+(n_{c,t})^{1+\xi}\right]^{\frac{1}{1+\xi}} \tag{3.2}$$

两个部门的劳动在消费者效用函数中存在异质性，本书用 ξ 进行刻画。ξ 越大，两个部门劳动力替代弹性越大，当 ξ 等于0时，两个部门的劳动完全替代。

居民每期提供劳动从房地产部门和非房地产部门获取工资报酬，分别表示为$w_{h,t}n_{h,t}$和$w_{c,t}n_{c,t}$加上上一期储蓄带来的利息$\frac{R_{t-1}}{\pi_t}D_{t-1}$，将所获得的这些收入用于对一般商品的消费$C_t$，增加新的住房需求$q_{h,t}[h_t-(1-\delta)h_{t-1}]$，并剩下一部分存在金融中介机构和以一次性总赋税的形式T_t交给中央政府。这样家庭的预算约束为：

$$C_t+q_{h,t}[h_t-(1-\delta)h_{t-1}]+D_t=w_{c,t}n_{c,t}+w_{h,t}n_{h,t}+\frac{R_{t-1}}{\pi_t}D_{t-1}-T_t \tag{3.3}$$

家庭在预算约束式（3.3）下，最大化其目标函数式（3.1），整理得到下面的最优性条件：

$$C_t^{-\sigma}=\lambda_t \tag{3.4}$$

$$\kappa N_t^{\varphi}(\gamma_n N_t)^{-\xi}(n_{h,t})^{\xi}=\lambda_t w_{h,t} \tag{3.5}$$

$$\kappa_t N_t^{\varphi}[(1-\gamma_n)N_t]^{-\xi}(n_{c,t})^{\xi}=\lambda_t w_{c,t} \tag{3.6}$$

$$\frac{j_t}{h_t}+\beta E_t\lambda_{t+1}(1-\delta_h)q_{h,t+1}=q_{h,t}\lambda_t \tag{3.7}$$

$$\lambda_t=E_t\beta\lambda_{t+1}\frac{R_t}{\pi_{t+1}} \tag{3.8}$$

式（3.4）表明，λ_t是居民消费的边际效用；式（3.5）和式（3.6）分别是家庭在房地产和非房地产部门的劳动供给方程，式（3.5）的左边为$n_{h,t}$减少一单位劳动供给而休闲增加带来的效用，右边为增加一单位劳动带来的效用。式（3.7）是居民对房地产需求的最优性条件，该式右边是增加一单位住房带来的边际效用损失，左边是增加一单位住房需求带来的效用收益，它包括两部分：其中j_t/h_t是增加一单位住房带来的效用增加；t期增加的住房需求持有到$t+1$价值为$(1-\delta_h)q_{h,t+1}$，带来的效用为$E_t\lambda_{t+1}(1-\delta_h)q_{h,t+1}$，贴现到$t$期为$\beta E_t\lambda_{t+1}(1-\delta_h)q_{h,t+1}$，因此该式考虑了住房预期价格的变动对居民住房需求的影响。式（3.8）是居民消费的欧拉方程，左边是消费一单位商品的边际效用收益，右边是将这一单位支出用于下一期消费贴现到现在的效用。

二、金融中介

为了讨论金融市场的摩擦对经济波动的影响，本书参考伯南克等(1999)的设定在模型中引入金融中介。假设金融机构中介是风险中性的，其资金来源是向家庭吸收存款，并按事先给定的存款利率向居民支付利息，并通过向企业家贷款获得事后的贷款收益。金融中介在其中获得差价，但是也要承担企业经营不佳所导致的贷款收益难以收回的风险。而信贷市场上的信息不对称使得金融中介不能完全了解这种经营不确定性的发生，为消除摩擦，金融中介与企业协定：当企业经营收益大于所借债务，能够支付贷款及相应利息时，金融中介可以完全收回贷款、赚得贷款利率收益；当企业经营不善，业绩不足以支付欠款时，金融中介能够直接对违约企业进行清算，这个过程中审计观察消耗了一定的企业资产，扣除后的剩余部分归金融中介。基于此，金融中介贷款利率的设定会考虑企业违约风险的影响：当企业以较少的自有资产申请较多的资金支持以扩大生产时，转移融资、申请破产的可能性增大，为弥补这种违约风险的提升，金融中介会提高对预期收益的要求，索取较高的贷款利率。本书将这种名义贷款利率的变动表示为：

$$R_{j,t+1}^{d}=\eta_{j,t}R_{t}^{n}=f(B_{j,t}/NW_{j,t})R_{t}^{n}, \ j=h, \ n, \ f(0)=1, \ f'(.)>0 \tag{3.9}$$

式(3.9)表明，金融中介在借款给第j部门中的企业时，事先规定了下一期偿还时的名义贷款利率$R_{j,t+1}^{d}$，而由上述分析可知，贷款利率相对于名义存款利率的比值与t期借款时该企业自身拥有的净资产$NW_{j,t}$和其所获得的融资$B_{j,t}$的比值有关，将比值$B_{j,t}/NW_{j,t}$定义为企业的杠杆率。当然，如果不存在信贷市场的信息不对称，那么金融中介所要求的企业贷款利率应当与其内部融资的成本相等，而企业的内部融资成本等于存款的无风险利率R_{t}^{n}。然而，当存在信贷市场的摩擦时，金融中介将要求企业的贷款利率等于其内部融资的成本加上一个风险溢价，这里可以使用$\eta_{j,t}=f(.)$

反映出来。该式表明，当企业不存在外部融资时，此时 $f(0)=1$，说明借贷成本为无风险利率，风险溢价为 0；而当企业外部融资 $B_{j,t}>0$，此时会存在一定的风险溢价，并且该溢价关于外部融资的比例单调递增，即 $f'(.)>0$。显然，当企业外部借款的比例越高，风险溢价就越大。将风险溢价弹性系数定义为 u，即杠杆比例变动一个百分比，风险溢价 $f(.)$ 就上升 u 个百分比，u 越大企业的杠杆率变动一单位带来的风险溢价上升就越多。

三、生产部门

（一）房地产部门

房地产企业风险中性，在区间［0，1］中连续分布，代表性房地产企业 t 期末购买用于下一期生产的资本品 $K_{h,t}$，购买的资金一部分来源于在 t 期末拥有的实际净资产数量 $NW_{h,t}$，另一部分从金融中介借贷 $B_{h,t}$。记 t 期资本实际价格为 Q_t^k，这样得到：

$$NW_{h,t}+B_{h,t}=Q_t^k K_{h,t} \tag{3.10}$$

式（3.10）可以看作对企业资产负债表的一个简单刻画，等式的左边是企业负债和企业净值，等式右边是企业资产。企业生产房地产除需要资本外，每期还雇佣劳动 $n_{h,t}$ 和购买土地 $L_{h,t}$，相应的生产函数如下：

$$Y_{h,t}=[\gamma_h^{1/\rho_h}(A_{h,t}K_{h,t-1}^{\psi_h}n_{h,t}^{1-\psi_h})^{(\rho_h-1/\rho_h)}+(1-\gamma_h)^{1/\rho_h}(L_{h,t})^{(\rho_h-1/\rho_h)}]^{(\rho_h/\rho_h-1)} \tag{3.11}$$

式（3.11）呈现的生产函数与一般的生产函数的区别在于以 CES 形式加入了土地。其中，$A_{h,t}$ 是房地产部门的技术进步率，$\gamma_h\in(0,1)$ 是均衡时除土地以外的要素在总的要素份额中的比重，γ_h 越大说明土地在生产函数中起到的作用越小；ψ_h 是除土地外的要素中资本所占的份额；ρ_h 衡量了其他要素对土地的替代弹性，ρ_h 越小表明其他要素对土地的替代性越弱。相比于非房地产部门，土地在房地产部门需要的投入更多，γ_h 更小；相比于其他要素，土地在房地产部门中的专用性更强，ρ_h 更小。

房地产部门不存在价格粘性，为了方便分析，本书设定资本的实际拥有者每期使用完资本，会在每期结束的时候将折旧后的资本重估，并将其出售给资本品制造商。对于企业而言，持有资本的收益除资本边际产出外，也包括由资本价格变动引起的资本利得。此时，资本的实际收益率为：

$$E_t R_{h,t+1}^k = E_t\left[\frac{q_{h,t+1}}{P_{t+1}}\frac{\partial Y_{h,t+1}}{\partial K_{h,t}} + (1-\delta)Q_{t+1}^k\right] \Big/ Q_t^k \tag{3.12}$$

$$\frac{\partial Y_{h,t}}{\partial K_{h,t-1}} = \psi_h\left(\frac{\gamma_h Y_{h,t}}{A_{h,t}K_{h,t-1}^{\psi_h}n_{h,t}^{1-\psi_h}}\right)^{1/\rho_c} K_{h,t-1}^{\psi_h-1}n_{h,t}^{1-\psi_h} \tag{3.13}$$

生产商最小化成本，$P_{L,t}$ 是土地的价格，可以得到[①]：

$$w_{h,t} = \frac{q_{h,t}}{P_t}\frac{dY_{h,t}}{dn_{h,t}} \tag{3.14}$$

$$\frac{\partial Y_{h,t}}{\partial n_{h,t}} = A_{h,t}(1-\psi_h)\left(\frac{\gamma_h Y_{h,t}}{K_{h,t-1}^{\psi_h}n_{h,t}^{1-\psi_h}}\right)^{1/\rho_c} K_{h,t-1}^{\psi_h}n_{h,t}^{-\psi_h} \tag{3.15}$$

$$P_{L,t} = \frac{q_{h,t}}{P_t}\frac{\partial Y_{h,t}}{\partial L_{h,t}} \tag{3.16}$$

$$\frac{\partial Y_{h,t}}{\partial L_{h,t-1}} = \left[\frac{(1-\gamma_h)Y_{h,t}}{L_{h,t}}\right]^{1/\rho_h} \tag{3.17}$$

$$q_{h,t} = mc = \left[\gamma_h(mc1)^{(1-\rho_h)} + (1-\gamma_h)(P_{L,t})^{(1-\rho_h)}\right]^{1/(1-\rho_h)} \tag{3.18}$$

$$mc1 = \psi_h^{-\psi_h}(1-\psi_h)^{-(1-\psi_h)}(R_{c,t+1}^k)^{\psi_h}(w_{h,t})^{1-\psi_h}(A_{h,t})^{-1} \tag{3.19}$$

式（3.14）和式（3.16）分别是房地产部门企业对劳动和土地的需求方程，式（3.18）是房地产部门一单位产出的边际成本。房地产企业 t 期末从投资中获得回报，同时偿还贷款利息，剩余的部分（$1-\phi_h$）用于消

① 求解过程见附录1。

费①，这样房地产企业的净值积累方程满足：

$$NW_{h,t}=\phi_h\left[R_{h,t}^{k}Q_{t-1}^{k}K_{h,t-1}-R_{t-1}^{n}\frac{P_{t-1}}{P_t}f\left(\frac{Q_{t-1}^{k}K_{h,t-1}}{NW_{h,t-1}}\right)(Q_{t-1}^{k}K_{t-1}-NW_{h,t-1})\right] \tag{3.20}$$

可以看到，资产价格 Q_t^K、资本实际收益 $R_{h,t}^k$和借贷成本的变动均会影响房地产企业净值。当资产收益下降或者借贷利率上升时，企业家净值会下降，观察式（3.9）可以知道，这将使企业外部融资风险溢价 $f(.)$ 上升，一方面导致企业的投资成本上涨，另一方面导致下一期需要偿还贷款利息的增加，两者共同作用下，企业净值将进一步减少。这样循环下去，一个初始的冲击通过影响企业的外部融资成本，带来投资和产出的大幅下降，这就是“金融加速器”效应。

（二）非房地产部门

在本书的模型中非房地产企业与房地产企业存在以下几个方面的不同：第一，非房地产企业存在价格粘性；第二，在生产函数具体的参数构成中，非房地产企业相比于房地产企业对土地的依赖要低，其他要素对土地的替代弹性也较弱。为节省篇幅，对于非房地产企业的基本行为方程，在不影响理解的情况下，进行简要概述。

同样的，非房地产企业在 t 期末购买下一期用于生产所需的资本品 $K_{c,t}$，购买的资金一部分来自实际净资产数量为 $NW_{c,t}$，另一部分向金融中介借贷 $B_{c,t}$。这样得到：

$$NW_{c,t}+B_{c,t}=Q_t^kK_{c,t} \tag{3.21}$$

非房地产企业生产函数如下：

$$Y_{c,t}=[\gamma_c^{1/\rho_c}(A_{c,t}K_{c,t-1}^{\psi_c}n_{c,t}^{1-\psi_c})^{(\rho_c-1/\rho_c)}+(1-\gamma_c)^{1/\rho_c}(L_{c,t})^{(\rho_c-1/\rho_c)}]^{(\rho_c/\rho_c-1)} \tag{3.22}$$

其中，$n_{c,t}$为企业每期雇佣的劳动，$L_{c,t}$是购买的土地，$A_{c,t}$是非房地产

① 参考伯南克等（1999）的设定，这样避免出现企业积累起足够的资金以至于资金完全自足的情况。

部门的技术进步率。$\gamma_c \in (0,\ 1)$ 是均衡时除土地以外的要素在总的要素份额中的比重；ψ_c 是除土地外资本所占的要素份额；ρ_c 衡量了其他要素对土地的替代弹性。

非房地产部门存在价格粘性，为此本书在模型中引入零售商。零售商先以批发价向非房地产企业购买其生产出的商品，随后将这些商品分类加工后再以零售价格 P_t 卖出，用 X_t 表示零售价格和批发价格之比（$X_t > 1$），那么非房地产企业批发商品给零售商的价格就为 P_t/X_t。与房地产企业一样，非房地产企业使用一单位资本得到的收益由资本的边际产出和资本价格变动的利得构成，这样非房地产资本的实际收益率为：

$$E_t R^k_{c,t+1} = \frac{E_t\left[\frac{1}{X_{t+1}} \frac{\partial Y_{c,t+1}}{\partial K_{c,t}} + (1-\delta) Q^k_{t+1}\right]}{Q^k_t} \tag{3.23}$$

$$\frac{\partial Y_{c,t}}{\partial K_{c,t-1}} = A_{c,t}\psi_c \left(\frac{\gamma_c Y_{c,t}}{K^{\psi_c}_{c,t-1} n^{1-\psi_c}_{c,t}}\right)^{1/\rho_c} K^{\psi_c-1}_{c,t-1} n^{1-\psi_c}_{c,t} \tag{3.24}$$

非房地产生产商成本最小化，可以得到下列方程：

$$w_{c,t} = \frac{1}{X_t} \frac{\partial Y_{c,t}}{\partial n_{c,t}} \tag{3.25}$$

$$\frac{\partial Y_{c,t}}{\partial n_{c,t}} = A_{c,t}(1-\psi_c)\left(\frac{\gamma_c Y_{c,t}}{K^{\psi_c}_{c,t-1} n^{1-\psi_c}_{c,t}}\right)^{1/\rho_c} K^{\psi_c}_{c,t-1} n^{-\psi_c}_{c,t} \tag{3.26}$$

$$P_{L,t} = \frac{1}{X_t} \frac{\partial Y_{c,t}}{\partial L_{c,t}} \tag{3.27}$$

$$\frac{\partial Y_{c,t}}{\partial L_{c,t-1}} = \left[\frac{(1-\gamma_c) Y_{c,t}}{L_{c,t-1}}\right]^{1/\rho_c} \tag{3.28}$$

非房地产企业 t 期末从投资中获得回报，同时偿还贷款利息，剩余的部分（$1-\phi_h$）用于消费，得到非房地产企业的净值积累方程：

$$NW_{c,t} = \phi_c\left[R^k_{c,t} Q^k_{t-1} K_{c,t-1} - R^n_{t-1} \frac{P_{t-1}}{P_t} f\left(\frac{Q^k_{t-1} K_{c,t-1}}{NW_{c,t-1}}\right)(Q^k_{t-1} K_{c,t-1} - NW_{c,t-1})\right] \tag{3.29}$$

（三）地方政府①

在前面的分析中，可以看到土地财政作为我国地方政府用来缓解财政收入不足和筹集建设发展资金的独特且重要的手段，其对宏观经济的影响主要表现在两个方面。一方面，分税制后财权上收，事权下移造成地方政府收支不平等，土地买卖获得大量收入正好可以用于解决地方政府所面临的财政收入短缺问题；另一方面，在晋升激励下，将获得的收入纷纷用于更能促进当地短期快速增长的行业或部门，从而出现地方政府往往轻消费服务性支出，重生产性支出的情况（饶晓辉和刘方，2014；尹恒和朱虹，2011）。基于该事实，下面本书对地方政府的行为进行刻画。

由于地方政府在“GDP 锦标赛”下，更多的支出意味着作用于 GDP 的资源力度更大，同时更多的财政收入和支出也是上级考核地方政府的重要指标，因此本书假定地方政府的目标函数为跨期追求政府支出规模的最大化，并进一步将地方政府的支出分解为消费型支出和生产型支出，由于生产型支出主要包括基本建设支出、企业挖潜改造资金、城市维护建设资金，这三类都可归类为基础设施建设支出（张军，2012），为了更直观的理解，本书以下将生产型支出统称为基础设施建设支出②。这样地方政府的目标函数为：

$$\max E_t \sum_{t=0}^{+\infty} \beta_d^t [(1-\gamma_d)\ln G_{c,t} + \gamma_d \ln G_{f,t}] \tag{3.30}$$

其中，γ_d 衡量了地方政府对基础设施建设支出的偏好程度，γ_d 越大代表地方政府越偏好基础设施建设支出。地方政府财政收入包括来源于卖地收入和中央政府的转移支付 Rev_t。LD_t 是每期卖出的土地。需要注意的是，由于政府消费直接购买最终生产的商品，而基础设施建设支出的边际

① 地方政府的土地财政行为是一个非常复杂的过程，其中需要考虑的因素很多（郑思齐等，2014），本书将“土地财政”这一过程简化为土地出让收入，这样地价直接影响地方政府的收入，这种简化的目的是让模型更加的简洁和直观，更细致地刻画“土地财政”行为，分析地方政府各种行为在这其中扮演的角色，将是未来深入研究的重要方向。

② 其他行政管理费、文教、科学和卫生事业费等其他费用定义为消费型支出。

成本和收益不断下降，因此本书引入调整成本，这样政府的预算约束可以写成下面的形式：

$$G_{c,t}+P_{f,t}G_{f,t}+\frac{\phi_g}{2}\left(\frac{G_{f,t}-G_{f,t-1}}{G_{f,t-1}}\right)^2 G_{f,t-1}\leqslant P_{L,t}LD_t+Rev_t \tag{3.31}$$

与直接的消费型支出不同，基础设施建设支出需要土地和资本品，对应的生产函数是：

$$G_{f,t}=K_{d,t}^{\alpha_d}LD_{d,t}^{1-\alpha_d} \tag{3.32}$$

α_d 是基础设施建设中资本投入在总的要素投入中的比重。一单位基础设施建设相对应的支出成本为①：

$$P_{f,t}=MC_{f,t}=\alpha_d^{-\alpha_d}(1-\alpha_d)^{-(1-\alpha_d)}(R_{d,t+1}^k)^{\alpha_d}(P_{L,t})^{1-\alpha_d} \tag{3.33}$$

$$R_{d,t+1}^k=\alpha_d P_{f,t}K_{d,t}^{\alpha_d-1}LD_{d,t}^{1-\alpha_d} \tag{3.34}$$

$$P_{L,t}=(1-\alpha_d)P_{f,t}K_{d,t}^{\alpha_d}LD_{d,t}^{-\alpha_d} \tag{3.35}$$

定义拉格朗日乘子为 $\lambda_{g,t}$，得到地方政府选择政府消费和基础设施建设投资的最优性条件：

$$\lambda_{g,t}=\gamma_d/G_{c,t} \tag{3.36}$$

$$\gamma_d/G_{f,t}=\lambda_{g,t}P_{f,t}\left[1+\phi_g\left(\frac{G_{f,t}-G_{f,t-1}}{G_{f,t-1}}\right)\right]+\lambda_{g,t+1}\phi_g P_{f,t+1}\left[\frac{1}{2}\left(\frac{G_{f,t}-G_{f,t-1}}{G_{f,t-1}}\right)^2-\frac{G_{f,t+1}}{G_{f,t}}\left(\frac{G_{f,t+1}-G_{f,t}}{G_{f,t}}\right)\right]=0 \tag{3.37}$$

式（3.36）表明，$\lambda_{g,t}$是政府消费支出 $G_{c,t}$的边际效应；式（3.37）左边是政府基建支出 $G_{f,t}$的边际效用，中间是政府基建支出 $G_{f,t}$的边际成本。式（3.36）、式（3.37）和政府预算约束方程（式 3.31）共同决定了政府消费支出和基建支出的动态路径。

（四）资本品制造商

参考一系列标准的 DSGE 文献关于资本品制造商的刻画（Christiano et

① 相应的求解过程见附录 2。

al.，2007；Christensen and Dib，2008）。假设每期企业都会将折旧剩下的资本品 $(1-\delta)K_t$ 进行变卖，而资本品制造商从企业处购入折旧后的资本并结合新增加的投资 I_t 来生产最终的资本品，而最终的资本品将在下一期进入企业的生产。而在此过程中，本书假设存在着一定的调整成本，借鉴亚科维罗（2005）的工作，可以得到资本投资的累积方程如下：

$$K_{t+1}=(1-\delta)K_t+I_t-\frac{\phi_i}{2}\left(\frac{I_t}{K_t}-\delta\right)^2K_t \tag{3.38}$$

对于资本品制造商而言，其需要解决优化的问题是最大化自身的利润，所受到约束条件是上述的资本投资累积方程。具体而言，其优化问题可以表述为：

$$\max_{I_t}E_0\sum_{t=0}^{\infty}\Lambda_t(Q_t^kK_{t+1}-Q_t^kK_t-I_t) \tag{3.39}$$

其中，$\Lambda_t=\beta^t(C_t/C_0)^{-1}$ 是折现因子，将式（3.38）代入然后对 I_t 求导，可得到关于资本品的价格决定方程：

$$Q_t^k=\frac{1}{1-\phi_i(I_t/K_t-\delta)} \tag{3.40}$$

从式（3.40）可以看出，资本价格 Q_t^k 是关于投资 I_t 的单调递增函数，即更多的投资需求会提高资本的价格，而投资需求的下降将导致资本价格的下降。

（五）零售商

由上可知，考虑到非房地产部门存在价格粘性，本书需要在模型中引入零售商。参考克里斯坦森和迪布（Christensen and Dib，2008）、梅冬州和赵晓军（2015）的设定，零售商在竞争的市场上从非房地产企业手中购买商品后，将产品分类形成差异，居民购买由这些差异商品构成的复合商品。这些零售商，每期只有 $1-\theta$ 比例的零售商可以调整价格（Calvo，1983），在均衡通胀为零，对数线性化展开得到新凯恩斯菲利普斯曲线，本书在菲利普斯曲线的右边加入一个成本推动的冲击 mcs_t 作为经济周期中可能的另一个冲击（何青等，2015；Iacoviello and Neri，2010），得到：

$$\pi_t = \beta E_t \pi_{t+1} - \lambda x_t + mcs_t, \quad \lambda = (1-\theta)(1-\beta\theta)/\theta \tag{3.41}$$

$$\pi_t = P_t / P_{t-1} - 1$$

（六）市场出清条件与宏观均衡

中央政府每期利用家庭上缴的一次性总赋税和货币的发行，为自己对地方政府的转移支付融资，保持了预算的平衡：

$$M_t - M_{t-1} + T_t = \mathrm{Rev}_t \tag{3.42}$$

中央政府制定货币政策，假定通过调节短期利率来应对经济的变动，货币政策满足 Taylor 规则：

$$\frac{R_t^n}{R} = \left(\frac{R_{t-1}^n}{R}\right)^{\rho_r} \left(\frac{GDP_t}{GDP}\right)^{\rho_y} \left(\frac{\pi_t}{\pi}\right)^{\rho_\pi} \varepsilon_{m,t} \tag{3.43}$$

其中，R、GDP 和 π 是稳态的利率、总产出水平和通货膨胀，ρ_r 反映了上期货币政策对现在的影响，ρ_y 和 ρ_π 分别是名义利率对 GDP 和通货膨胀的反映系数。$\varepsilon_{m,t}$是货币政策冲击，其标准差为 $\delta_{m,t}$。GDP 由房地产和非房地产部门的产出构成：

$$GDP_t = Y_{c,t} + \left(\frac{q_{h,t}}{P_t}\right) Y_{h,t} \tag{3.44}$$

市场均衡时，各个市场均满足出清条件。其中，非房地产部门生产的商品用于居民消费，投资和政府消费型支出，这样非房地产部门市场出清条件为：

$$Y_{c,t} = C_t + I_t + G_{c,t} \tag{3.45}$$

房地产部门的产出用于满足居民新增的购房需求，住房需求由式（3.7）决定，对应市场出清条件为：

$$Y_h = h_t - (1-\delta) h_{t-1} \tag{3.46}$$

地方政府提供土地，土地作为房地产企业、非房地产企业和政府基础设施建设支出所必需的生产要素，对应的土地需求分别是式（3.16）、式（3.27）和式（3.35），土地市场对应的出清条件为：

$$L_{c,t} + L_{h,t} + L_{d,t} = LD_t \tag{3.47}$$

资本品制造商生产资本品，房地产企业、非房地产企业和政府基础设施建设支出对应的资本需求方程分别为式（3.12）、式（3.23）和式（3.34），这样资本品市场对应的出清条件为：

$$K_{c,t}+K_{h,t}+K_{d,t}=K_t \tag{3.48}$$

本书参考亚科维罗和内里（2010）和刘铮等（2013）的研究，引入了7个冲击，分别是房地产部门的技术冲击 $A_{h,t}$，非房地产部门的技术冲击 $A_{c,t}$，住房偏好冲击 j_t，边际成本冲击 mcs_t，政府支出冲击 Rev_t，土地供给冲击 LD_t 和货币政策冲击 $\varepsilon_{m,t}$。除货币政策冲击外，其他冲击均服从下面的 AR(1) 过程，具体形式如下：

$$\ln A_{h,t}-\ln A_h=\rho_A^h(\ln A_{h,t-1}-\ln A_h)+\varepsilon_{A,t}^h,\ \rho_A^h\in(0,\ 1),\ \varepsilon_{A,t}^h\sim N(0,\ {\delta_{A,t}^h}^2) \tag{3.49}$$

$$\ln A_{c,t}-\ln A_c=\rho_A^c(\ln A_{c,t-1}-\ln A_c)+\varepsilon_{A,t}^c,\ \rho_A^c\in(0,\ 1),\ \varepsilon_{A,t}^c\sim N(0,\ {\delta_{A,t}^c}^2) \tag{3.50}$$

$$\ln j_t-\ln j=\rho_j(\ln j_{t-1}-\ln j)+\varepsilon_{j,t},\ \rho_j\in(0,\ 1),\ \varepsilon_{j,t}\sim N(0,\ \delta_{j,t}^2) \tag{3.51}$$

$$mcs_t=\rho_{mcs}mcs_{t-1}+\varepsilon_{mcs,t},\ \rho_{mcs}\in(0,\ 1),\ \varepsilon_{mcs,t}\sim N(0,\ \delta_{mcs,t}^2) \tag{3.52}$$

$$\begin{aligned}\ln \mathrm{Rev}_t-\ln \mathrm{Rev}&=\rho_A(\ln \mathrm{Rev}_{t-1}-\ln \mathrm{Rev})+\varepsilon_{\mathrm{Rev},t},\\ \rho_{\mathrm{Rev}}&\in(0,\ 1),\ \varepsilon_{\mathrm{Rev},t}\sim N(0,\ \delta_{\mathrm{Rev},t}^2)\end{aligned} \tag{3.53}$$

$$\begin{aligned}\ln LD_t-\ln LD&=\rho_A(\ln LD_{t-1}-\ln LD)+\varepsilon_{LD,t},\\ \rho_{LD}&\in(0,\ 1),\ \varepsilon_{\mathrm{Rev},t}\sim N(0,\ \delta_{LD,t}^2)\end{aligned} \tag{3.54}$$

第四节　参数校准

参考 DSGE 模型求解的一般步骤（Uhlig，1995），本书对模型的一阶条件进行对数线性化，然后对数值模拟中相应的参数进行赋值和估计。本书在 BGG 的“金融加速器”模型的基础上引入了房地产和非房地产部门，同时还引入地方政府的土地财政行为。对此，在下面的参数赋值时，参考亚科维罗和内里（2010）的研究，根据参数的性质和分析的需要，本书将其分成三部分：首先，对于标准的参数，本书一方面借鉴伯南克等（1999）、德维尔等（Devereux et al.，2006）和格特勒等（Gertler et al.，2007）金融加速器模型的标准设定；另一方面，对于房地产和非房地产部门引入的参数设定问题，本书参考亚科维罗和内里（2010）和兰伯蒂尼等（Lambertini et al.，2013）的研究。其次，对于模型中的结构性参数，如房地产投资占总投资的比重，房地产部门产出在整个 GDP 中的比重等指标，本书利用近几年中国的宏观数据进行估计。最后，对于无法确定的参数，尤其是各个冲击的标准差和自相关系数，本书参考之前的研究给出先验分布，然后利用中国宏观经济变量的时间序列数据，采用贝叶斯方法进行估计。

参数 β 和 β_G 分别是居民和地方政府主观贴现率，本书均取 0.99[①]；资本品的年折旧率一般为 0.1，这样资本品的季度折旧率取 0.025；劳动力供给弹性的倒数 φ 一般在 1 到 2 之间，本书取 1.3；价格粘性的参数 θ 本书设为 0.75，这些参数的取值都和标准的 DSGE 文献相一致。为了简化处理，家庭部门的风险规避系数取 1，投资需求对边际产出的参数 ϖ 取 0.81，房地产部门和非房地产部门的消费率（$1-\phi_h$）和（$1-\phi_c$）均取 0.03，这些参数的取值均来自经典的金融加速器模型（Bernanke et al.，1999；Devereux et al.，2006；Gertler et al.，2007）。参考亚科维罗和内里（2010）对于房地产部门和非房地产部门的设定，劳动力在两个部门的异质性参数 ξ 取 0.8，住房偏好的均值 j 取 0.2（何青等，2015）。对于非房地产部门，不失一般性，土地对其他要素的替代弹性 ρ_c 取 1；而对于房地产部门，由于土地的专用性强，因此土地对其他要素的替代弹性 ρ_h 取 0.1[②]。

---

① 无风险的季度利率为 $r^n=1/\beta$。

② 实际上只要这些数值取值在合理的范围内，它们的取值不影响模型数值模拟的结论。

对于结构性的参数，结合理论模型得到的最优性条件，本书求出模型的稳态值，并将稳态点的变量用外生参数表示出来，再根据中国的现实数据得到相应变量的值，进而反推出相应的参数取值。参考许宪春等（2015）的研究，无论从支出法还是收入法，2008年至2019年，房地产产出占GDP的份额一直在13%到15%左右，本书取均值14%；固定资产投资占GDP的比例为45%到53%，本书取50%；2008年至2019年，房地产投资占总投资的比例一直维持在19%附近，对此模型中房地产投资占总投资的比例取19%；参考白重恩和钱震杰（2010）的研究，劳动要素回报占总要素回报的比重取值为45%。根据张军（2012）的研究，基础设施投资占全社会固定资产投资的比例为26%，占GDP的比例为13%，政府财政支出占GDP的比例一直维持在26%的比例；基于此，在基准的模型中，均衡时政府用于基础设施建设支出的比重 γ_d 取为0.5。

根据这些基本事实和模型的均衡条件，可以倒推出非房地产部门土地的份额（$1-\gamma_c$）为0.06，除土地外生产函数中资本品的份额 ψ_c 为0.3；房地产部门土地的份额（$1-\gamma_h$）为0.3，除土地外生产函数中资本品的份额 ψ_h 为0.4，地方政府基础设施建设中土地的份额（$1-\alpha_d$）为10%。

需要强调的是，考虑到模型的结果较为定性，在后文的脉冲分析中，各个参数按照上述取值会得到一个结果，本书将该结果作为一个参考，并调整那些影响模型结论的参数来进行敏感性（Robust）分析，通过与基准的比较来补充模型的定性讨论。例如，在数值模拟时，为了分析政府支出偏好的影响，本书比较了 γ_d 分别取20%、50%和80%的结果。另外，风险溢价弹性系数一般设定在0到0.2之间①，风险溢价越高，杠杆率上升一个单位，外部融资风险溢价上升越多，当等于0时金融加速器机制关闭。为了比较金融加速器效应的存在与否及其强弱不同对整个经济的影响，本书也分别取为0、0.05和0.1来进行对比。主要参数取值如表3－1所示。

---

① 具体参考塞斯佩德等（2004）、德维尔等（2006）和格特勒等（2007）的研究。

表 3-1　　主要的参数赋值

参数含义	参数	取值	参数含义	参数	取值
居民的贴现因子	β	0.99	两部门劳动的异质性	ξ	0.8
地方政府的贴现因子	β_G	0.99	非房地产部门资本份额	ψ_c	0.3
劳动供给弹性的倒数	φ	1.3	非房地产部门土地份额	$(1-\gamma_c)$	0.06
投资需求对边际产出的参数	ϖ	0.81	非房地产部门土地对其他要素的替代弹性	ρ_c	1
资本品的季度折旧率	δ	0.025	房地产部门资本份额	ψ_h	0.4
住房偏好的均值	j	0.2	房地产部门土地份额	$(1-\gamma_h)$	0.3
政府生产型支出中土地的份额	α_d	0.1	房地产部门土地对其他要素的替代弹性	ρ_h	0.1

在下面对各个变量的方差分解中，需要估计不同冲击的自相关系数和冲击的标准差。本书搜集和整理中国房地产市场和宏观经济波动的季度数据，采用基于贝叶斯方法对其余的参数和冲击进行估计。基本数据时间跨度从 2008 年第 1 季度至 2016 年第 3 季度，所有的数据均来自 Wind 数据库。在指标的选取方面，本书以 70 个大中城市新建住宅价格指数来衡量房价，利用银行间拆借市场利率来衡量资金的实际成本，100 个大中城市供应土地挂牌均价来衡量土地价格。其他的数据还包括实际 GDP、政府支出、消费价格指数、房地产部门投资增速和固定资产投资增速。本书利用 Eviews 中 X12 的方法对所有的实际变量进行季节性调整，并采用 HP 滤波去除时间趋势①。货币政策参数的先验均值取自利用历史数据最小二乘估计的结果，两个部门风险溢价对杠杆率的反应系数均服从均值为 0.05、标准差为 0.1 的正态分布。参考何青等（2015）的研究，为了充分反映先验分布的不确定性，其他的政策冲击的自相关系数的先验分布均设为均值为 0.8、标准差为 0.1 的贝塔分布。各个冲击的标准差的先验分布在数量级

① 本书进行了 40000 次的迭代，去掉前 10000 次模拟值。

上参考亚科维罗和内里（2010）的估计结果①，相应变量的后验估计结果如表3－2所示。估计结果表明，不同冲击在持续性和波动性上存在很大的差异。政府供给冲击的持续性较低，土地供给冲击和货币政策冲击的波动相对较小，这与亚科维罗和内里（2010）和何青等（2015）的估计结果相似。

表3－2　主要参数的贝叶斯估计结果

冲击	参数	后验分布		
		均值	10%	90%
货币政策泰勒规则	ρ_r	0.7932	0.6315	0.9477
	ρ_π	0.3883	0.2414	0.5176
风险溢价的弹性	房地产	0.0990	0.0152	0.1811
	非房地产	0.1466	0.0587	0.2317
房地产部门技术	自相关系数	0.8114	0.6722	0.9561
	标准差	0.0215	0.0118	0.0342
非房地产部门技术	自相关系数	0.7992	0.6121	0.9570
	标准差	0.0111	－0.0068	0.0325
住房偏好	自相关系数	0.8770	0.7986	0.9558
	标准差	0.0546	0.0405	0.0712
土地供给	自相关系数	0.8224	0.6948	0.9574
	标准差	0.0143	0.0010	0.0287
除土地以外的政府支出	自相关系数	0.4662	0.2890	0.6320
	标准差	0.0519	0.0435	0.0579
成本冲击	自相关系数	0.8773	0.7884	0.9550
	标准差	0.0298	0.0235	0.0363
货币政策	标准差	0.0047	0.0026	0.0067

① 例如，货币政策冲击和成本冲击均值取0.001，方差取0.01；其他的标准差均取均值为0.01，方差为0.1的正态分布。

第五节　脉冲分析和方差分解

一、脉冲分析

在下面的脉冲分析中，本书首先讨论房地产需求冲击导致的房价变动对经济的影响路径和作用机理，在此基础上，本书选择有代表性的货币政策和土地供给冲击，进行反事实实验分析。下面的模拟图中，水平坐标为时间，单位是季度；垂直坐标为相应变量偏离均衡值的百分比。为了便于比较，在下面的脉冲分析中，本书均以外生冲击偏离均衡值1%的变动（以下简称为一个单位）来观察相应经济变量的动态路径。

首先观察在一个单位的房地产需求冲击直接造成房价的变动下，其他经济变量所受影响的脉冲反应，如图3－7所示。从左至右、从上到下观察该图，一个单位正向的房地产需求冲击拉升房价约0.12个百分点，这直接引起房地产部门投资和产出的扩张。而由于房地产部门生产需要土地，此时生产的扩张提高了对土地的需求，土地价格随之上升。土地价格的上升，使得政府的收入增加，增加的收入被用于基础设施建设支出和政府消费，由此带动了基础设施投资的增加。房地产部门的投资和基础设施投资的增加带动了整个投资的增长，由此带动GDP的规模上升。但需要提到的是，房价的上升降低了居民的购买力，对居民的消费存在明显的挤出效应，导致居民消费的下降，降低了居民的福利。在上面的基准模型中，可以看到外部冲击导致的房价上升0.12个单位，GDP上升的幅度达到0.2个单位[①]，两者一

① 对应的经济意义是指偏好冲击 j_t 偏离均衡值1%，导致房价偏离均衡值上升0.12%，最终导致GDP偏离均衡值0.2%。下面对脉冲分析数值的解释与此类似。

方面呈现同向变动；另一方面存在很强的相关性和敏感性。将脉冲图与第二节事实描述进行对比，可以看到模型模拟的传导路径与根据基本事实总结的传导路径非常契合。

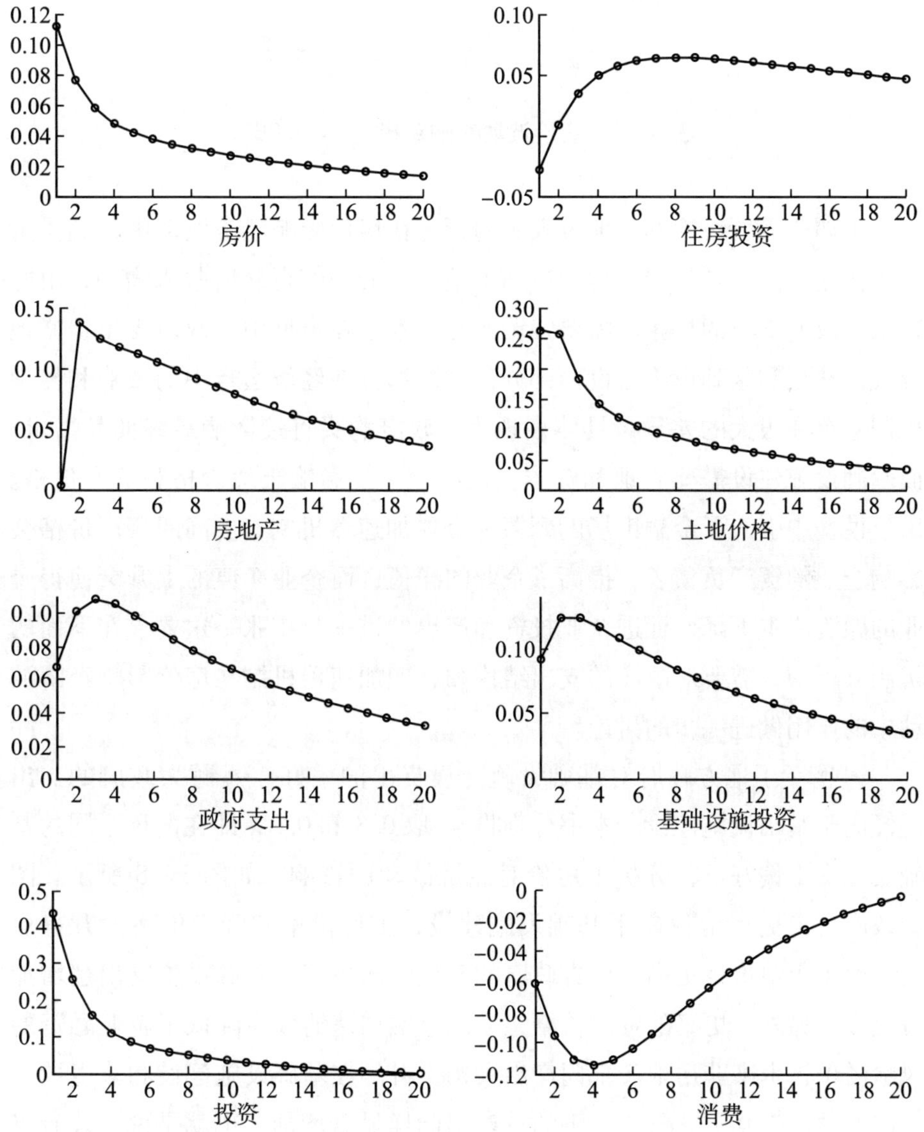

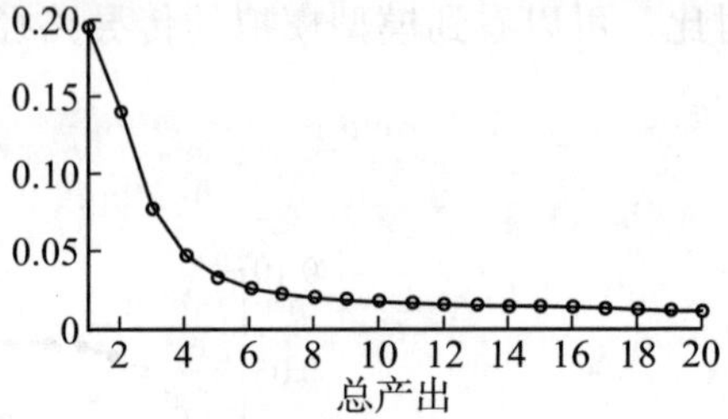

图 3-7 房价波动影响路径（u=0.05）

正如前面所讨论的，地方政府的行为在房价影响经济波动中起到了重要的作用，这主要是因为房价带动了地价上升，使得政府收入增加，由此带来了政府支出的扩张。需要强调的是，本书在模型中将政府支出粗略地分成消费型和基础设施建设两部分，这两部分在经济运行中的影响和传导机制上存在很大的差异，具体表现为：政府购买直接影响最终商品需求，而基础设施建设需要土地和资本，这会进一步影响土地价格和资产价格。由于模型中引入了金融市场的摩擦和金融加速器机制，更高的资产价格会影响企业的资产负债表，提高了企业的净值；而企业净值的上升会使得企业的融资成本下降，促进企业投资和产出的进一步扩张。这要求在下面的机制分析中，需要对政府的支出结构和金融加速器机制在房价影响经济波动中的作用做进一步的讨论。

γ_d 衡量了地方政府对基础设施建设支出的偏好，γ_d 越大政府的支出越倾向于基础设施建设。本书分别将 γ_d 取 0.8 和 0.2，即在两种不同的基础设施支出偏好下，分析了房价对经济波动的影响，如图 3-8 所示。图中政府支出更多地偏向于基础设施建设，土地价格和资产价格上升得更高。由于土地价格更高，地方政府的卖地收入更多，基础设施支出也增加得更多。另外，更高的资产价格，通过金融加速器效应降低了企业融资的风险溢价，带来非房地产部门产出大幅上升。在基础设施建设和非房地产部门的共同扩张下，整个经济的总产出同样显著增加。也就是说，政府将更多的支出用于基础设施建设所带来的产出扩张要超过政府直接的消费型支出下带来的产出扩张。但必须提到的是，无论是政府消费还是基础设施建设支出，都对居民消费存在非常明显的挤出效应。

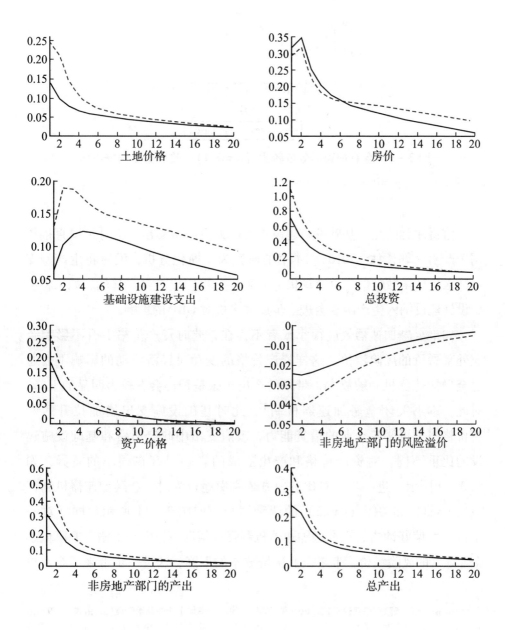

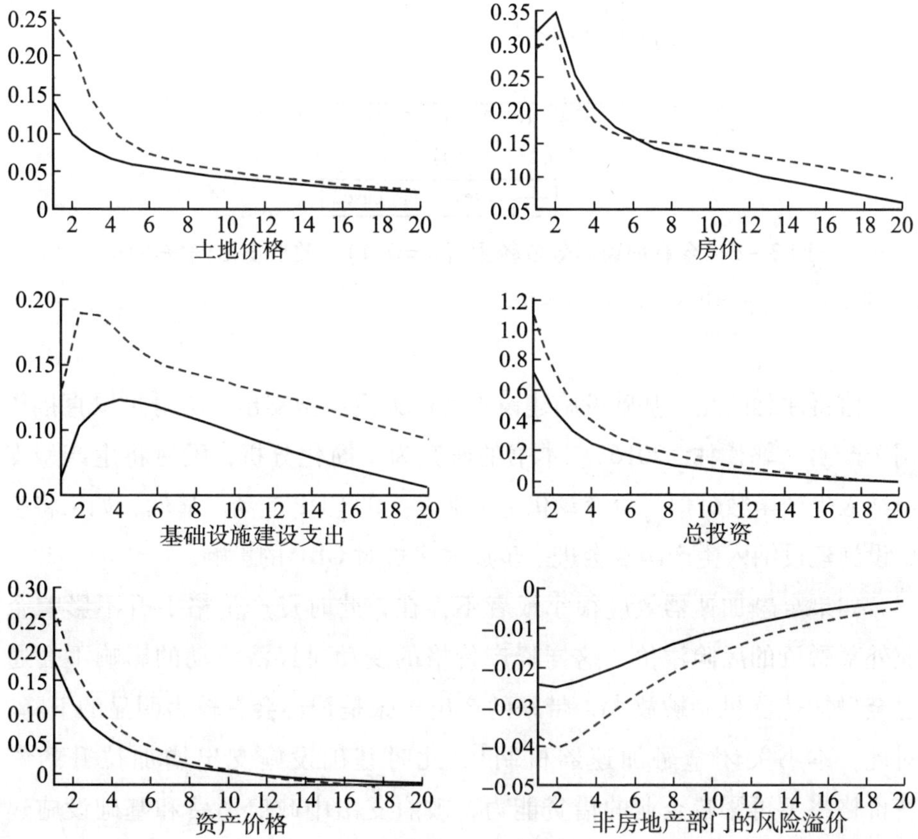

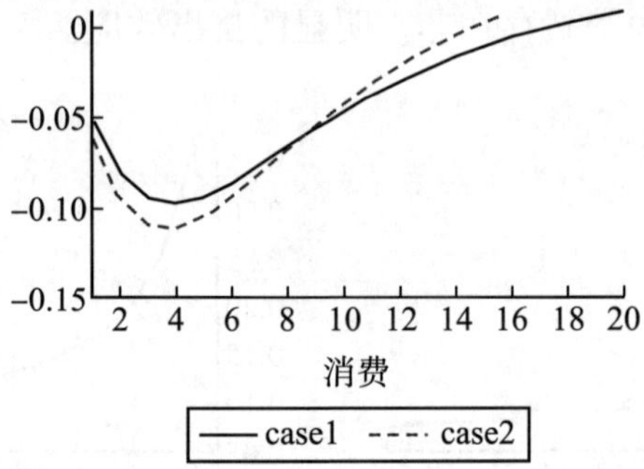

图 3-8 金融加速器效应较强（$u=0.1$），政府支出偏好不同

注：case1，$\gamma_d=0.8$；case2，$\gamma_d=0.2$。

值得注意的是，基础设施建设支出作为生产型支出，本身可以直接作用于产出（郭长林，2016）。本书的研究为了简化分析，没有将生产型支出纳入生产函数，但房价变动仍造成非常大的GDP变动。显然，如果将基础设施建设纳入生产函数会进一步放大房价对GDP的影响。

如果金融加速器效应很小或者不存在，此时资产价格上升不影响企业外部融资的风险溢价，这样资产价格的变动对经济波动的影响不会通过金融加速器机制被放大，带来的产出扩张是否还会有较为明显的下降？对此，本书关闭金融加速器机制①，此时基础设施支出增加拉升的资产价格将不再影响企业的借贷能力，政府支出中政府消费和基础设施建设的比重不同，对资产价格和产出造成的影响只存在很小的差异，如图3-9所示。进一步，对比有地方政府卖地行为时，金融加速器机制存在（case3）和关闭（case2）的两种情形，如图3-11所示。同样对一单位住房偏好冲击，在金融加速器机制强的情况下，资产价格上升降低了企业融资的风险溢价，带来企业融资成本的下降，这进一步带来了企业投

① 模型中企业以风险利率获得贷款，风险利率等于无风险利率加企业外部融资溢价，由式（3.9）给出。当风险溢价弹性系数 u 取0时，企业净值的变化不影响企业外部融资成本，企业贷款利率等于无风险利率，此时金融加速器效应关闭。

资和产出的扩张。而如果不存在金融加速器，这种资产负债表效应不再成立，此时资产价格带来的产出上升由存在金融加速器效应时的 0.4% 下降至0.21%，降幅接近 50%。也就是说金融加速器机制的存在放大了外部冲击导致的资产价格上升对经济波动的影响，同时由于政府消费和基础设施建设支出的不同，也放大了政府支出结构对经济波动的影响。

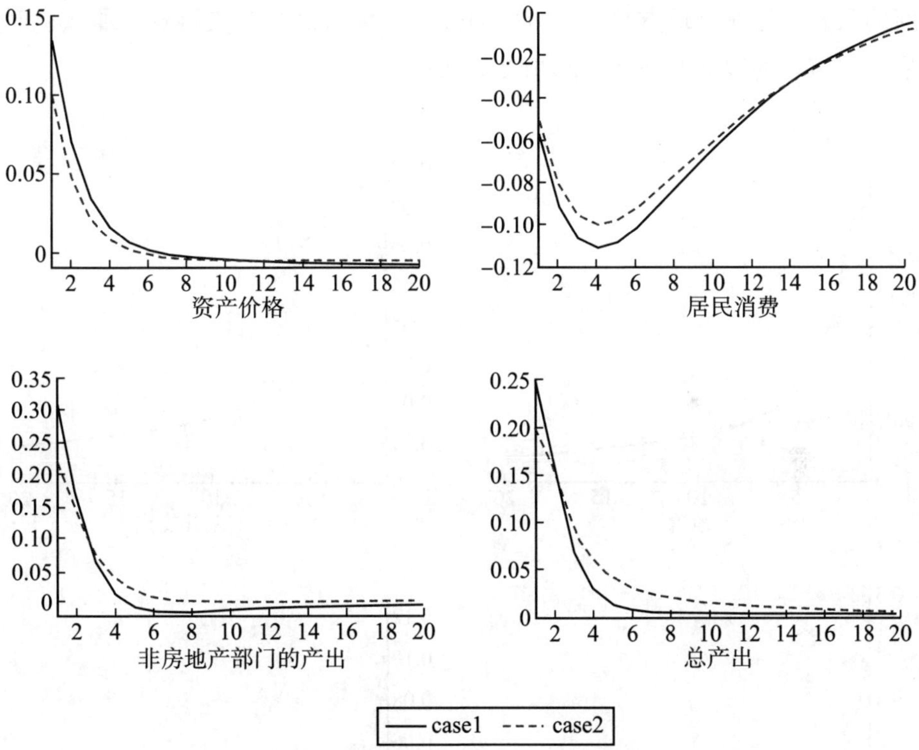

图3－9　无金融加速器（$u=0$），政府支出结构不同

注：case1，$\gamma_d=0.8$；case2，$\gamma_d=0.2$。

上面的分析强调了地方政府偏向基础设施的支出行为扩大了房价对经济波动的影响，而没有讨论直接关系到地方政府支出规模的地方政府卖地行为所带来的影响。如果地方政府的卖地收入中只有部分比例可用于地方政府开支，那么这是否可以削弱房价对 GDP 的影响？对此，本书分析和对比了地方政府卖地收入全部（case1）和部分（case2）可以用于开支时，主要经济变量的动态路径，如图3－10所示。图中随着卖地收入可用于支出的比例下降，同样的地价上升带来的政府基建支出增幅也下降。基建支出变动的差异，进而会对总投资和资本价格产生影响，并最终影响总消费和总产出。也就是说，卖地收入可用于地方政府开支的比例越低，房价和地价变动造成的产出和投资波动越小。进一步的，如果房价不影响地方政府的收入，也就是地方政府不可以通过卖地为自己的开支融资，那么此时房地产市场的波动对经济的影响又会如何？

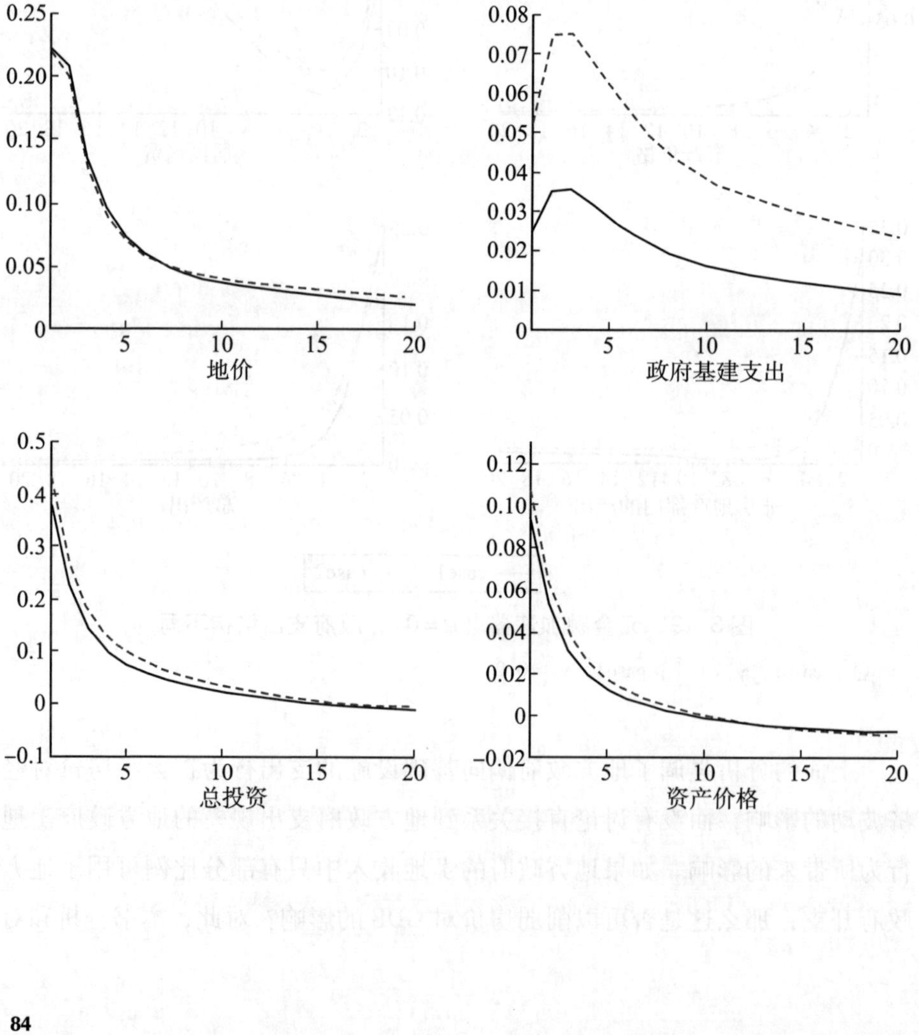

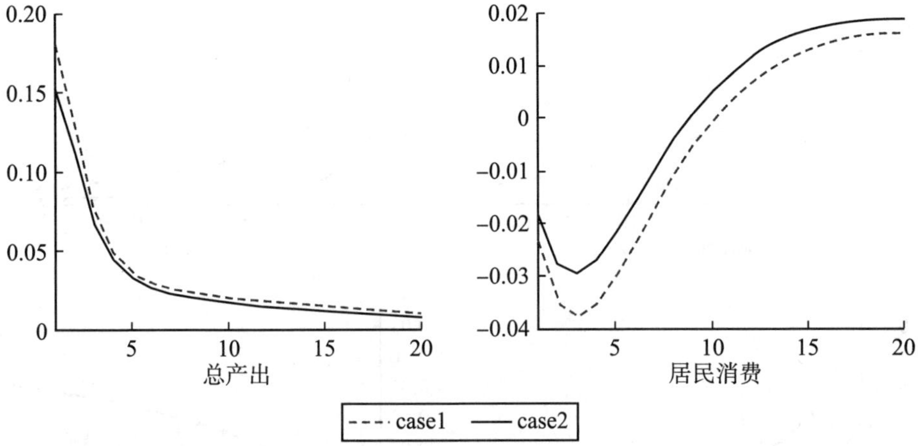

图 3-10　不同比例卖地收入用于政府开支下，偏好冲击下的经济波动

注：case1，卖地收入完全用于地方政府开支；case2，卖地收入中 70% 用于地方政府开支。

对此，本书将地方政府卖地行为从模型中剔除（case1），并将其与存在地方政府卖地行为的模型进行对比，可以看到由于土地价格不再影响地方政府的财政收入和支出，此时房价变动导致的产出波动出现大幅下降，如图 3-11 所示。同样的一单位外生冲击，如果存在卖地行为和金融加速器效应，GDP 上升 0.4 个百分点；而不存在卖地行为和金融加速器效应时，GDP 仅上升 0.1 个百分点。相比于存在卖地行为，产出的下降幅度超过了 75%，此时资产价格和土地价格的上升幅度都出现了明显的下降。

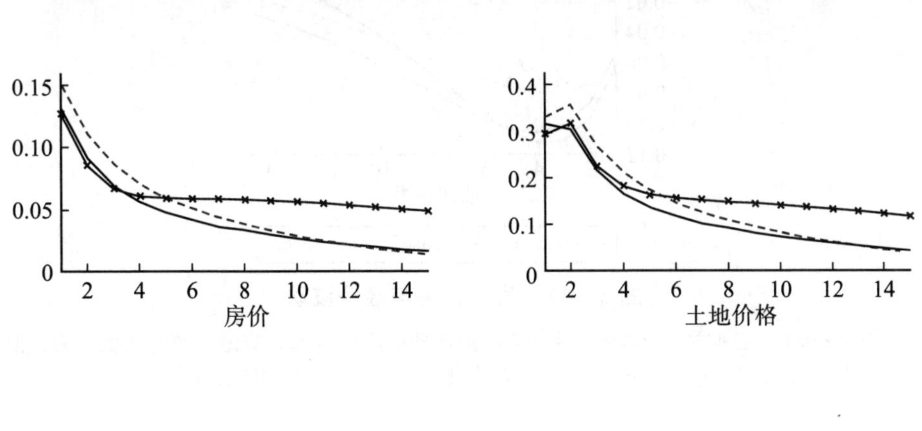

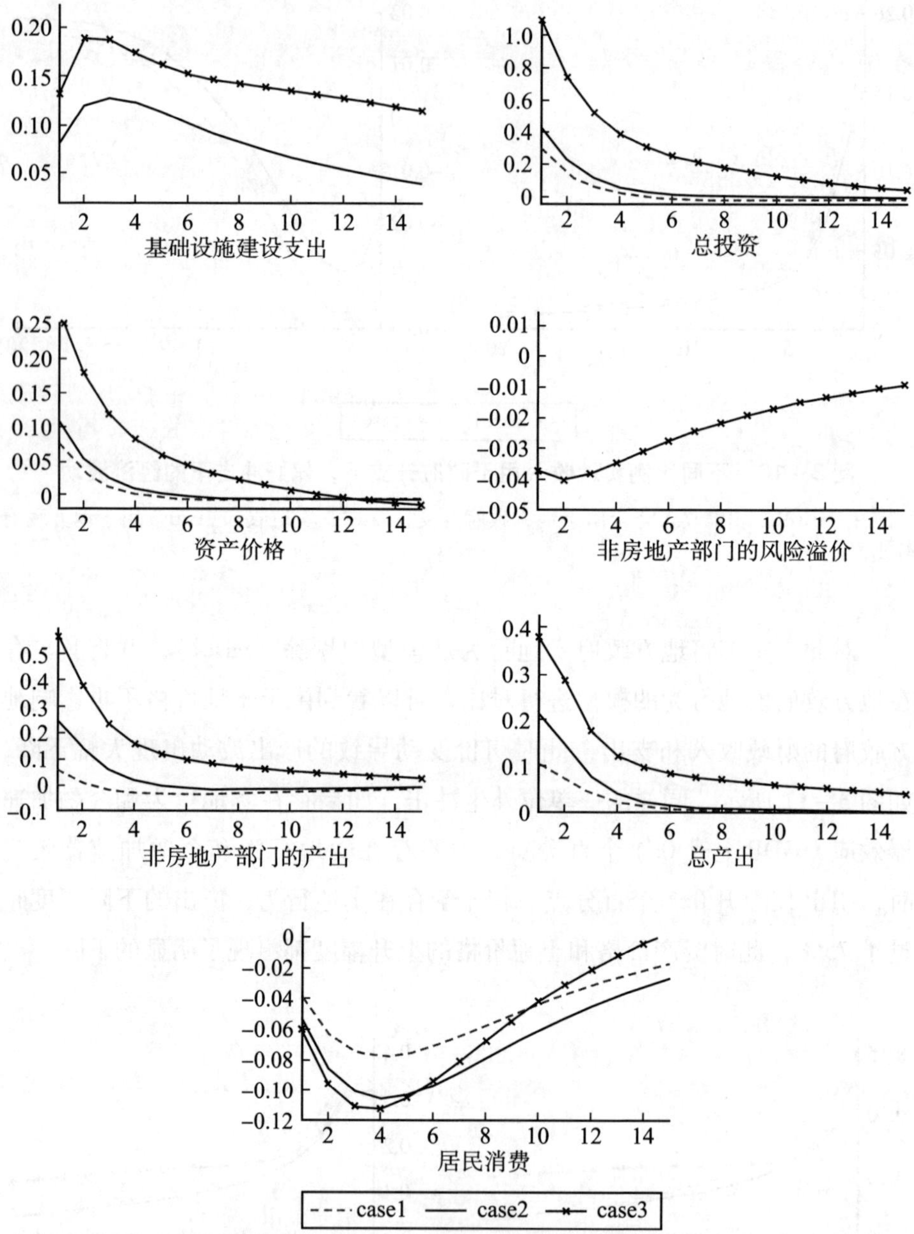

图 3－11　卖地行为与经济波动

注：case1，无地方政府卖地行为和金融加速器效应；case2，有地方政府卖地行为，但无金融加速器效应，$\gamma_d=0$；case3，有地方政府卖地行为和金融加速器效应。

对上面的机制进行分析，可以看到房价变动对 GDP 波动产生巨大影响是下面几个关键因素共同作用的结果：地方政府通过卖地为自己的开支融资，地方政府偏向基础设施的支出结构和金融市场不完备所带来的金融加速器效应。在这三个因素中，地方政府的卖地融资行为是基础，它将房价的变动与政府的收入直接联系起来，使得房价周期带动了地方政府的支出周期；地方政府的支出偏好和金融加速器效应则是进一步的放大机制，将房价带来的财政支出对投资和产出的影响进一步放大。

需要说明的是，上面的脉冲分析中，外部冲击导致房价上升进而使得基础设施支出上升，并不是来说明基础设施上升是房价导致的。与其他冲击一样，基建支出等政府支出增加的外生冲击也会拉升房价和地价，这又会通过“土地财政”进一步拉升基建支出。观察地方政府支出增加对经济的影响，如图 3 - 12 所示，可以看到地方政府支出的增加，带来了房价和地价的上升；而房价和地价的上升，使得地方政府收入上升，由此进一步导致基建支出上升。同时政府支出增加带来资产价格的上升，通过金融加速器效应，使得非房地产部门的投资也增加，最终导致总投资和总产出大幅上升，放大了最开始的冲击。随后，本书将地方政府的“土地财政”行为从模型中剔除，如图 3 - 13 所示，可以看到政府支出增加也拉升了房价和地价，但相比于存在“土地财政”的情况，它带来的基建支出增加的幅度有所下降，同时去掉金融加速器效应后，资本价格的上升提高了企业的成本，进一步挤出了投资，导致总投资和总产出增幅大幅下降。

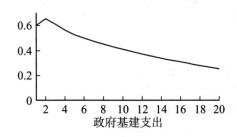

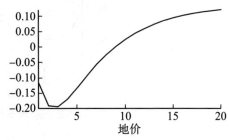

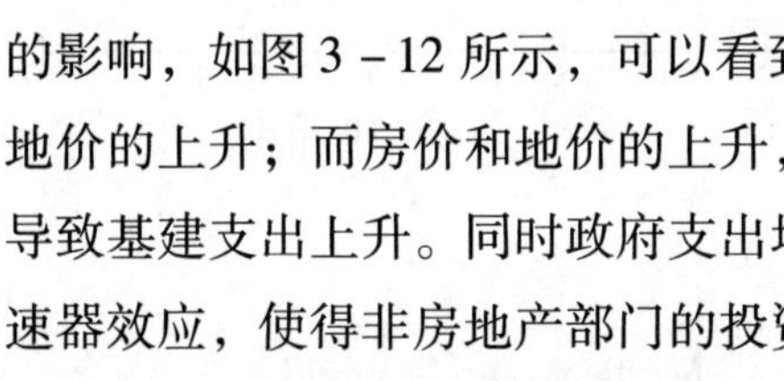

政府基建支出

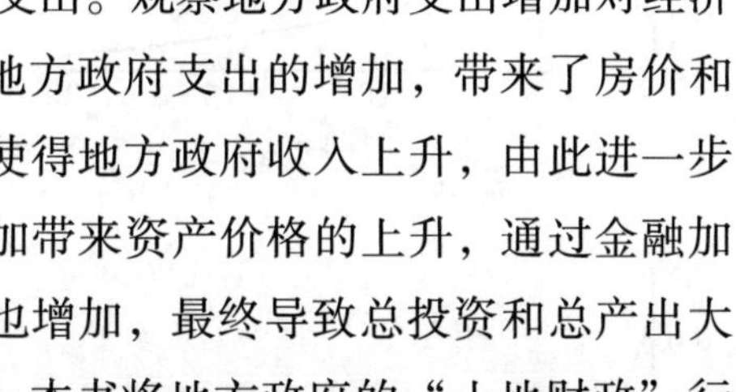

地价

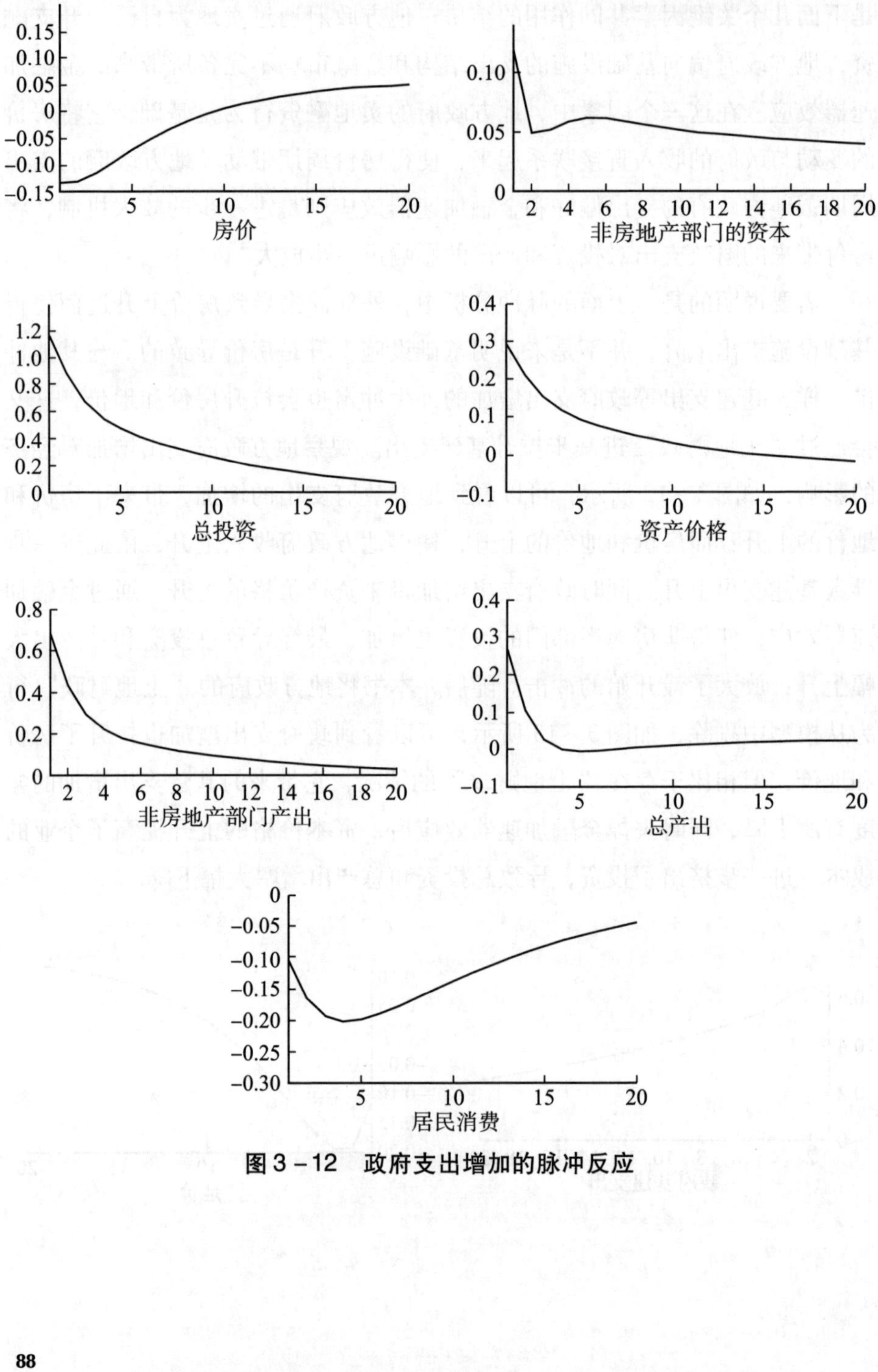

图3－12　政府支出增加的脉冲反应

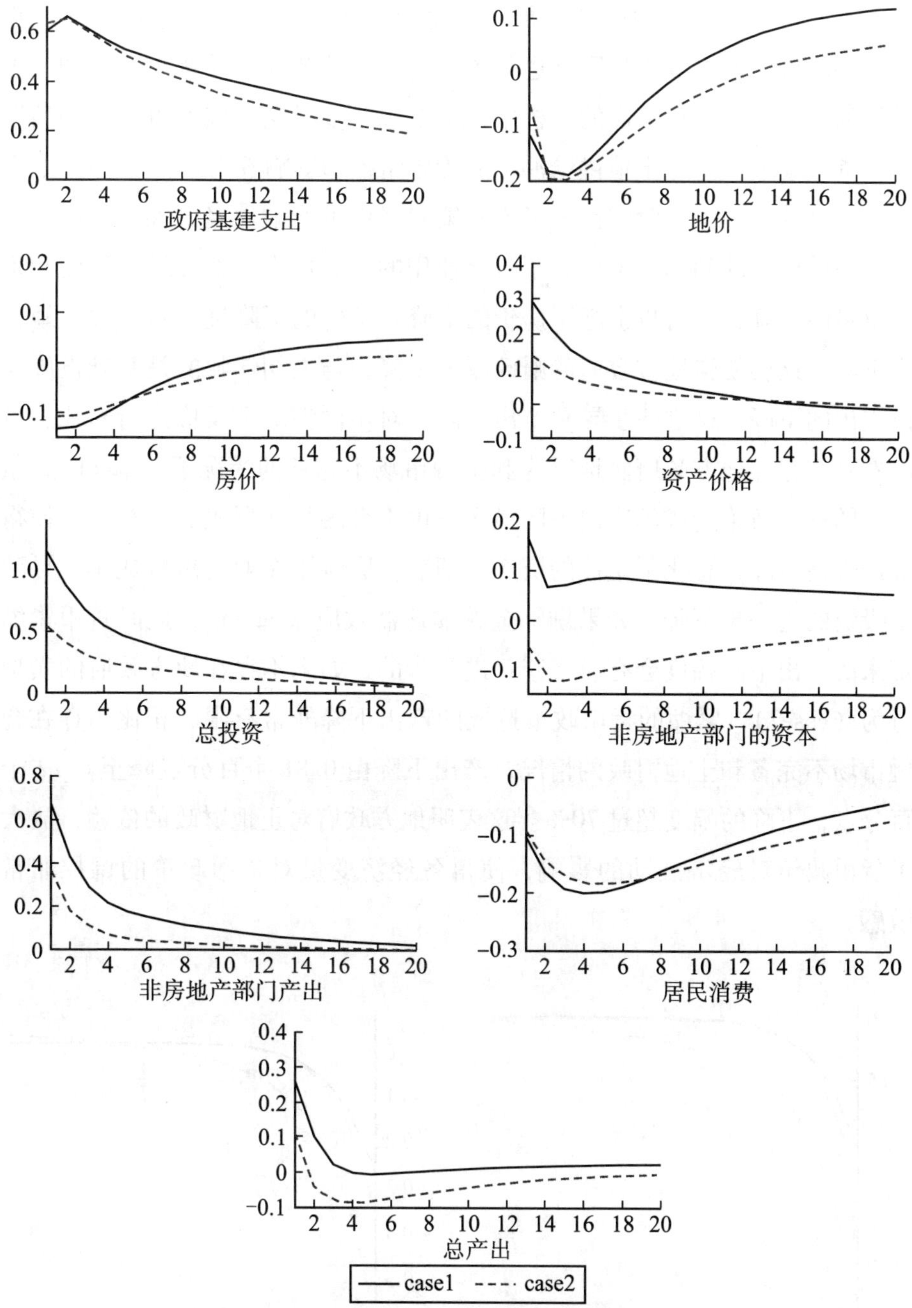

图3-13　不同情形下，政府支出的脉冲反应

注：case1，有地方政府卖地行为；case2，无地方政府卖地行为和金融加速器。

上面讨论了房价偏好冲击导致的房价变动影响经济的路径和作用渠道，并对作用效果取决的因素进行了分析。房地产部门受货币政策和土地供给的影响最大，在下面的分析中，本书进一步讨论在该渠道存在的情况下，货币政策冲击与土地供给冲击的传导路径和影响效果。

本书首先刻画了紧缩性的货币政策对经济的影响路径，如图 3 – 14 所示。一单位正的利率冲击提高了资金使用的机会成本，直接导致投资和资产价格的下降，同时也引起了房价的下降。房价的下降进一步导致土地价格下降，这会使得地方政府的财政收入下降，与之相伴随的是基础设施建设支出的下降，这进一步导致产出下降。对不同情况下反应进行对比，可以看到在存在地方政府卖地行为和金融市场不完备的情况下（case1），紧缩性的货币政策造成的产出下降最多；由于金融加速器机制的存在，使得资产价格下降，恶化了企业的资产负债表，影响了企业的融资成本，导致了投资的进一步下降。如果剔除金融加速器效应（case3），此时货币紧缩带来的产出下降幅度会有所衰减；进一步的，如果不存在地方政府的卖地行为（case2），紧缩的货币政策造成的产出下降非常有限，相比于存在金融市场不完备和土地财政的情况，产出下降由 0. 81 个百分点降至 0. 22 个百分点，下降的幅度超过 70%。这表明地方政府对土地财政的依赖，放大了货币政策对经济波动的影响，使得各经济变量对货币政策的调控非常敏感。

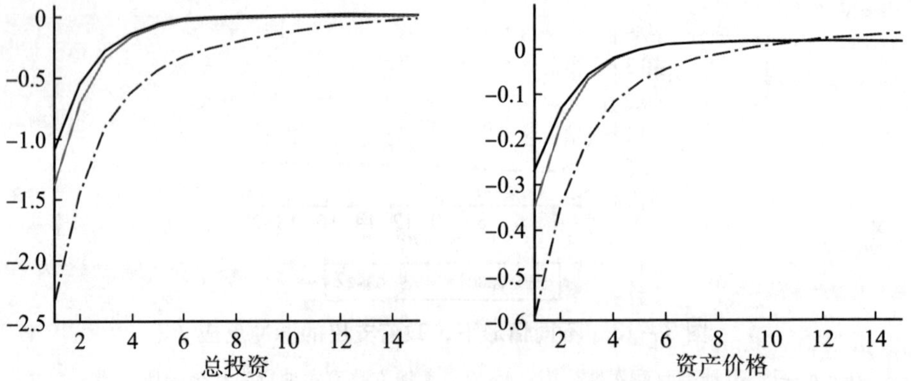

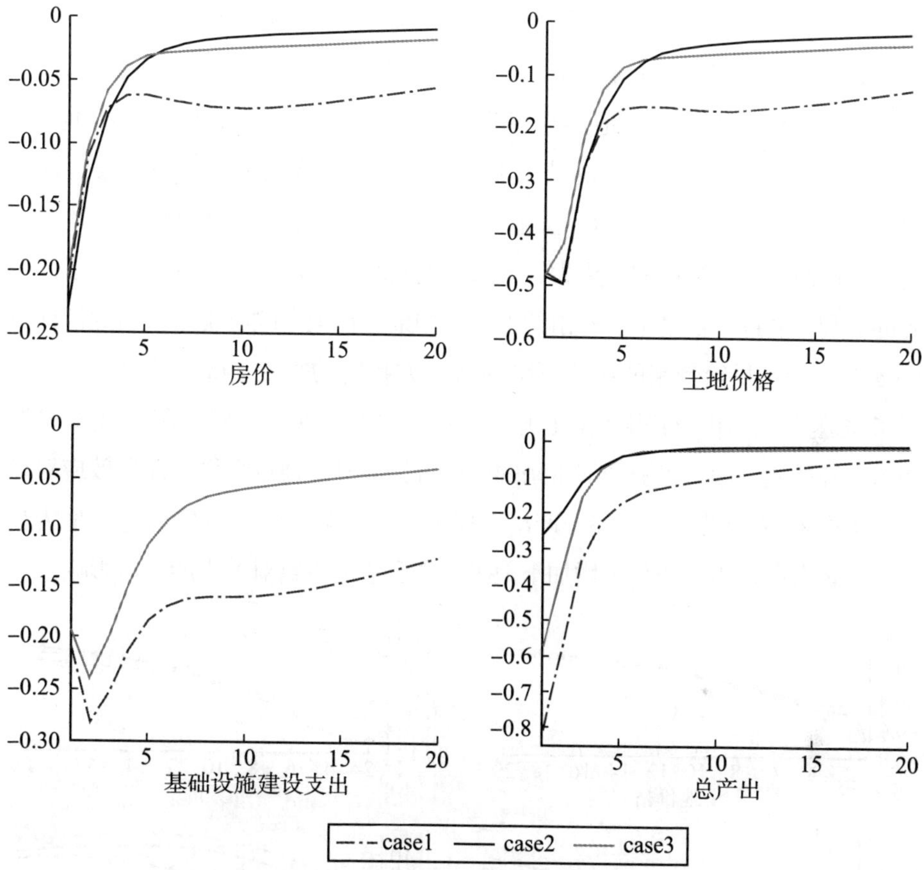

图3-14 紧缩货币政策下的经济波动

注：case1，有地方政府卖地行为和金融加速器效应；case2，无地方政府卖地行为和金融加速器效应；case3，有地方政府卖地行为，但无金融加速器效应。

随后，分析土地供给增加对经济波动的影响，如图3-15所示。更多的土地供给导致土地价格下降，土地价格的下降对产出的影响存在三个渠道：第一，土地价格的下降，直接导致地方政府的财政收入下降，与此相伴随的是财政支出的下降；第二，土地价格下降，使得非房地产部门的生产成本下降，带来的投资增加会使得资产价格上升，带来企业净资产的上升，这会通过金融加速器机制使得企业外部融资的成本下降，进而导致企业的投资和产出上升；第三，土地价格下降导致房价下降，这会提高居民的购买力，所带来的正向收入效应会引起对消费和房地产需求的增加，这会带来产出的增加。第一个渠道对产出具有负向作用，后两个渠道对产出具有正向作用，三个渠道共同作用决定了土地供给变动对产出的影响。此外，可以看到不存在金融加速器效应和土地财政的情况下（case2，即直接关闭了第一个渠道和第二个渠道），如图 3－15 所示，土地供给增加带来的土地价格下降，导致了房价下降进而提高了居民的购买力，带来了消费和住房需求的上升，提高了消费者的福利，并进一步带来了产出的上升；如果存在地方政府卖地行为的情况下（case3），土地供给带来的房价下降使得地方政府的收入下降，此时渠道一削弱了渠道三的作用，使得产出上升较少；在存在金融加速器机制下（case1），渠道二开始起作用，投资增加带来的资产价格上升，通过金融加速器效应对产出有正向影响，相比于 case3，产出有所上升。也就是地方政府通过卖地为自己开支融资的行为，弱化了增加土地等生产要素的供给对产出的正向影响。

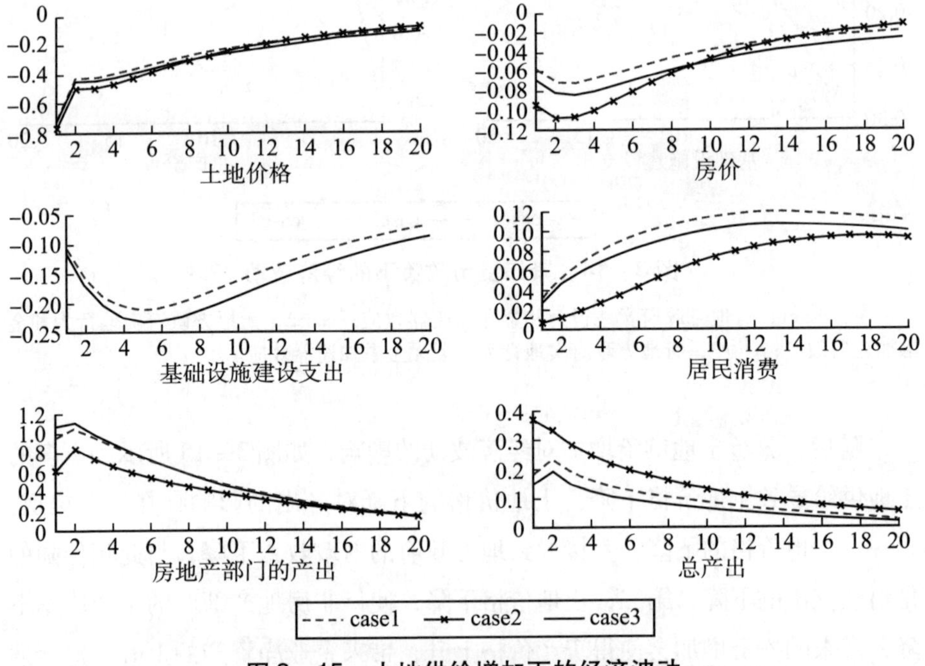

图 3－15　土地供给增加下的经济波动

注：case1，有地方政府卖地行为和金融加速器效应；case2，无地方政府卖地行为和金融加速器效应；case3，有地方政府卖地行为，但无金融加速器效应。

二、方差分解

上面的脉冲分析报告的是一单位外部冲击导致的房价变动如何对其他经济变量产生影响，不同冲击的持续性和波动性都存在很大差异，要细致地讨论不同冲击在经济波动中的作用，需要考虑各个冲击的特征，并对主要经济变量进行方差分解。结合上面脉冲分析得到的定性结论，基于对各个冲击的估计结果，本书给出了模型中主要的经济变量进行方差分解的结果，如表 3－3 所示①。

表 3－3　主要变量的方差分解　单位：%

变量	生产技术	住房偏好	土地供给	货币政策	政府支出	成本冲击
总投资	11. 28	7. 74	15. 92	33. 18	9. 72	22. 16
房地产部门投资	3. 48	2. 02	60. 33	10. 61	16. 04	7. 52
非房地产部门投资	5. 36	3. 12	15. 83	41. 68	9. 62	24. 39
GDP	8. 51	5. 41	47. 33	18. 82	6. 80	13. 13
房地产部门产出	0. 82	0. 79	77. 46	6. 31	10. 60	4. 01
非房地产部门产出	11. 73	8. 06	4. 94	33. 18	19. 54	22. 55
资产价格	11. 28	7. 74	15. 93	33. 17	9. 72	22. 16
房价	21. 07	12. 04	33. 74	16. 22	3. 91	13. 02
土地价格	4. 80	3. 39	81. 93	5. 20	0. 35	4. 32
通货膨胀	11. 98	11. 95	5. 51	41. 94	12. 86	15. 76
消费	16. 24	11. 98	56. 29	4. 89	5. 71	4. 87

在总投资的波动方面，货币政策冲击和土地供给冲击有着显著的影响，尤其是对房地产部门，二者共同可以解释该部门超过 70% 的投资波动。而在总产出的波动方面，这两种冲击也发挥了非常重要的作用，二者

① 本书在表中将房地产和非房地产两个部门技术冲击导致的方差加总。

对产出波动的影响超过了65%，其中房地产部门产出波动主要由土地供给冲击来解释，非房地产部门产出波动主要由货币政策冲击来解释。另外，技术冲击对于解释非房地产部门产出波动也十分重要，这与之前的研究是一致的。

在对价格的影响上，货币政策冲击和土地供给冲击也占据了主导地位。这两种冲击共同解释了近一半的资产价格波动和房价波动，解释力孰轻孰重不尽相同，但均处于相当重要的地位。具体而言，在资产价格的波动中，货币政策冲击与土地供给冲击的影响分别排在第一位和第三位，利率调节影响企业的投资成本，进而会直接影响资产价格；而在房价的波动中，土地影响房地产生产，土地供给冲击的影响排在第一位，货币政策冲击位于第三。还可以看到，土地供给冲击对土地价格波动的影响也十分显著，甚至解释了超过80%的波动，占据了第一的绝对地位，其他冲击的影响显得无足轻重。通货膨胀主要由货币政策冲击来解释，消费则受土地供给冲击的影响很大，达到了56.29%。

对主要变量方差分解的结果进行总结，货币政策冲击和土地供给冲击两个代表性外部冲击解释了房价和土地价格的绝大部分，而上面的脉冲分析结果表明房价和土地价格的变动又直接与不同部门的投资和产出紧密联系起来，这使得不同部门的投资和产出受到货币政策冲击和土地供给影响很大。可见，在本书的模型框架和传导路径下，货币政策冲击和土地供给冲击是影响经济周期波动的主要力量，在解释投资、产出、价格和消费的波动上均发挥了重要作用。

第六节　结　　论

2008年以来，中国GDP增速与房价变动呈现高度相关。对此，本书在梳理主要宏观经济变量关系，厘清制度背景的基础之上，建立了一个包含房地产和地方政府的多部门随机动态一般均衡模型，模型嵌入了地方政府的土地财政行为和金融市场的不完备性。脉冲分析和方差分解的结果表明，由于地方政府支出依赖卖地收入，而卖地收入与地价直接相关，这使得外部冲击导致的房价变动传递到地价，直接影响了地方政府的支出行为。也就是说，土地财政的存在使得房价周期直接与地方政府的支出周期联系在一起。再加上“GDP 锦标赛”下地方政府支出更多地偏向基础设施的建设，这就使得房价上涨下基础设施建设投资大幅增长，直接拉升资产价格，并通过金融加速器效应进一步放大，进而造成投资和 GDP 的剧烈波动。上述传导机制筑成了房价深度影响 GDP 的基本事实。

与以往的研究相比，本书所做贡献集中在以下三点：首先，我国特有的土地市场结构，与地方政府通过卖地为自己的开支融资相结合，是导致房价波动与宏观经济波动高度相关的重要因素。之前讨论房地产部门对 GDP 影响的模型都假定土地或者不动产在居民和企业之间拉锯，进而影响价格；而我国的实际情况是土地在居民和企业之间禁止交易，工业用地和居民住宅用地存在明显的划分，土地的供给完全来自地方政府。更为重要的是，地方政府将买卖土地的收入作为预算外收入，可以自由支配，政治激励下更多地用于基础设施建设，以拉动经济增长。以往的假定下讨论房价影响经济波动的渠道的有关研究均忽视了背后土地财政的作用，本书弥补了相关研究在这方面的不足。其次，本书在梳理了基本事实后建立了一个包含房地产、非房地产和地方政府的三部门模型，并嵌入了地方政府的土地财政行为，数值模拟的结果表明该模型能够很好地刻画我国房价与整个中国经济紧密关联的现实情况，为以后政策反应等相关问题的讨论搭建了一个基础性的框架。最后，在该框架下本书对房价、土地财政和经济波动的关系进行了一般均衡分析，对房价影响经济波动的各个渠道进行了细致的刻画，并详细地讨论了包括金融摩擦在内的各个因素在传导路径中的重要作用。这对于理解房地产部门的特殊地位、土地财政在经济波动中的作用以及规划未来的改革方向具有重要的意义。

附　　录

附录1：

$$\min(w_{h,t}n_{h,t}+P_{L,t}L_{c,t}+R^{k}_{h,t}Q^{k}_{t-1}K_{h,t-1}) \tag{a}$$

$$\text{s. t：}\{\gamma_h^{1/\rho_h}[A_{h,t}K_{h,t-1}^{\psi_h}n_{h,t}^{1-\psi_h}]^{(\rho_h-1/\rho_h)}+(1-\gamma_h)^{1/\rho_h}(L_{h,t})^{(\rho_h-1/\rho_h)}\}^{(\rho_h/\rho_h-1)}\geqslant Y_h \tag{b}$$

企业在生产可能性约束下最小化成本，定义式（b）拉格朗日乘子为$\lambda_{1,t}$，得到下面的目标函数：

$$L=w_{h,t}n_{h,t}+P_{L,t}L_{c,t}+R^{k}_{h,t}Q^{k}_{t-1}K_{h,t-1}+\lambda_{1,t}\{Y_h-[\gamma_h^{1/\rho_h}(A_{h,t}K_{h,t-1}^{\psi_h}n_{h,t}^{1-\psi_h})^{(\rho_h-1/\rho_h)}+(1-\gamma_h)^{1/\rho_h}(L_{h,t})^{(\rho_h-1/\rho_h)}]\}$$

对$n_{h,t}$求导整理得到：

$$w_{h,t}=\frac{\lambda_{1,t}}{P_t}\frac{dY_{h,t}}{dn_{h,t}} \tag{c}$$

对$L_{h,t}$求导整理得到：

$$P_{L,t}=\frac{\lambda_{1,t}}{P_t}\frac{\partial Y_{h,t}}{\partial L_{h,t}} \tag{d}$$

对$L_{c,t}$求导整理得到：

$$R^{k}_{h,t}Q^{k}_{t-1}=\frac{\lambda_{1,t}}{P_t}\frac{\partial Y_{h,t}}{\partial K_{h,t-1}} \tag{e}$$

对$\lambda_{1,t}$求导整理得到：

$$Y_h-[\gamma_h^{1/\rho_h}(A_{h,t}K_{h,t-1}^{\psi_h}n_{h,t}^{1-\psi_h})^{(\rho_h-1/\rho_h)}+(1-\gamma_h)^{1/\rho_h}(L_{h,t})^{(\rho_h-1/\rho_h)}]=0 \tag{f}$$

将式（c）、式（d）和式（e）代入式（f）求解得到，一单位产出的成本为：

$$q_{h,t}=\lambda_{1,t}=mc=[\gamma_h(mc1)^{(1-\rho_h)}+(1-\gamma_h)(P_{L,t})^{(1-\rho_h)}]^{1/(1-\rho_h)} \tag{g}$$

$$mc1=\psi_h^{-\psi_h}(1-\psi_h)^{-(1-\psi_h)}(R^{k}_{c,t+1})^{\psi_h}(w_{h,t})^{1-\psi_h}(A_{h,t})^{-1} \tag{h}$$

将式（g）代入式（c）、式（d）和式（e），得到：

$$w_{h,t}=\frac{q_{h,t}}{P_t}\frac{dY_{h,t}}{dn_{h,t}} \tag{i}$$

$$\frac{\partial Y_{h,t}}{\partial n_{h,t}}=A_{h,t}(1-\psi_h)\left(\frac{\gamma_h Y_{h,t}}{K_{h,t-1}^{\psi_h}n_{h,t}^{1-\psi_h}}\right)^{1/\rho_c}K_{h,t-1}^{\psi_h}n_{h,t}^{-\psi_h} \tag{j}$$

$$P_{L,t}=\frac{q_{h,t}}{P_t}\frac{\partial Y_{h,t}}{\partial L_{h,t}} \tag{k}$$

$$\frac{\partial Y_{h,t}}{\partial L_{h,t-1}}=\left[\frac{(1-\gamma_h)Y_{h,t}}{L_{h,t}}\right]^{1/\rho_h} \tag{l}$$

附录2：

$$\min(R_{d,t+1}^k K_{d,t}+P_{L,t}LD_{d,t}) \tag{m}$$

$$\text{s. t}\quad K_{d,t}^{\alpha_d}LD_{d,t}^{1-\alpha_d}\geqslant G_f \tag{n}$$

定义式（m）和式（n）拉格朗日乘子为 $\lambda_{2,t}$，得到下面的目标函数：

$$L_1=R_{d,t+1}^k K_{d,t}+P_{L,t}LD_{d,t}+\lambda_{2,t}(G_f-K_{d,t}^{\alpha_d}LD_{d,t}^{1-\alpha_d}) \tag{o}$$

求解式（o）得到下面的最优性条件：

$$\partial L_1/\partial K_{d,t}=R_{d,t+1}^k-\alpha_d\lambda_{2,t}K_{d,t}^{\alpha_d-1}LD_{d,t}^{1-\alpha_d}=0 \tag{p}$$

$$\partial L_1/\partial LD_{d,t}=P_{L,t}-(1-\alpha_d)\lambda_{2,t}K_{d,t}^{\alpha_d}LD_{d,t}^{-\alpha_d}=0 \tag{q}$$

$$\partial\ L_1/\partial\ \lambda_1=K_{d,t}^{\alpha_d}LD_{d,t}^{1-\alpha_d}-G_{f,t}=0 \tag{r}$$

根据上面三个一阶条件整理得到下面的方程：

$$P_{f,t}=MC_{f,t}=\alpha_d{}^{-\alpha_d}(1-\alpha_d)^{-(1-\alpha_d)}(R_{d,t+1}^k)^{\alpha_d}(P_{L,t})^{1-\alpha_d} \tag{s}$$

$$R_{d,t+1}^k=\alpha_d P_{f,t}K_{d,t}^{\alpha_d-1}LD_{d,t}^{1-\alpha_d} \tag{t}$$

$$P_{L,t}=(1-\alpha_d)P_{f,t}K_{d,t}^{\alpha_d}LD_{d,t}^{-\alpha_d} \tag{u}$$

第四章

土地财政、基建投资扩张与生产率下降

2008年以来，中国政府为了应对国际金融危机的冲击，开启了“四万亿”的经济刺激计划，这一政策在减弱金融危机对我国经济的负面影响，避免中国经济失速下行中起到了重要的作用。随着刺激政策的退出，中国经济增长速度持续下降，从危机前的两位数降至个位数，经济增长呈现“L”型特征。与之相伴随的是全要素生产率（TFP）对经济增长的贡献率不断下降（白重恩和张琼，2014；Wu，2014），经济增长对投资的依赖越来越强，2009年以来固定资本形成额对经济增长的贡献率均在75%以上。那么导致中国经济增速和全要素生产率不断下降的原因是什么？[①]

第三章讨论了房价波动如何通过地方政府的土地财政行为影响经济波动。而土地财政推高地价和房价的同时，会对资源配置效率和生产率产生怎样的影响？为了讨论这一问题，本书整理数据并对2008年以后中国宏观经济的基本事实进行梳理和归纳，在此基础上构建了一个内生化生产率变动的多部门DSGE模型。一方面，为了刻画土地财政在宏观经济波动中的作用，本书在模型中嵌入了地方政府的土地财政行为；另一方面，为了分析投资结构的变动和考察政策变动的传导路径，本书还引入了基建部门和非基建部门等多个部门。模型中地方政府依赖买卖土地和将剩余的土地抵押贷款为自己的开支融资，同时地方政府将收入主要用于基础设施建设。

模型的分析结果表明，外部冲击会导致土地价格发生变动，由于地方政府以土地出让收入和土地抵押贷款为自己的开支融资，地价的上升提高了地方政府单位土地的出让收入和抵押贷款额。在与土地相关的收入占据地方政府主要收入的背景下，更高的地价会带来地方政府财政收入的急剧上升。地方政府的基础设施建设支出偏好又使得增加的收入大部分流向了基建部门，导致了基建部门的不断扩张。由于基建部门需要更多的土地，导致土地价格进一步上升。与此同时，由于地方政府可以用土地进行抵押

① 第三章讨论了经济波动（实际产出与潜在产出之间的偏离），而本章讨论的是造成经济增速下降和TFP下降的原因。

融资，地价上升使得地方政府的抵押贷款增加，这意味着更多的资本流入地方政府，导致非基建部门获得资本的难度或者成本上升。更高的融资成本存在两个后果：一是，更高的土地价格和更高的融资成本直接导致非基建部门的投资和产出下降；二是，研发机构生产知识和将知识转化为可以利用的技术都需要成本，更高的融资成本和非基建部门不断下降的产出，降低了企业应用新技术可能获得的预期收益，使得研发部门不愿意雇佣更多的高技术工人来将知识转化为技术，也降低了研发机构生产知识的激励。新创造的知识减少，以及将知识转化为技术的投入减少，最终使得对新技术的利用下降，这一负面效应进一步传递到生产函数，导致非基建部门的产出进一步下降。同时更多的需求或资源流向基建部门，使得资本和劳动等要素在两个部门获得的回报离散程度扩大，降低了资源的配置效率。在技术进步率不断下降和资源配置效率持续走低共同作用下，TFP 对经济增长的贡献率不断降低。

最后的反事实研究发现，在不改变地方政府土地财政的背景下，地方政府将更多的收入转向研发会使得新知识和专利的创造越来越多，但此时土地抵押融资造成的高融资成本，使得知识转化为技术的概率很低。此时更多的知识或专利并没有导致新技术的使用增多，对产出的正面影响非常有限。只有在剔除土地融资，并要求地方政府将更多的支出用于非基建部门时，才能降低资源配置效率下降所带来的负面影响，提高研发部门将知识转化为技术的概率，带来更多的知识积累。更多的知识积累和更高的转化率，提高了技术进步对产出增长的贡献率，也使得 GDP 的扩张更加持续。

本章的部分安排如下：第一节是文献回顾与评述；第二节对相关事实和制度背景进行梳理；第三节搭建本章的模型框架；第四节对参数进行校准并构造资源配置效率的计算公式；第五节进行数值模拟和反事实分析；第六节对本章进行总结并给出了相关的政策建议。

第一节　文献回顾与评述

部分研究认为当前的生产率下降是一种全球现象，人口老龄化、人力资本积累速度放缓、公共投资下降、技术创新速度放缓等长期性因素是导致国际金融危机后各国生产率增长速度下降的重要原因（Eichengreen et al.，2015；郭强和张明，2017）。具体对中国而言，很多学者认为要素市场的扭曲是我国全要素生产率增速下降最重要的原因。盖庆恩等（2015）基于1998年到2007年中国工业企业数据库进行的实证分析表明，资本市场扭曲造成的制造业全要素生产率损失超过35%。张杰等（2011）认为要素市场扭曲程度越大，对中国企业研发投入的抑制作用越大。蔡跃洲和付一夫（2017）在增长核算基础上将TFP增长分解为技术效应和结构效应，他们发现金融危机后，产能过剩的钢铁、水泥所属领域和金融与保险、房地产等行业出现了技术停滞或倒退，却积累了更大比重的要素，存在要素资源配置“逆技术进步倾向”。还有一些学者认为中国当前的经济减速也是正常的趋势调整，生产率的下降只是这种调整的结果，普利切特和萨默斯（Pritchett and Summers，2014）认为超乎世界平均水平的增长速度都是异常的，按照规律终究要“回归到均值”，中国GDP增速的下降是一种回归均值的正常情形，巴罗（Barro，2016）基于“条件收敛”假说也提出类似的观点。

自国际金融危机爆发以来，在经济增速不断下降的同时，中国经济的另一个突出现象就是房价快速上升。2016年相比于2008年，全国房价平均上涨了1.6倍，其中北京、上海和深圳分别上涨了2.7倍、2.9倍和3.2倍。[①] 房价过快增长与TFP增速下降背后存在怎样的关系？杨俊杰

① 根据Wind数据库整理。

(2012）发现房地产价格上升将致使消费者减少消费、增加投资，对 GDP 具有快速拉升作用，但是该拉升作用并不具有持续性。陈斌开等（2015）的研究也认为高房价带来的资源错配会降低资源重新配置的效率，从而对全要素生产率的增长产生负面影响。王文春和荣昭（2014）发现房价的快速上涨不利于企业创新，这是因为当存在融资约束时，企业对于房价上涨的反应是增加房地产投资并且减少新产品研发活动，这与余静文等（2017）的研究一致。余泳泽和张少辉（2017）利用 2004～2013 年 230 个地级市及 1272 家上市企业的数据研究发现城市房价的上涨会导致投资结构的扭曲，通过对创新资金的“挤占效应”抑制了地区的技术创新水平。陈小亮（2017）认为房地产短期内能够拉动房地产本身及其相关产业的投资，但如果长期依赖房地产拉动增长将会弱化经济增长的动力源泉。上述研究成果表明房价上涨既可能通过促进房地产行业及其相关产业的发展对经济产生积极影响，又可能会降低资源配置效率从而使得生产率下降。

需要注意的是，一些研究认为推动高房价和经济增速下降的背后存在一个共同的因素，就是地方政府的土地财政行为。1994 年实行分税制后，地方财政收入在总财政收入中的占比大幅下降，地方政府需要新的收入来源来满足自身的财政支出，由此促发了其对土地财政的依赖。事实上自 2000 年以来，土地出让与抵押是地方政府最主要的收入来源。而地价与房价同步，由此导致地方政府有动机推动房价的上涨。张双长和李稻葵（2010）发现地方政府对土地财政的依赖程度越大，该地房价也越高，这在一定程度上证实了地方政府存在为增加收入而推动房价上涨的动机。周彬和杜两省（2010）和宫汝凯（2012）的研究发现，面对财政收入与“GDP 考核观”的双重压力，地方政府为增加收入一方面推高地价，另一方面保持高房价，共同促使房价持续高涨。另外一个必须关注的问题是，当地方政府的财政收入越来越难以满足其开支需求时，通过融资平台以土地收入与土地抵押为担保发债，进而获取巨额外部融资资金成为了其必然选择，这也使得土地财政逐渐演变为土地融资（刘煜辉和沈可挺，2011；范子英，2015）。为了应对国际金融危机的冲击，2008 年之后各地成立了大量的融资平台，以土地作为担保直接从银行获得信贷（Bai et al.，2016），为地方的基础设施建设融资。在2012年金融监管和货币政策从紧后，地方政府又将融资转向影子银行，导致地方政府债务与土地之间有着难以割舍的关系。郑思齐等（2014）利用2005到2011年35个大中城市的面板数据，分析证明了土地价格上涨能够显著带动土地出让收入的增加和土地抵押借款的增加，特别的，基础设施资本化效应较大和土地抵押融资率较大的城市会有意识地选择“少出让、多抵押”的融资模式，以最大化土地融资总额。白重恩等（Bai et al.，2016）认为金融危机后的“四万亿”支出计划主要依赖于地方政府的土地抵押支出，这一支出计划使得地方政府过多干预企业生产，导致了投资结构恶化和生产率下降。赵扶扬（2022）认为地价高估导致了资源错配：公共资本的过度积累和地方政府债务的扩张提高了金融市场利率，潜在地挤出商业投资，抑制产出水平。

传统的经济周期研究主要关注宏观变量在1～8年间的行为，科明和格特勒（Comin and Gertler，2006）发现美国经济增长呈现间歇性且较长时间的繁荣和停滞，这些间歇的繁荣和衰退持续的时间一般都超过8年。对此，他们将宏观变量在1～8年间的行为特征称为“短周期”，对于8年以上更长时期经济变量的特征称为“中周期”（medium-term business cycles）。科明和格特勒（2006）对数据进行分解后发现“中周期”主要是技术进步导致的①，并认为这一技术进步内生于经济周期，受包括需求冲击在内的各种外生冲击的影响，林文夫和普雷斯科特（Hayashi and Prescott，2002）和哈苏米等（Hasumi et al.，2018）分析日本的“中周期”中也发现类似的结论。基于该事实，科明和格特勒（2006）将罗默（Romer，1990）的水平创新模型嵌入RBC模型，构建了一个带有内生技术进步的变动的实际经济周期模型来解释美国经济呈现的“中周期”。安索阿特吉等（Anzoategui et al.，2006）进一步将该模型扩展到DSGE模型框架，

① 凯发和黑泉（Kaihatsu and Kurozumi，2016）在模型中考虑了金融摩擦，也得到了类似的结论。

并分析需求冲击导致的生产率内生变动在金融危机后产出缓慢复苏中所起的作用。与其相类似的，卞奇等（Bianchi et al.，2018）基于阿吉翁和豪伊特（Aghion and Howitt，1992）的框架在标准的 DSGE 模型中引入了“垂直创新”来解释美国的“中周期”。这些研究都发现生产率的内生变动与经济周期相关，受各种外部冲击的影响，且生产率的内生变动同时也影响了经济周期持续的时间和幅度。中国经济在 2008 年之前呈现持续的高增长，而在 2009 年至今又处于相对较低的增长，这一时间跨度远超一般的短周期。上面的文献回顾中很多学者都发现生产率的变动在这种趋势变动中至关重要，还注意到生产率的变化与经济周期中的某些关键变量高度相关，如房价或投资。

第二节　土地财政、基建投资扩张与生产率下降的基本事实和制度背景

2008 年爆发的国际金融危机对全球经济带来了巨大冲击，为了应对金融危机带来的负面影响，全球各国纷纷采取量化宽松等经济刺激政策，中国也不例外。在各种内外不确定性挑战下，中国经济增速从 2007 年的 11.4%一路下行[①]，“L”型增长路径逐渐显现，2015 年中央提出了供给侧结构性改革战略，力图在保持适当的经济增速的前提下使经济增长的质量得到进一步提升，然而经济质量的提升并非短期可就。回顾 2008 年以来中国经济运行的特点，本书发现有三个突出的现象交织在一起。

现象一：2008 年以来中国经济增速不断下降，与此同时地价、房价总体却呈现持续上升态势。2008 年以来，中国经济增速呈现出不断下降的趋

① 《2007 年我国 GDP 达 246619 亿元　增 11.4%　CPI 上涨 4.8%》，中央政府门户网站，https：//www.gov.cn/govweb/ztzl/2008－01/24/content_867700.htm。

势。根据国家统计局的数据，2008 年中国经济增长速度为 9.6%，而到了 2019 年 GDP 增速已经降至 6.1%。相反，中国的房价和地价却一直在上涨。根据国家统计局公布的 70 个大中城市新建住宅价格指数，2016 年 12 月，北京、上海、广州、深圳等一线城市的新建商品住宅价格分别同比增长了 25.9%、26.5%、24.1%、23.5%；而一些二线城市的涨幅更大，厦门、合肥、南京的同比增长率分别为 41.5%、48.6%、38.8%。同时，根据中国土地市场网发布的数据，自 2008 年以来，中国土地市场的整体交易价格持续上涨，尤其是在 2016 年以后。以全国平均土地价格为例，2008 年为每平方米 1269 元，而到了 2020 年则上升至每平方米 3752 元，年均增速大约为 11.2%左右。因此，中国的地价、销售价格与经济增速呈现严重背离现象。

现象二：投资占 GDP 的比重不断上升，GDP 增长越来越依赖于投资；在我国不断增加科研投入、专利申请数屡创新高的背景下，TFP 对经济增长的贡献却不断下降。投资一直是驱动中国经济增长的主要因素，这一增长模式在 2008 年刺激政策下得到进一步增强，2015 年投资对 GDP 增长的贡献率更是达到 83%。对部分中西部省份而言，这一比例甚至超过了 100%。①

从全要素生产率增长轨迹看，尽管 2008 年以来我国科研投入年均增速在 20%以上，国内和国外专利的申请数更是一路飙升，但在 2008 年以后全要素生产率增速基本为负，也就是说中国的全要素生产率在持续下降，2010 年的增速尽管有所回升但依旧为负②。一些学者研究认为，持续走低的全要素增长率是导致我国经济增速不断下滑的重要原因（白重恩和张琼，2014；何建武，2014；赖平耀，2016）。

现象三：在总的固定资产投资中，房地产和基础设施建设投资占据的比例不断上升，现已成为固定资产投资最重要的构成部分。房地产价

① 根据 Wind 数据库整理。

② 白重恩和张琼（2014）、伍晓鹰（2014）也得到类似的结论。

格居高不下导致更多的资金流向房地产市场以获取更高的回报，同时政府的刺激性政策又将支出更多地用于基础设施建设，加之实体经济投资回报率不高、融资成本等各类成本上升，导致了以制造业为代表的实体经济投资不足。白重恩等（2016）将固定资产投资分成居民的房地产投资、基础设施投资和其他投资（主要是机器设备）三部分。他们计算发现，2007 年房地产的投资占投资总额的 20%，基建投资占投资总额的 38%，两者相加占据了总投资的一半以上。2008 年至 2016 年，房地产投资占投资的比重变化不大，但基建投资占总投资的比重从 2007 年的 38% 增加到 2012 年的 50%，2014 年更是达到 53%。2014 年房地产和基建投资占据总投资的份额达到 72%，成为固定资产投资最重要的组成部分。

将上面三个现象进行总结，2008 年至 2016 年，在 GDP 增速不断下降的同时，中国房价和地价却不断上升，TFP 对经济增长的贡献不断下降，基建设施投资等固定资产投资日益成为 GDP 增长的主要推动因素。这与我国当前实现经济结构转型、提高 TFP 对经济增长贡献率的供给侧改革目标背道而驰。造成这些现象背后的内在原因是什么？

2008 年金融危机之后，地方政府为了遏制 GDP 下降，出台了大规模的经济刺激政策，到 2010 年底约需投资 4 万亿元，中央拟安排 1.18 万亿元左右，带动地方和社会投资共计 4 万亿元，大部分投向了基础设施建设领域，包括保障性安居工程、农村民生工程、基建设施等方面。但是就地方政府而言，如此庞大的资金从何而来？在中央转移支付和预算内收入有限的情况下，地方财政越来越依赖预算外的土地出让收入。从土地相关财政收入走势看，从 2008 年开始，地方土地出让收入占地方政府性基金收入的比例、地方房产五税占地方一般公共预算收入的比例，均呈现出显著上升态势，2016 年这两个比例分别为 88.3%、17.2%，如图 4－1 所示。

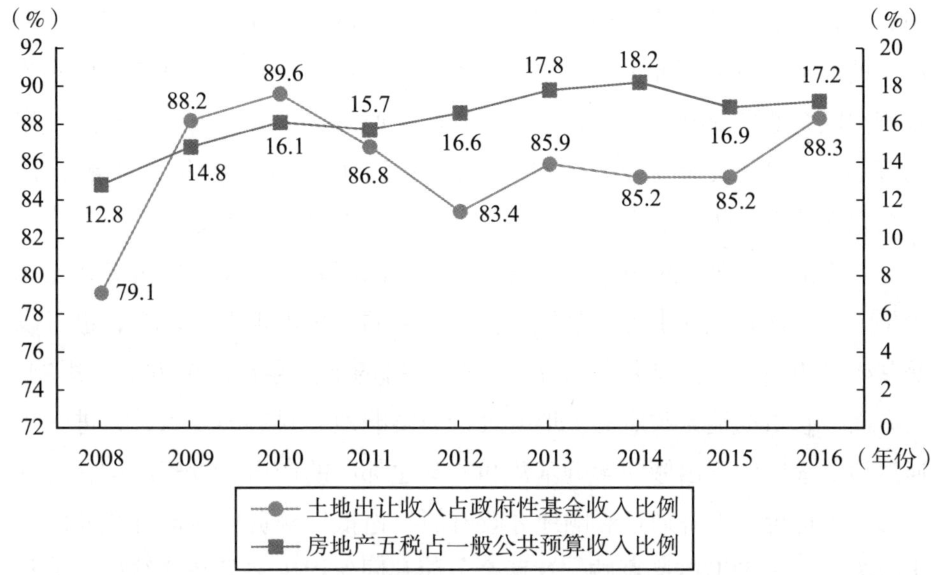

图 4－1　2008～2016 年房地产相关税收和土地出让收入占对应财政收入的比例

土地出让收入在地方经济发展中具有十分重要的作用，由于土地成本占据着房价成本的较高比例，地方政府有很大的动机推动房价上涨，以此来维持土地出让收入的持续增长。在我国传统以 GDP 为核心的官员晋升考核机制下，地方政府倾向将支出更多地投向基础设施建设，以实现 GDP 短期内的快速增长。即使把土地财政收入包括在内，政府的财政收入仍然不能满足其开支需求，通过地方融资平台以土地收入与土地抵押为担保发债，以获取巨额外部融资资金成为了其必然选择，这也使得土地财政逐渐演变为土地融资。据人民银行专项调查统计，2009 年末地方政府融资平台负债总额约 9.76 万亿元，其中金融机构地方融资平台贷款（不含票据融资）余额约 7.38 万亿元，约占一般贷款余额的 20.4%；2009 年全年金融机构新增融资平台贷款约 3.05 万亿元，约占全部新增一般贷款的 34.5%。2009 年末地方融资平台贷款余额占当年 GDP 的比重约为 21.7%，较之同期国债实际余额占 GDP 约 17.7% 的比重高出 4 个百分点（刘煜辉和沈可挺，2011）。地方融资平台贷款余额是当年土地出让收入的 4.7 倍，如此强大的融资撬动效应势必会带来利率的上升，进而对其他部门尤其是研发部门的成本造成负面冲击。白重恩和张琼（2014）注意到，基建部门多为政府关联企业，对利率并不敏感，虽然其生产效率不高，但是有政府信用的背书，大量的资金会流向这些基建相关行业的企业，挤占了大量资金，这会扭曲社会总体的资金配置效率，进而导致 TFP 增速下降。

基于上述宏观经济事实进行分析，可能的解释是：外生冲击导致土地价格上升，该外生冲击可以是住房偏好带来的住房需求上升冲击，也可以是基础设施建设支出增加的冲击。土地价格的上升存在两个方面的影响：一方面，它借助地方政府的土地财政行为影响地方政府的收入，并进一步通过地方政府的支出倾向影响基建和非基建部门的产出和投资结构；另一方面，土地价格上升通过影响地方政府的土地抵押融资额和地方政府的支出行为，会对 TFP 带来影响。这两个方面共同作用决定了经济结构变动与 GDP 的走势。要对这一解释进行验证，基于上面的事实和分析，本章需要构建一个多部门的 DSGE 模型：首先，地方政府的土地财政在上述分析中至关重要，本章需要在模型中嵌入地方政府的土地财政行为，因此模型中需要引入地方政府，地方政府可以通过买卖土地和利用土地抵押贷款为自己的开支融资，并将获得的财政收入的一部分用于基础设施支出；其次，为了讨论产出结构和投资结构的变动，本章需要在模型中引入不同的生产部门；最后，为了讨论生产率的内生变动，本书需要在模型中引入研发部门。在构建好的模型中，本书将尝试对上述事实背后的机理进行解释和分析。

第三节 理论模型

根据研究的需要，本书在伯南克等（1999）的“金融加速器”模型的基础上引入多个部门：为了刻画土地财政，引入了地方政府；为了讨论地方政府支出倾向和投资结构变化，本书将生产部门划分成基建及非基建两个行业；为了讨论企业研发行为和 TFP 的内生变动，参考科明和格特勒（2006）、安索阿特吉等（2006）的研究，本书在非基建部门引入研发机构。模型中地方政府是土地的唯一供给方，基建部门和非基建部门进行生产以及地方政府进行基础设施建设都需要土地。模型中主要包含六类经济主体：家庭、金融中介、基建部门、非基建部门、研发机构和地方政府。此外，为了引入价格粘性，本书还引入了零售商。模型主要经济主体的结构如图 4－2 所示。

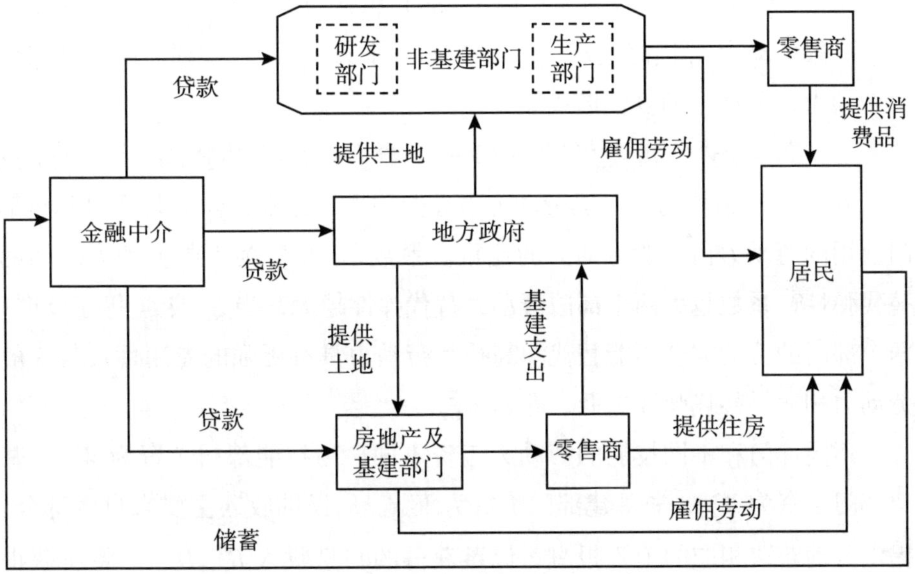

图 4－2　模型框架

一、代表性家庭

代表性家庭生存无限期，遵循标准宏观模型设定的范式，每期持有一定的货币，选择商品消费 C_t、购买住房 h_t 并提供劳动 N_t 来最大化终身效用：

$$E_0 \sum_{t=0}^{\infty} \beta^t \left(\frac{C_t^{1-\sigma}}{1-\sigma} + \chi \ln \frac{M_t}{P_t} + j_t \ln h_t - \kappa_t \frac{N_t^{1+\varphi}}{1+\varphi} \right) \quad (4.1)$$

其中，E 表示预期，M_t 是货币持有量，P_t 是价格水平，则 M_t/P_t 为居民持有的实际货币余额。σ 是家庭的风险厌恶系数，β 为贴现因子，j_t 为房地产需求冲击（Iacoviello，2005），劳动供给弹性是 φ 的倒数，κ_t 为劳动供给冲击，χ 为持有货币的偏好程度。

代表性家庭向经济提供两类劳动：一类是一般劳动力 n_t；另一类是主要从事研发的高技术劳动力 $n_{s,t}$。总的劳动供给由两者复合而成（Iacoviello，2010）：

$$N_t = [\gamma_1^{1/\xi_1}(n_t)^{(\xi_1-1)/\xi_1} + (1-\gamma_1)^{1/\xi_1}(n_{s,t})^{(\xi_1-1)/\xi_1}]^{\xi_1/(\xi_1-1)} \quad (4.2)$$

一般劳动力 n_t 同时向基建（$n_{f,t}$）以及非基建（$n_{c,t}$）部门两个部门提供劳动力，劳动力的复合形式如下：

$$n_t = [\gamma_2^{1/\xi_2}(n_{f,t})^{(\xi_2-1)/\xi_2} + (1-\gamma_2)^{1/\xi_2}(n_{c,t})^{(\xi_2-1)/\xi_2}]^{\xi_2/(\xi_2-1)} \quad (4.3)$$

其中，γ_1 为均衡时一般劳动力占总劳动力的比重，γ_2 是均衡时基建部门使用的劳动力占一般劳动力的比重。系数 ξ_1 和 ξ_2 为不同劳动力之间的替代弹性，系数越大两个部门劳动力替代弹性越大，当 ξ_1 或 ξ_2 等于 0 时，两个部门的劳动完全不能替代。高技术劳动力具有更强的专用性，与一般劳动力相比，替代弹性更低，即 $\xi_1 < \xi_2$。

不同部门和不同技能的劳动力工资不同，高技能部门工资为 $W_{s,t}$，基建部门工资为 $W_{f,t}$，非基建部门工资为 $W_{c,t}$。居民的收入主要来自两部分：提供劳动获取相应的工资报酬；储蓄获得的利息收入 $R_{t-1}^n D_{t-1}$。将所获得的这些收入用于一般商品的消费，增加新的住房需求，并将剩下一部分存在金融中介机构，同时还要向中央政府上缴一次性总赋税 T_t。另外，新住房来源于基建部门，基建部门生产新的住房需要耗费成本，生产得越多耗费的成本也就越多，成本函数 $\phi_{h,t}$ 设定形式如下（Iacoviello，2005）：

$$\phi_{h,t} = \phi_h \{[h_t - (1-\delta_h)h_{t-1}]/h_{t-1}\}^2 (Q_{h,t}h_{t-1}/2)$$

其中，$Q_{h,t}$ 为住房价格。如果 t 期的住房需求为 h_t，那么要满足该需求，t 期需要的基建部门产出为 $Q_{h,t}[h_t - (1-\delta_h)h_{t-1}] + \phi_{h,t}$，对应家庭的预算约束如下：

$$P_t C_t + Q_{h,t}[h_t - (1-\delta_h)h_{t-1}] + \phi_{h,t} + D_t + M_t$$
$$= W_{c,t}n_{c,t} + W_{f,t}n_{f,t} + W_{s,t}n_{s,t} + R^n_{t-1}D_{t-1} + M_{t-1} - T_t \tag{4.4}$$

家庭在预算约束式（4.4）下，最大化其目标函数式（4.1），整理得到下面的最优性条件：

$$\beta E_t \frac{R^n_t}{\pi_{t+1}} C^{-\sigma}_{t+1} = C^{-\sigma}_t \tag{4.5}$$

$$E_t \frac{1}{P_{t+1}C^{\sigma}_{t+1}} \beta Q_{h,t+1}\left[1 - \delta_h + \frac{\phi_h}{2}((h^2_{t+1} - (1-\delta_h)^2 h^2_t)/h^2_t)\right] + \frac{j_t}{h_t}$$
$$= \frac{Q_{h,t}}{P_t C^{\sigma}_t}(1 + \phi_h(h_t - (1-\delta_h)h_{t-1})/h_{t-1}) \tag{4.6}$$

$$\frac{W_{f,t}}{P_t C^{\sigma}_t} = \kappa N^{\varphi}_t \gamma_1^{1/\xi_1} \gamma_2^{1/\xi_2} (N_t)^{1/\xi_1} (n_t)^{(\frac{1}{\xi_2} - \frac{1}{\xi_1})} (n_{f,t})^{-1/\xi_2} \tag{4.7}$$

$$\frac{W_{c,t}}{P_t C^{\sigma}_t} = \kappa N^{\phi}_t \gamma_1^{1/\xi_1} (1-\gamma_2)^{1/\xi_2} (N_t)^{1/\xi_1} (n_t)^{(\frac{1}{\xi_2} - \frac{1}{\xi_1})} (n_{c,t})^{-1/\xi_2} \tag{4.8}$$

$$\frac{W_{s,t}}{P_t C^{\sigma}_t} = \kappa (1-\gamma_1)^{1/\xi_1} N^{\phi}_t (N_t)^{1/\xi_1} (n_{s,t})^{-1/\xi_1} \tag{4.9}$$

式（4.5）是家庭消费的欧拉方程，决定居民的消费和储蓄行为；式（4.6）为居民对房地产需求的最优性条件；式（4.7）、式（4.8）和式（4.9）分别是家庭在基建部门、非基建部门、生产和研发机构的劳动供给方程。

二、金融中介

为了分析金融市场不完备在经济波动中的作用，本书在模型中引入风险中性的金融中介。居民每期将剩余收入存入金融中介，以获得无风险利率带来的收益，中介将这些存款借贷给企业家。参考伯南克等（1999）的设定，假设信贷市场存在信息不对称的摩擦，借款人和金融中介之间签订贷款合同。企业的生产获利行为具有风险，只有当企业的利润超过一定的阈值时，企业才会归还贷款本息，而当企业的利润小于这个阈值时，企业将不偿还贷款，此时金融中介支出一定的成本对企业进行清算并获得剩余价值。因此，企业自有资产越少，企业的杠杆率越高，企业违约的可能性越大，而企业违约将给金融中介带来额外的损失。为了弥补金融中介因企业违约带来的损失，杠杆率较高的企业一般需要付出更高的贷款成本才能获得贷款①。因此，企业获得外部资金的贷款利率可表示为：

$$R_{j,t}^{d}=f_{j,t}R_{t}^{l}=f(B_{j,t}/NW_{j,t})R_{t}^{l},\ j=f,\ c,\ f(0)=1,\ f'(.)>0 \tag{4.10}$$

其中，R_{t}^{l} 是基准的借贷利率，$R_{j,t+1}^{d}$ 是 $t+1$ 期 j 部门企业外部借贷的名义借贷利率，$NW_{j,t}$ 是 t 期末 j 部门的企业自身净值，$B_{j,t}$ 是 t 期末 j 部门企业外部融资的贷款金额，$B_{j,t}/NW_{j,t}$ 即为 t 期末 j 部门企业的杠杆率。如果不存在信息不对称，则企业外部融资的利率应该与基准贷款利率 R_{t}^{l} 相等。而当存在信息不对称时，此时企业外部融资需要支付额外的成本，即存在溢价 $f_{j,t}=f(.)$。若 $f(0)=1$，则表示当企业完全靠自有资金融资时，融资成本即为基准贷款利率。进一步的，$f'(.)>0$ 表示只要存在外部融资，企业面临的贷款利率就会大于基准贷款利率，而且外部融资比例越高，融资的溢价越大。定义风险溢价弹性系数 u，即杠杆率变动一个百分点带来风险溢价 $f(.)$ 上升 u 个百分点，u 越大企业杠杆率变动一单位带来的风险溢价上升越多。

三、基建部门（房地产和基建部门）

基建部门企业风险中性，在区间［0，1］连续分布，代表性基建企业 t 期末购买用于下一期生产的资本品 $K_{f,t}$，购买的资金一部分来源于在 t 期末拥有的实际净资产数量 $NW_{f,t}$，另一部分从金融中介借贷为 $B_{f,t}$。记 t 期

① 具体分析见伯南克等（Bernanke et al.，1999）。

资本实际价格为 $Q_{f,t}^{k}$，这样得到：

$$NW_{f,t} + B_{f,t} = Q_{f,t}^{k} K_{f,t} \tag{4.11}$$

式（4.11）可以看作是对企业资产负债表的一个简单刻画，等式的左边是企业负债和企业净值，等式右边是企业资产。企业生产除需要资本外，每期还雇佣劳动 $n_{f,t}$ 和购买土地 $L_{f,t}$，相应的生产函数如下：

$$Y_{f,t} = K_{f,t-1}^{\psi_f} L_{f,t}^{\gamma_f} n_{f,t}^{1-\psi_f-\gamma_f} \tag{4.12}$$

式（4.12）呈现的生产函数与一般的生产函数的区别在于加入了土地 $L_{f,t}$。其中，$\gamma_f \in (0,\ 1)$ 是均衡时土地的要素报酬在总的要素份额中的比重，γ_f 越大说明土地在生产函数中起到的作用越大；ψ_f 是资本的回报在总的要素报酬中的份额。

定义企业 t 期用于形成资本的新增投资为 $I_{f,t}$，与利亚科维洛（Iacoviello，2005）的设定一样，投资形成资本需要耗费调整成本，投资对均衡时的偏离越高，所带来的调整成本上升越高，这样资本品的变化路径给定如下：

$$\begin{aligned} K_{f,t} &= (1-\delta) K_{f,t-1} + \Phi(I_{f,t}/K_{f,t-1}) K_{f,t-1} \Phi(I_{f,t}/K_{f,t-1}) \\ &= I_{f,t}/K_{f,t-1} - \frac{\phi_i}{2}(I_{f,t}/K_{f,t-1} - \delta)^2 \end{aligned} \tag{4.13}$$

代表性企业跨期选择投资最大化利润得到基建部门资本品的实际价格方程：

$$Q_{f,t}^{k} = \frac{1}{1-\phi_i(I_{f,t}/K_{f,t-1} - \delta)} \frac{P_{f,t}}{P_t} \tag{4.14}$$

式（4.14）中，基建部门资本实际价格 $Q_{f,t}^{k}$ 是关于投资 $I_{f,t}$ 的单调递增函数，即更多的投资会带来资本价格的迅速上升，投资的下降则带来资本价格的下降。

本书通过假设基建部门存在零售商的方式引入价格粘性的设定。零售商从基建部门购买产品，然后进行分类打包再卖出，将零售价格设为 $P_{f,t}$，而零售价和批发价之比设为 $X_{f,t}(X_{f,t} > 1)$，则零售商购买基建部门的批发价为 $P_{f,t}/X_{f,t}$。

假定企业家在 t 期末以价格 $Q^k_{f,t}$ 将资本买入，而在 $t+1$ 期将其租给资本品生产商，租金率为资本的边际产出。此外，假设企业家在 $t+1$ 期还可以将未折旧的资本以价格 $Q^k_{f,t+1}$ 卖出。因此，对于企业家而言，资本的实际收益率为：

$$E_t R^k_{f,t+1} = E_t\left[\frac{1}{X_{f,t+1}}\frac{P_{f,t+1}}{P_{t+1}}\frac{\psi_f Y_{f,t+1}}{K_{f,t}} + (1-\delta)Q^k_{f,t+1}\right] \Big/ Q^k_{f,t} \tag{4.15}$$

均衡时资本的实际回报率应与企业的实际借贷利率相等即 $E_t R^k_{f,t+1} = R^l_{f,t}/\pi_{t+1}$。同时，生产商最小化成本，$P_{L,t}$ 是土地的价格，可以得到：

$$W_{f,t} = \frac{P_{f,t}}{X_{f,t}}\frac{(1-\psi_f-\gamma_f)Y_{f,t}}{n_{f,t}} \tag{4.16}$$

$$P_{L,t} = \frac{P_{f,t}}{X_{f,t}}\frac{\gamma_f Y_{f,t}}{L_{f,t}} \tag{4.17}$$

式（4.16）和式（4.17）分别是基建部门企业对劳动和土地的需求方程。基建部门的企业 t 期末从投资中获得回报，同时偿还贷款利息，剩余的部分（$1-\phi_f$）用于消费，这样基建部门企业的净值积累方程满足：

$$NW_{f,t} = \phi_f[R^k_{f,t}Q^k_{f,t-1}K_{f,t-1} - (R^l_{f,t-1}/\pi_t)B_{f,t-1}] \tag{4.18}$$

可以看到，资产价格 $Q^K_{f,t}$、资本实际收益 $R^k_{f,t}$ 和借贷成本 $R^l_{f,t}$ 的变动均会影响基建部门企业净值。当资产收益下降或者借贷利率上升时，企业家净值会下降，由式（4.18）可知，这将导致外部融资的风险溢价 $f(.)$ 上升，一方面企业的融资成本增加，另一方面企业下一期需要偿还的贷款本息增多，两者共同导致企业的净值下降。如此循环下去，一个初始的冲击通过影响企业的外部融资成本，带来投资和产出的大幅下降，这就是“金融加速器”效应。

四、非基建部门

本书的模型中非基建部门与基建部门最大的区别在于，非基建部门除了生产机构外，还存在研发机构，研发机构生产知识并将知识转化为可以用于生产的技术。非基建部门生产机构的行为方程与基建部门类似，主要的区别在这几个方面：第一，不同部门生产的产品用途不同，基建部门的产出主要用于为房地产和基础建设投资，而非基建部门的产出则主要用于消费，这在后面各个部门的资源约束方程中可以看到。第二，不同部门资本密集程度不同，基建部门资本密集程度较高，这在后面的参数赋值中可以体现。第三，参考张春等（2016）研究，中国不同部门企业受到的信贷约束不同，基建部门较多是重工业，相比于非基建部门受到的信贷约束程度较轻，借贷能力对杠杆率的变动更不敏感。为节省篇幅，对于非基建部门生产机构的基本行为方程，在不影响理解的情况下，进行简要的概述。

（一）生产机构

非基建部门企业在 t 期末的净值为 $NW_{c,t}$，从金融中介获得的外部融资为 $B_{c,t}$，将资金用来购买下一期生产所需要的资本品 $K_{c,t}$。这样得到：

$$NW_{c,t} + B_{c,t} = Q_{c,t}^{k} K_{c,t} \tag{4.19}$$

非基建部门企业生产函数如下：

$$Y_{c,t} = \omega_t A_t K_{c,t-1}^{\psi_c} L_{c,t}^{\gamma_c} n_{c,t}^{1-\psi_c-\gamma_c} \tag{4.20}$$

其中，$n_{c,t}$为企业每期雇佣的劳动，$L_{c,t}$是购买的土地，A_t 是非基建部门内生的技术进步率，ω_t 是对技术进步的短期外生冲击。$\gamma_c \in (0,\ 1)$ 是均衡时土地在总的要素份额中的比重，ψ_c 是资本所占的要素份额。

定义非基建部门企业 t 期用于形成资本的新增投资为 $I_{c,t}$，非基建部门资本品的变化路径和资本的实际价格给定如下：

$$\begin{aligned} K_{c,t} &= (1-\delta) K_{c,t-1} + \Phi(I_{c,t}/K_{c,t-1}) K_{c,t-1} \Phi(I_{c,t}/K_{c,t-1}) \\ &= I_{c,t}/K_{c,t-1} - \frac{\phi_i}{2}(I_{c,t}/K_{c,t-1} - \delta)^2 \end{aligned} \tag{4.21}$$

$$Q_{c,t}^{k} = \frac{1}{1-\phi_i(I_{c,t}/K_{c,t-1} - \delta)} \frac{P_{c,t}}{P_t} \tag{4.22}$$

与基建部门一样，非基建部门也存在价格粘性，为此本书在模型中引入零售商，非基建部门企业批发商品给零售商的价格为 $P_{c,t}/X_{c,t}$。非基建部门企业使用一单位资本得到的收益由资本的边际产出构成，这样非基建部门资本的实际收益率为：

$$E_tR^k_{c,t+1}=\frac{E_t\left\{\frac{1}{X_{c,t+1}}\frac{P_{c,t+1}}{P_{t+1}}\frac{\psi_cY_{c,t+1}}{K_{c,t}}+(1-\delta)Q^k_{c,t+1}\right\}}{Q^k_{c,t}} \tag{4.23}$$

均衡时资本的实际回报率应与实际借贷利率相等即 $E_tR^k_{c,t+1}=R^l_{c,t}/\pi_{t+1}$。非基建部门生产商成本最小化，可以得到下列方程：

$$W_{c,t}=\frac{P_{c,t}}{X_{c,t}}\frac{(1-\psi_c-\gamma_c)Y_{c,t}}{n_{c,t}} \tag{4.24}$$

$$P_{L,t}=\frac{P_{c,t}}{X_{c,t}}\frac{\gamma_cY_{c,t}}{L_{c,t}} \tag{4.25}$$

非基建部门企业 t 期末从投资中获得回报，同时偿还贷款利息，得到非基建部门企业的净值积累方程：

$$NW_{c,t}=\phi_c[R^k_{c,t}Q^k_{c,t-1}K_{c,t-1}-(R^l_{c,t-1}/\pi_t)B_{c,t-1}] \tag{4.26}$$

（二）研发机构

参考科明和格特勒（2006）、安索阿特吉等（2006）的设定，本书在模型中引入研发部门，研发部门具体的行为如下：一是创造知识，二是将知识转化为可以用于生产的技术，这两个过程都需要雇佣高技能劳动力。设 Z_t 表示 t 期知识的存量，A_t 表示技术的存量，Z_t-A_t 的差额就是未被转化为技术的知识存量。下面本书首先描述知识的研发过程，然后再讨论知识转化为技术的过程。

1. 新知识 Δ_t 的创造。

定义新知识 Δ_t 的生产函数如下：

$$\Delta_t=\chi_tZ_tn^{\rho_z}_{sr,t}\quad(0<\rho_z<1) \tag{4.27}$$

定义 φ_t 表示每单位的熟练劳动在 t 时刻能够创造出的新知识的数量，这样得到：

$$\varphi_t = \chi_t Z_t n_{sr,t}^{\rho_z - 1} \tag{4.28}$$

在式（4.28）中，χ_t 表示研发技术的外生冲击，$n_{sr,t}$表示研发工作中高技能劳动力的投入。Z_t 是原有的知识存量，Z_t 进入知识的生产函数，反映了研发过程中的“干中学”（Romer，1990），同时也是因为新知识的创造是在原有知识存量的基础上。$\rho_z < 1$ 意味着，研发者无法将研发的收益完全内部化，使得研发的规模收益是递减的（Griliches，1998）。

当期创造的新知识，需要下一期才有可能应用，设 J_t 为新知识的未来预期收益，$\Lambda_{t,t+1}$是代表性企业的随机贴现因子，本书以 t 期到 $t+1$ 期企业的借贷利率来折现。$W_{s,t}$是高技能的实际工资。那么本书就可以把研发部门的决策问题表示为选择 $n_{sr,t}$来解决，这样得到：

$$\max_{n_{sr,t}} E_t \{ \Lambda_{t,t+1} J_{t+1} \varphi_t - W_{s,t} n_{sr,t} \} \tag{4.29}$$

得到雇佣高技能劳动力的最优性条件：

$$E_t \{ \Lambda_{t,t+1} J_{t+1} \chi_t Z_t n_{sr,t}^{\rho_z - 1} \} = W_{s,t} \tag{4.30}$$

式（4.30）左边是高技能劳动者提供一单位劳动边际收益的折现值，右边是高技能劳动力的边际成本。J_t 的决定具体见后面的论述。

知识可能过时或淘汰，设 ϕ 为任何已知技术的成活率，这样本书可以得到下面的知识存量积累方程：

$$Z_{t+1} = \Delta_t + \phi Z_t \tag{4.31}$$

结合式（4.31）和式（4.27）可以得出以下新技术增长率的表达式：

$$Z_{t+1}/Z_t = \chi_t n_{sr,t}^{\rho_z} + \phi \tag{4.32}$$

2. 将知识转化为技术。

知识转化为技术需要雇佣高技能劳动力，将这部分雇佣的高技能劳动力用 $n_{sa,t}$表示，工资为 $W_{s,t}$。不是所有的知识都能够转化为可以用于生产的技术，知识成功转化为能用于生产的技术的概率满足下面的方程①：

$$\lambda_t = \lambda(Z_t n_{sa,t}),\ \lambda' > 0,\ \lambda'' < 0 \tag{4.33}$$

式（4.33）表明知识存量 Z_t 越大，投入的高技能劳动力 $n_{sa,t}$越多，知

① 本书假设 $\lambda(\cdot) = \vartheta^* (\cdot)^\tau$，$0 < \tau < 1$，$\vartheta$ 是常数。

识转化为技术的概率就越高。研发部门雇佣多少高技能劳动力将知识转化为技术，取决于技术的预期收益。与罗默的设定一样，新技术的收益（价格）等于使用新技术带来的预期利润的贴现和。设 Π_{mt} 为垄断竞争企业进行生产所获得的利润，V_t 是应用新的技术生产产品获得利润的贴现价值，本书将其写成如下的迭代方程：

$$V_t = \Pi_{mt} + \phi E_t\{\Lambda_{t,t+1}V_{t+1}\} \tag{4.34}$$

在给定上述条件下，本书将创造新知识的预期收益写成如下形式：

$$J_t = \max_{n_{sa,t}} E_t\{-W_{s,t}n_{sa,t} + \phi\Lambda_{t,t+1}[\lambda_t V_{t+1} + (1-\lambda_t)J_{t+1}]\} \tag{4.35}$$

其中，λ_t 如式（4.33）所示，上面的 Bellman 方程中式（4.35）右边第一项是创造新知识的工资支出，第二项是新知识预期收益的折现，包括两部分：一部分是该知识成功转化为技术进行生产时的可能收益 V_{t+1}；另一部分是该知识未被转化为技术，那么它仍然是知识并将留存到下一期，其未来相应的期望收益为 J_{t+1}，两者以知识转化概率加权。研发部门选择高技能劳动力的雇佣 $n_{sa,t}$ 最大化预期收益如式（4.35）所示，得到一阶条件：

$$Z_t\lambda' \times \phi E_t\{\Lambda_{t,t+1}[V_{t+1} - J_{t+1}]\} = W_{s,t} \tag{4.36}$$

式（4.36）中左边项是采用增加高技能劳动支出将知识转化为技术的边际收益，它取决于两个部分：一是一单位高技能劳动带来的知识转化率的边际上升 $Z_t\lambda'$；二是知识转化为技术的预期收益和未被转化的预期收益之差（$V_{t+1} - J_{t+1}$）。根据式（4.34），V_t 与利润相关，而企业利润的变动是顺周期的，这意味着（$V_{t+1} - J_{t+1}$）是顺周期性的。同时 $\lambda''<0$，这使得 $n_{sa,t}$ 也是顺周期性变化。也就是企业利润越高，会使得（$V_{t+1} - J_{t+1}$）越大，企业会雇佣更多的高技能劳动力将知识转化为技术。

与知识一样，技术也存在损耗和过时，假定技术损耗的比率跟知识一样，这样得到下面的技术积累方程：

$$A_{t+1} = \lambda_t\phi[Z_t - A_t] + \phi A_t \tag{4.37}$$

五、地方政府

地方政府的行为目标与第三章一致，也是追求支出最大化。这样地方政府的目标函数为：

$$\max E_t \sum_{t=0}^{+\infty} \beta_g^t [(1-\gamma_g)\ln G_{c,t} + \gamma_g \ln G_{g,t}] \tag{4.38}$$

其中，$G_{c,t}$为消费支出，$G_{g,t}$为基础设施建设支出。γ_g 衡量了地方政府对基础设施建设支出的偏好程度，γ_g 越大代表地方政府越偏好基础设施建设支出。地方政府财政收入包括卖地收入和中央政府的转移支付 Rev_t。$Land_t$ 是每期提供的土地，地方政府可以控制供地规模。Lh_t 是地方政府每期卖出去的土地。需要注意的是，卖出一块土地需要的成本包括征地和拆迁补偿支出、规定计提项目、缴纳新增建设用地使用费、业务费以及必需的“七通一平”等土地初步整理的费用（贾康和刘微，2012）。卖出去的土地越多，地方政府相应的支出也就越多。需要注意的是，由于政府消费直接购买最终生产的商品，而基础设施建设支出的边际收益不断下降，因此引入调整成本，这样政府的预算约束可以写成下面的形式：

$$P_{c,t}G_{c,t} + R_{t-1}^n B_{g,t-1} + P_{g,t}G_{g,t} + \frac{\phi_g}{2}\left(\frac{G_{g,t}-G_{g,t-1}}{G_{g,t-1}}\right)^2 P_{g,t}G_{g,t-1}$$

$$+\frac{\phi_g}{2}(Lh_t - Lh)^2 \leqslant P_{L,t}Lh_t + B_{g,t} + Rev_t \tag{4.39}$$

式（4.39）右边是地方政府的收入来源，主要包括地方政府转移支付，向金融中介的借贷和卖地收入；式（4.39）左边是地方政府的支出，主要用于消费型支出、基础设施建设支出和上一期债券的利息支付，还有相应的调整成本。

基础设施建设的支出不同于直接的消费型支出，其需要土地和投资品，完全来源于基建部门，对应的生产函数是：

$$G_{g,t} = I_{g,t}^{1-\alpha_g} L_{g,t}^{\alpha_g} \tag{4.40}$$

其中，α_g 是土地在基建支出中的份额，一单位基础设施建设相对应的支出成本和土地需求分别为：

$$P_{g,t}=\alpha_g^{-\alpha_g}(1-\alpha_g)^{-(1-\alpha_g)}(P_{f,t})^{1-\alpha_g}(P_{L,t})^{\alpha_g} \tag{4.41}$$

$$\alpha_g P_{g,t}G_{g,t}=P_{L,t}L_{g,t} \tag{4.42}$$

没有卖出去的土地，可以作为土地储备留存，也可以用于抵押向金融中介借款，定义 m 为土地抵押借贷的杠杠率，这样地方政府可以借贷的数量满足：

$$R_t^n B_{g,t}\leqslant m\pi_{t+1}P_{L,t+1}(land_t-Lh_t) \tag{4.43}$$

定义政府预算约束方程式（4.39）和借贷约束方程式（4.43）的拉格朗日乘子分别为 $\eta_{g,t}$ 和 $\eta_{d,t}$，地方政府在这两个约束下选择政府消费和基础设施建设支出最大化如式（4.38）所示，得到下面的一阶条件：

$$\eta_{g,t}=(1-\gamma_g)/G_{c,t} \tag{4.44}$$

$$\begin{aligned}&\gamma_g/G_{g,t}-\eta_{g,t}P_{g,t}\left[1+\phi_g\left(\frac{G_{g,t}-G_{g,t-1}}{G_{g,t-1}}\right)\right]\\&-\beta_g\eta_{g,t+1}\phi_g P_{g,t+1}\left[\frac{1}{2}\left(\frac{G_{g,t}-G_{g,t-1}}{G_{g,t-1}}\right)^2-\frac{G_{g,t+1}}{G_{g,t}}\left(\frac{G_{g,t+1}-G_{g,t}}{G_{g,t}}\right)\right]=0\end{aligned} \tag{4.45}$$

$$P_{L,t}=\phi_g(Lh_t-Lh)+\frac{\eta_{d,t}}{\eta_{g,t}}(m\pi_{t+1}P_{L,t+1}) \tag{4.46}$$

其中，式（4.44）是政府消费的影子价格；式（4.45）是基础设施支出的最优性条件；式（4.46）是地方政府卖地的最优性条件，该式左边是卖出一单位土地的边际收益，右边是卖地的边际成本，由调整成本 $\phi_g(Lh_t-Lh)$ 和抵押借贷的机会成本 $\eta_{d,t}(m\pi_{t+1}P_{L,t+1})/\eta_{g,t}$ 决定。如果地方政府不可以用土地抵押借贷，这样地方政府卖地的最优性条件变为：

$$P_{L,t}=\phi_g(Lh_t-Lh) \tag{4.47}$$

在下面的分析中，将对这两种情况分别进行讨论。

六、零售商

为了在基建和非基建部门引入粘性价格，需要在模型中引入零售商。

参考克里斯坦森和迪布（2008）、梅冬州和赵晓军（2015）的设定，零售商在完全竞争的市场上从基建和非基建企业购入商品，无成本地将商品差异化，然后进行复合打包后出售给居民。根据卡尔沃（Calvo，1983）的做法，每期都有 θ 比例的零售商无法最优地调整价格，由此求得两部门的新凯恩斯菲利普斯曲线：

$$\pi_{f,t} = \beta E_t \pi_{f,t+1} - \lambda_f \hat{X}_{f,t}, \quad \lambda_f = (1-\theta_f)(1-\beta\theta_f)/\theta_f \tag{4.48}$$

$$\pi_{f,t} = (P_{f,t}/P_{f,t-1}) - 1 \tag{4.49}$$

$$\pi_{c,t} = \beta E_t \pi_{c,t+1} - \lambda_c \hat{X}_{c,t}, \quad \lambda_c = (1-\theta_c)(1-\beta_c\theta_c)/\theta_c \tag{4.50}$$

$$\pi_{c,t} = (P_{c,t}/P_{c,t-1}) - 1 \tag{4.51}$$

七、市场出清条件与宏观均衡

中央政府每期利用家庭上缴的一次性总赋税和货币的发行，为地方政府的转移支付融资，保持了预算的平衡：

$$M_t - M_{t-1} + T_t = \mathrm{Rev}_t \tag{4.52}$$

中央政府制定货币政策，假定通过调节短期利率来应对经济的变动，货币政策满足泰勒（Taylor）规则：

$$\frac{R_t^n}{R} = \left(\frac{R_{t-1}^n}{R}\right)^{\rho_r}\left(\frac{GDP_t}{GDP}\right)^{\rho_y}\left(\frac{\pi_t}{\pi}\right)^{\rho_\pi}\varepsilon_t \tag{4.53}$$

其中，R、GDP 和 π 是稳态的利率、总产出水平和通货膨胀，ρ_r 反映了上期货币政策对现在的影响，ρ_y 和 ρ_π 分别是名义利率对 GDP 和通货膨胀的反应系数，ε_t 是货币政策冲击。

GDP 由基建、非基建部门的产出构成：

$$GDP_t = (P_{c,t}/P_t)Y_{c,t} + (P_{f,t}/P_t)Y_{f,t} \tag{4.54}$$

市场均衡时，各个市场均满足出清条件。其中，非基建部门生产的商品用于自身投资、居民消费和政府消费型支出，这样非基建部门市场出清条件为：

$$Y_{c,t} = C_t + G_{c,t} + I_{c,t} \tag{4.55}$$

基建部门的产出除用于满足自身投资 $I_{f,t}$ 外，还要满足基建支出 $I_{g,t}$ 和中央政府的购买支出 Ge_t，同时居民增加住房需要基建部门产出为 $Q_{h,t}[h_t-(1-\delta_h)h_{t-1}]+\phi_{h,t}$，这样有：

$$Y_f=I_{f,t}+I_{g,t}+(Q_{h,t}/P_{f,t})\{[h_{t+1}-(1-\delta_h)h_t]+\phi_{h,t}\}+Ge_t \quad (4.56)$$

式（4.56）中，中央政府的购买 Ge_t 为服从 AR(1) 的外生冲击。地方政府提供的土地，作为基建部门、非基建部门和政府基础设施建设类支出所必需的生产要素，土地市场对应的出清条件为：

$$L_{c,t}+L_{f,t}+L_{g,t}=Lh_t \quad (4.57)$$

研发部门需要的高技能劳动力与高技能劳动力的供给相等，高技能劳动力市场出清：

$$n_{sr,t}+n_{sa,t}=n_{s,t} \quad (4.58)$$

需要注意的是，居民储蓄用于三个部门的借贷，分别是地方政府、基建部门和非基建部门：

$$B_{c,t}+B_{f,t}+B_{g,t}=D_t \quad (4.59)$$

在中国特殊的金融体制下，中国地方政府可以低成本地获得银行贷款，然后将总贷款量的剩余部分贷款给非基建部门，非基建部门面临的基准借贷成本是：

$$R_t^l=R_t^n g(x),\ x=\frac{D_t}{D_t-B_{g,t}},\ g'(x)>0 \quad (4.60)$$

$g'(x)>0$ 意味着地方政府获得的贷款越多，非基建部门获得的资金难度增加，资金的基准借贷成本也会上升。不同类型企业的借贷成本由式（4.10）和式（4.60）共同决定。

在下面的分析中，基于研究需要，参考利亚科维洛和内里（2010）和刘铮等（2013）的研究，主要分析几个冲击：住房偏好冲击 j_t，中央政府购买冲击 Ge_t，其他冲击（劳动供给冲击、货币政策冲击和短期技术冲击），均服从下面的 AR（1）过程，具体形式如下：

$$\ln j_t-\ln j=\rho_j(\ln j_{t-1}-\ln j)+\varepsilon_{j,t},\ \rho_j\in(0,1),\ \varepsilon_{j,t}\sim N(0,\delta_{j,t}^2) \quad (4.61)$$

$$\ln Ge_t - \ln Ge = \rho_{Ge}(\ln Ge_{t-1} - \ln Ge) + \varepsilon_{Ge,t},\ \rho_{Ge} \in (0,\ 1),\ \varepsilon_{Ge,t} \sim N(0,\ \delta^2_{Ge,t}) \tag{4.62}$$

第四节 参数校准和资源配置效率的计算

一、参数校准

与DSGE模型求解的标准步骤一致，首先对模型的最优性条件在稳态处进行对数线性化，然后对参数进行校准，最后进行数值模拟。在伯南克等（1999）“金融加速器”模型中引入了基建和非基建两个部门，同时还参考科明和格特勒（2006）和安索阿特吉等（2006）的研究在非基建部门中引入了研发部门。另外，为了分析地方政府的土地财政行为，参考梅冬州等（2018）的研究引入地方政府的土地财政行为。对此，在下面的参数赋值时，根据参数的性质和分析的需要，本书将其分成三个部分：一是，对于标准的参数一方面借鉴伯南克等（1999）对金融加速器模型的标准设定；二是，对于研发部门相关参数的设定，参考科明和格特勒（2006）、安索阿特吉等（2006）的研究；三是，对于模型中的结构性参数，如消费占总产出的比重、基建部门产出在整个GDP中的比重等指标，利用近几年中国的宏观数据进行估计。

参数β和β_g分别是居民和地方政府主观贴现率，均取0.99；劳动供给弹性的倒数φ取值范围在1到2之间，取1.3；资本品的年折旧率一般为0.1，不失一般性，模型中资本品的季度折旧率取0.025；假设价格每4期调整一次，参数θ_c和θ_f均取0.75，这些参数的取值都与现有的DSGE文献保持一致。为了便于模型求解，家庭部门的风险厌恶系数设为1，投资需求对边际产出的参数ϖ取0.81，基建部门和非基建部门的消费率

$(1-\phi_f)$ 和 $(1-\phi_c)$ 均取0.03，这些参数的取值均来自经典的金融加速器模型（Bernanke et al.，1999；Devereux et al.，2006；Gertler et al.，2007）。参考利亚科维洛和内里（2010）的研究，普通劳动力在两个部门的异质性参数 ξ_2 取0.8，高技能劳动力对普通劳动力的替代弹性 ξ_1 取0.1，住房偏好的均值 j 取0.2（何青等，2015）。研发部门参数的设定参考科明和格特勒（2006）、安索阿特吉等（2016）的研究，新知识生产函数中高技能劳动力的产出弹性 ρ_z 取0.6，技术转化率的弹性 τ 取0.9，新技术或知识的季度折旧率 ϕ 取0.02。

对于结构性的参数，结合理论模型得到的最优性条件，求出模型的稳态值，并将稳态点的变量用外生参数表示出来，再根据中国的现实数据得到相应变量的值，进而反推出相应的参数取值。2008年至2019年，固定资产投资占GDP的比例为45%到53%，在这其中房地产投资占总投资的比例一直维持在19%左右，地方政府基建投资占投资的比重为25%到32%，对此模型中基建部门占总产出的比重设定为30%，相应的非基建部门占总产出的比重为70%。[①] 与基建部门直接相关的产业都是重工业，参考张春等（2016）对中国各个产业的估计，对于资本要素报酬在基建和非基建部门的份额 ψ_f 和 ψ_c 分别取0.6和0.32。参考白重恩和钱震杰（2010）的研究，劳动要素回报占总要素回报的比重取值为45%。根据这些基本事实和模型的均衡条件，可以倒推出非基建部门土地的份额 γ_c 为0.05，基建部门土地的份额 γ_f 为0.1，地方政府基础设施建设中土地的份额 α_g 为0.1。

值得注意的是，鉴于本书的结果较为定性，为了更好地说明结论的稳健性，本书在之后的脉冲分析中将上述参数下取得的结果作为基准情形，并对模型中的关键参数进行敏感性分析，与基准情形进行对比来补充本书的定性讨论。在基准的模型分析中认为地方政府更多地偏好基础设施支出，因此 γ_g 取值为80%，为了讨论地方政府支出偏好变动的影响，在下

① 根据Wind数据库整理。

面的反事实分析中 γ_g 取 0，此时地方政府将完全偏好消费型支出，基础设施方面的支出将为 0。参数取值的总结可参见表 4－1。

表 4－1　　主要的参数赋值

参数含义	参数	取值	参数含义	参数	取值
居民的贴现因子	β	0.99	高技能劳动力对普通劳动的替代弹性	ξ_1	0.1
地方政府的贴现因子	β_g	0.99	普通劳动力在不同部门的替代弹性	ξ_2	0.8
劳动供给弹性的倒数	φ	1.3	非基建部门资本份额	ψ_c	0.32
资产价格对投资的反应系数	ϖ	0.81	非基建部门土地份额	γ_c	0.05
资本品的季度折旧率	δ	0.025	基建部门资本份额	ψ_f	0.6
住房偏好的均值	j	0.2	基建部门土地份额	γ_f	0.1
政府生产型支出中土地的份额	α_g	0.1	房地产及基建部门产出在 GDP 中的比重		0.3
知识生产函数中高技能劳动力的产出弹性	ρ_z	0.6	技术转化率的弹性	τ	0.9

二、资源配置效率的计算

对全要素生产率的影响，可以分解为两个部分：一部分是技术进步，还有一部分是资源配置效率。在下面的脉冲分析中，为了将这两者区分并进行比较，探讨各个部分对产出变动的影响程度，本书根据经典的谢和克伦诺（Hsieh and Klenow，2009）的方法，结合文中模型构建下面的资源配置效率的计算公式。

根据谢和克伦诺（2009）的方法，利用经济中全要素生产率产值 *TFPR* 的离散程度来度量资源配置效率。由于全要素生产率价值 *TFPR* 成比例于资本的边际产出价值和劳动的边际产出价值的几何平均，因此对于第 i 个部门有：

$$TFPR_{it} \propto (MRPK_{it})^{\alpha} (MRPL_{it})^{1-\alpha} \tag{4.63}$$

其中，$MRPK_{it} = \dfrac{P_{it}\partial Y_{it}}{\partial K_{i,t-1}}$和 $MRPL_{it} = \dfrac{P_{it}\partial Y_{it}}{\partial L_{it}}$分别为第 i 个部门的资本边际产出价值和劳动边际产出价值。定义全要素生产率为①：

$$TFP_t \equiv GDP_t / K_{t-1}^{\alpha} L_t^{1-\alpha} = \left[\vartheta \left(A_{ft} \frac{TFPR_t}{TFPR_{ft}} \right) + (1-\vartheta) \left(A_{ct} \frac{TFPR_t}{TFPR_{ct}} \right) \right] \tag{4.64}$$

其中，$TFPR_t \propto (MRPK_t)^{\alpha} (MRPL_t)^{1-\alpha}$ 为加总的全要素生产率价值。根据谢和克伦诺（2009）的分析，两部门的全要素生产率价值离散程度越大，则资源错配程度越大，全要素生产率越低。

式（4.64）中，全要素生产率一方面取决于技术进步率，另一方面取决于不同部门全要素生产率价值离散程度。进一步的，可以将全要素生产率中的技术进步假定不变，在该情形下不同部门的技术进步不再影响全要素生产率的变化，将此定义为资源配置效率：

$$Allocation_t \equiv \left[\vartheta \left(\frac{TFPR_t}{TFPR_{ft}} \right) + (1-\vartheta) \left(\frac{TFPR_t}{TFPR_{ct}} \right) \right] \tag{4.65}$$

$Allocation_t$ 为资源的配置效率，衡量了资源在两个部门间的配置对于全要素生产率的影响。也就是说，即便技术进步不发生改变，经济也可以通过重新配置资源提升全要素生产率，当经济面临非技术因素的外生冲击时，资源通过在两部门间的重新配置导致了全要素生产率的变化。

结合本书的模型，由于不同部门劳动力的工资不同，如式（4.7）、式（4.8）和式（4.9），不同部门资本的边际产出也不同，如式（4.10）、式（4.15）和式（4.23）。这意味着 *TFPR* 的离散程度不但取决于资本边际产出 *MRPK* 的离散程度，也取决于劳动边际产出 *MRPL* 的离散程度。导致要

① 本书对于全要素生产率的定义和推导与谢和克伦诺（Hsieh and Klenow，2009）一致，具体的推导可以参考谢和克伦诺（Hsie and Klenow，2009）。

素在基建部门和非基建部门的回报率不同，从模型设定上看主要有两个因素：一是两个部门金融摩擦的异质性，这与企业的杠杆率和自身净值有关；二是两个部门产出的用途不同，这样不同的需求变动对基建和非基建部门的产出影响也不同，例如，政府将更多的收入用于基础设施建设支出，这将提高基建部门的劳动和资本的边际产出，相比于非基建部门，使得两部门离散程度增加，资源的配置效率下降。下文将利用数值模拟分别从动态角度分析外部冲击下的土地财政行为对资源配置效应的影响。

第五节 数值模拟

在对模型的参数进行赋值后，以住房需求冲击为代表，考察房价或土地价格变动作用于经济的路径。在此基础上，进行政策的反事实分析。下面的模拟图中，横坐标表示以季度为单位的时期，纵坐标表示相应变量偏离均衡值的百分比。

一、脉冲分析

房价需求冲击带来的房价上升对主要经济变量的影响路径如图 4－3 所示，在下面的分析中以该图作为基准情形。从左到右，从上至下观察该图，正向的房价偏好冲击导致居民对房地产的需求上升，直接导致房价上涨［见式（4.6）］。更高的房价一方面带来更多的房地产投资，同时也拉升了土地的价格。更高的地价提高了单位土地的出让收入和抵押贷款额［见式（4.43）］，由于地方政府以土地出让收入和土地抵押贷款为自己的开支融资［见式（4.39）］，在两者共同作用下，更高的地价带来地方政府财政收入的急剧上升。由于地方政府将收入较多地用于基础设施建设支出，那么地方政府财政收入上升的直接后果就是基建支出的上升。在房地产投资和基建支出同时增加的情况下，基建部门的产出大幅上升［见式（4.56）］。

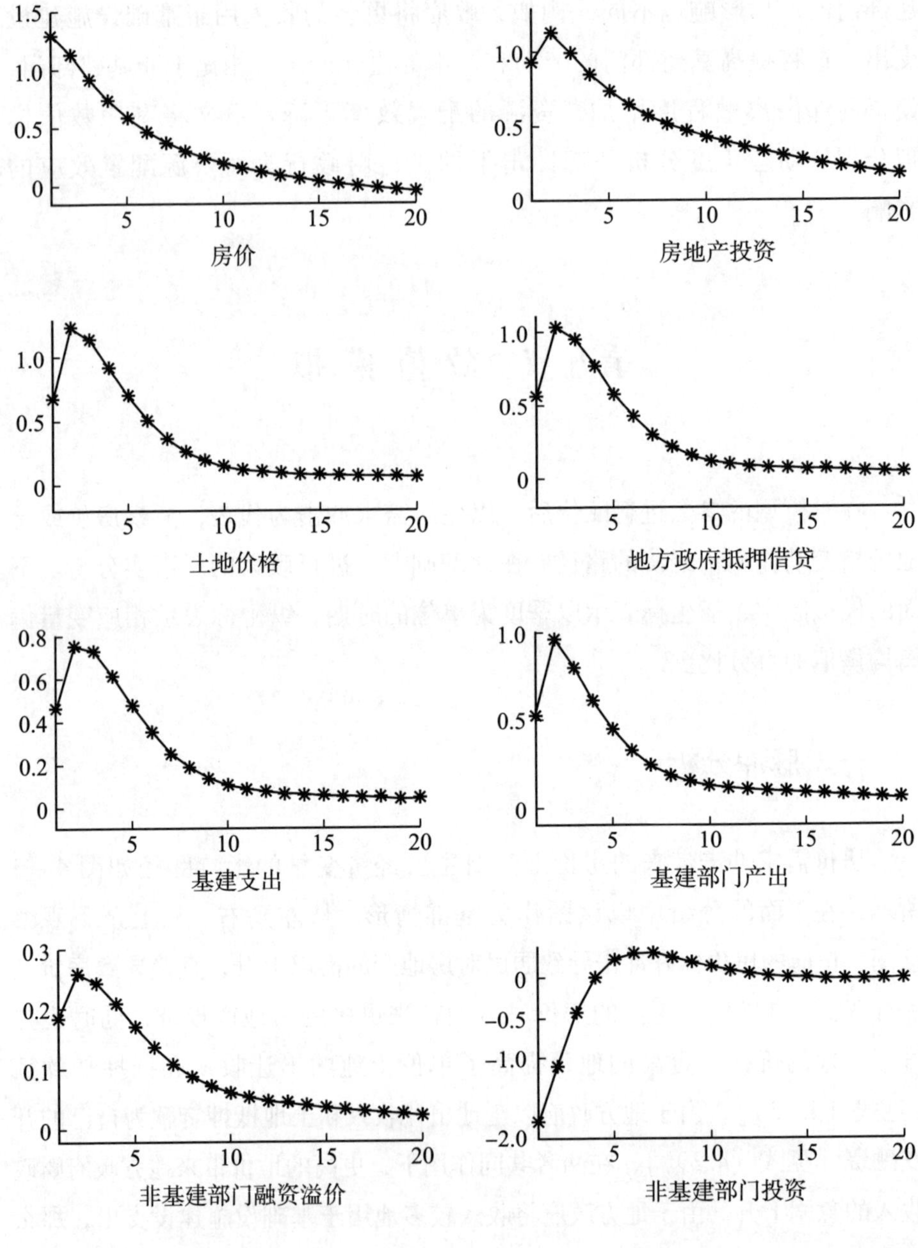

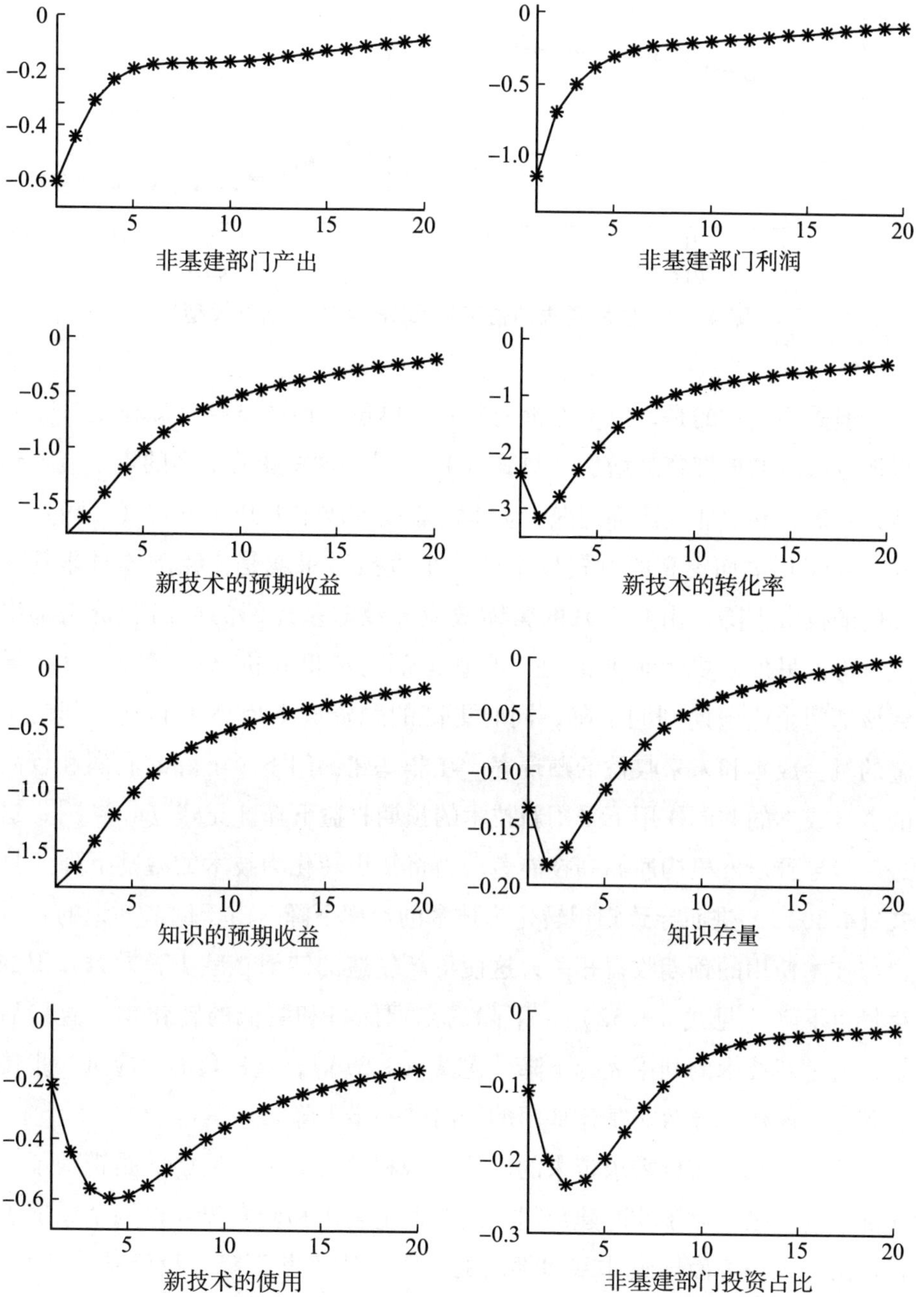
非基建部门产出
非基建部门利润
新技术的预期收益
新技术的转化率
知识的预期收益
知识存量
新技术的使用
非基建部门投资占比

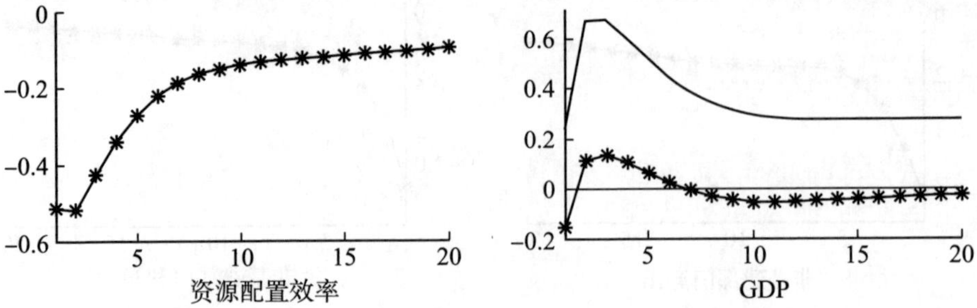

图4-3 住房需求冲击下的GDP变动（基准模型）

但需要注意的是，由于地价上升后，单位土地的抵押贷款额上升，使得地方政府的抵押贷款增加［见式（4.43）］，这意味着更多的资本流入到地方政府，导致非基建部门获得资本的难度或成本上升［见式（4.59）和式（4.60）］。而更高的融资成本的一个直接后果就是，经济体对非基建部门的投资下降，由此带来的紧缩效应导致非基建部门产出和价格都出现下降。另外，更为重要的是，非基建部门产出和价格的下降，直接导致该部门企业预期利润下降，同时更高的融资成本提高了非基建部门资金的机会成本和未来收益的贴现率。在非基建部门不断下降的利润和较高的资金成本的共同作用下采用新技术的预期收益下降［见式（4.34）］，这进一步导致研发机构雇佣高技能劳动力将知识转化为技术的激励下降［见式（4.36）］，进而导致知识转化为技术的概率下降。由于创造知识的收益也与技术使用的预期收益相关，这使得新创造的知识在减少，导致知识的存量也下降［见式（4.32）］。下降的知识储备和更低的转化率的直接后果，就是新技术的利用大幅下降［见式（4.37）］，这一负面效应进一步传递到生产函数，导致非基建部门的产出进一步下降。

可以看到，房价需求带来的房价上涨和地价上涨，更多的是带动了基建部门的扩张，对于非基建部门，则在资金利用和研发投入这两个渠道进行挤出。这一方面导致非基建部门的投资占比不断下降，投资结构恶化；另一方面即使地方政府通过基建部门迅速拉升了GDP，但技术进步的持续下降，导致非基建部门产出不断下降。投资结构更多地偏向基建部门，以及两个部门相对产出的变动，使得资源更多地流向基建部门，这导致要素在基建和非基建部门的边际产出离散程度变大，经济中资源配置效率大幅下降［见式（4.65）］。在技术进步和资源配置下降的共同作用下，GDP迅速由正转负，产出持续低迷。

为了评估资源配置效率下降对产出的下降起到了多大的作用。本书根据通行的做法，进行了反事实分析，假定如果经济中无资源错配此时GDP应该上升多少，并将其与原有模型进行对比。GDP的脉冲图进行了这样的反事实分析（脉冲图中的粗实线），发现如果将资源配置效率下降的负面影响剔除，看到GDP将出现较大幅度的扩张。也就是说资源配置效率的下降，在导致产出下降的过程中起到了至关重要的作用。

与传统的DSGE模型不同，本书在模型中嵌入了研发部门，讨论了企业的研发行为及TFP的内生变动。这种引入起到了怎样的作用呢？本书将模型中的研发部门剔除后，将其与上面的基准模型进行对比，如图4-4所示。图中在同样的住房需求冲击下，如果不考虑技术进步的下降，此时房价和土地价格带来的房地产与基建部门的扩张将使得GDP扩张维持很长一段时间，并且由于产出扩张需要更多的土地，也使得土地价格和房地产价格涨幅更高。而一旦将TFP的内生变动引入模型，由地价上升引致TFP的持续下降，将使得非基建部门产出下降的幅度和持续时间都扩大，这使得基建部门带动的GDP扩张效果迅速下降。也就是说，如果不考虑房价对GDP的负面影响，那么房价或地价的上升将通过地方政府的土地财政行为拉动GDP的增长，两者呈现高度联动；而一旦考虑了地价上升对TFP的影响，那么不断下降的TFP将抵销之前的扩张，造成GDP在初始扩张后经历持续的下降。同样的，本书也对资源配置效率进行了反事实分析（GDP脉冲图中的粗实线），可以看到资源配置效率的恶化是导致产出扩张幅度下降的最重要的原因，这在初始阶段表现得尤为明显。

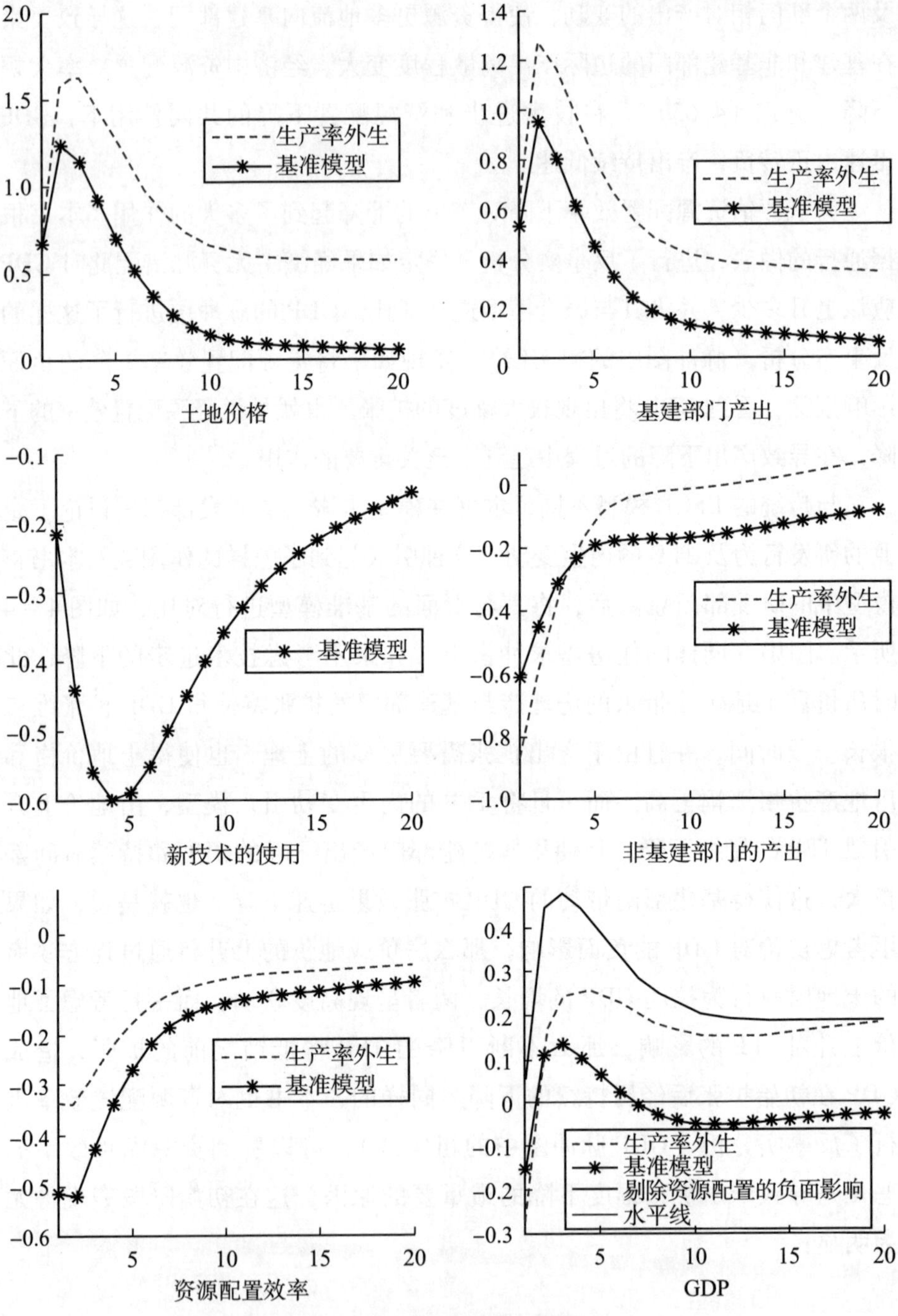
生产率外生
基准模型
土地价格
基建部门产出
新技术的使用
非基建部门的产出
资源配置效率
GDP
剔除资源配置的负面影响
水平线

图4-4　生产率是否内生

上面的传导渠道中，土地财政联结了土地价格变动和地方政府的支出行为，而在模型中将地方政府的土地财政行为刻画为直接的土地出让行为和间接的依赖土地抵押贷款行为。本书将土地融资从基准的模型中剔除，此时地方政府不能通过土地抵押贷款为自己的开支融资，如图 4 - 5 所示。同样的住房需求冲击下，该行为的剔除将使得地价上升带动的政府收入上升幅度下降，也相应地导致基建支出和基建部门的产出上升幅度降低。由于地方政府不能用土地抵押借款，土地价格上升对非基建部门资金挤占的程度下降，非基建部门企业融资溢价上升得较少，这会带来两个结果：一是较低的溢价对非基建部门投资的负面影响降低，使得对非基建部门产出和利润的负面影响程度下降；二是相比于基准情形，利润降幅的下降和较低的溢价，也使得新技术使用的预期收益降幅减少，这会提高研发部门将知识转化为技术的概率，使得创造新知识的预期回报上升。由此带来更高的知识积累和更高的转化概率，将导致新技术的使用上升。这进一步作用于非基建部门产出，遏制了非基建部门产出的降幅。同时，剔除地方政府的土地抵押融资，使得经济中资源流向基建部门的需求减少，减弱了不同部门要素回报的离散程度，使得经济中资源配置效率下降幅度减少，并最终使得 GDP 的降幅下降。可以看到，如果模型中不考虑土地抵押融资，那么房价和地价的上升通过基建支出的增加带动了 GDP 的上升；而土地抵押融资的引入，放大了各种房价或地价对技术进步的挤出效应，使得资源配置效率下降得更多，导致非基建部门产出的持续下降，使得房价带来的产出扩张迅速减弱，GDP 的变动很快低于 0。在加入资源配置效率的反事实分析后（GDP 脉冲图中的粗实线），对比发现，如果不存在资源配置效率的下降或损失，那么 GDP 的上升幅度将增加很多，同时扩张的也更加持续。

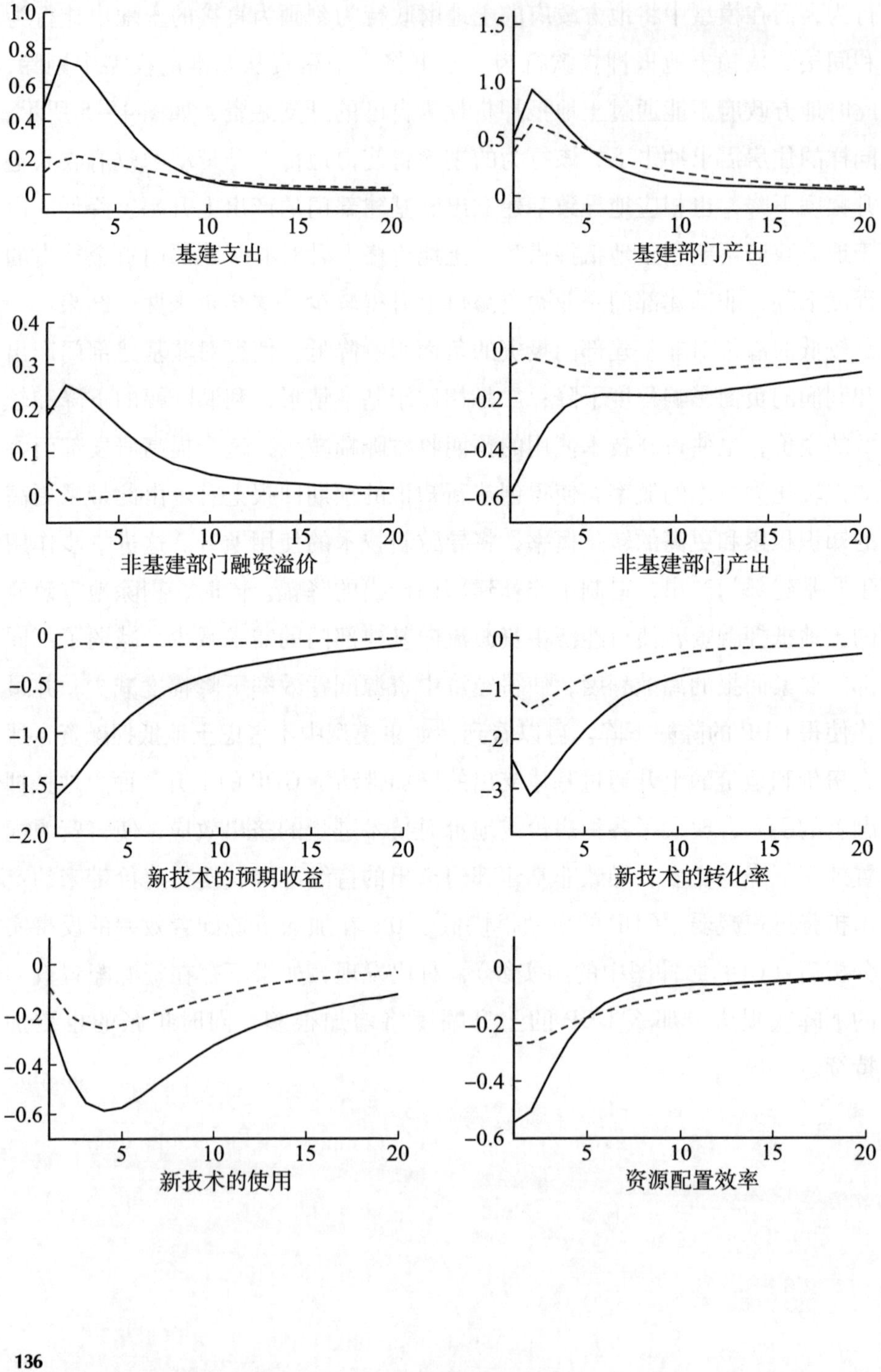
基建支出
基建部门产出
非基建部门融资溢价
非基建部门产出
新技术的预期收益
新技术的转化率
新技术的使用
资源配置效率

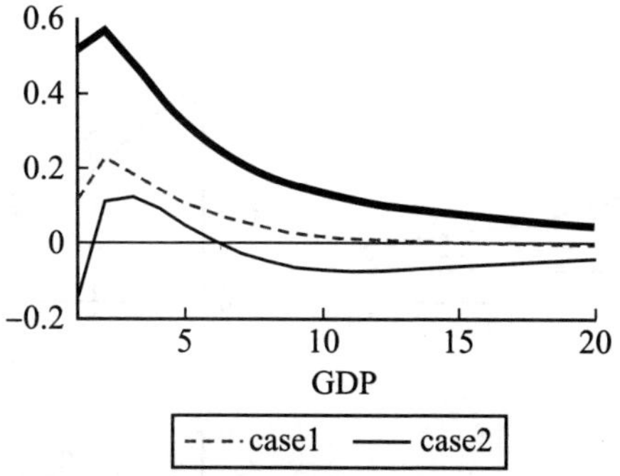

图 4 – 5 是否存在土地抵押融资

注：case1，基准模型中剔除土地抵押融资行为；case2，基准情形。

上文分析都假定土地出让收入全部进入地方政府预算约束，如果此时土地出让收入只有部分或者完全不能用于地方政府开支呢？本书剔除土地融资行为，考虑了土地出让收入全部、一半和不进入地方政府预算约束的三种情形，具体如图 4 – 6 所示。对这三种情形进行比较，更低比例的土地出让收入进入预算约束，显著地降低了地价上升对基建支出的影响。更少的基建支出，一方面使得房地产投资取代地方政府的基建支出成为带动房地产及基建部门扩张的最主要的力量，另一方面也使得地价上升的幅度下降，对非基建部门的挤出效应也越来越低，进而对新技术使用的负面影响也相应的降低。需要注意的是，更少的土地出让收入进入地方政府预算约束，虽然改善了产出结构，但也降低了基建部门扩张的幅度，导致 GDP 增幅的下降。

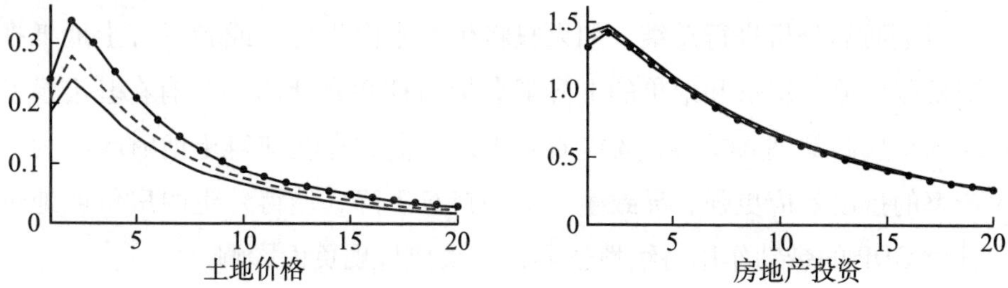

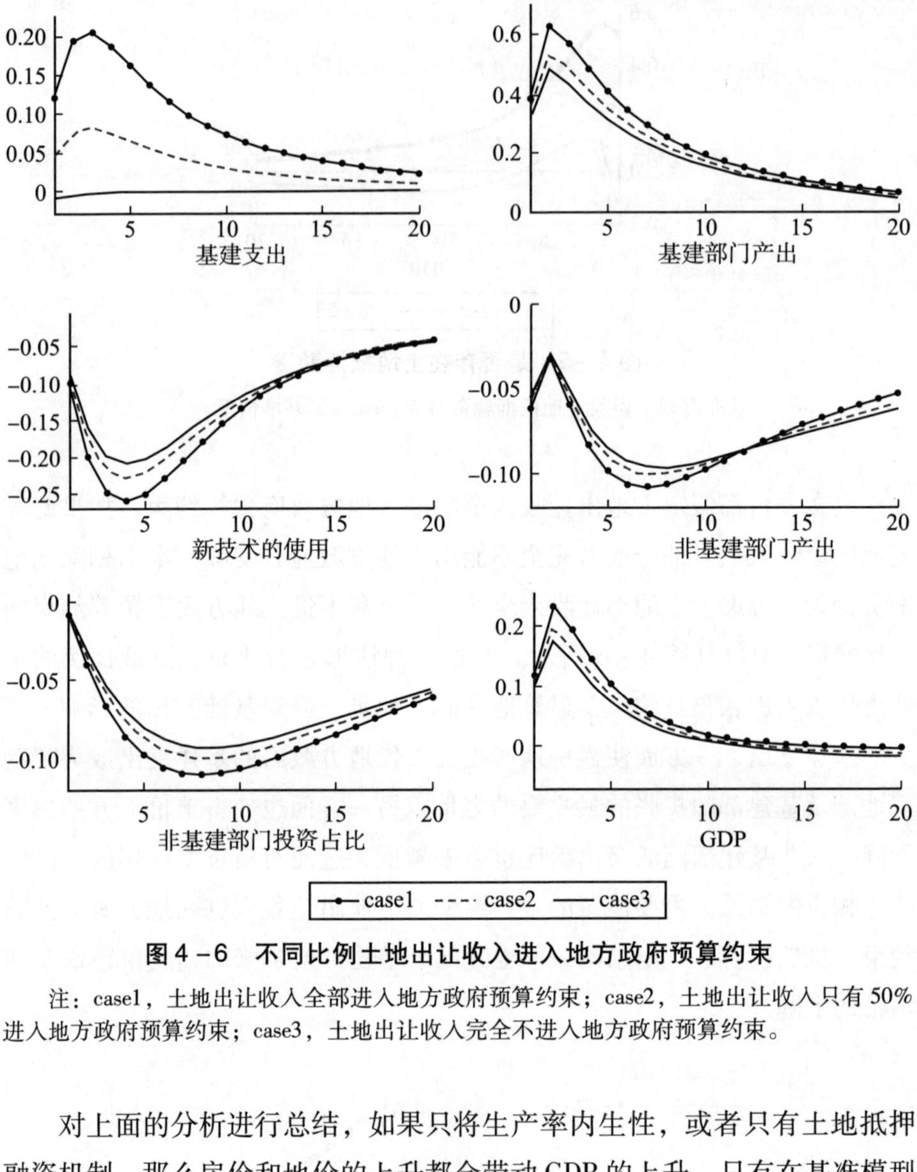

图 4-6 不同比例土地出让收入进入地方政府预算约束

注：case1，土地出让收入全部进入地方政府预算约束；case2，土地出让收入只有 50%进入地方政府预算约束；case3，土地出让收入完全不进入地方政府预算约束。

对上面的分析进行总结，如果只将生产率内生性，或者只有土地抵押融资机制，那么房价和地价的上升都会带动 GDP 的上升。只有在基准模型中，两个机制都纳入模型，才能看到土地融资的存在使得土地财政行为对生产率的挤出效应更强，导致生产率的持续下降，使得外生的房价或地价上升对 GDP 的带动作用持续性较弱，并很快呈现负面影响。

另外一个需要强调的问题是，上述分析中本书都假定地方政府支出偏向于基建支出，如果政府的支出结构发生转变，也就是从基建支出转向非基建支出呢？相比于基准情形，如果政府更高比例的支出转向非基建部门，这会带来三个方面的影响（如图4－7所示）：第一，直接提高了非基建部门的产出和利润，降低了基建部门的产出。由于基建部门的生产需要更多的土地，其产出的下降降低了土地需求，带来了更低的地价和房价。第二，非基建部门更高的利润提高了新技术采用的预期收益，降低了地价上升对技术进步的负面影响。第三，更多的需求或者资源转向非基建部门，降低了不同部门要素回报的离散程度，减少了资源配置效率降低的程度。本书注意到，尽管支出更多地转向非基建部门，提高了该部门的产出，但此时研发的预期收益依然为负，技术进步依然下降。这是因为影响新技术预期收益除了企业的利润外，资金的使用成本也扮演了重要的角色。由于此时地方政府仍然依赖土地抵押贷款获得收入，此时非基建部门融资的风险溢价依旧很高。可以看到，相比于基准情形，如果地方政府将更多的支出投入非基建部门，这的确改善了产出（投资）结构，使得非基建部门的产出（投资）在总产出（投资）中的比重上升，但TFP的持续下降，遏制了非基建部门产出的进一步扩张，使其对总量GDP产生的效果相对有限。

对此，本书进一步在case3将地方政府的土地融资行为在模型中剔除，并将其与基准情况进行对比，如图4－7所示。土地融资行为的剔除，一方面使得地方政府的收入大幅降低，也相应地降低了支出增加的幅度，降低了对产出扩张的正面影响；但另一方面土地融资的剔除大幅度降低了其他企业融资的风险溢价。更低的溢价使得研发的预期收益上升，这带来更高的技术转化率和更多新技术的应用，这又对非基建部门的产出带来更多的正面影响，使得资源配置效率的降幅减少。case3相比于case2，地方政府支出结构的转变不但改善了投资的结构，同时也带来了TFP的上升，使得非基建部门产出上升的扩张效果更加明显。case3与基准情形相比，虽然初期的GDP扩张低于基准情形，但随着TFP上升带来的非基建部门扩张使得GDP的扩张效应更加持续。

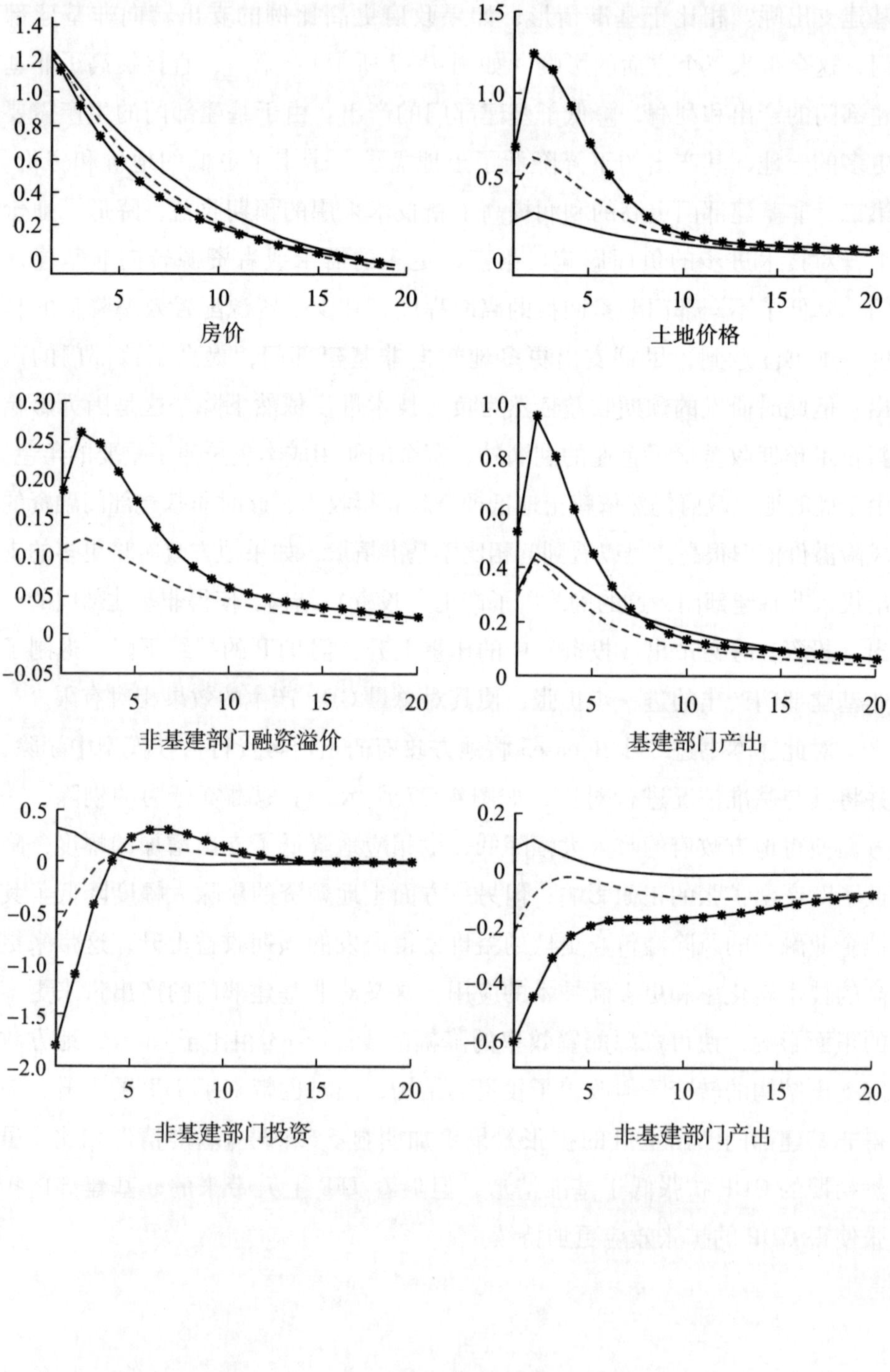
房价
土地价格
非基建部门融资溢价
基建部门产出
非基建部门投资
非基建部门产出

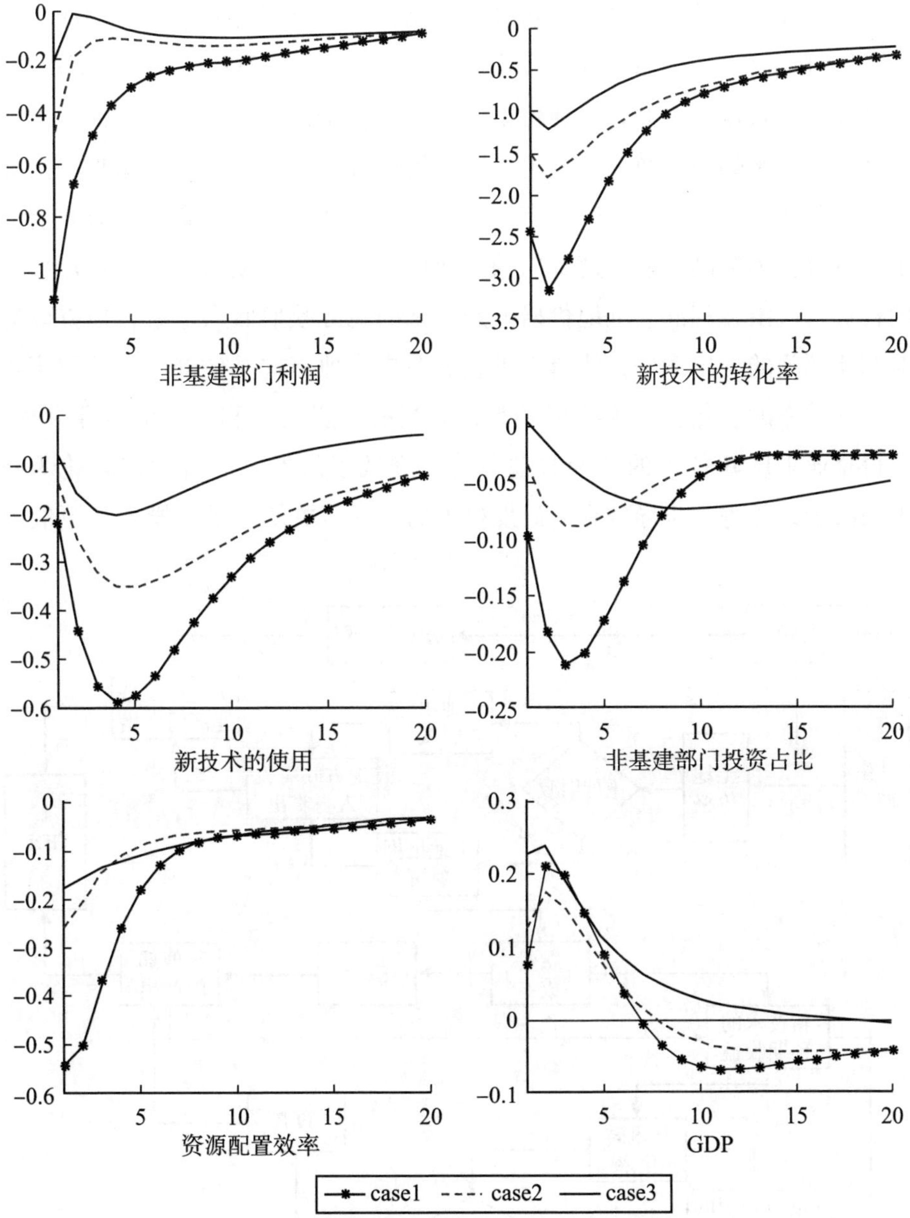

图4-7 支出结构改变和外部冲击下的经济波动

注：case1，基准情形；case2，地方政府将收入用于非基建部门；case3，剔除地方政府土地融资后，地方政府将收入用于非基建部门。

将上面各个冲击的脉冲分析进行总结，本书可以得到下面外部冲击影响 GDP 和生产率变动的路径，如图 4－8 所示。从左到右、从上到下观察，外部冲击导致地价上升，土地价格的上升会带来两个结果：一方面，土地价格上升带来的地方政府收入上升，使得地方政府的基建支出增加，由此带来了基建部门产出的上升，有利于 GDP 的上升；另一方面，地方政府的土地融资行为提高了非基建部门的资金使用成本，直接降低了非基建部门的投资、产出和利润。土地价格上升带来的地方政府收入上升，地方政府对基建部门的支出偏好，使得需求和资源更多地流向基建部门，导致了资源配置效率的恶化。更为重要的是，更高的融资成本和更低的企业利润，使得企业采用新技术的预期收益下降，降低了研发部门将知识转化为技术的激励，并进一步导致企业研发投入的下降，更低的研发投入和更低的

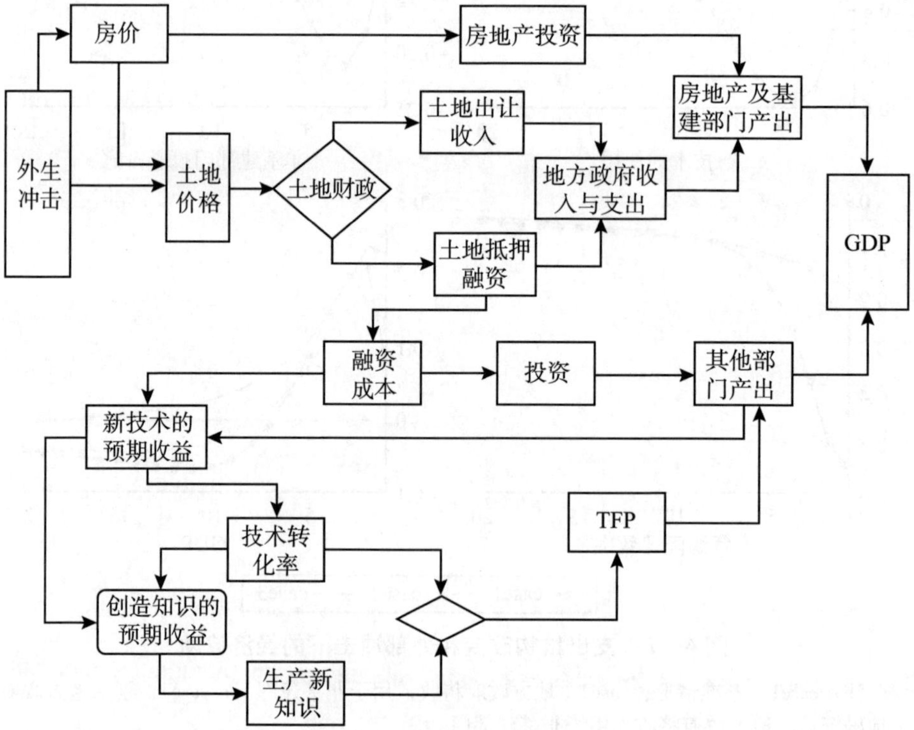

图 4－8　模型传导路径

转化率使得企业技术进步率下降，最终导致非基建部门产出的不断下降。由于 TFP 下降的持续性，从而导致非基建部门产出的降幅更大、持续时间更长。

在上述分析中，地方政府的土地财政行为以及支出倾向扮演了至关重要的角色，而在这其中土地融资的作用尤为关键。土地出让行为将地价变动与政府收入联系起来，而地方政府的支出倾向则将地方政府的收入与产出变动联系起来。土地抵押融资一方面放大了土地价格变动对地方政府收入的影响，另一方面提高了非基建部门使用资金的成本，导致了对研发投入和研发转化率的负面影响，进而不利于 TFP 的上升和经济的转型。

二、政策的反事实分析

中国的人口结构已经越过“刘易斯拐点”，自 2012 年起中国劳动人口数量开始出现下降，与此同时，能源环境约束、要素成本上升等约束日益凸显。随着中国经济逐步进入新常态，经济增速的“L”型走势开始显现，在这样的背景下，实现经济结构不断优化升级、发展动力从要素驱动转向创新驱动，提高 TFP 对经济增长的贡献率，正日益成为学术界和政府决策者的普遍共识①。而无论是经济结构优化，还是发展动力转换，都需要通过提高创新特别是自主技术创新的能力来实现。大量的学术研究和政策报告都提出，政府应加大对研发的投入和对创新的支持。那么在不改变土地财政的背景下，地方政府将更多的收入转向研发能够带来 TFP 的上升吗？本书进行了反事实分析，讨论了这一变化的可能影响，如图 4－9 所示。

如果将地方政府本来用于基建支出的这部分收入 $P_{f,t}G_{f,t}$，用于对研发行为补贴 sub_t，对应式（4.35）$J_t' = J_t + sub_t$，即对研发部门的补贴会提高生产知识的预期收益。

---

① 2018 年《政府工作报告》提出“加快建设创新型国家”，进一步明确了创新在经济发展与国家战略中的重要地位。

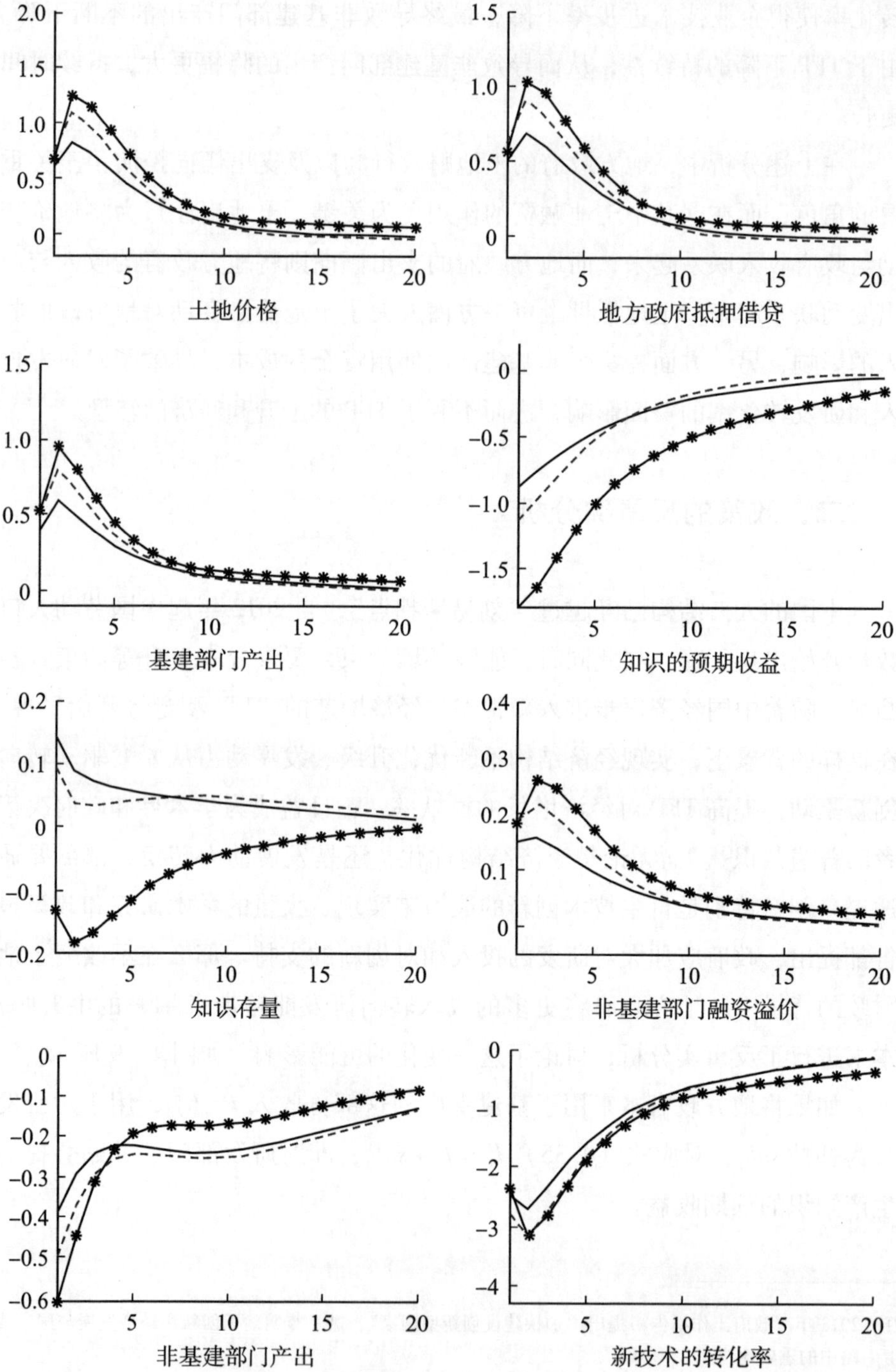
土地价格
地方政府抵押借贷
基建部门产出
知识的预期收益
知识存量
非基建部门融资溢价
非基建部门产出
新技术的转化率

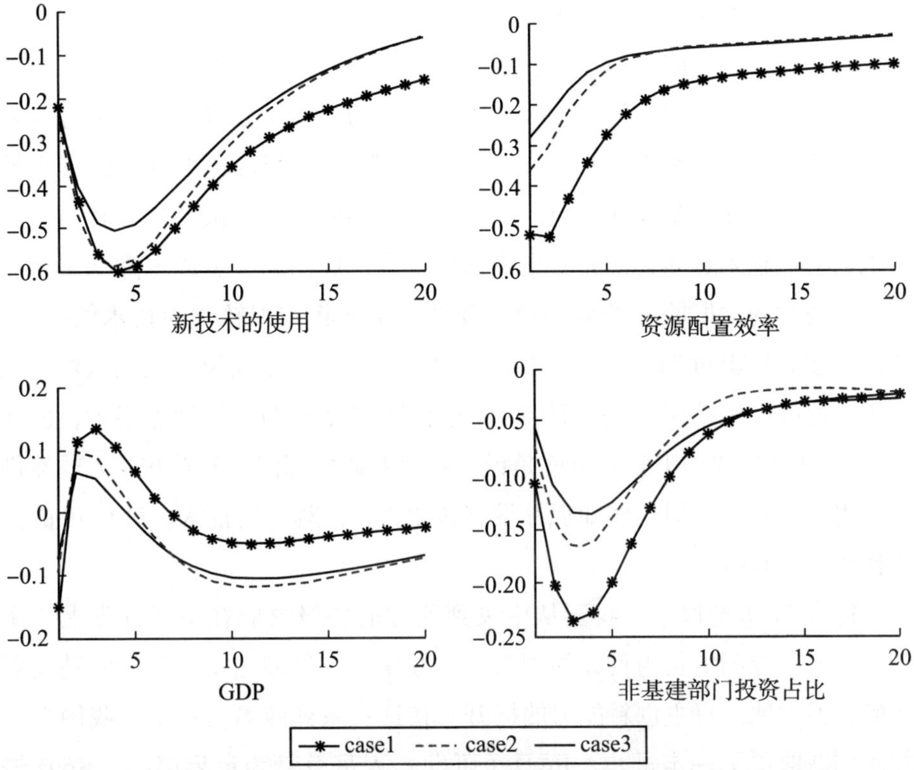

图 4－9　支出用于研发

注：case1，基准情形；case2，地方政府 50% 收入用于研发；case3，地方政府收入全部用于研发。

地方政府将更多的收入投向或者补贴研发，这意味着对基建部门的支出下降，如图 4－9 所示。这存在两个作用：一方面，更少的资金流向房地产和基建部门，降低了这些部门的产出；另一方面，更多的资金流向研发部门，提高了研发的收益，带来了新知识生产的迅速上升。但需要注意的是，更多的研发支出并不一定带来更多的技术进步，因为知识变成可以应用的技术，中间需要投入资源进行转化（模型中雇佣高技能劳动力）。由于此时土地融资仍然存在，使得企业融资的风险溢价依然很高，这导致新技术的预期收益折现很低，即使此时生产了更多的知识，由于技术转化率很低，新技术使用的增长相对有限，对非基建部门产出的增长也非常有限。相比于基准情形，地方政府将更多的资金投向研发，导致了房地产及基建部门的产出下降，虽然创造了大量的知识，但带来的技术进步和资源配置效率的改进却很有限，导致非基建部门的产出扩张有限，最终对GDP的正面影响也低于基准情形。图4-9中，随着政府将越来越多的支出转向研发部门，使得基建和房地产部门的产出不断下降。虽然这种转向使得知识的创造越来越多，但此时土地抵押融资造成的高融资成本降低了企业使用新技术的预期收益的折现值，降低了企业将知识转化为技术的概率。此时更多的知识对TFP的影响非常有限，对产出的正面影响也很微弱。相比于之前的支出结构（基准情形），这种转型带来TFP的增加很少，但却导致了GDP增幅的下降。也就是说，政府对研发部门的补贴和投入虽然创造了更多的知识，但这些知识并没有转化为可以利用的技术，对GDP的促进作用非常有限。

进入21世纪以来，我国从中央到地方的各级政府在不同程度上均实施了以鼓励专利增长为目标的创新追赶战略，以贯彻国家的创新驱动发展战略，促进地区自主创新能力的提升。在这一系列政策支持下，我国自主技术创新取得了一定进步，R&D（研发）人员总量为世界第一，R&D经费总额为世界第二，专利数量更是出现了爆炸式增长，根据世界知识产权组织（WIPO）的数据，中国于2011年超过美国成为全世界最大的专利申请接收国。根据《2017年中国科技统计年鉴》，2016年中国内部研发经费支出占GDP比例达到2.11%，国内外有效专利数达到了6285238件。但如此快速的创新或专利申请数量增长，并没有带来经济更快的增长，也没有显著提升TFP在经济增长中的作用。一些研究甚至认为这是中国的专利补助政策无效而导致存在“专利泡沫”（张杰、高德步和夏胤磊，2016）。本书的研究则表明创新或者专利不等于可以进行生产的技术，两者之间需要转化。更多的研发投入可能会带来更多的专利、更多的论文，但能否转化为促进经济增长的TFP，这还取决于其他方面。单纯地增加研发投入，可能会带来更多的知识、更多的专利，但不一定会带来更多的技术进步。在不降低企业融资、提高企业未来预期利润的情形下，企业没有动力投入资源将知识和专利转化为可以使用的新技术。与发达国家相比，2010 年我国的专利产业化率仅为发达国家的 6%[①]。

当前中国的研发投入在不断上升，专利申请和论文发表的数量也在不断上升，但 TFP 对经济增长的贡献却是不断下降的，本书的研究就是从地方政府的投资行为入手，对这种现象给出一种新的分析视角，以更好地分析实际情况。

那么政府该采取怎样的措施，在改善经济结构的同时提高 TFP 对经济增长的贡献率呢？在上述分析中，本书认为企业的预期利润和资金的成本是决定 TFP 的主要影响因素，那么提高 TFP 应该从这两方面着手。一方面剔除土地融资，从而降低地方政府对非基建部门资金成本的挤占；另一方面，地方政府将更多的支出用于补贴非基建部门，进而提高非基建部门的产出和利润。case2 假定如果地方政府将收入全部用于补贴或者购买非基建部门的产品，此时相比于 case1，虽然研发创造新知识的收益下降了，但由于非基建部门利润和产出的上升，提高了应用新技术的预期收益，提高了知识转化为技术的概率，如图 4－10 所示。相比于 case1 全部投入研发部门，case2 情形创造的知识较少，但转化概率的上升提高了最终新技术的使用，同时更多的需求转向非基建部门，削弱了资源配置效率下降的幅度。case3 进一步考虑剔除土地融资，并将其与另外两种情形进行对比。可以看到，在这两种改革下，由于企业利润上升和更低的资金成本两者共同作用提高了将知识转化为技术的概率，也提高了研发投入的收入，带来更高的知识积累。更高的知识积累和更高的转化率，提高了技术进步对经济的正面影响，提高了非基建部门的产出，降低了资源配置效率下降的幅度，使得 GDP 的扩张更加持续。

① 教育部科技发展研究中心的《中国高校知识产权报告（2012）》指出，经过多年不懈的努力，我国专利申请量和授权量增长速度迅猛，我国已经成为世界知识产权大国。但专利产业化率却较低，仅为 5% 左右，而发达国家则为 80% 左右，高校的专利转化率也只有 5%。

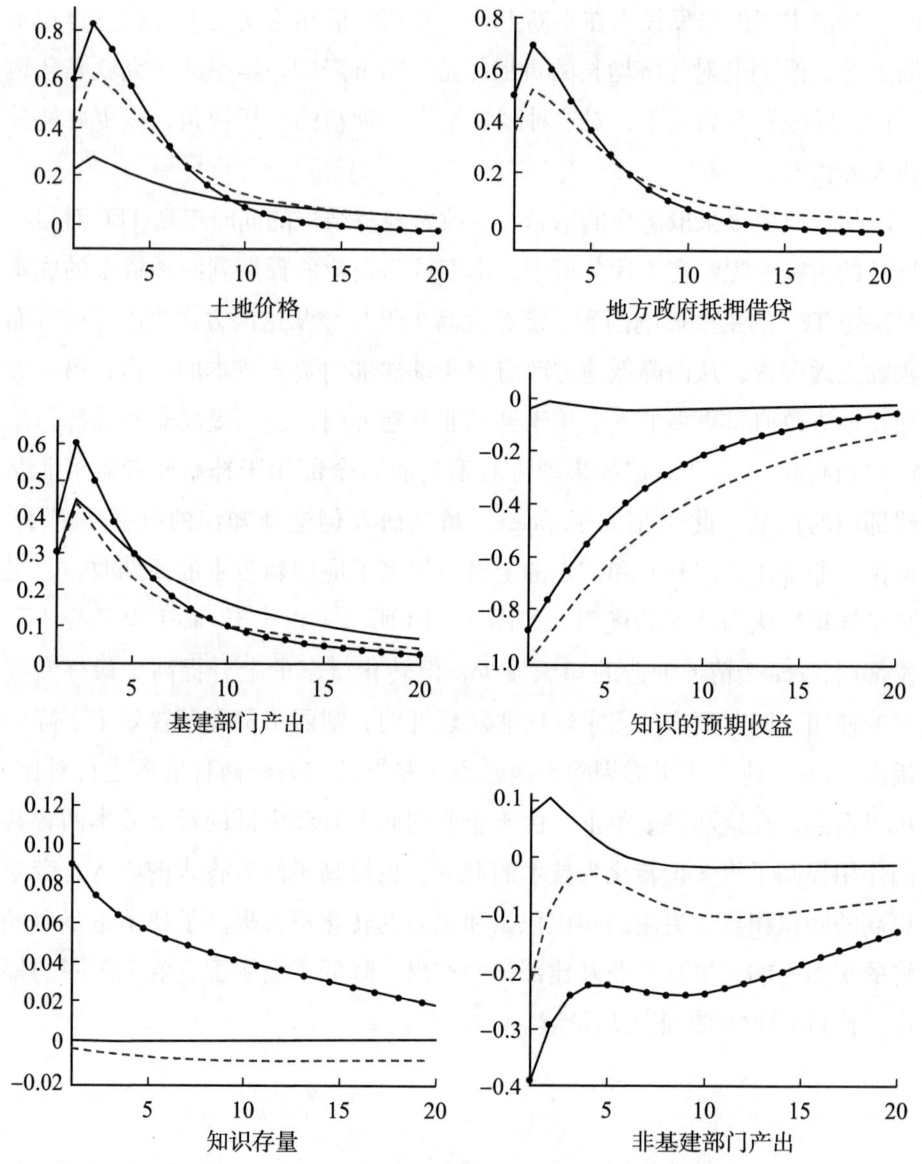
0.8
0.6
0.4
0.2
0
5
10
15
20
土地价格
0.8
0.6
0.4
0.2
0
5
10
15
20
地方政府抵押借贷
0.6
0.5
0.4
0.3
0.2
0.1
0
5
10
15
20
基建部门产出
0
-0.2
-0.4
-0.6
-0.8
-1.0
5
10
15
20
知识的预期收益
0.12
0.10
0.08
0.06
0.04
0.02
0
-0.02
5
10
15
20
知识存量
0.1
0
-0.1
-0.2
-0.3
-0.4
5
10
15
20
非基建部门产出

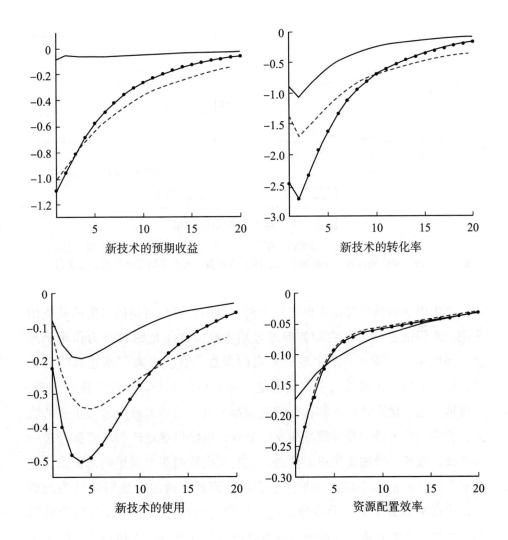

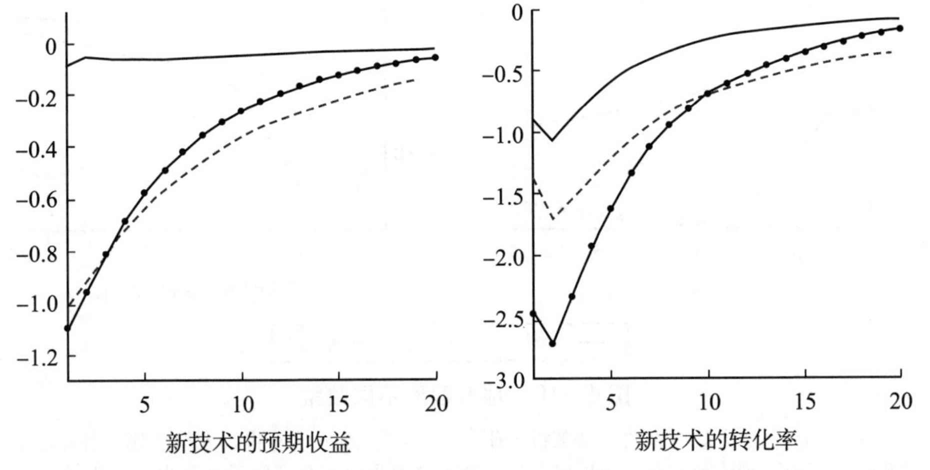
0
−0.2
−0.4
−0.6
−0.8
−1.0
−1.2
5
10
15
20
新技术的预期收益
0
−0.5
−1.0
−1.5
−2.0
−2.5
−3.0
5
10
15
20
新技术的转化率
0
−0.1
−0.2
−0.3
−0.4
−0.5
5
10
15
20
新技术的使用
0
−0.05
−0.10
−0.15
−0.20
−0.25
−0.30
5
10
15
20
资源配置效率

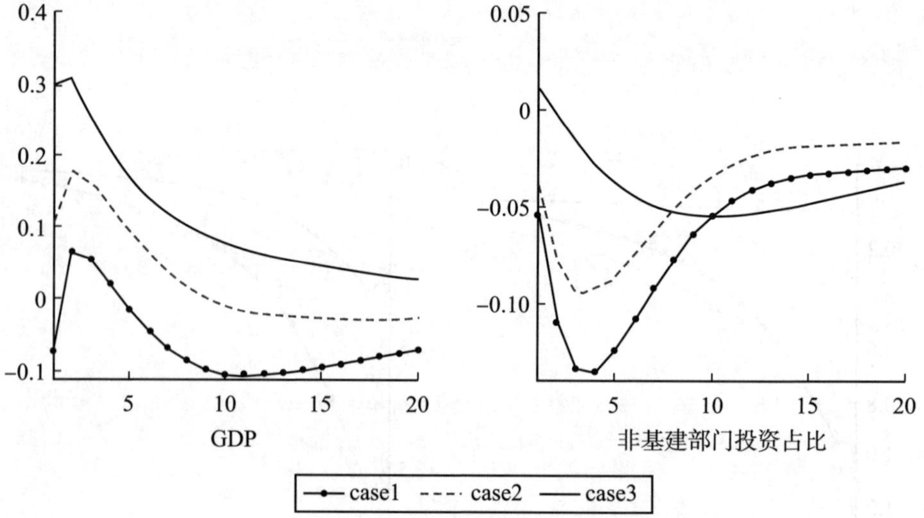

图 4－10　地方政府不同政策

注：case1，地方政府将收入全部投入研发；case2，地方政府将收入全部用于补贴非基建部门；case3，剔除地方政府土地融资后，地方政府将收入全部用于补贴非基建部门。

文中以房价偏好冲击为例进行分析，以中央政府直接的政府购买支出为例，来讨论这一政策变动如何通过地方政府的土地财政行为作用于经济，如图 4－11 所示。图中政府支出的增加，直接带来了基建部门的扩张，而该部门的扩张需要更多的土地，导致地价上升。土地价格的上升，使得地方的土地出让收入和抵押贷款额都上升，给地方政府带来更多的收入，更多的收入进一步导致基建支出上升，也使得房地产与基建部门进一步扩张。按照一般的新凯恩斯模型，政府支出或购买直接影响总需求，进而对产出、价格水平以及房价产生影响。而地方政府土地财政行为的引入，使得本书增加了一个传导路径，政府支出在拉升了房价和地价的同时，通过土地财政进一步影响了地方政府的收入和基建支出行为，放大了外部冲击对总体经济的影响。

更高的地价使得地方政府土地抵押贷款增加，提高了非基建部门的融资成本，挤出了该部门的投资，使得其产出下降。同时，提高的融资成本和不断下降的产出降低了研发部门的预期回报，使得新技术的转化率下降，导致新技术的使用下降，进而非基建部门产出进一步下降。中央政府直接的政府购买行为直接拉动房地产及基建，并通过土地财政将这一效应进一步放大，进而提高了 GDP，但对非基建部门生产率和产出都带来负面影响。

图 4-11 中的 case2 将地方政府的土地抵押融资行为剔除，与 case1 相比，这一方面使得地方政府的扩张效应大幅下降，另一方面也降低了非基建部门融资的溢价，并进一步通过影响投资和生产率，减少了对非基建部门产出的负面影响。case3 中将地方政府的土地出让收入也从地方政府预算约束中剔除，此时政府购买导致的地方政府基建扩张进一步下降，基建部门的扩张变得非常有限。

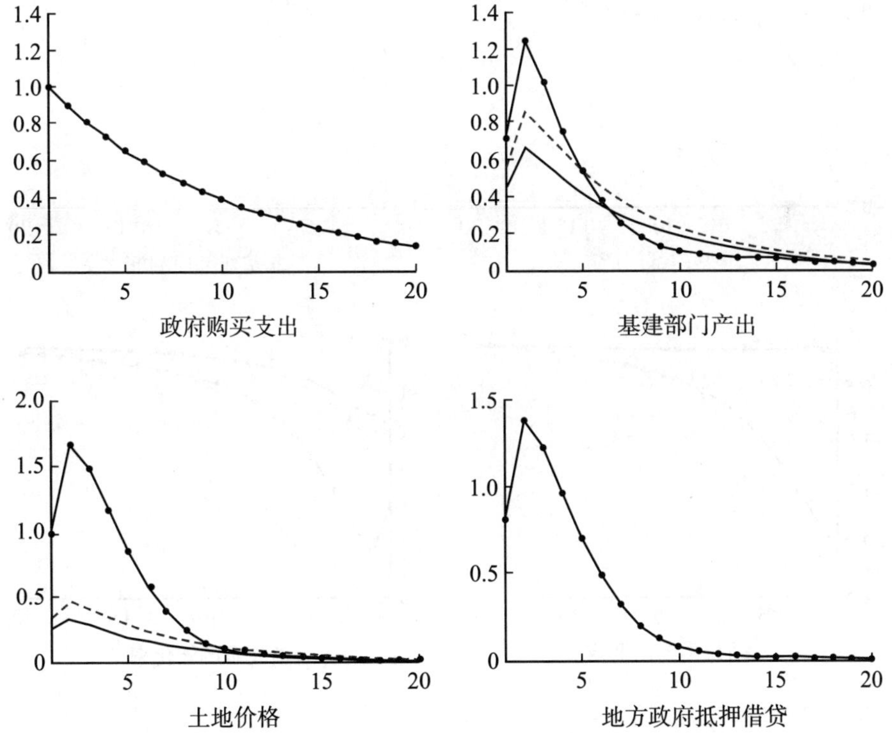

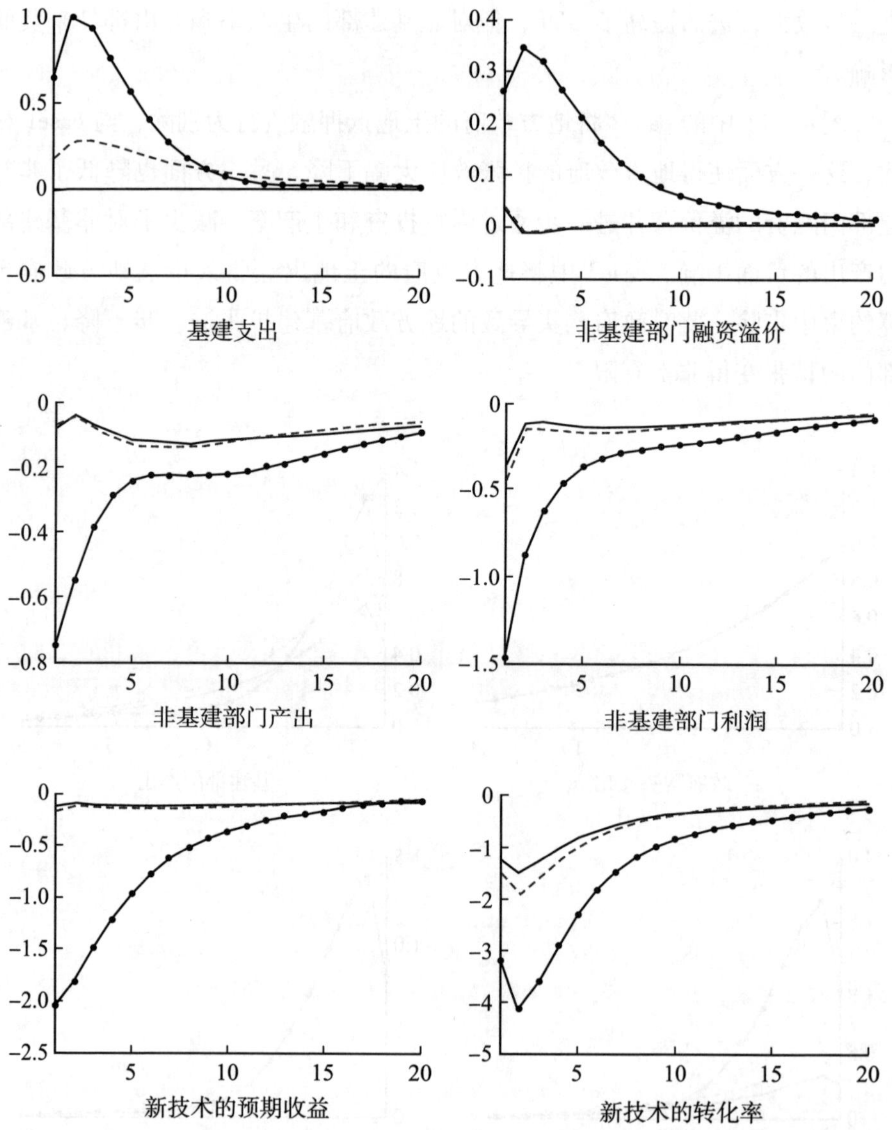
1.0
0.5
0
-0.5
5
10
15
20
基建支出
0.4
0.3
0.2
0.1
0
-0.1
5
10
15
20
非基建部门融资溢价
0
-0.2
-0.4
-0.6
-0.8
5
10
15
20
非基建部门产出
0
-0.5
-1.0
-1.5
5
10
15
20
非基建部门利润
0
-0.5
-1.0
-1.5
-2.0
-2.5
5
10
15
20
新技术的预期收益
0
-1
-2
-3
-4
-5
5
10
15
20
新技术的转化率

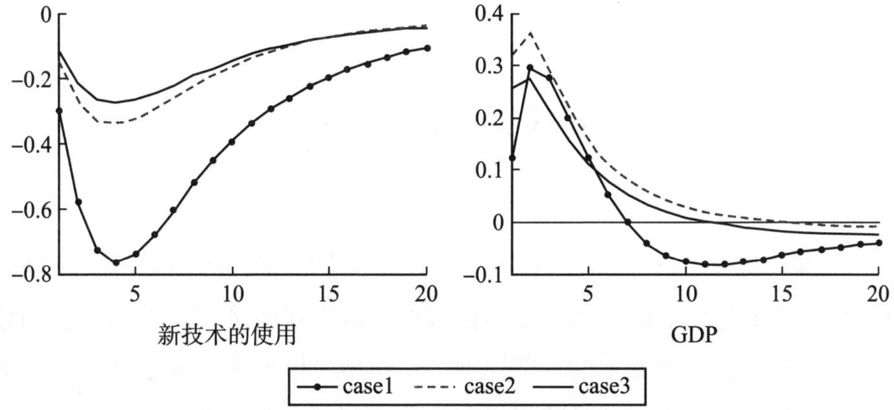

图 4-11　政府购买增加对经济波动的影响

注：case1，基准情形；case2，无土地融资；case3，无土地融资和无土地出让收入。

将这三种情形对 GDP 的影响进行对比，由于存在土地财政，中央政府购买导致的扩张会通过地方政府的土地财政行为进一步扩张，使得房地产及基建部门的产出扩张非常明显，此时即使对非基建部门造成非常大的负面影响，但仍然能带动 GDP 短期的迅速上升。而剔除了地方政府的土地抵押融资行为后，降低了政府购买带来的基建部门的扩张，但也削弱了对非基建部门投资和生产率的负面影响，使得 GDP 的扩张更加持续，相比于未剔除土地融资的情形，GDP 在随后几期的扩张效果也更大。如果将土地出让行为进一步剔除，这会进一步减少政府购买的扩张效果和降低对生产率的负面影响。

将上述分析进行总结，如果地方政府想在最短时间内拉升 GDP，那么最优的政策就是利用地价上升带来的土地出让收入增加和抵押贷款增加，将更多的钱用于基建支出。如果想提高 TFP 在经济中的贡献，改变经济的结构，同时实现 GDP 的持续增长，那么最优的政策应该是剔除土地融资，降低非基建部门资金的使用成本，同时将更多的支出用于补贴和投入非基建部门。

第六节 总结

2008年以来，在中国经济增长率不断下降的同时房价和地价不断攀升，为了探究这背后的原因，本书在梳理基本宏观经济事实的基础上构建了一个内生化生产率变动的多部门DSGE模型，模型中嵌入了地方政府的土地财政行为，并引入了基建部门和非基建部门等多个部门。模型数值分析的结果表明，由于地方政府以土地出让收入和土地抵押贷款为自己的开支融资，外部冲击会导致土地价格上升，带来地方政府财政收入的上升。地方政府的基础设施建设支出偏好，使得增加的收入大部分流向了基建部门，导致了基建部门的不断扩张，使得基建支出在整个经济中的比例不断上升，经济中资源配置效率不断下降。由于地方政府可以用土地进行抵押融资，地价上升使得更多的资本流入地方政府，导致非基建部门获得资本的难度或成本上升。更高的融资成本在导致非基建部门的投资和产出下降的同时，降低了企业应用新技术可能获得的预期收益，使得研发部门不愿意雇佣更多的高技术工人以及减少知识转化为技术的投入，并进一步降低了研发部门生产知识的激励。新创造的知识减少，知识转化为技术的概率降低，最终使得对新技术的利用下降，这一负面效应进一步传递到生产函数，导致非基建部门的产出进一步下降。技术进步和资源配置效率的不断下降，使得TFP对经济增长的贡献率不断降低。那么地方政府该采取怎样的措施，在改善经济结构的同时能提高TFP对经济增长的贡献率呢？经过对各种政策的反事实分析发现，只有在剔除土地融资，并要求地方政府将更多的支出用于非基建部门时，才能提高研发部门将知识转化为技术的概率，带来更高的知识积累，提高技术进步对产出增长的贡献率，这也使得GDP的扩张更加持续。

与以往的研究相比，本书所做贡献集中在以下三点：首先，对于中国经济增长出现的基建投资占比上升和生产率下降，本书在梳理了基本事实后建立了一个包含基建、非基建部门和地方政府的多部门模型，从一般均衡的角度，对这些矛盾现象背后的原因进行分析，并详细地讨论了各个因素在传导路径中的重要作用。这对于理解新常态下中国经济波动的内在动因，以及规划未来改革方向具有重要的现实意义。其次，地方政府的行为在我国经济波动和增长中扮演了至关重要的角色，本书以土地财政为切入点，对地方政府围绕土地财政发生的土地出让，尤其是土地抵押融资等行为，在投资结构、经济波动和生产率变动中的作用机制和作用效果进行了细致的分析，为以后相关问题的讨论搭建了一个基础性的框架。最后，在传统的动态随机一般均衡模型中，生产率是一个外生变量，无法讨论生产率自身的内在变动。本书通过在模型中引入研发部门，并将生产率的变动分解成技术进步和资源配置效率，内生化生产率的变动。首次在宏观经济意义上，从一般均衡的角度，对房价和地价对生产率的变动进行研究，并对其中的作用机理和决定因素进行探究。这为以后此类问题的讨论提供了一个参考。

当然，讨论和分析 2008 年后中国经济增长持续下降背后的原因的研究很多（刘世锦等，2015；蔡昉，2016），本书从相关事实出发，尝试在一个多部门 DSGE 模型中，从地方政府的土地财政和生产率的内生变动角度对此进行解释。当然，不同行业生产率变动存在显著差异，本书只是在总体上进行分析，如何提炼中国经济不同行业生产率变动的典型事实，在厘清典型化事实的基础上构建模型进行分析和刻画，这无论是在理论分析还是政策分析中都非常重要，也是未来值得深入研究的方向。

第五章

外部冲击、土地财政与宏观政策困境

当前，世界经济处于缓慢增长和不断调整的后危机时代，中国宏观经济面临着诸多的外部冲击，其中最为典型的就是美联储加息和外部需求的持续走低。一方面，2014年后随着美国经济的强劲复苏，美联储宣布退出量化宽松（QE）并进入加息周期，持续的加息导致新兴经济体面临资本大量外流的压力，中国资本和金融账户由巨额顺差迅速扭转为巨额逆差，造成经济系统性金融风险的上升；另一方面，后金融危机时代全球经济增长乏力和贸易保护主义的兴起导致全球贸易量急剧萎缩，中国出口增长持续低迷，2009年与2015年先后两次出现负增长。在外需不足、美联储不断加息以及我国经济面临下行压力的背景下，中国一、二线城市的房价不但没有下降反而大幅地上涨，2016年，北京、上海、广州、深圳等一线城市的新建商品住宅价格增幅均在20%以上，一些二线城市的涨幅更是达到50%。[①] 一、二线城市房价的暴涨，使得大量资金流向房地产部门和地方政府，导致民间固定资产投资的增速大幅下降（刘树成，2016），引起了整个社会和政策决策者的普遍担忧[②]。在外部冲击导致的资本流出和经济衰退下，一、二线城市的房价为何会出现暴涨？民间投资为何会被挤出，出现增速大幅下降和投资结构恶化的现象？

第四章本书从房价变动和土地财政视角切入，讨论了房价和地价变动对全要素生产率的影响，但第四章不仅对土地供给行为的刻画较为简化，而且也缺乏对土地供给的内生化行为和土地财政行为在外部冲击影响经济波动中作用的讨论。对此，本章整理数据并对2014年以后中国宏观经济基本事实进行梳理和归纳，在此基础上构建了一个多部门的小国开放经济DSGE模型。由于DSGE模型所具有的考虑多个部门相互联系、相互作用的一般均衡性质，使得本书可以在模型中引入更多的部门[③]。一方面，为了刻画土地

---

① 根据Wind数据库整理。

② 民间投资大幅下降引起了党中央国务院的重视。2016年5月9日，《人民日报》刊发的权威人士谈当前经济形势中强调，民营企业投资大幅下降为当前经济暴露出的新问题之一。2016年5月10日，新华社发布了国务院办公厅要求对促进民间投资政策落实情况开展专项督查的要求。

③ 对于DSGE模型的构建原则和特点，文建东和潘亚柳（2013）和克里斯蒂亚诺等（Christiano et al.，2018）有一个较为全面的介绍。

财政在宏观经济波动中的作用，本书在模型中嵌入了地方政府的土地财政行为，并内生化了土地供给行为；另一方面，为了分析投资结构的变动和考察政策变动的传导路径，结合张春等（2016）关于中国宏观经济模型的研究①，本书还引入了房地产、重工业和非重工业部门等多个部门。

模型中地方政府依赖买卖土地和将剩余的土地抵押贷款为自己的开支融资，同时地方政府将收入主要用于基础设施建设。数值分析的结果表明，经济受到负向的外部冲击带来的紧缩效应和需求下降，导致房价下降，降低房地产企业拿地的意愿，从而降低了地价。地价的降低直接减少了地方政府的卖地收入，同时也使得政府留存土地的价值变低，从而减少了土地抵押的贷款收入。土地抵押贷款的杠杆率越高，地价下降导致的土地抵押收入下降越多，两者共同作用导致地方政府收入大幅下降。由于地方政府的支出偏向于基础设施建设支出，这样政府收入下降带来的支出下降将直接影响钢铁、水泥等重工业部门的产出和投资，进而对GDP产生非常大的负面影响。

本章的部分安排如下：第一节总结已有的研究，并指出其中的不足；第二节对相关事实进行梳理；第三节搭建本章的模型框架；第四节对参数进行校准，并对文中的反事实分析方法进行介绍；第五节进行数值模拟和脉冲分析；第六节对本章进行总结并给出了有关的政策建议。

第一节　文献回顾与评述

对于近年来中国房价为什么高速上涨，现有的研究主要是从住房需

① 张春等（2016）构建了一个带有重工业和非重工业的动态宏观模型，发现能够很好地解释和拟合中国宏观经济运行的特征事实。据此本书认为张春等（2016）所构建的模型是一个适合中国的比较好的宏观经济模型，为此本书不必再讨论该模型与中国宏观数据的匹配性，可以直接借用此框架来刻画中国最重要的产业特征。由于该模型结合中国宏观经济数据，对相应产业的参数进行了细致的估计，本书在后面的分析中直接引用他们的估计结果。

求、货币因素以及预期和投机等角度入手。在住房需求方面，现有文献主要从居民收入水平、婚房、城镇化以及人口结构等方面进行分析。方汉明等（Fang et al.，2016）构建了我国2003年到2013年期间120个主要城市的房价指数，发现对于大多数城市而言，我国房价的巨大涨幅是伴随着居民收入相同程度增长的。魏尚进等（Wei et al.，2012）将住房视为在中国婚姻市场上的一种身份象征，并且研究了由此带来的对于房价的影响。实证结果显示，2003年到2009年间性别比的上升解释了我国城市房价上升的30%到48%。陈俊华等（Chen et al.，2011）研究了城镇化和城乡人口迁移对房价的影响，得出了不同的城镇化水平和人口迁移条件对我国城市的房价具有显著影响的结论。李嘉楠等（2017）研究了外来人口对城市房价的影响，发现外来人口占比高的城市房价更高。徐建炜等（2012）基于跨国面板数据从人口结构的角度对中国住房价格持续高涨现象进行了分析，发现19岁以后的中青年对房屋的需求会随着年龄增加迅速上升。陈斌开等（2012）则分析了我国人口结构对住房需求的影响，研究表明我国住房需求与人口的年龄结构高度相关，并认为2012年后随着人口老龄化，我国每年的住房需求增长率将大幅下降。

在货币因素方面，现有文献大多是从货币供给增速、信贷总量以及利率政策等方面进行讨论。张彦兵等（Zhang et al.，2012）考察了1999年1月到2010年6月我国房价的主要决定因素，研究表明货币政策是影响我国房价的主要因素，而其他宏观经济变量的影响则相对较弱。徐晓庆和陈涛（Xu and Chen，2012）实证地检验了一系列包括长期基准贷款利率、货币供给增长以及抵押信贷政策指标等重要的货币政策变量对我国房价增长的影响，发现更快的货币供给增长有助于促进后续的房价增长，反之亦然。张成思（Zhang，2013）分析了自1998年以来，货币增长、房价增长率以及CPI之间的因果关系，研究表明我国房地产市场的繁荣主要由过量的货币供给导致。而况伟大（2010）利用我国35个大中城市1996年到2007年的数据考察了利率对房价的影响，实证结果表明本期利率变动对房价变动具有正向影响，但不显著；同时，利率预期对房价影响不显著。

至于预期和投机因素对房价的影响，这类工作包括但不限于：况伟大（2010）发现中国城市房价波动中预期及其投机扮演了重要的作用，并且相比于理性预期，适应性预期作用更大。王频和侯成琪（2017）认为如果预期未来房价会大幅上涨，当前房价的上涨仍然会导致住房使用者去买房。同样的，如果公众预期未来政府会因为宏观经济下行转而采取房地产业的扩张政策，则这种预期会使当前的紧缩政策失效。此外，还有一些从其他角度分析房价上涨原因的研究。例如，陈斌开和张川川（2016）表明人力资本规模扩张和空间集聚是造成房价上涨"非平稳性"和"异质性"两个核心特征的重要原因。同时，他们认为随着人力资本规模扩张速度趋于下降，住房价格高歌猛进的时代已经基本结束。

综上所述，住房需求、货币性因素以及其他因素能在一定程度上对2014年之前的房价上涨进行解释。但是在2014年至2017年，在美联储加息与外需不足等不利的外部冲击下，我国房价仍大幅上涨。在此情况下，这些因素已不足以解释2014年后房价的暴涨。首先，与住房需求相关的要素在2014年之后保持稳定甚至在减弱，并不存在推动房价大幅上涨的条件。其次，在美联储加息和外需不足的背景下，资本大量外流，外汇占款下降。此时很难再用货币超发等货币性因素解释房价的暴涨。再者，在经济下行尤其是整个社会均预期美联储持续加息，国内资产价格下跌压力增强和系统性金融风险逐步显现的背景下，房地产市场参与者难以形成房价会上涨的预期。因此，在导致2014年后房价大幅上涨的现象背后，必然存在其他的因素，一些学者将关注的焦点转移到地方政府的土地财政行为。

一直以来，许多学者对土地财政的成因及其如何影响房地产市场与宏观经济等问题进行了研究。周飞舟（2006）、梁若冰（2010）认为，当前地方政府对土地财政过度依赖，与我国财政分权的模式密切相关。而范子英（2015）则认为对生产性基础设施建设的投资冲动是产生土地财政的真实原因。不管土地财政的成因是什么，土地财政导致房价高涨已是共识。

另外一个必须关注的问题是，当地方政府在财政收入越来越难以满足其开支需求时，依赖融资平台通过土地收入与土地抵押为担保发行债券，以获取巨额外部融资资金成为了其必然选择，这也使得土地财政逐渐演变为土地融资（刘煜辉和沈可挺，2011）。为了应对国际金融危机的冲击，2008 年之后各地成立大量的融资平台以土地作为担保直接从银行获得信贷，为地方的基础设施建设融资，导致地方政府债务与土地之间有着难以割舍的关系（范子英，2015）。一方面，土地是撬动银行资金获取银行贷款的主要抵押物，土地成为了地方政府融资的主要杠杆；另一方面，地方政府融资平台多以土地出让收入为担保发行城投债，土地资产和收益成为融资平台公司发行城投债的重要担保，土地成为地方政府债务规模扩张的助推器和催化剂。郑思齐等（2014）利用 2005 年到 2011 年 35 个大中城市面板数据，分析证明了土地价格上涨能够显著带动土地出让收入增加和土地抵押借款的增加，特别的，基础设施资本化效应较大和土地抵押融资率较大的城市会有意识选择“少出让、多抵押”的融资模式，以最大化土地融资总额。

可以看到，地方政府对土地财政的依赖不仅助推了房价的上涨，还对宏观经济产生了深远的影响。一方面，土地财政使得地方得以增加基础设施投资，从而带动相关行业的发展（中国经济增长前沿课题组，2011）。另一方面，土地财政推高了地价和房价的同时也导致了一些问题：如房价高涨加剧了地方债务风险和宏观经济波动（Feltenstein and Iwata，2005；刘守英和蒋省三，2005）。另外值得注意的是，房地产业的繁荣也可能对其他部门，尤其是制造业部门产生挤出效应。高房价在挤出资金的同时，也造成地租上涨，带动了人力资源成本的提升，损害了制造业的竞争力。范言慧等（2013）认为，房价上涨产生的财富效应和信贷扩张等是导致物价上涨以及实际汇率升值的重要因素，由此对制造业产生不利影响。王文春和荣昭（2014）利用 1999 年到 2007 年全国 35 个大中城市规模以上工业企业的数据，发现房价上涨对工业企业新产品产出和研发投入存在负面影响。陈斌开等（2015）发现高房价导致的资源错配，会对工业部门的全要素生产率带来负面影响。但范剑勇和莫家伟（2014）认为，2008 年后地方政府通过基础设施建设和压低工业用地价格双重渠道吸引工业投资，对当地工业增长起到推动作用。邵朝对等（2016）基于 282 个地级及以上城市的研究则发现，高房价会挤出劳动力市场上的低端劳动力，引发产业结构由低端向高端集聚，但由于高房价带来的土地财政扩张主要投向城市基础设施建设，这种偏向性配置会抑制城市产业结构的多样化发展。

以上这些研究对于本书深刻理解土地财政的成因及其对房价和宏观经济的影响，具有重要的指导意义，但现有研究更多的是实证分析，缺乏在一般均衡的框架下对地方政府土地出让和土地抵押等行为造成的影响进行系统的理论分析。那么，土地财政是否能解释2014年至2019年期间房价的暴涨？地方政府利用土地进行抵押融资的方式会对房地产部门和其他部门造成什么样的影响？进一步的，土地财政是否能解释“房地产业兴，制造业衰”的现象？如果能，那么其中作用的机制都有哪些，如何作用？对于这些问题，现有文献还缺乏理论分析和机制阐述，这也正是本章研究的出发点。

第二节　事实和制度背景

随着世界经济进入后危机时代，全球经济依然充满着许多不确定性，在此过程中，中国宏观经济面临着诸多的外部冲击，其中最为典型的就是2014年至2019年美联储加息和外需持续走低。一方面，在2008年金融危机发生以后，美联储率先采取了量化宽松（QE）等政策来刺激经济复苏。而在2014年后，随着经济的复苏，美联储退出QE，并随后采取了加息的政策来稳定通胀。自2015年底首次加息，截至2019年末，美联储先后共加息了九次，美联储退出QE以及后续的加息导致新兴经济体资本大量外流。2014年至2017年，中国资本和金融账户由巨额顺差迅速扭转为巨额逆差，外汇储备从最高点时的3.99万亿美元到2017年1月份跌破3万亿美元[①]。另一方面，根据海关总署公布的统计数据，2012年至2015年，我国出口

① 此处引用央行副行长、国家外汇管理局局长潘功胜出席中国发展高层论坛2017年年会时的讲话。《潘功胜：中国的外汇管理不走回头路》，央广网，2017年3月21日。

增速急剧下降，四年中增长率最高的2013年仅为6.0%，2015年更是六年来首次出现负增长，远低于2010年之前年均25%以上的增长速度。外需疲软以及出口持续的下降对我国外向型的宏观经济造成了非常不利的影响。然而，在外需不足、美联储不断加息以及我国经济面临下行压力的背景下，宏观经济却出现了以下几个比较特殊的现象。

现象一：一般认为，在资本外流、经济增速不断下降的背景下①，房价和资产价格应该呈现下降的趋势②。但2014年开始我国一、二线城市的房价不但没有下降反而大幅地上涨，这种迅猛的上涨势头直到2017年3月各地出台史上最严格的限购限贷政策后才得到遏制。

现象二：对于有着稳定需求的一、二线城市的房地产市场，土地供应量近几年却在减少。根据国家统计局的数据，在2014年以前，新增的住宅用地供应面积呈现上升趋势，从2009年的8.2万公顷到2013年的13.8万公顷；而在2014年和2015年，土地供应大幅收紧，2014年下降至10.2万公顷，2015年进一步下降至8.3万公顷。值得注意的是，这还只是反映了全国平均水平，对于一、二线城市而言，该现象尤其明显。例如，北京2015年住宅用地供应缩减了27%。对于多数城市而言，土地供应在2015年、2016年都有所下降，且2016年较2015年同期有明显下降，广州降幅更是超过7成。

现象三：一、二线城市房价的暴涨，使得大量资金流向房地产部门和地方政府，导致民间固定资产投资的增速大幅下降。国有和民间固定资产投资增速的变化，如图5-1所示，2015~2016年民间固定资产投资同比名义增长率持续下降，2016年同比增速不到5%，还不到2015年同期的一半。与此同时，全社会固定资产投资增长10.5%，比上年同期仅下滑1.5个百分点，基本保持稳定。2016年至2019年我国民间固定资产投资占全

---

① 对于当前经济增速持续下行相关的争论，具体见刘世锦等（2015）和蔡昉（2016）的总结和分析。

② 莱因哈特和罗格夫（Reinhart and Rogoff，2009）、卞奇等（Bianchi et al.，2015）以及萨顿等（Sutton et al.，2017）使用不同样本、采用不同方法都发现，美联储的短期利率通过影响跨国资本流动，对其他经济体的房价有很强的负向溢出效应。

社会固投的比重为62.1%，受到准入门槛的限制，主要集中于除重工业以外的其他部门。在民间固定资产投资大幅下滑的同时，全社会固定资产投资保持基本稳定，这表明总的固定资产投资主要靠房地产和基建等重工业部门投资支撑，投资结构恶化，资源配置效率下降①。

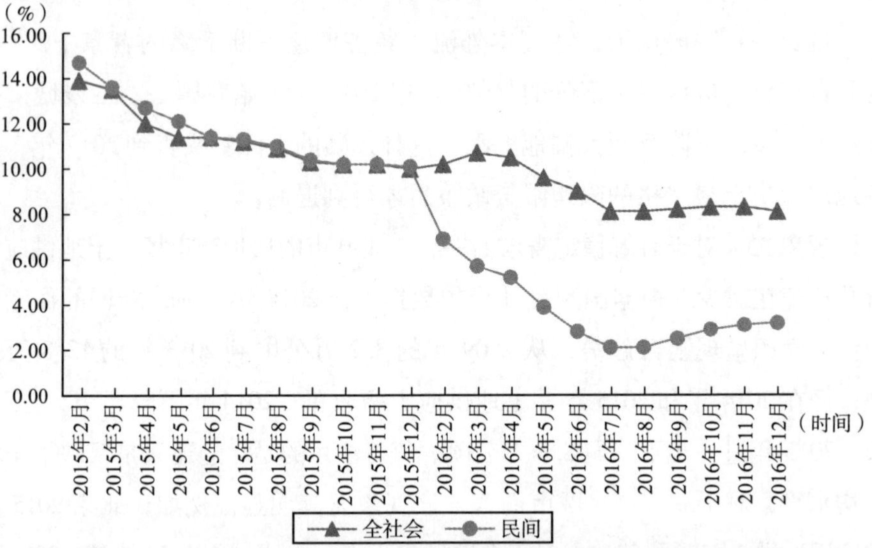

图5-1　2015~2016年全社会和民间固定资产投资增速变化

资料来源：国家统计局2015~2016年固定资产投资月度数据。

总结上述的几个事实，可以发现：在外部冲击导致的资本流出和经济衰退的背景下，我国的一、二线城市的土地供给在减少，房价在不断走高，而民间投资的增速却在大幅下降。那么，是什么原因造成这些现象呢？

对于这些问题，有些学者已经关注到土地财政是一个十分重要的切入点。为了更好地理解土地财政在其中扮演的角色，需要结合我国特有的几个政策背景：分税制改革、地方政府“GDP锦标赛”、住房制度改革、土地国有与用途管制。前两个因素造成了地方政府对土地财政收入的依赖；

① 民间固定资产投资的投资主体主要是集体、私营、个人等内资企事业单位，也就是除国企和外资企业以外的企业。

而后两个因素为土地财政的产生提供了契机和制度支持。

1994 年分税制改革后财权上移，中央政府的财政收入主导权得到加强，而一些重要的社会福利和公共服务仍需要地方政府来提供，这造成地方政府预算内财政收支差额巨大，导致地方政府不得不努力寻找新的资金来源：一方面，地方政府想方设法增加土地出让收入；另一方面以留存的土地作为抵押品从银行获得贷款，也就是土地融资，这在 2008 年之后变得尤为普遍。张春等（2016）的研究表明，地方政府为国有重工业部门提供明确的政府担保（需要抵押品如土地），使得重工业部门更容易从银行获得贷款。另外，在“GDP 考核观”作用下，地方政府官员的升迁需要 GDP 的增长，而高增长需要高投资。张军等（2007）对地方政府投资基础设施的动力与激励模式进行了研究，他们的研究表明，良好的基础设施支撑了中国的直接生产性投资和经济增长，而财政分权和垂直政治集中的双重激励使得地方政府更多的是以经济增长为导向。因此，地方政府依赖基础设施建设等重工业部门来拉动投资和 GDP 的增长。而地方政府进行基础设施建设需要大量的资金，与土地出让相关的收入和抵押融资成为这些资金的主要来源，这使得政府需要土地价格的上涨及由此带来的土地相关收入的增加来满足其支出。

因此，分税制改革和“GDP 锦标赛”导致地方政府越来越依赖土地以及与之相关的收入。卖地收入和土地抵押融资等土地财政收入成为了地方政府的主要收入来源（蒋省三等，2007）。折晓叶（2014）认为，地方政府通过行政审批权获得对土地等核心资源的垄断，借助各种融资或项目平台，地方政府的能量和作用远远超出以往研究对其的定位，成为经济发展的主体。统计数据显示，2014 年地方政府土地财政收入达到 4.29 万亿元，已占到了地方公共财政收入的 34%，在浙江、北京和天津等地区土地财政收入所占比重甚至超过了 50%[①]。2009 年到 2015 年全国每年平均新增住宅用地供应面积与土地抵押贷款净增金额，如图 5－2 所示。可以明显看

① 数据由财政部官网计算得到，http：//zhs. mof. gov. cn/zhengwuxinxi/zonghexinxi/201503/t20150324_1206018。

出，在2013年以前，新增的住宅用地供应面积与土地抵押金额的变化趋势是相似的；而在2014年和2015年，土地供应大幅减少，土地抵押金额反而快速上升至高水平。从2014年开始，美联储加息等外部不利冲击加剧了国内宏观经济下行的压力，虽然此时土地供给大幅下降，导致直接的卖地收入下降，但是留存土地的增加也使得土地抵押的贷款收入快速增加至高水平。这说明，土地供给的下降并不影响地方政府的土地相关收入，只是卖地和土地抵押收入的比例发生了变化，并不影响总额。也就是说，土地供给的减少对于地方政府而言仍然是有利的。

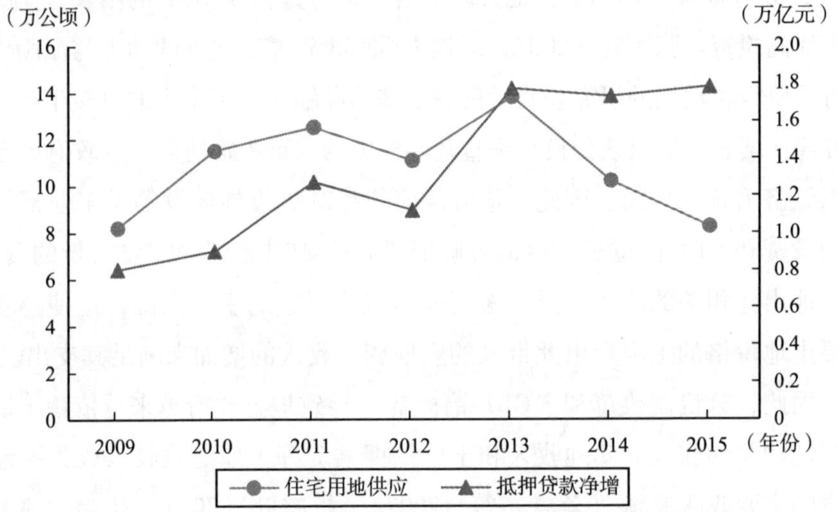

图5-2　2009~2015年全国每年平均新增住宅用地供应与土地抵押贷款净增金额

资料来源：2009~2015中国国土资源公报，政府在2015年后不再公布土地抵押融资金额的数据。

在土地财政中，地价的角色至关重要，更高的地价一方面可以提高单位土地的卖出收益；另一方面也可以提高抵押贷款金额。而地价一方面取决于房地产市场的发展情况；另一方面取决于土地的供给。

首先，1998年住房制度改革和我国的快速城镇化释放了对土地和住房的巨大需求，这也为地方政府“因地生财”创造了契机。而土地成本在房价中所占比重也越来越高，以土地出让收入占商品房销售额比重来刻画，2014 年达到了近 55%①，这导致了地价和房价高度同步。同时，居民对土地和住房的需求具有刚性。大规模的城市化，尤其是一、二线城市由于聚集了众多的优质资源，需求集中且大多是刚需，住房需求弹性低。在居民对住房的需求缺乏弹性的情况下，土地供应的减少必然导致房价上涨。

其次，土地供给由政府垄断。中国的土地制度与其他欧美国家有着本质区别：土地国有，但由地方政府经营管理，且中央政府不参与土地出让收益的分配，这使得地方政府有动机寻求土地收益的最大化。为保证土地的相对稀缺性，政府通过垄断土地一级市场，并对用地供给实行严格的纵向计划管理，有效控制了土地资源的流动（邵新建等，2012）。一些研究发现，地方政府通过调整土地供给抬高地价来获取更多的收益。郑思齐等（2014）基于 35 个大中城市面板数据的实证分析发现，土地价格上涨能够同时通过土地出让收入和土地抵押借款两种融资渠道放松地方政府面临的预算约束，地方政府有意识选择“少出让、多抵押”的融资模式，以最大化土地融资总额。杨继东等（2018）发现土地价格越高，地方政府抵押融资的激励越强，债务水平上升得也越快。张莉等（2018）发现住房限购政策会降低地方政府的土地出让收入，同时也使得地方政府的抵押融资能力下降。

与此同时，在前些年“GDP 锦标赛”下，地方政府将获得的收入用于基建和重工业，从而拉动投资和 GDP 的增长。在此过程中，社会资金大量地进入与基建相关的重工业部门，从而挤出了以轻工业为主的私人部门投资。例如，2015 年下半年以来，受房地产市场火爆的影响，大量资金流向房地产部门和地方政府，对民间投资产生挤出效应，造成社会融资结构恶化，出现“房地产兴，制造业衰”的担忧。而民间投资下降以及制造业部门增速的下降，将会损害我国产品的国际竞争力，不利于我国产业结构的转型升级和经济的持续增长。

基于上述分析，梳理出可能的解释思路：受到美联储加息和外需下降

① 根据 Wind 数据库整理。

的不利冲击，房价和地价出现下降，地价的下降导致固定资产投资下降，GDP 出现下降。然而，部分一、二线城市由于土地供给的下降，导致地价上升。一方面地价的上升导致房价上升，促进了房地产行业的繁荣；另一方面，地价上升使得政府与土地相关的收入增加，进而增加基础设施投资，从而拉动重工业部门的投资和产出，最终稳定了 GDP。同时，卖出土地的减少意味着留存土地的增加，此时地方政府又可以将剩余的土地进行抵押获得贷款收入来满足基建支出，进而又可以拉动投资和 GDP。虽然土地供给的下降拉升了地价，最终稳定了 GDP，但是房地产及基建相关行业的繁荣造成大量的社会资本进入主要由国有企业构成的重工业部门，从而导致民间投资被大幅挤出，引发了全社会投资结构不合理的问题。土地供给下降对民间投资影响的传导路径具体如图 5－3 所示。

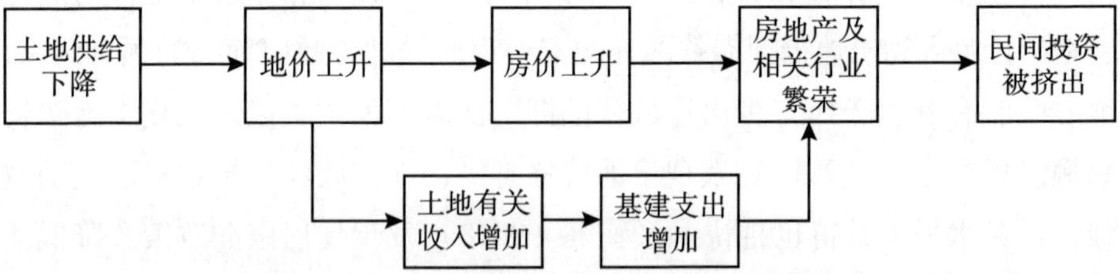

图 5－3　土地供给影响民间投资的传导路径

上述对 2014 年至 2019 年我国宏观经济波动呈现的主要基本事实进行了归纳，并从地方政府土地财政的角度对这些基本事实背后的原因进行了梳理。为了更好地解释上述分析中得出的基本事实，并认识外部不利冲击对国内的宏观经济政策产生的影响，基于这些分析，构建一个小国开放的多部门 DSGE 模型。为了刻画地方政府的土地财政行为，模型中需要引入地方政府，地方政府可以通过买卖土地和利用土地抵押贷款为自己的开支融资，并将获得的财政收入的绝大部分用于基础设施支出；为了分析产出和投资变动的结构性特征，需要区分重工业部门与其他部门，并引入了金融加速器。基于上述事实和逻辑，在构建的模型中一是讨论外部冲击通过何种渠道对主要经济变量产生影响，以及这些传导渠道中各个因素起到了怎样的作用；二是在土地供给下降的情况下，重新分析外部冲击的传导路径和作用效果，并与之前的分析进行比较。

第三节 理论模型

参考张春等（2016）关于中国宏观经济模型的研究，本章在伯南克等（1999）、格特勒等（2007）的“金融加速器”模型的基础上引入房地产、重工业及非重工业等多个部门。为了刻画土地财政，还引入了地方政府。模型中地方政府是土地的唯一供给方，房地产、重工业和非重工业部门进行生产以及地方政府进行基础设施建设都需要土地。模型中主要包含七类经济主体：家庭、金融中介、资本品生产商、房地产部门、重工业部门、非重工业部门和地方政府。此外，为了引入价格粘性，本书还引入了零售商。模型主要经济主体的结构如图 5－4 所示。

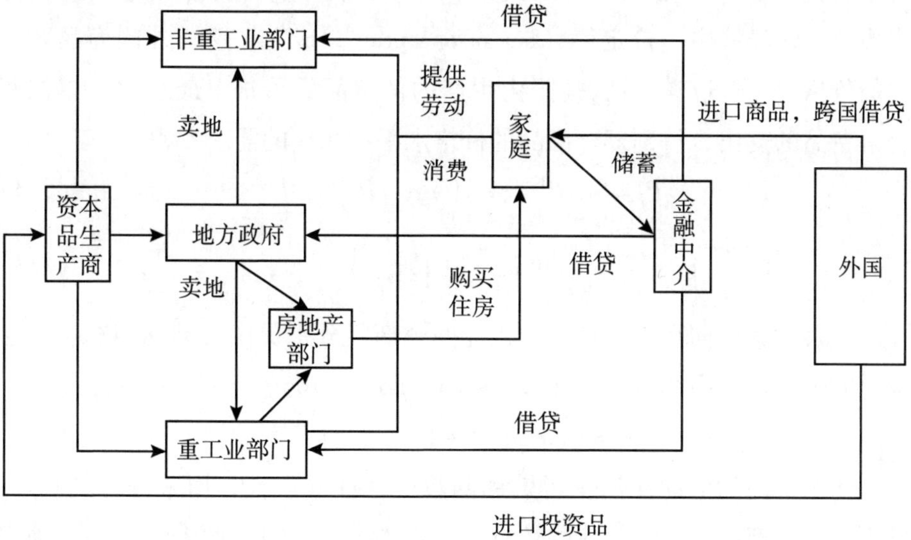

图 5－4 模型框架

一、代表性家庭

代表性家庭生存无限期，遵循标准宏观模型设定的范式，每期持有一定的货币，选择商品消费 C_t、购买住房 h_t 并提供劳动 N_t 来最大化终身效用：

$$E_0 \sum_{t=0}^{\infty} \beta^t \left(\frac{C_t^{1-\sigma}}{1-\sigma} + \chi \ln \frac{M_t}{P_t} + j_t \ln h_t - \kappa \frac{N_t^{1+\varphi}}{1+\varphi} \right) \tag{5.1}$$

其中，E 表示预期，M_t 是货币持有量，P_t 是价格水平，则 M_t/P_t 为居民持有的实际货币余额。σ 是家庭的风险厌恶系数，β 为贴现因子，j_t 为房地产需求冲击（Iacociello，2005），劳动供给弹性是 φ 的倒数。与小国开放经济模型的设定一样，居民消费的复合商品 C_t 为：

$$C_t = [\alpha_1^{1/\rho_1}(C_{H,t})^{(\rho_1-1)/\rho_1} + (1-\alpha_1)^{1/\rho_1}(C_{F,t})^{(\rho_1-1)/\rho_1}]^{\rho_1/\rho_1-1} \tag{5.2}$$

该复合商品由国内商品 $C_{H,t}$ 和进口的国外商品 $C_{F,t}$ 以 CES 形式复合，参数 α_1 反映居民对本国商品的偏好，ρ_1 衡量了国内和国外两类消费品的价格替代弹性。S_t 是 t 期直接标价法下的名义汇率，国外商品价格 $P_{F,t}^*$ 外生决定。该经济中一价定律（law of one price）成立，这样外国商品在国内的价格 $P_{F,t} = S_t P_{F,t}^*$。$P_{c,t}$ 是国内生产的消费品的价格，最小化一单位复合消费品的支出，得到复合商品的价格水平和相应的需求方程：

$$P_t = [\alpha_1 P_{c,t}^{1-\rho_1} + (1-\alpha_1) P_{F,t}^{1-\rho_1}]^{1/1-\rho_1} \tag{5.3}$$

$$\frac{C_{H,t}}{C_{F,t}} = \left(\frac{\alpha_1}{1-\alpha_1}\right)\left(\frac{P_{c,t}}{P_{F,t}}\right)^{-\rho_1} \tag{5.4}$$

代表性家庭向重工业和非重工业两个部门分别提供劳动 $n_{z,t}$ 和 $n_{c,t}$，这样总的劳动供给由两者复合而成（Iacociello，2010）：

$$N_t = [(n_{z,t})^{1+\xi} + (n_{c,t})^{1+\xi}]^{1/1+\xi} \tag{5.5}$$

两个部门的劳动在消费者效用函数中存在异质性，用 ξ 进行刻画。ξ 越大，两个部门劳动力替代弹性越大，当 ξ 等于 0 时，两个部门的劳动完全替代。

居民的收入主要来自两个部分：提供劳动获取相应的工资报酬，储蓄和持有外国债券获得的利息收入。将所获得的这些收入用于对一般商品的消费，增加新的住房需求，并将剩下一部分存在金融中介机构、借贷给国外，同时还要向中央政府上缴一次性总赋税 T_t。这样家庭的预算约束为：

$$P_tC_t + Q_{h,t}[h_t - (1-\delta)h_{t-1}] + D_t + S_tB_t^* + M_t$$
$$= W_{c,t}n_{c,t} + W_{z,t}n_{z,t} + R_{t-1}^nD_{t-1} + R_{t-1}^{n*}S_tB_{t-1}^* + M_{t-1} + \Pi_t - T_t \tag{5.6}$$

家庭在预算约束下，最大化其目标函数，整理得到下面的最优性条件：

$$\beta E_t \frac{R_t}{\pi_{t+1}} C_{t+1}^{-\sigma} = C_t^{-\sigma} \tag{5.7}$$

$$0 = E_t \frac{1}{P_{t+1}c_{t+1}^{\sigma}}\beta(1-\delta_h)Q_{h,t+1} + \frac{j_t}{h_t} - \frac{Q_{h,t}}{P_tc_t^{\sigma}} \tag{5.8}$$

$$\frac{W_{z,t}}{P_tC_t^{\sigma}} = \kappa_tN_t^{\varphi}(\gamma_nN_t)^{-\xi}(n_{z,t})^{\xi} \tag{5.9}$$

$$\frac{W_{c,t}}{P_tC_t^{\sigma}} = \kappa_tN_t^{\varphi}[(1-\gamma_n)N_t]^{-\xi}(n_{c,t})^{\xi} \tag{5.10}$$

$$E_t\left[\frac{1}{P_{t+1}C_{t+1}^{\sigma}}\left(R_t^n - \frac{S_{t+1}}{S_t}R_t^{*n}\right)\right] = 0 \tag{5.11}$$

式（5.7）是家庭消费的欧拉方程，决定居民的消费和储蓄行为；式（5.8）为居民对房地产需求的最优性条件；式（5.9）和式（5.10）分别是家庭在重工业和非重工业部门劳动供给方程，式（5.11）为未抵补的利率平价。

二、金融中介

为了分析金融市场不完备在经济波动中的作用，在模型中引入风险中性的金融中介。居民每期将剩余收入存入金融中介，以获得无风险利率带来的收益，中介将这些存款借贷给企业家。参考伯南克等（1999）的设定，假设信贷市场存在信息不对称的摩擦，借款人和金融中介之间签订贷款合同。企业的生产获利行为具有风险，只有当企业的利润超过一定的阈值时，企业才会归还贷款本息，而当企业的利润小于这个阈值时，企业将不偿还贷款，此时金融中介支出一定的成本对企业进行清算并获得剩余价值。因此，企业自有资产越少，企业的杠杆率越高，企业违约的可能性越大，而企业违约将给金融中介带来额外的损失。为了弥补金融中介因企业违约带来的损失，杠杆率较高的企业一般需要付出更高的贷款利息才能获得贷款①。因此，企业获得外部资金的贷款利率可表示如下：

$$R_{j,t+1}^{d} = \eta_{j,t} R_{t}^{l} = f(B_{j,t}/NW_{j,t}) R_{t}^{l},\ j = z,\ c,\ f(0) = 1,\ f'(.) > 0 \tag{5.12}$$

其中，R_t^l 是基准的贷款利率，$R_{j,t+1}^d$是 $t+1$ 期 j 部门企业外部借贷名义的贷款利率，$NW_{j,t}$是 t 期末 j 部门的企业自身净值，$B_{j,t}$是 t 期末 j 部门企业外部融资的贷款金额，$B_{j,t}/NW_{j,t}$即为 t 期末 j 部门企业的杠杆率。如果不存在信息不对称，则企业外部融资的利率应该与基准贷款利率 R_t^l 相等。而当存在信息不对称时，此时企业外部融资需要支付额外的成本，即存在溢价 $\eta_{j,t} = f(.)$。若 $f(0) = 1$，则表示当企业完全靠自有资金融资时，融资成本即为基准贷款利率。进一步的，$f'(.) > 0$ 表示只要存在外部融资，企业面临的贷款利率就会大于基准贷款利率，而且外部融资比例越高，融资的溢价越大。定义风险溢价弹性系数 u，即杠杆率变动一个百分点带来风险溢价 $f(.)$ 上升 u 个百分点，u 越大企业杠杆率变动一单位带来的风险溢价上升越多。

三、生产部门

（一）重工业部门

重工业企业风险中性，在区间［0，1］连续分布，代表性房地产企业

① 具体分析见伯南克等（Bernake et al.，1999）和格特勒等（Gertler et al.，2007）的研究。

t 期末购买用于下一期生产的资本品 $K_{z,t}$，购买的资金一部分来源于在 t 期末拥有的实际净资产数量为 $NW_{z,t}$，另一部分从金融中介借贷为 $B_{z,t}$。记 t 期资本实际价格为 Q_t^k，这样得到：

$$NW_{z,t} + B_{z,t} = Q_t^k K_{z,t} \tag{5.13}$$

式（5.13）可以看作对企业资产负债表的一个简单刻画，等式的左边是企业负债和企业净值，等式右边是企业资产。企业生产除需要资本外，每期还雇佣劳动 $n_{z,t}$ 和购买土地 $L_{z,t}$，相应的生产函数如下：

$$Y_{z,t} = A_{z,t} K_{z,t-1}^{\psi_z} L_{z,t}^{\gamma_z} n_{z,t}^{1-\psi_z-\gamma_z} \tag{5.14}$$

式（5.14）呈现的生产函数与一般的生产函数的区别在于加入了土地。其中，$A_{z,t}$ 是房地产部门的技术进步率，$\gamma_z \in (0,\ 1)$ 是均衡时土地的要素报酬在总的要素份额中的比重，γ_z 越大说明土地在生产函数中起到的作用越大；ψ_z 是资本的回报在总的要素报酬中的份额。

通过假设重工业部门存在零售商的方式引入价格粘性的设定。零售商从重工业部门购买产品，然后进行分类打包再卖出，将零售价格设为 $P_{z,t}$，而零售价和批发价之比设为 $X_{z,t}$（$X_{z,t} > 1$），则零售商购买重工业的批发价为 $P_{z,t}/X_{z,t}$。

假定企业家在 t 期末以价格 Q_t^k 将资本买入，而在 $t+1$ 期将资本租给资本品生产商，租金率为资本的实际边际产出 $\partial Y_{z,t+1}/\partial K_{z,t}$ 带来的收益①。此外，假设企业家在 $t+1$ 期还可以将未折旧的资本以价格 Q_{t+1}^k 卖出。因此，对于企业家而言，资本的实际收益率为：

$$E_t R_{z,t+1}^k = E_t \left\{ \frac{1}{X_{z,t+1}} \frac{P_{z,t+1}}{P_{t+1}} \frac{\partial Y_{z,t+1}}{\partial K_{z,t}} + (1-\delta) Q_{t+1}^k \right\} \Big/ Q_t^k,\quad \frac{\partial Y_{z,t+1}}{\partial K_{z,t}} = \frac{\psi_z Y_{z,t+1}}{K_{z,t}} \tag{5.15}$$

同时，生产商最小化成本，$P_{L,t}$ 是土地的价格，可以得到：

$$W_{h,t} = \frac{P_{z,t}}{X_{z,t}} \frac{(1-\psi_z-\gamma_z) Y_{z,t}}{n_{z,t}} \tag{5.16}$$

① 即为实际边际产出乘以相对价格 $P_{z,t+1}/X_{t+1}P_{t+1}$。

$$P_{L,t} = \frac{P_{z,t}}{X_{z,t}} \frac{\gamma_z Y_{z,t}}{L_{z,t}} \tag{5.17}$$

式（5.16）和式（5.17）分别是重工业部门企业对劳动和土地的需求方程。重工业部门的企业 t 期末从投资中获得回报，同时偿还贷款利息，剩余的部分（$1-\varphi_h$）用于消费，这样重工业部门企业的净值积累方程满足：

$$NW_{z,t} = \varphi_h \left[R^k_{z,t} Q^k_{t-1} K_{z,t-1} - R^n_{t-1} \frac{P_{t-1}}{P_t} f\left(\frac{Q^k_{t-1} K_{z,t-1}}{NW_{z,t-1}}\right)(Q^k_{t-1} K_{z,t-1} - NW_{z,t-1}) \right] \tag{5.18}$$

可以看到，资产价格 Q^K_t、资本实际收益 $R^k_{z,t}$ 和借贷成本的变动均会影响重工业部门企业净值。当资产收益下降或者借贷利率上升时，企业家净值会下降，由式（5.18）可知，这将导致外部融资的风险溢价 $f(.)$ 上升，一方面企业的融资成本增加，另一方面企业下一期需要偿还的贷款本息增多，两者共同进一步地导致企业的净值下降。如此循环下去，一个初始的冲击通过影响企业的外部融资成本，带来投资和产出的大幅下降，这就是“金融加速器”效应。

（二）非重工业部门

本章的模型中非重工业部门的企业与重工业部门的企业基本的行为方程类似，主要的区别在这几个方面：第一，资本密集程度不同，重工业部门资本密集程度较高，这在后面的参数赋值中可以体现；第二，参考张春的研究，中国不同部门企业受到的信贷约束不同，具体而言非重工业部门相比于重工业部门受到更加严重的约束，相比于重工业部门，非重工业部门的借贷能力对杠杆率的变动更加敏感；第三，不同部门的产品用途不同，重工业部门的产出主要用于投资，而非重工业部门的产出则主要用于消费和出口。为节省篇幅，对于非重工业部门的基本行为方程，在不影响理解的情况下，进行简要的概述。

同样的，非重工业企业在 t 期末的净值为 $NW_{c,t}$，从金融中介获得的外

部融资为 $B_{c,t}$，将资金用来购买下一期生产所需要的资本品 $K_{c,t}$。这样得到：

$$NW_{c,t}+B_{c,t}=Q_t^kK_{c,t} \tag{5.19}$$

非重工业企业生产函数如下：

$$Y_{c,t}=A_{c,t}K_{c,t-1}^{\psi_c}L_{c,t}^{\gamma_c}n_{c,t}^{1-\psi_c-\gamma_c} \tag{5.20}$$

其中，$n_{c,t}$为企业每期雇佣的劳动，$L_{c,t}$是购买的土地，$A_{c,t}$是非重工业部门的技术进步率。$\gamma_c\in(0,\ 1)$ 是均衡时土地在总的要素份额中的比重；ψ_c 是资本所占的要素份额。

与重工业部门一样，非重工业部门也存在价格粘性，为此在模型中引入零售商，非重工业企业批发商品给零售商的价格为 $P_{c,t}/X_{c,t}$。非重工业企业使用一单位资本得到的收益由资本的边际产出和资本价格变动的利得构成，这样非重工业资本的实际收益率为：

$$E_tR_{c,t+1}^k=\frac{E_t\left[\frac{1}{X_{c,t+1}}\frac{P_{c,t+1}}{P_{t+1}}\frac{\psi_cY_{c,t+1}}{K_{c,t}}+(1-\delta)Q_{t+1}^k\right]}{Q_t^k} \tag{5.21}$$

非重工业生产商成本最小化，可以得到下列方程：

$$w_{c,t}=\frac{1}{X_{c,t}}\frac{(1-\psi_c-\gamma_c)Y_{c,t}}{n_{c,t}} \tag{5.22}$$

$$P_{L,t}=\frac{P_{c,t}}{X_{c,t}}\frac{\gamma_cY_{c,t}}{L_{c,t}} \tag{5.23}$$

非重工业企业 t 期末从投资中获得回报，同时偿还贷款利息，剩余的部分（$1-\phi_h$）用于消费，得到非重工业企业的净值积累方程：

$$NW_{c,t}=\phi_c\left[R_{c,t}^kQ_{t-1}^kK_{c,t-1}-R_{t-1}^n\frac{P_{t-1}}{P_t}f\left(\frac{Q_{t-1}^kK_{c,t-1}}{NW_{c,t-1}}\right)(Q_{t-1}^kK_{c,t-1}-NW_{c,t-1})\right] \tag{5.24}$$

（三）房地产部门

房地产部门利用重工业部门的投资和土地进行生产，产出的调整需要额外的成本，根据利亚科维洛（2005）的做法，设定房地产存量的变化路径如下：

$$h_{t+1}=(1-\delta)h_t+I_{h,t}-\frac{\phi_h}{2}\left(\frac{h_{t+1}}{h_t}-\delta\right)^2 h_t \tag{5.25}$$

新增的房地产投资 $I_{h,t}$ 由重工业部门的投资品 $I_{h,t}^z$ 和土地 $L_{d,t}$ 以 CES 形式组合而成。$P_{z,t}$ 为重工业部门资本品的价格，$P_{l,t}$ 为土地的价格，$I_{h,t}$ 的具体形式和单位投资品对应的价格为：

$$I_{h,t}=[(1-\alpha_2)^{\frac{1}{\rho_2}}(I_{h,t}^z)^{\frac{\rho_2-1}{\rho_2}}+\alpha_2^{\frac{1}{\rho_2}}(L_{d,t})^{\frac{\rho_2-1}{\rho_2}}]^{\frac{\rho_2}{\rho_2-1}},$$

$$P_{I,t}^h=[(1-\alpha_2)(P_{z,t})^{1-\rho_2}+\alpha_2(P_{l,t})^{1-\rho_2}]^{\frac{1}{1-\rho_2}} \tag{5.26}$$

其中，$\rho_2>0$ 是土地对投资品的替代弹性，$\alpha_2\in(0,1)$ 表示房地产生产过程中使用土地的份额，α_2 越大表示生产中需要的土地越多。对应房地产部门的投资品生产商在约束式（5.25）下最大化折现后的利润流：$\max\limits_{I_t}E_0\sum\limits_{t=0}^{\infty}\Lambda_t\{Q_t^k h_{t+1}-Q_t^k h_t-P_{I,t}I_{h,t}/P_t\}$，$\Lambda_t=\beta^t(C_t/C_0)^{-1}$ 表示折现因子，从而得到关于房价与房地产投资之间关系的方程：

$$Q_{h,t}=\frac{1}{1-\phi(I_{h,t}/h_t-\delta)}\frac{P_{I,t}^h}{P_t} \tag{5.27}$$

式（5.27）的右边由两个部分组成：一部分是 $[1-\phi(I_{h,t}/h_t-\delta)]^{-1}$，此为标准的托宾 Q，即房价 $Q_{h,t}$ 是房地产投资 $I_{h,t}$ 的单调递增函数，即更多的住房需求需要更多的住房投资，这会带来房价的上升，相反住房投资的下降则带来房价的下降，这对应需求冲击；另一部分是 $P_{\mathrm{I},t}^h/P_t$，结合式（5.26），土地价格和重工业部门的商品价格上升，都会导致房价的上升，这对应成本冲击。将这两个部分结合起来，可以看到房价一方面受到住房需求的影响，另一方面也受到土地价格等投入品变动的影响。

（四）地方政府

地方政府的行为目标与第三章一致，也是追求支出最大化。这样地方政府的目标函数为：

$$\max E_t \sum_{t=0}^{+\infty} \beta_d^t [(1-\gamma_d)\ln G_{c,t} + \gamma_d \ln G_{f,t}] \tag{5.28}$$

其中，γ_d 衡量了地方政府对基础设施建设支出的偏好程度，γ_d 越大代表地方政府越偏好基础设施建设支出。地方政府财政收入包括来源于卖地收入和中央政府的转移支付 Rev_t。$Land_t$ 是每期提供的土地，地方政府可以控制供地规模。Lh_t 是地方政府每期卖出去的土地。需要注意的是，卖出一块土地需要的成本包括征地和拆迁补偿支出、规定计提项目、缴纳新增建设用地使用费、业务费以及必需的“七通一平”等土地初步整理的费用（贾康和刘微，2012）。卖出去的土地越多，地方政府相应的支出也就越多。需要注意的是，由于政府消费是直接购买最终生产的商品，而基础设施建设支出的边际收益不断下降，因此引入调整成本，这样政府的预算约束可以写成下面的形式：

$$G_{c,t} + R_{t-1}B_{g,t-1} + P_{f,t}G_{f,t} + \frac{\phi_g}{2}\left(\frac{G_{f,t}-G_{f,t-1}}{G_{f,t-1}}\right)^2 P_{f,t}G_{f,t-1} + \frac{\phi_h}{2}(Lh_t - Lh)^2$$

$$\leqslant \Gamma[P_{L,t}Lh_t + B_{g,t}] + Rev_t \tag{5.29}$$

式（5.29）右边是地方政府的收入来源，Γ 取 0 时只包括转移支付，当 Γ 取 1 时还包括地方政府从金融中介的借贷和卖地收入；式（5.29）左边是地方政府的支出，主要用于消费型支出、基础设施建设支出和上一期债券的利息支付，还有相应的调整成本①。本章在模型中将政府支出粗略地分成消费型支出和基础设施建设支出两部分，这两部分在经济运行中的影响和传导机制上存在很大的差异，具体表现为：政府的消费型支出直接影响最终商品需求，即购买非重工业部门生产的商品，进入非重工业的资源约束为式（5.43）；而基础设施建设需要土地和资本，这会进一步影响土地价格和资产价格。由于模型中引入了金融市场的摩擦和金融加速器机制，更高的资产价格会影响企业的资产负债表，提高了企业的净值；而企业净值的上升会使得企业的融资成本下降，促进企业投资和产出的进一步

---

① 文中基建支出和土地都采用二次型的调整成本，这种二次型的调整成本函数 TC 满足两个性质：$TC'>0$ $TC''>0$。即投入越大，需要耗费的边际成本越高。

扩张。由于消费型支出直接被消费掉，基建设施建设支出的安置需要成本，基建支出增速 $(G_{f,t}-G_{f,t-1})/G_{f,t-1}$ 越快，与之发生的安装成本和调整成本就越高。为了将这两类支出区分，参考一般的设定，对基建支出引入二次型的调整成本①。

基础设施建设的支出对应的生产函数是：

$$G_{f,t}=K_{d,t}^{\alpha_d}LD_{d,t}^{1-\alpha_d} \tag{5.30}$$

α_d 是基础设施建设中资本投入在总的要素投入中的比重。一单位基础设施建设相对应的支出成本为：

$$P_{f,t}=MC_{f,t}=\alpha_d^{-\alpha_d}(1-\alpha_d)^{-(1-\alpha_d)}(R_{d,t+1}^{k})^{\alpha_d}(P_{L,t})^{1-\alpha_d} \tag{5.31}$$

没有卖出去的土地，可以作为土地储备留存，也可以用于抵押向金融中介借款，定义 m 为土地抵押借贷的杠杆率，这样地方政府可以借贷的数量满足：

$$R_tB_{g,t}\leqslant m\pi_{t+1}P_{L,t+1}(land_t-Lh_t) \tag{5.32}$$

定义政府预算约束方程式（5.29）和借贷约束方程式（5.32）的拉格朗日乘子分别为 $\lambda_{g,t}$ 和 $\lambda_{d,t}$，地方政府在这两个约束下选择政府消费和基础设施建设支出最大化，得到下面的一阶条件：

$$\lambda_{g,t}=(1-\gamma_d)/G_{c,t} \tag{5.33}$$

$$\gamma_d/G_{f,t}-\lambda_{g,t}P_{f,t}\left[1+\phi_g\left(\frac{G_{f,t}-G_{f,t-1}}{G_{f,t-1}}\right)\right]$$
$$-\lambda_{g,t+1}\phi_gP_{f,t+1}\left[\frac{1}{2}\left(\frac{G_{f,t}-G_{f,t-1}}{G_{f,t-1}}\right)^2-\frac{G_{f,t+1}}{G_{f,t}}\left(\frac{G_{f,t+1}-G_{f,t}}{G_{f,t}}\right)\right]=0 \tag{5.34}$$

$$P_{L,t}=\phi_h(Lh_t-Lh)+\frac{\lambda_{d,t}}{\lambda_{g,t}}(m\pi_{t+1}P_{L,t+1}) \tag{5.35}$$

其中，式（5.33）是政府消费的影子价格，式（5.34）是基础设施

① 引入二次型的基建调整成本的理由为：一方面，基建项目的建设一般周期较长，当期与上一期资金投入之间存在联系，因此调整存在成本，而且调整成本的引入可避免当期基建调整太快导致基建出现负值等极端值；另一方面，二次型的函数形式是当前文献引入投资、劳动以及价格等调整成本的主流做法（Gould，1968；Rotemberg，1982；Hall，2004），这种函数形式易于处理，又能避免变量极端值的出现。

支出的最优性条件。式（5.35）是地方政府卖地的最优性条件，该式左边是卖出一单位土地的边际收益，右边是卖地的边际成本，由调整成本 $\phi_h(Lh_t - Lh)$ 和抵押借贷的机会成本 $\lambda_{d,t}(m\pi_{t+1}P_{L,t+1})/\lambda_{g,t}$ 决定。如果地方政府不可以用土地抵押借贷，这样地方政府卖地的最优性条件变为：

$$P_{L,t} = \phi_h(Lh_t - Lh) \tag{5.36}$$

在下面的分析中，本书将对这两种情况分别进行讨论。

（五）资本品生产商

借鉴现有 DSGE 文献的标准做法（Christiano et al.，2007；Christensen and Dib，2008），本章模型加入了资本品生产商。资本品生产商于 t 期末从企业家处购买折旧后的资本品 $(1-\delta)K_t$，并结合新增的投资 I_t 以累积下一期的资本品，资本的调整会带来一定的成本，与利亚科维洛（2005）的设定保持一致，资本品的变化路径给定如下：

$$K_{t+1} = (1-\delta)K_t + I_t - \frac{\phi_i}{2}\left(\frac{I_t}{K_t} - \delta\right)^2 K_t \tag{5.37}$$

投资品 I_t 是本国投资品 $I_{H,t}$ 和外国进口投资品 $I_{F,t}$ 的 CES 复合。$P_{H,t}$ 和 $P_{F,t}$ 分别表示本国和外国的投资品价格，由此可得投资品及其价格的表达式：

$$I_t = \left[(1-\alpha_3)^{\frac{1}{\rho_3}}(I_{H,t})^{\frac{\rho_3-1}{\rho_3}} + \alpha_3^{\frac{1}{\rho_3}}(I_{F,t})^{\frac{\rho_3-1}{\rho_3}}\right]^{\frac{\rho_3}{\rho_3-1}},$$

$$P_{I,t} = \left[(1-\alpha_3)(P_{H,t})^{1-\rho_3} + \alpha_3(P_{F,t})^{1-\rho_3}\right]^{\frac{1}{1-\rho_3}} \tag{5.38}$$

其中，$\rho_3 > 0$ 反映的是国内外投资品之间的替代弹性，$\alpha_3 \in (0, 1)$ 表示使用国外投资品的份额，α_3 越大表示投资品的生产需要进口更多的投资品。

资本品生产商在约束式（5.37）下最大化自身折现后的利润[①]，由此得到资本品的价格方程：

---

① $\max\limits_{I_t} E_0 \sum\limits_{t=0}^{\infty} \Lambda_t \{Q_t^K K_{t+1} - Q_t^k K_t - P_{I,t} I_t / P_t\}$，折现因子 $\Lambda_t = \beta^t (C_t/C_0)^{-1}$。

$$Q_t^k = \frac{1}{1 - \phi_i(I_t/K_t - \delta)} \frac{P_{I,t}}{P_t} \tag{5.39}$$

式（5.39）中，资本价格 Q_t^k 是关于投资 I_t 的单调递增函数，即更多的投资会带来资产价格的迅速上升，投资的下降则带来资本价格的下降。

（六）市场出清条件与宏观均衡①

中央政府每期利用家庭上缴的一次性总赋税和货币的发行，为自己对地方政府的转移支付融资，保持了预算的平衡：

$$M_t - M_{t-1} + T_t = \text{Rev}_t \tag{5.40}$$

开放经济中，中国一直采取的是盯住美元的汇率制度，为了简化分析，将我国汇率政策设定为固定汇率制：

$$S_t = S_{t-1} = \overline{S} \tag{5.41}$$

GDP 由重工业和非重工业的产出构成：

$$GDP_t = Y_{c,t} + (P_{z,t}/P_t) Y_{z,t} \tag{5.42}$$

市场均衡时，各个市场均满足出清条件。其中，非重工业部门生产的商品用于居民消费、政府消费型支出和出口，这样非重工业部门市场出清条件为：

$$Y_{c,t} = C_{H,t} + G_{c,t} + EX_t \tag{5.43}$$

重工业部门的产出用于满足资本品的生产和住房的投资：

$$Y_{h,t} = I_{H,t} + I_{h,t} \tag{5.44}$$

地方政府提供的土地，作为重工业企业、非重工业企业和政府基础设施建设类支出所必需的生产要素，土地市场对应的出清条件为：

$$L_{c,t} + L_{h,t} + L_{d,t} = LD_t \tag{5.45}$$

资本品生产商生产的资本品，是重工业企业、非重工业企业和政府基础设施建设所必需的生产要素，这样资本品市场对应的出清条件为：

---

① 为了在重工业和非重工业部门引入粘性价格，本书参考 DSGE 模型的标准设定在模型中以卡尔沃（Calvo，1983）定价方式引入零售商，在不影响模型理解的情况下，文中略去相关过程。

$$K_{c,t}+K_{z,t}+K_{d,t}=K_t \tag{5.46}$$

需要注意的是，居民储蓄用于三个部门的借贷，分别是地方政府、重工业和非重工业部门：

$$B_{c,t}+B_{g,t}+B_{z,t}=D_t \tag{5.47}$$

在中国特殊的金融体制下，中国地方政府可以低成本地获得银行贷款，然后将总贷款量的剩余部分贷款给其他部门，其他部门面临的基准借贷成本是：

$$R_t^l=R_t^n g(x)，\ x=\frac{D_t}{D_t-B_{g,t}}，\ g'(x)>0 \tag{5.48}$$

$g'(x)>0$ 意味着地方政府获得的贷款越多，其他部门获得资金的难度将增加，资金的基准借贷成本也会上升。不同类型企业的借贷成本由式（5.12）和式（5.48）共同决定。

在下面的分析中，基于研究需要，参考格特勒等（2007）的研究主要讨论世界利率冲击和出口冲击，这两个冲击均服从下面的 AR（1）过程，具体形式如下：

$$\ln R_t^{*n}-\ln R^{*n}=\rho_r(\ln R_{t-1}^{*n}-\ln R^{*n})+\varepsilon_{r,t}，\ \rho_r\in(0,\ 1)，\ \varepsilon_{r,t}\sim N(0,\ \delta_{r,t}{}^2) \tag{5.49}$$

$$\ln EX_t-\ln EX=\rho_{ex}(\ln EX_{t-1}-\ln EX)+\varepsilon_{ex,t}，\ \rho_{ex}\in(0,\ 1)，\ \varepsilon_{ex,t}\sim N(0,\ \delta_{ex,t}^2) \tag{5.50}$$

第四节　参数校准和反事实分析介绍

一、参数校准

与 DSGE 模型求解的标准步骤一致，首先对模型的最优性条件在稳态处进行对数线性化，然后对参数进行校准，最终进行数值模拟。本章的模型是在标准的“金融加速器”小国开放经济模型中（Gertler et al.，2007；Devereux et al.，2006），结合张春等（2016）关于中国宏观经济的研究，在模型中引入了重工业和非重工业部门，同时还引入地方政府的土地财政行为。对此，在参数赋值时，标准的参数参考标准的模型进行取值，对于新的设定和变动所增加的参数都进行反事实分析。具体而言，根据参数分成三个部分：第一，由于本章的框架基于“金融加速器”的小国模型框架，因此与金融加速器框架直接相关的内容，完全来源于规范的金融加速器模型（Devereux et al.，2006；Gertler et al.，2007）；对于重工业和非重工业部门引入的参数设定问题，参考张春等（2016）对于中国经济的研究。第二，对于模型中的结构性参数，如房地产投资占总投资的比重、重工业部门产出在整个GDP中的比重等指标，利用近几年中国的宏观数据进行估计。第三，地方政府的行为在本章的模型中起到了重要的作用，对于地方政府所有的相关性参数都进行了反事实分析，分别分析了相应参数在其中的作用。

居民的主观贴现率β取0.99[①]，地方政府的主观贴现率β_G取0.99[②]；劳动供给弹性的倒数φ取值范围在1到2之间，本章取1.3；资本品的年折旧率一般为0.1，如此资本品的季度折旧率取0.025；假设价格每4期调整一次，进而取参数θ为0.75，这些参数的取值都与现有的DSGE文献保持一致。为了便于模型求解，家庭部门的风险厌恶系数设为1，投资需求对边际产出的参数ϖ取0.81，重工业部门和非重工业部门的消费率（$1-\varphi_z$）和（$1-\varphi_c$）均取0.03，这些参数的取值均来自经典的金融加速器模型（Devereux et al.，2006；Gertler et al.，2007）。参考利亚科维洛和内里（2010）的研究，劳动力在两个部门的异质性参数ξ取0.8，住房偏好的均值j取0.2（何青等，2015）。

① 无风险的季度利率为$r^n=1/\beta$。

② 在官员平均任职年限较短的情况下，官员的贴现因子更小。

对于结构性的参数，结合理论模型得到的最优性条件，求出模型的稳态值，并将稳态点的变量用外生参数表示出来，再根据中国的现实数据得到相应变量的值，进而反推出相应的参数取值。参考张春等（2016）的估计对于资本要素报酬在重工业和非重工业部门的份额 ψ_z 和 ψ_c 分别取 0.6 和 0.32；2014 年至 2019 年，我国重工业部门产出在 GDP 中的比例为 30%，其他部门产出在 GDP 中的比例为 56%。参考许宪春等（2015）的研究，无论从支出法还是收入法，2008 年至 2019 年房地产产出占 GDP 的份额一直在 13% 到 15% 左右，取均值 14%；固定资产投资占 GDP 的比例为 45% 到 53%，取均值 50%；2008 年至 2019 年，房地产投资占总投资的比例一直维持在 19% 附近，对此模型中房地产投资占总投资的比例取 19%。参考白重恩和钱震杰（2010）的研究，劳动要素回报占总要素回报的比重取值为 45%。根据张军（2012）的研究，基础设施投资占全社会固定资产投资的比例为 26%，占 GDP 的比例为 13%，政府财政支出占 GDP 的比例一直维持在 26% 的比例。基于此，在基准模型中，均衡时政府用于基础设施建设支出的比重 γ_d 取为 0.5。2008 年至 2016 年，出口占 GDP 的比例一直在 20% 到 26%，取均值 23%；根据联合国 BEC 的分类，2005 年至 2019 年中国消费品进口额占进口商品总额的比重维持在 4% ~6%，因此将消费品进口的比例设为 6%。①

根据这些基本事实和模型的均衡条件，可以倒推出非重工业土地的份额 γ_c 为 0.05，重工业土地的份额 γ_z 为 0.1，房地产企业土地的份额 α_2 为 0.4，进口的消费品在总的消费品中的份额（$1-\alpha_1$）为 0.04，进口的投资品在总的资本品中的份额 α_3 为 0.45，地方政府基础设施建设中土地的份额（$1-\alpha_d$）为 0.1。

值得注意的是，鉴于本章的结果较为定性，为了更好地说明本章结论的稳健性，在之后的脉冲分析中将在上述参数下取得的结果作为基准情形，并对本章模型中的关键参数，尤其与地方政府土地财政行为相关的参

① 根据 Wind 数据库整理。

数进行反事实分析，与基准情形进行对比来补充本章的定性讨论。例如，在反事实分析时，为了分析政府支出偏好的影响，比较了 γ_d 分别取 20%、50% 和 80% 的结果；为了分析政府利用土地抵押借贷中杠杆率的影响，比较了 m 分别取 0.7、0.3 和 0.1 的结果。另外，外部融资的溢价弹性 u 的取值范围一般在 0 到 0.2 之间①，将该参数分别取值 0、0.05 和 0.1 来说明金融加速器的强度对宏观经济变量的影响，其中 u 等于 0 时意味着金融加速器效应被关闭。参数取值的总结可参见表 5-1。

表 5-1　　主要的参数赋值

参数含义	参数	取值	参数含义	参数	取值
居民的贴现因子	β	0.99	两部门劳动的异质性	ξ	0.8
地方政府的贴现因子	β_G	0.99	非重工业部门资本份额	ψ_c	0.32
劳动供给弹性的倒数	φ	1.3	非重工业部门土地份额	γ_c	0.05
资产价格对投资的反应系数	ϖ	0.81	重工业部门资本份额	ψ_z	0.6
资本品的季度折旧率	δ	0.025	重工业部门土地份额	γ_h	0.1
住房偏好的均值	j	0.2	房地产部门土地份额	α_2	0.4
地方政府基础设施建设中土地的份额	$(1-\alpha_d)$	0.1	房地产部门土地对其他要素的替代弹性	ρ_h	0.1
进口的消费品占总消费品的比重	$1-\alpha_1$	0.04	进口的投资品占总投资的比重	α_3	0.45

二、反事实分析介绍

在下面的数值模拟分析中，主要讨论各种外部冲击对经济的影响路径，并讨论相应因素在这其中所起的作用。为了给数值模拟的脉冲分析提

① 具体参考塞斯佩德斯等（Céspedes et al.，2004）、德维尔等（Devereux et al.，2006）和格特勒等（Gertler et al.，2007）的研究。

供一个分析基础，并对模型的传导渠道和作用机制进行简单直观的论述。本节对模型中反事实分析的具体做法进行简单的论述，并对反事实可能造成的影响进行了简单的经济学解释。

通过各个行为主体的最优化行为，得到相应的一阶条件和市场出清条件［见式（5.2）到式（5.48）］。按照DSGE模型的标准做法，给模型相应参数赋值，并将这些赋值作为基准的结果进行脉冲分析。在具体的反事实分析中，由于主要关注的因素是地方政府的土地财政行为和金融加速器机制在经济波动中发挥的作用，本着从简单到复杂的思路，对不同的反事实分析，分别对其具体的操作过程和经济学意义进行阐述。

第一，将抵押融资杠杆率 m 取不同的值，来分析地方政府土地抵押融资行为对经济波动的影响。结合式（5.32），m 值越大，代表土地价格 $P_{L,t}$ 变动一个百分比，地方政府可以从金融市场抵押借贷的就越多；而地方政府借贷的增加将使得地方政府获得的收入也越多，那么其用于基建支出和消费型支出的也就越多［见式（5.29）］。当 m 等于0时，也就是此时土地价格 $P_{L,t}$ 和土地数量（$land_t - Lh_t$）的变动不再影响地方政府的借贷，这样由于土地价格的变动和留存土地的数量都不影响地方政府的借贷，那么抵押贷款效应也就不存在了，此时地方政府不能通过抵押融资从金融中介借贷。同时 m 的取值也影响了政府的卖地行为，如果土地可以抵押借贷的钱很少，那么他们留存土地的收益也就下降了［见式（5.35）］。在基准模型中，m 取值为0.7。在下面的分析中 m 分别取0.3和0，并将其与 m 取值为0.7的基准情形进行对比，以此分析地方政府的抵押融资行为对经济波动的影响。

第二，在模型中将地方政府支出倾向 γ_d 取不同的值，分析政府支出结构的变动在经济波动中的作用。γ_d 越大意味着地方政府越看重基础设施，结合文中地方政府最优化行为得到的式（5.33）和式（5.34），这两个方程在均衡时[①]满足 $G_c/G_f = (1-\gamma_d)/\gamma_d$，也就是 γ_d 越大，地方政府的

① 均衡时，相应变量不随时间变化，此时化简可得到该式。

收入中用于基建支出的比例也就越大，当 γ_d 取1意味着，政府会将所有收入全部用于基建支出。由于基建支出需要资本和土地［见式（5.30）］，而资本品由重工业部门提供［见式（5.46）］。那么预期 γ_d 越大，相同的政府收入增加下，基建支出上升的会越多，对基建部门投资品的需求也就越多，带动的重工业部门的产出上升也越多。同时，由于重工业部门需要土地，也会拉动土地价格上升得越多。文中基准的模型中 γ_d 取值为0.8，这表明地方政府将收入的大部分都用于基础设施建设支出，在反事实分析中将 γ_d 取值为0.2，并将其与基准情形进行对比，这样就可以分析地方政府不同的支出结构倾向对经济波动的影响。

第三，直接将地方政府的预算约束中来源于与土地相关的收入从模型中剔除，讨论地方政府的土地财政行为对经济波动的影响。式（5.29）当 Γ 取值为1，也就是地方政府的收入有一部分来源于土地出让和抵押借贷；但当 Γ 取0时，这意味着土地买卖和土地抵押贷款的收入都不进入地方政府的预算约束方程。在该情形下，无论是土地抵押还是土地出让所获得收入都不再影响地方政府的收入，那么此时地价的变动不再通过影响地方政府的行为进而影响其支出对经济波动产生影响。

第四，将风险溢价的弹性取不同的值，讨论金融摩擦在经济波动中的作用。结合式（5.12），在存在金融摩擦时，企业的借贷成本不但取决于资金的借贷利率，还与企业的杠杆率有关。风险溢价弹性系数 u，反映了企业借贷成本与杠杆率的敏感程度，u 越大企业杠杆率变动一单位带来的风险溢价上升越多。当存在金融摩擦时，也就是 u 不等于0时，结合式（5.18）、式（5.24）的分析，各种影响企业净值的变动都会对企业的借贷能力产生影响。当 u 取0时，此时企业借贷利率与自身的杠杆率无关，企业自身净值的变动不影响借贷的风险溢价。文中基准模型 u 取值为0.1，在反事实的分析中 u 分别取0.05和0。

对上面的论述进行总结，可以看到本章的所有的反事实分析，都是在基准模型中，通过调整相应的方程的参数，并将其与基准模型的结果进行对比来实现。

第五节 数值模拟与分析

一、外部冲击下的经济波动

在对模型的参数进行赋值后，本章分别考察两种情形下外部冲击的数值模拟结果：一是在存在土地财政的背景下，分析外部的冲击对宏观经济造成不利影响的作用效果和传导机制；二是在此框架中，在地方政府土地供给下降的背景下，重新分析外部冲击对经济的影响效果和作用机制，并将其与前面章节提到的基本事实对应比较。下面的模拟图中，横坐标表示以季度为单位的时期，纵坐标表示相应变量偏离均衡值的百分比。

首先，本章对美联储加息所带来的紧缩效应进行分析。世界利率上升时，各个主要宏观经济变量的脉冲响应如图 5－5 所示。其中，虚线表示存在土地财政时的情形（case1），即包含了地方政府卖地行为、土地抵押、支出偏好基建拉动投资等机制；而实线对应的是不存在土地财政时的情形（case2）。可以看出，在世界利率上升的情况下，存在土地财政时，紧缩的货币政策导致的房价下降，使得地价大幅下降。地价的下降一方面直接导致地方政府的卖地收入下降，另一方面也使得地方政府通过土地抵押获得的贷款下降。两者共同作用下，地方政府所获得的收入大幅降低，从而导致基建支出大幅下降。基建支出主要的投入品来自重工业部门，基建投资的下降直接促使重工业部门的投资和产出也大幅下降。而其他部门主要提供消费品和出口的商品，紧缩的政策会导致消费的下降，由于消费相对平滑，导致的价格下降会使得出口增加，这使得其他部门的产出虽然有所下降，但相比于重工业部门，下降的幅度不大。由于重工业部门在社会总投资和产出中所占比重较大，所以总投资和GDP下降很多。而在不存在土地财政的情形下，地方政府的收入与卖地无关，这样地价也不再影响地方政府的收入，此时各种放大机制被关闭，地价的下降幅度会小很多，因为不存在土地财政，重工业和其他部门的产出降幅均小得多，最终使得GDP和总投资的下降幅度变得很小。由此可见，土地财政的存在使得世界利率上升对国内宏观经济的影响被显著地放大，尤其是加大了外部加息对重工业部门投资和产出的影响。

正如前文提到的，土地财政的行为包括多个方面：第一，直接买卖土地获得收益；第二，剩余的土地可以通过地方政府设立融资平台，利用土地做抵押从银行借款；第三，地方政府将获得的收入主要用于基建支出。那么，在土地财政使得外部冲击导致的产出大幅下降中，这些渠道分别扮演了怎样的角色，起到了怎样的作用？

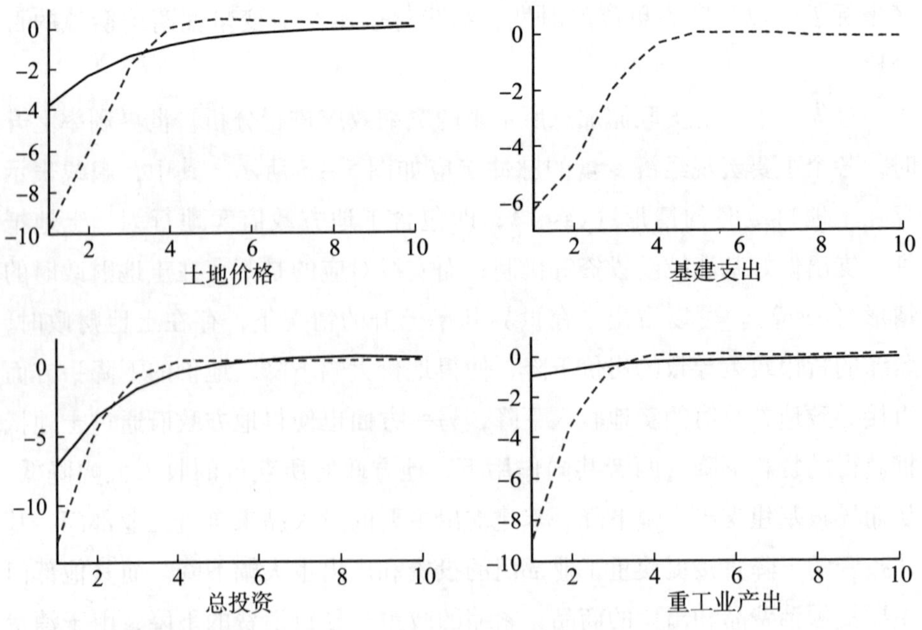

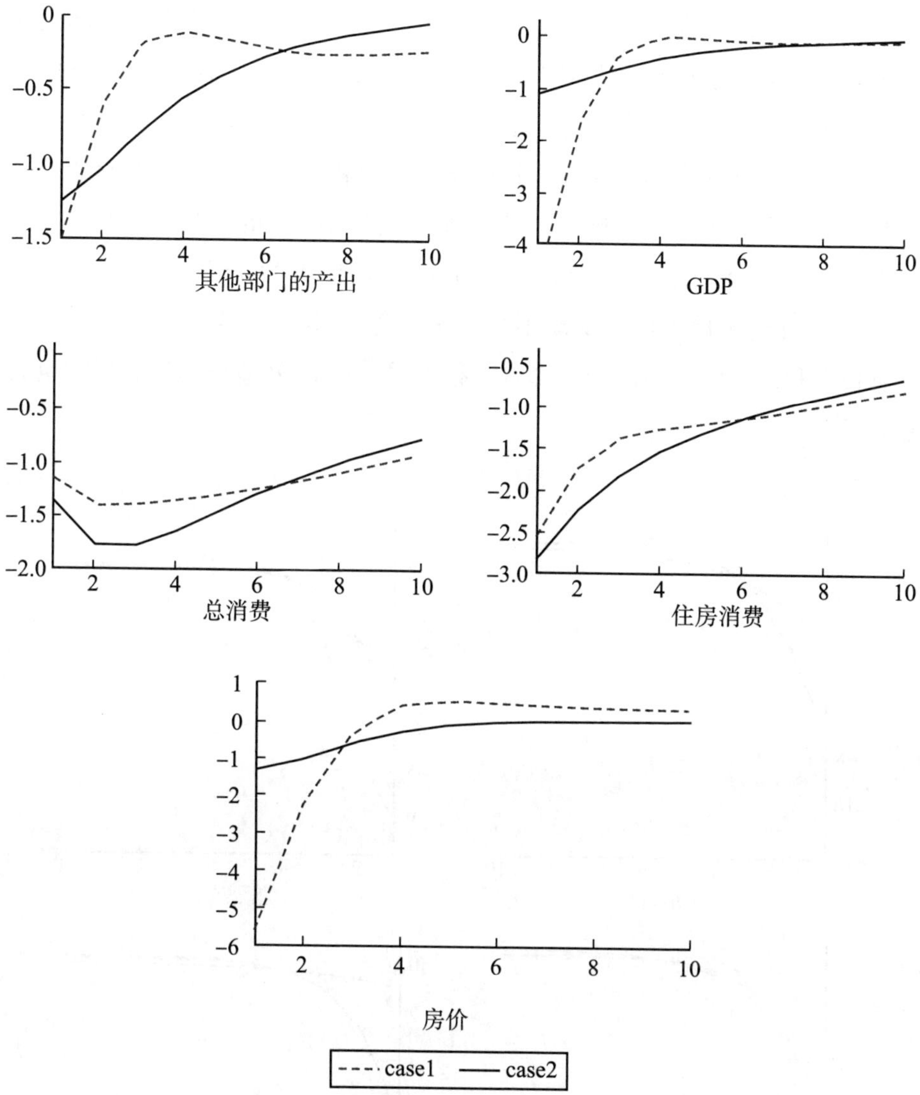

图 5-5　世界利率上升情况下的传导路径

注：case1，存在土地财政；case2，不存在土地财政。

不同的土地抵押融资杠杆率下，世界利率上升对宏观经济变量的影响，如图 5-6 所示。在杠杆率取值大的情形下（case1），经济受到世界利率冲击时，土地价格下降，这使得地方政府通过土地抵押融资获得的收入大幅降低，从而不得不大幅降低基建支出。这进一步地导致重工业部门的产出和全社会的总投资也大幅下降。杠杆率取值小时（case2），政府依靠土地获得的抵押贷款较少，此时土地价格下降更多的只是降低了政府的卖地收入，与高杠杆率相比导致的基建支出降幅相对较小，对重工业部门产出和社会总投资的负面影响也相对减弱。尤其当进一步将地方政府的收入与卖地收入脱离，也就是卖地收入不再影响地方政府财政收入的时候（case3），此时土地价格的变动不再影响基建支出，世界利率下降的冲击对总投资和重工业部门的产出影响都很微弱，对GDP造成的负面影响也大幅减轻。

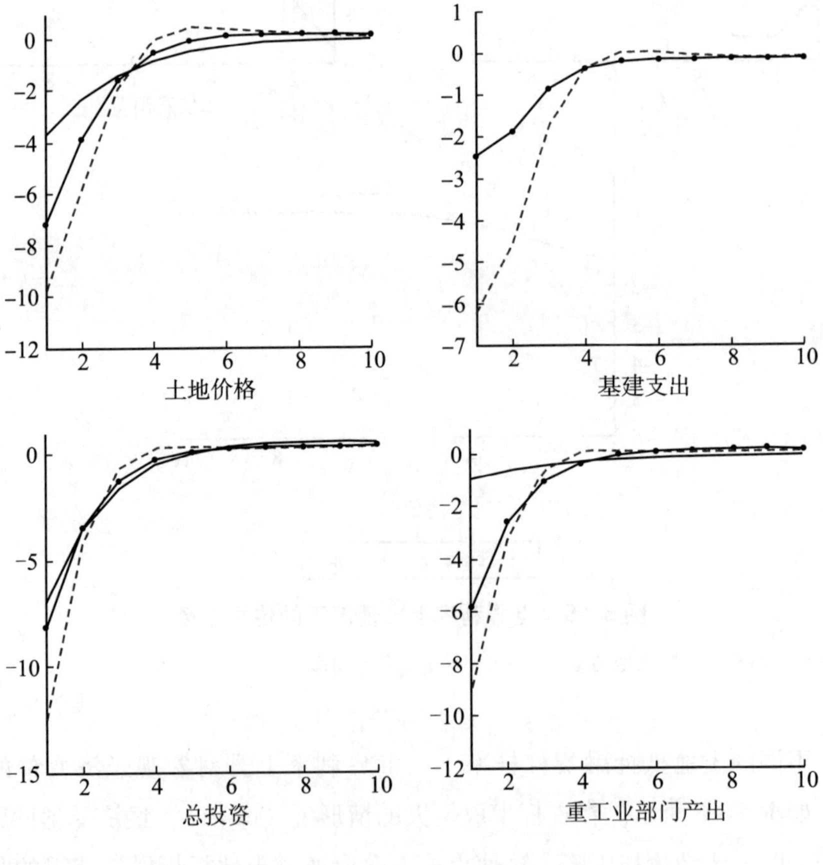

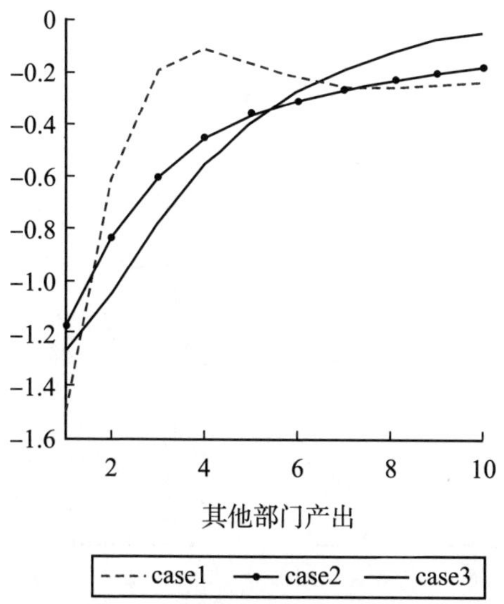

图5-6　不同的杠杆率

注：case1，m 取0.7；case2，m 取0.3；case3，无土地财政。

地方政府将卖地获得的收入较多地支出给基础设施建设，这一行为又扮演了怎样的一个角色呢？不同的政府支出偏好下，宏观经济对世界利率上升冲击的脉冲反应如图5-7所示。与对基建偏好较大的情形相比（case1），当地方政府的支出结构较少地偏向于基础设施建设支出时（case2），土地价格下降的幅度相对较少，基建支出下降的幅度也更少。这样直接造成的结果就是重工业部门产出和社会总投资的降幅也相对下降，但相对应的是其他部门的产出受到的负面影响要大一些。也就是说，外部冲击对重工业和非重工业产出的影响，取决于政府的支出倾向。当政府支出越倾向于重工业时，外部冲击通过土地财政对重工业的影响也越大。

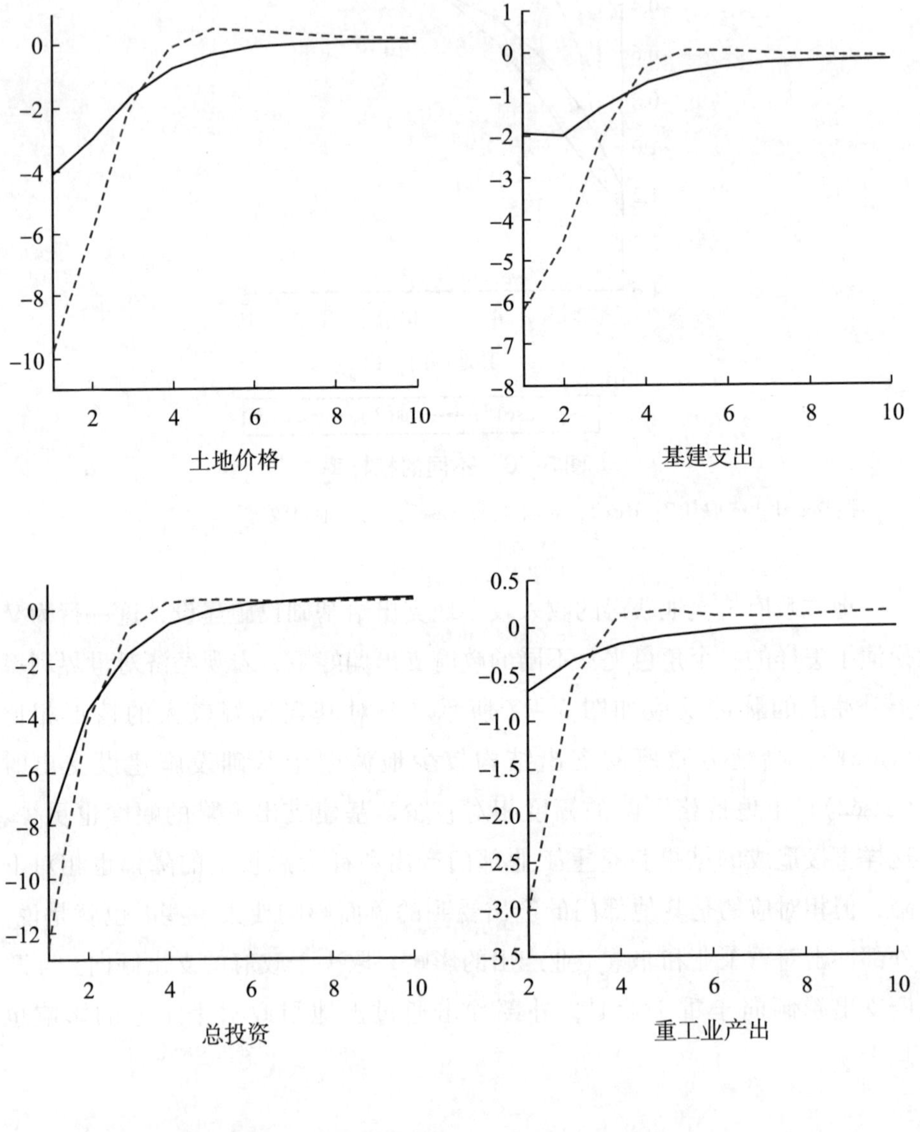
土地价格
基建支出
总投资
重工业产出

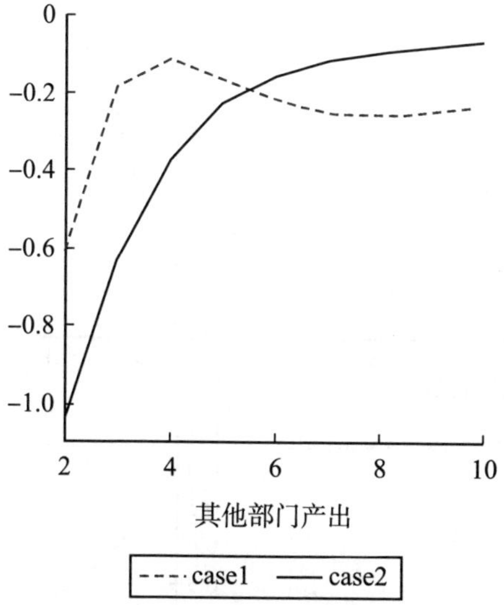

图 5-7　不同的支出结构

注：case1，$\gamma_d=0.8$；case2，$\gamma_d=0.2$。

另一个需要提到的是，其他部门的融资成本取决于基准利率和外部融资的风险溢价［见式（5.12）］。在借贷规模有限的情况下，政府借贷规模的上升，会挤出其他部门的资本，抬高其他部门的借贷成本，使得其他部门的投资下降。世界利率上升导致国内利率上升，国内利率的上升提高了企业的借贷成本，与此同时由于土地价格下降，政府抵押贷款的数量下降，这可能使得获得资金的难度下降，在一定程度上削弱外部冲击对其他部门投资的影响。不同的风险溢价弹性下，其他部门的投资被挤出的程度见图 5-8。结果表明，由于土地价格下降，导致地方政府抵押借贷能力下降，风险溢价弹性越大（case1），其他部门投资被挤出的程度也越小。

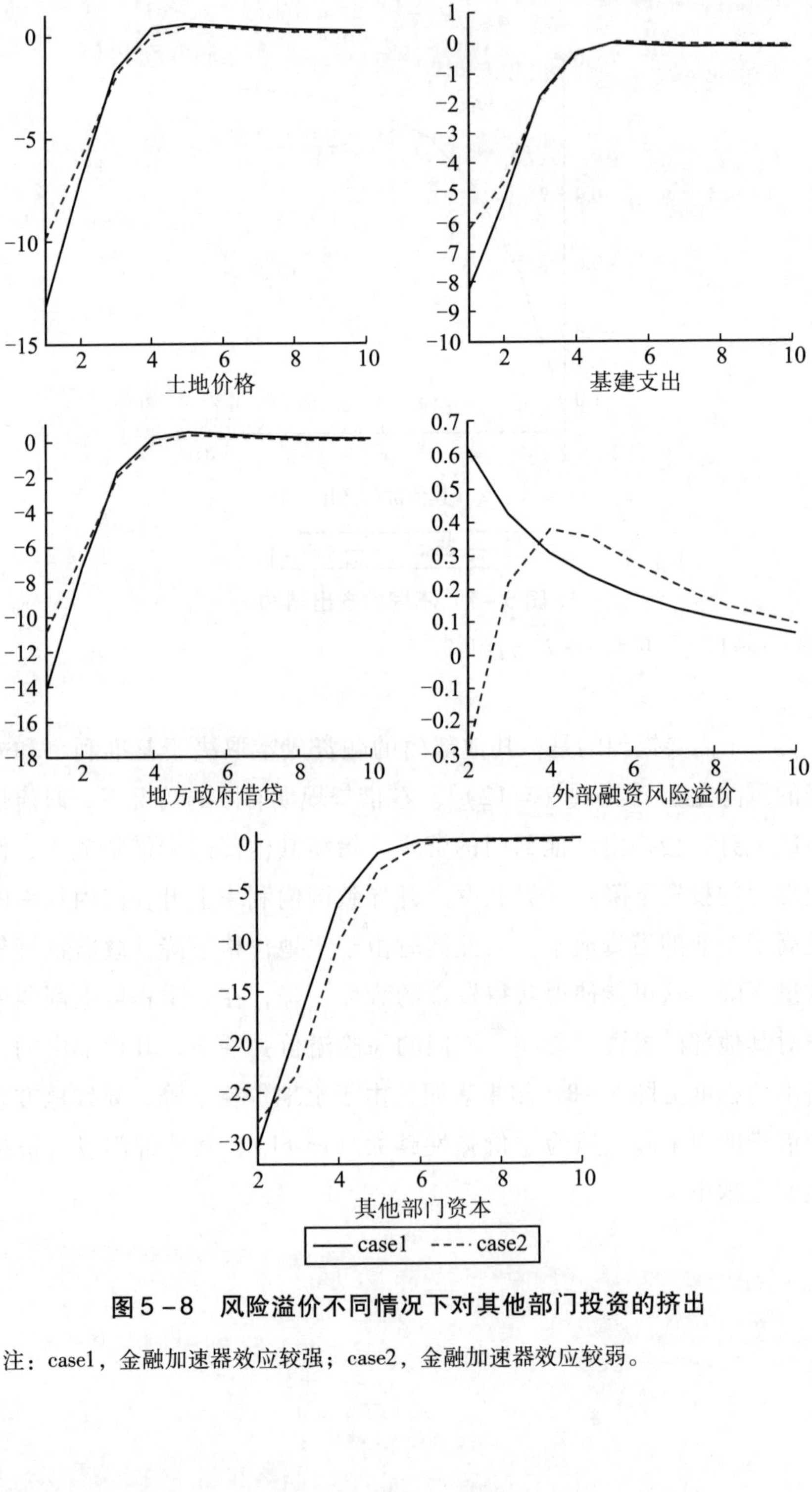

图5-8 风险溢价不同情况下对其他部门投资的挤出

注：case1，金融加速器效应较强；case2，金融加速器效应较弱。

正如前面提到的，2014 年至 2019 年面临的外部冲击主要来自美联储加息和外部需求的下降，上述主要分析的是世界利率上升对一国经济的影响，而对外部需求下降对经济的影响效果和传导路径的分析如图 5－9 所示。从上到下、从左到右观察该图，外部需求下降导致出口下降，出口下降直接导致其他部门产出下降，同时需求下降带来的紧缩效应导致房价和地价下降。土地价格的下降导致政府的收入下降，进而导致对重工业部门商品的需求下降，使得重工业部门产出的下降，进一步导致总产出的下降。如果地方政府土地抵押借款的杠杆率较低（case2），此时由于土地价格下降对抵押贷款的数量影响相对较小，这样出口下降带来的紧缩效果导致的土地价格下降对产出的负面影响有所减弱。进一步的，如果不存在土地财政（case3），也就是土地的买卖不进入地方政府的财政收入，此时外部需求下降，只通过出口影响总产出，不再通过影响土地价格，进而影响地方政府收入作用于总产出，在该情况下外部冲击导致的产出下降幅度很小。

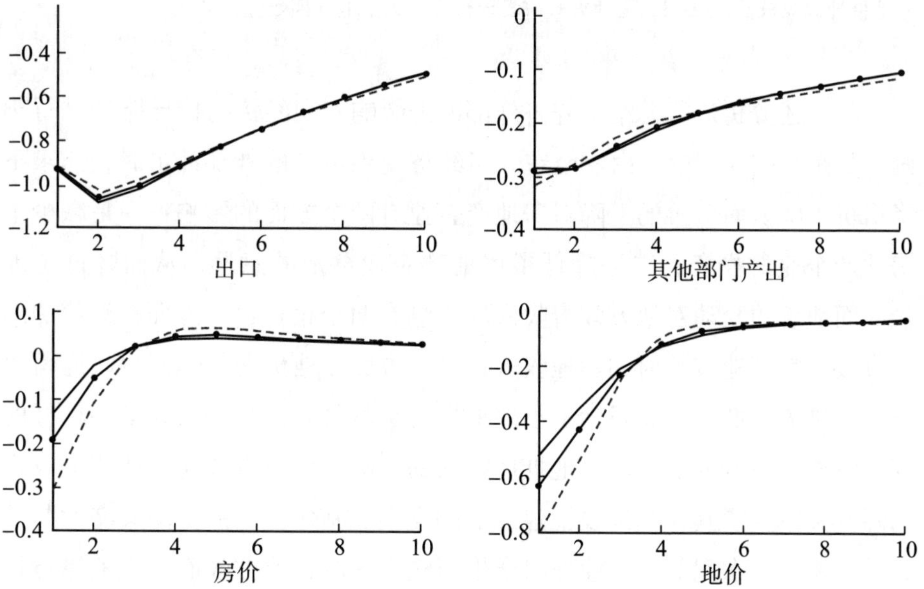

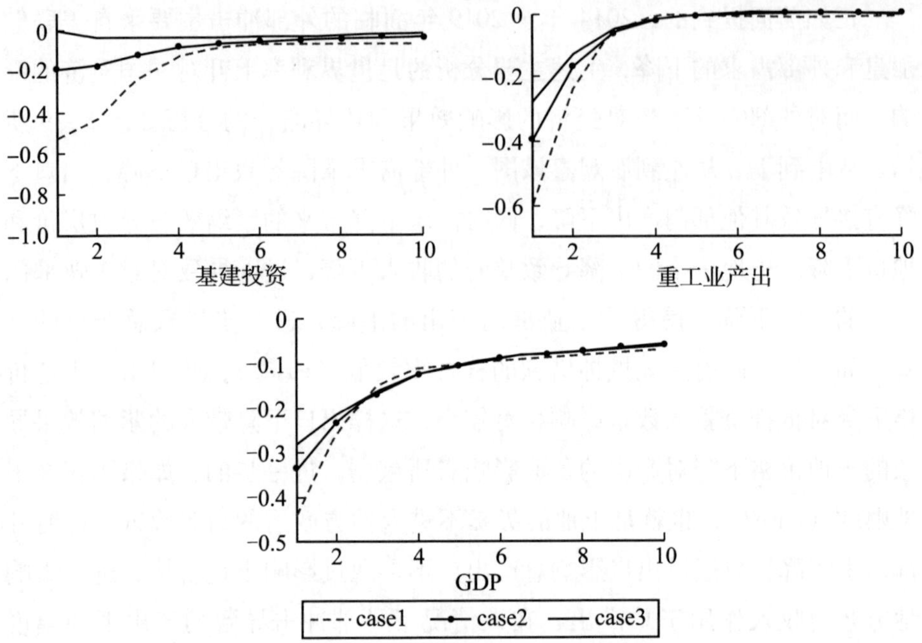

图5-9 出口下降下的外部冲击

注：case1，有地方政府卖地行为，土地抵押效应较高；case2，有地方政府卖地行为，土地抵押效应较低；case3，无地方政府卖地行为，无土地抵押效应。

将上述分析进行总结，并将外部冲击影响宏观经济的传导路径进行刻画，如图5-10所示。由左至右，当经济受到负向的外部冲击时，需求下降房价下降。而房价的下降对房地产企业有两个方面的影响：一是减少了房地产企业的投资；二是降低了房地产企业拿地的意愿，从而降低了地价。而地价的变动对地方政府收入的影响有两个渠道：一方面，地价的降低直接影响了地方政府的卖地收入；另一方面，地价的下降使得政府留存土地的价值变低，从而减少了土地抵押的贷款收入，其中土地抵押杠杆的存在将放大地价的变动对土地抵押收入的影响。而地方政府土地相关收入的降低又减少了其在基础设施建设上的支出。基建支出的变动又将对与其相关的钢铁、水泥等重工业部门产生影响。同时，地方政府对土地进行抵押的行为将影响其他部门获得资金的成本，进而影响了其他部门的投资。

最后，房地产投资、重工业及其他部门的产出共同作用于 GDP。

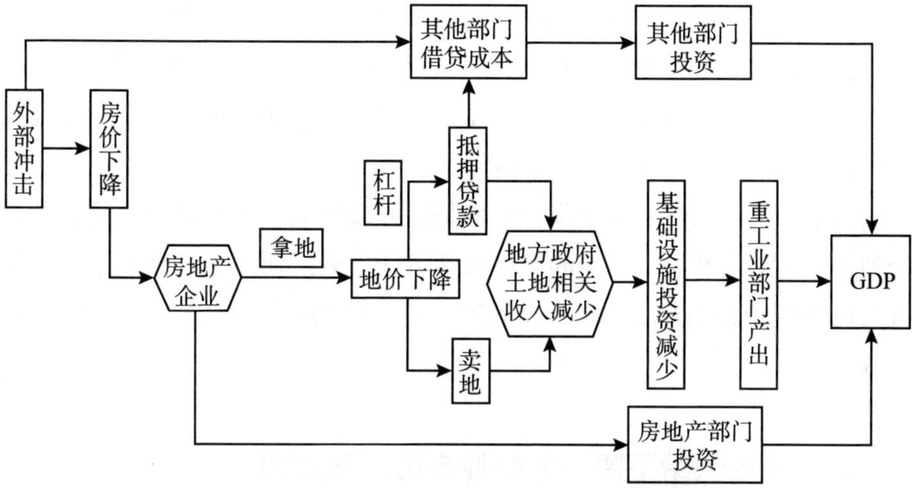

图 5－10 外部冲击对宏观经济影响的传导路径

在这个传导路径中，有四个机制在土地财政深度影响宏观经济的基本事实中起到重要作用：一是政府的卖地行为，地价的变动直接影响政府卖地所得。二是政府拿留存土地抵押的杠杆，杠杆率越大使得政府通过土地抵押获得的收入越多，也因此使得地价与政府收入的关联增强，进而与地方政府的支出联系起来。三是地方政府对基建支出的偏好，地方政府偏好基建支出来拉动重工业部门的增长来实现 GDP 的增长，此机制使得基建支出与 GDP 相关联。四是金融加速器，风险溢价的引入加大了利率变动对资本价格和投资的影响。当地方政府通过土地抵押获得的贷款增加时，金融加速器的存在推升了资金的风险溢价，使得其他部门更难获得贷款，进而挤出了其他部门的投资。这四个机制中，卖地行为是基础，它将地价变动与地方政府的行为联系起来，使得地价变动直接影响地方政府收入，抵押效应和基建偏好则是关键的放大机制，它们一方面放大了地价对地方政府的影响，另一方面也放大了地方政府支出对 GDP 的影响。金融加速器则是地方政府行为对其他部门产生影响的关键传导机制，通过地方政府的借贷行为影响企业的外部融资溢价，进而影响其他部门的投资和产出变动。

在这四个机制中最核心的经济变量就是土地价格。事实上，当宏观经济受到负向的外部冲击时，会导致土地价格下降，这会使得地方政府土地出让收入和土地抵押收入都出现下降，地方政府的收入和支出随之减少，GDP也随之下降。需要指出的是，土地的价格取决于土地的供给和土地的需求，外部需求的下降，使得土地需求下降，进而导致土地价格下降。如果此时土地供给也伴随着下降，也就是地方政府减少土地供给，这样即使受到外部的负向冲击，土地的价格依然可能上升。而土地价格的上升，则可以稳定政府的收入，在一定程度上可以削弱外部冲击对产出的负面影响①。

二、土地供给下降下外部冲击的影响效果

前面所述的基本事实中，就包括了2014年至2019年我国一、二线城市地方政府大幅收紧土地供给，从而推动了土地和房价的上涨②。为了描述政府减少土地供给对外部冲击传导路径的影响，本章接下来数值模拟了地方政府在GDP下降时收紧土地供给的土地政策下，外部冲击对宏观经济影响路径的改变。

对比了在受到世界加息冲击时政府是否收紧土地供给对宏观经济变化的影响，如图5-11所示。实线表示地方政府不收紧土地供给的情形（case1），对图5-11的分析可知，土地财政的存在导致了地价和基建大幅下降，进而使得重工业部门产出和GDP大幅下降。而在政府收紧土地供给的情况下（case2），土地供给下降，导致地价大幅拉升，而地价的上升

① 地方政府紧缩土地供给以及增加土地抵押贷款这一系列操作，必须在整体宏观政策允许和政策激励下才可能顺利施行。2014年后美联储退出量化宽松进入加息周期后，中国政府一再强调“打赢保增长的攻坚战”“守住GDP增速7.5%的底线”，以及在此基础上出台的一系列政策都是这一系列操作最重要的宏观背景。

② 很多学者实证研究都发现，地方政府通过调整土地供给影响土地价格和土地抵押融资额，进而影响地方政府可支配的收入（郑思齐等，2014；张莉等，2018）。

增加了地方政府卖地和土地抵押获得的收入，从而使其能够加大基建支出，进一步加大了对钢筋、水泥等重工业部门的需求，稳定了重工业部门的产出，最终大幅缩减了 GDP 的降幅，稳定了宏观经济。但需要注意的是，更高的地价，带来更高的房价，抑制了居民消费和住房需求。同时，土地价格的上升也使得地方政府通过土地抵押借贷获得的资金增加，而在资金有限的情况下，这会提高其他部门获得投资的难度，挤出其他部门的投资。

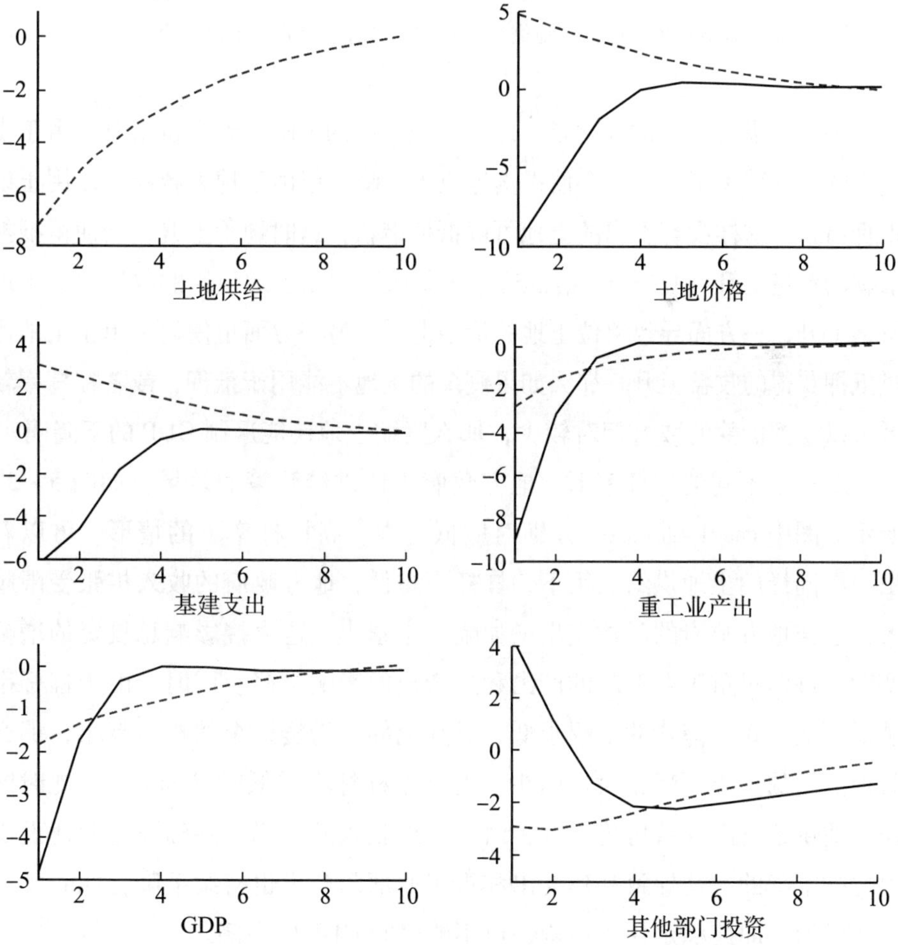

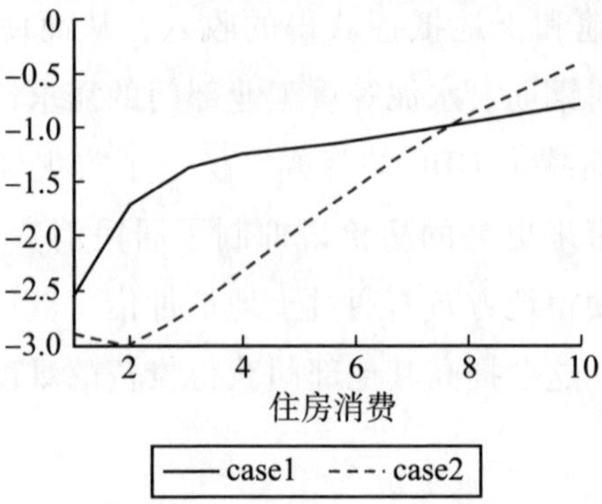

图5-11 不同土地供给政策下外部冲击的传导路径

注：case1，地方政府不收紧土地供给；case2，地方政府收紧土地供给。

另一个需要提到的问题是，即使土地供给的下降导致房价上升，由于卖出去的土地减少了，这也会使得卖地收入下降。但由于地方政府可以用土地抵押借款，这样没有卖出的土地可以抵押借款，这时地价上升，会使得抵押借款的数量上升（见图5-2）。这意味着政府限制土地供给的政策导致土地价格上升，一方面导致单位土地的价格上升，另一方面也使得一单位土地通过抵押获得的收益上升。那么如果剩余的土地不能用于抵押，或者杠杆率较低可以抵押借款的数量相对较少，那么紧缩土地还能遏制GDP的下降吗？

对比了不同的杠杆率下，地方政府土地供给政策的效果，如图5-12所示。图中case1到case3分别对应低、中、高杠杆率下的情形。可以看出，在同样的土地供给政策下，杠杆率越低，地方政府的收入扩张受限越大，这样地方政府的基建支出增加幅度也越小，这直接影响总投资的增幅变动，进而对重工业部门的产出和总产出的影响下降。同时，由于杠杆率越低，地方政府借贷的增幅越低，对其他部门借贷资金的挤占越小，那么其他部门的投资下降相对也越少。尤其是杠杆率很低时（case1），此时即使土地供给下降导致房价上升，由于卖地收入的下降，基础设施的建设支出也是下降的，这导致基建支出和重工业部门产出也持续下降，此时紧缩土地供给，即使稳定住了地价，也不能遏制GDP的下降。

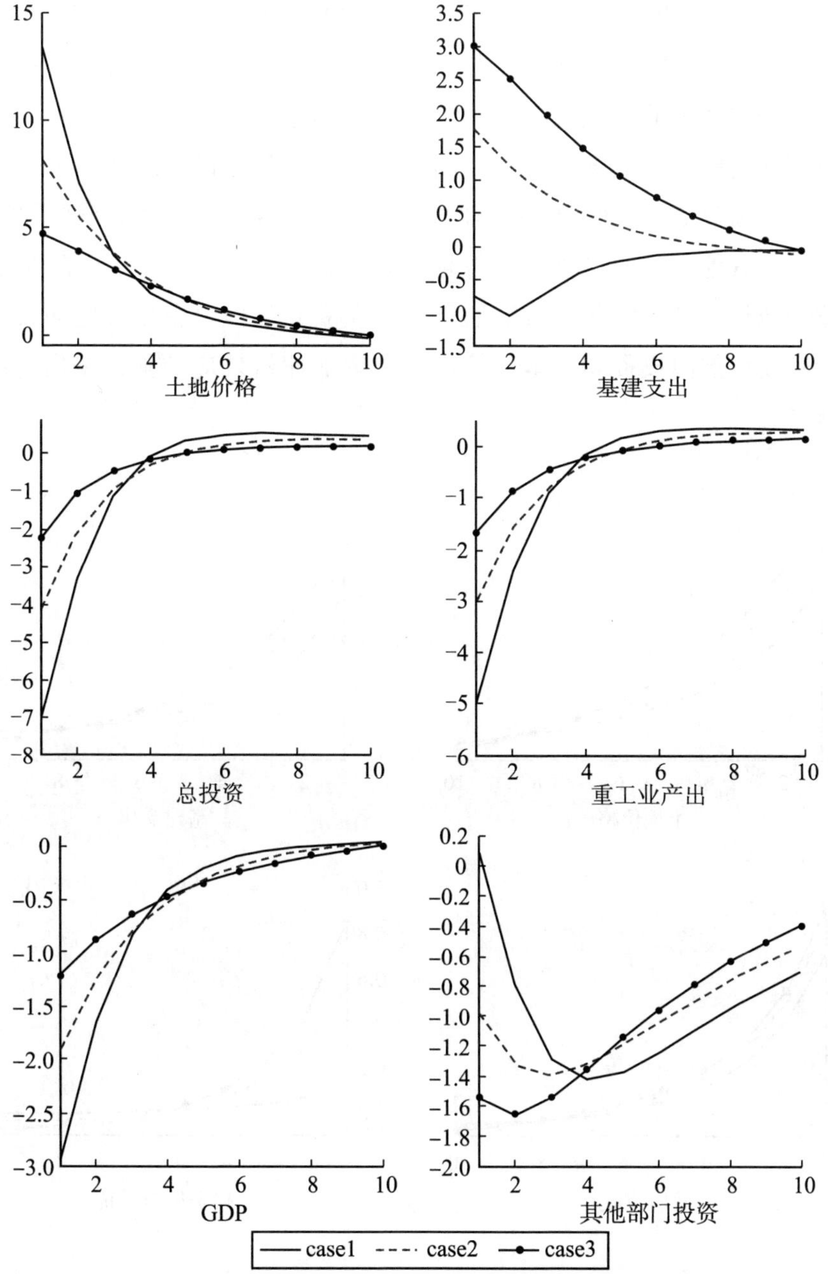

图 5－12　土地供给下降下不同抵押杠杆率的影响

注：case1，m 取 0；case2，m 取 0.3；case3，m 取 0.7。

不同的风险溢价弹性下，土地供给下降时其他部门投资和资本被挤出程度如图 5－13 所示。可以看出，溢价弹性越大，其他部门获得资金的成本对企业净值的变化就越敏感，这使得其他部门更难获得贷款，因此导致该部门的投资下降得更多。同时，在溢价弹性很大的情形下，政府获得的贷款数量增加导致的其他部门融资风险溢价的比例上升得越大，这使得对其他部门的投资挤出得越多。也就是说，土地供给下降虽然能够拉升地价，带来基建支出扩张和 GDP 的稳定，但也会显著地加大土地政策对其他部门投资和资本的挤出，金融加速器效应越强，挤出的部分就越多。

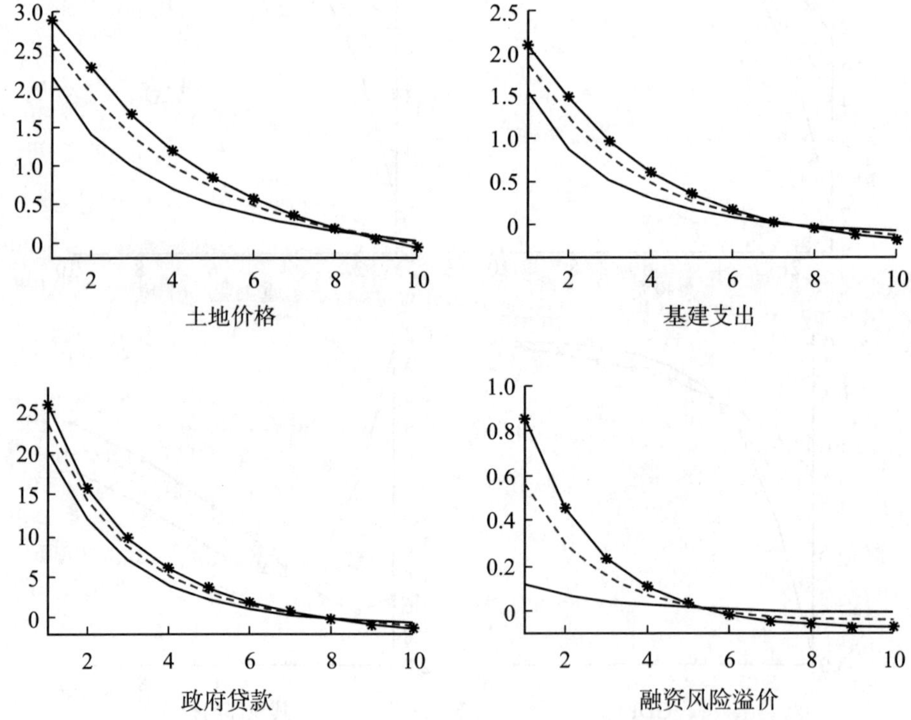

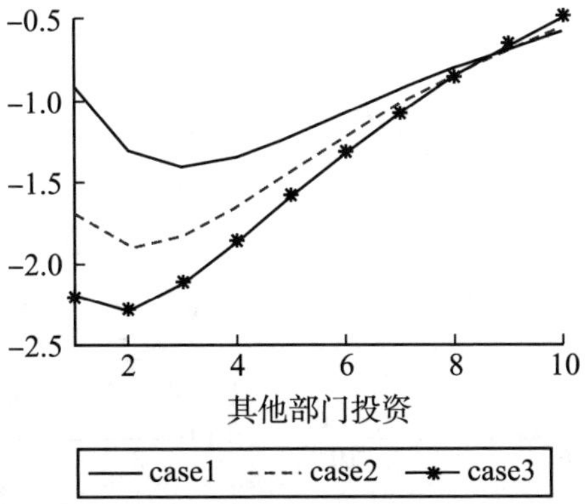

图 5-13 土地供给下降下金融加速器效应不同对其他部门投资的挤出效应

注：case1，无金融加速器；case2，金融加速器效应较低；case3，金融加速器效应较高。

同样的，本书还分析了地方政府紧缩土地供给时，主要宏观经济变量受到外需下降冲击的脉冲图，如图 5-14 所示。外部需求下降带来的紧缩效应直接导致其他部门产出下降，同时外需的下降也导致对土地的需求下降，在土地供给也下降的背景下，土地价格上升，上升的土地价格稳定了地方政府的财政收入和基础建设支出，削弱了出口下降对重工业部门的影响，稳定了 GDP 的变动。但土地价格的上升，使得地方政府可以抵押的借款增加，杠杆率越高，地方政府通过抵押借款获得的资金越多，对其他部门的投资挤出得越多，这与上述世界利率上升带来的影响相一致。但如果地方政府不可以用土地抵押借款（case2），此时土地供给的下降即使拉升了地价，地方政府卖地收入的上升仍然有限，这样土地供给下降对基建支出以及重工业部门的拉升作用也相对较少，带动 GDP 上升的幅度也较低。尤其当剔除地方政府的卖地行为时（case3），此时土地的供给和地价的变动都与地方政府的收入无关，外部需求仅通过影响出口进而对产出产生影响。

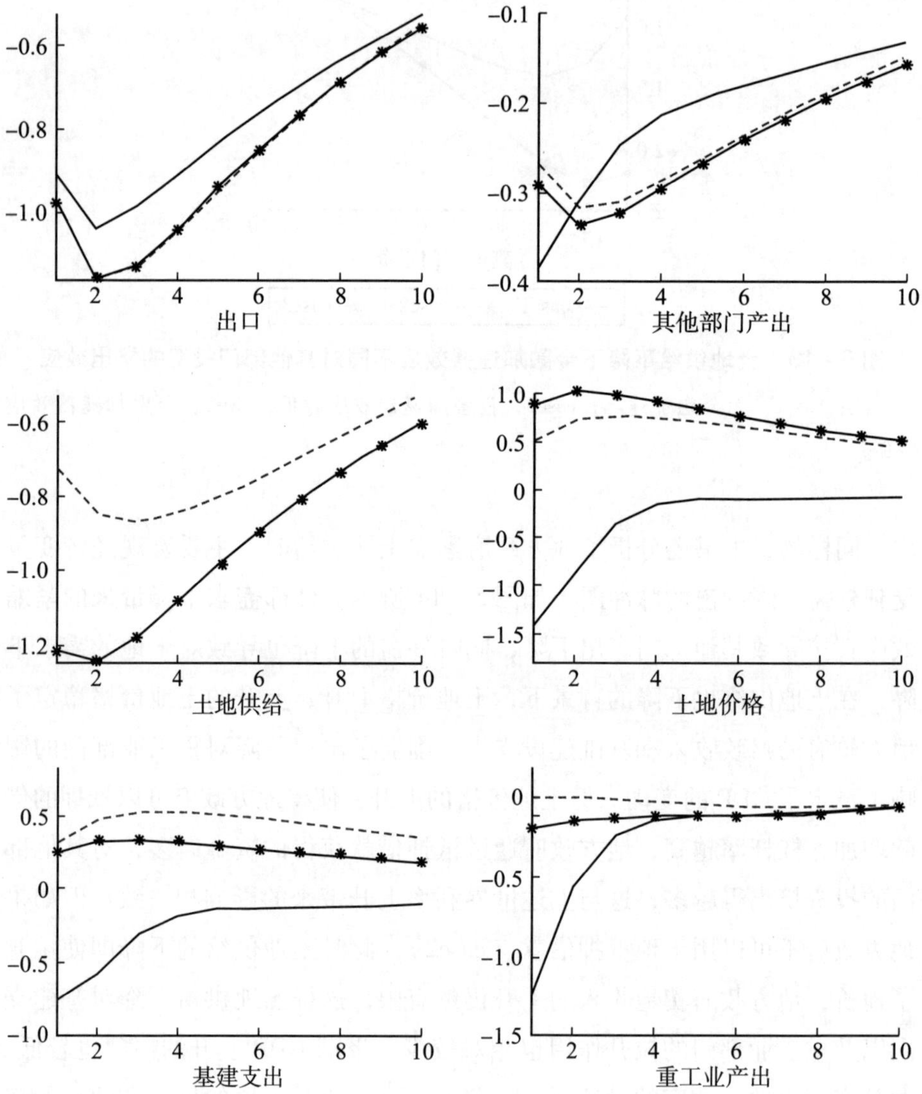
-0.6
-0.8
-1.0
2
4
6
8
10
出口
-0.1
-0.2
-0.3
-0.4
其他部门产出
-0.6
-0.8
-1.0
-1.2
土地供给
1.0
0.5
0
-0.5
-1.0
-1.5
土地价格
0.5
0
-0.5
-1.0
基建支出
0
-0.5
-1.0
-1.5
重工业产出

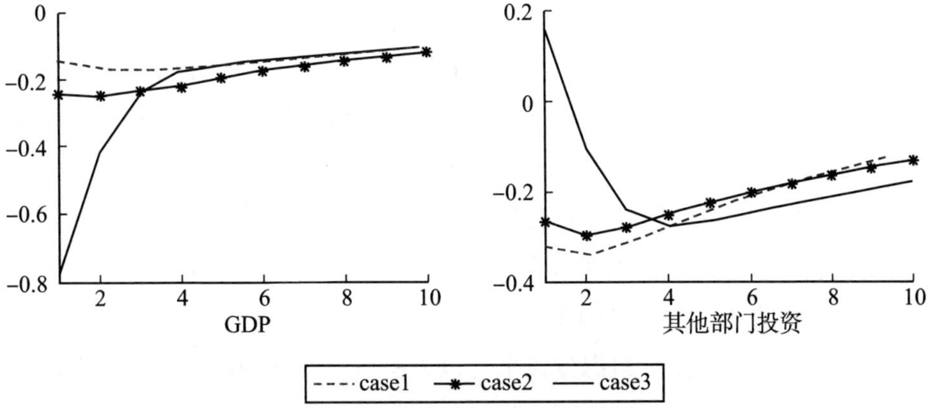

图 5 – 14　土地供给下降下出口下降的影响

注：case1，有地方政府卖地行为，土地抵押效应较高；case2，有地方政府卖地行为，无土地抵押效应；case3，无地方政府卖地行为，无土地抵押效应。

三、总结

对上面的分析进行总结，地方政府的土地财政行为将地价变动与政府收入联系起来，而地方政府可以通过土地抵押借款进一步将该联系放大。由于地方政府将收入主要用于基础设施建设支出会直接带动钢铁、水泥等重工业部门的变动，进而对 GDP 产生重要影响。在该背景下，外部冲击带来的紧缩效应会带来房价和地价的下降，房价和地价的变动直接影响了地方政府的卖地收入，又由于地方政府可以利用土地进行抵押借款，这进一步放大了土地价格变动对地方政府财政收入的影响。同时，地方政府利用土地向银行部门借贷的行为，也影响了其他部门的借贷成本，进而影响了其他部门的投资。

结合前述事实和分析，对第二节的几个基本事实进行解释。第一，土地财政的存在放大了外部冲击的负面影响，加剧了经济的波动。第二，由于土地财政下，GDP 与房价、地价呈现高度的联动，导致我国在“稳房价”和“保增长”之间存在一个两难困境。第三，由于地价是这一系列渠道的起点，是一个中心变量，所以稳定住了地价，也就稳定住了 GDP。为了应对外部冲击的变动，地方政府通过限制土地供给来稳定地价，并通过抵押效应进一步稳定政府收入，这就可以依靠基建支出的上升来遏制住GDP 的下降趋势。但这带来两个问题：一是地价是决定房价变动的关键变量，地价的上升，直接拉升了房价，降低了居民的住房需求和购买力；二是由于地方政府可以通过土地抵押融资，地价的上升使得地方政府的借贷金额上升，这会挤出除重工业外的其他部门的投资，使经济陷入“稳增长”与“调结构”的两难困境。

2008 年国际金融危机爆发以来，以人民币国际化为旗帜，中国资本账户开放进程不断加速，在此过程中，稳定的人民币汇率和健康平稳的宏观经济环境必不可少。而土地财政的存在，放大了外部冲击对我国经济的负面影响，加大了经济的波动，不利于中国资本账户进一步开放的顺利推行。为了隔绝这种负面影响，一种做法是实行资本管制或者让人民币贬值，选择资本管制意味着重走回头路，资本账户开放进程将遭遇重大挫折[①]；而无论是资本管制还是人民币贬值都将给人民币国际化带来严重的负面影响，迟滞人民币国际化的进程。

第六节　结论和总结

对于当前中国经济在各种外部冲击下面临的宏观政策困境，本章在梳理基本事实的基础上，构建了一个多部门的小国开放经济 DSGE 模型，模型中嵌入了地方政府的土地财政行为，同时引入了房地产、重工业和非重工业部门。数值分析的结果表明，由于地方政府土地财政行为的存在，外部负向冲击的紧缩效应会使得房价和地价下降，由于地方政府依赖卖地和土地抵押为自己的开支融资，土地价格的下降导致地方政府收入的急剧下

① 《潘功胜：中国的外汇管理不走回头路》，央广网，2017 年 3 月 21 日。

降。在“GDP 锦标赛”下，地方政府的支出偏向于基础设施建设支出，这样政府收入下降带来的支出下降将直接影响钢铁、水泥等重工业部门的产出和投资，进而对 GDP 产生非常大的负面影响。地方政府为了遏制 GDP 的下降，将收紧土地供应来稳定地价和房价，进而稳定地方政府的收入，通过房地产的发展和基建的增加来拉动钢铁、水泥等重工业部门的产出和投资来稳定经济。但紧缩土地供给带来的高地价和高房价，会抑制居民消费和住房需求，降低其效用。同时，土地价格的上升也使得地方政府可以用土地抵押借贷的资金增加，这会提高其他部门获得投资的难度，挤出其他部门的投资。若选择资本管制和人民币贬值来隔绝外部冲击的影响，将不利于我国人民币的国际化，也与资本账户开放的大方向相悖。通过对这些事实和机制的梳理，发现土地财政的存在在放大外部冲击导致的经济波动的同时，也导致我国各项宏观经济政策存在冲突、难以权衡，陷入两难困境。

自 2015 年 12 月 16 日首次加息至 2019 年，美联储先后共加息了九次。持续加息导致的资本外流，造成 GDP 增速的下降，在地方政府干预经济导致债务高企、房价飞涨的背景下，可能会恶化中国的系统性风险，甚至引爆危机。因此，相比于人民币国际化和资本账户开放，削弱和规避外部冲击对经济的负面影响是当时政府面临的重要问题。对此，中国人民银行应该加快构建宏观审慎监管体系，逐渐用一些价格型工具（如托宾税等）来替代数量型工具，必要时可以采用资本管制。在宏观审慎监管框架尚未完全建立、相应的改革未能完成的背景下，中国政府应该在开放资本账户的问题上继续保持渐进、审慎、可控的态度。从长远来看，真正打破这种政策困境的根本，在于斩断地方政府对土地财政的依赖。

与以往的研究相比，本章所做贡献集中在以下三点：第一，对于外部冲击或者资本账户开放对一国经济的影响取决于哪些因素，之前的研究更多地从利率市场化、汇率市场化、金融市场的发达程度、宏观审慎监管等角度来讨论（陈创练等，2017；黄志刚和郭桂霞，2016；杨子晖和陈创练，2015），本章则从土地财政的角度出发，分析了地方政府的土地财政行为在外部冲击影响经济波动中的作用。第二，地方政府的行为在我国经济波动中扮演了至关重要的角色，本章以土地财政为切入点，通过对地方抵押融资杠杆率、地方政府支出结构和土地供给等参数或变量进行反事实分析，对土地财政中各个组成部分在经济波动中的作用机制和作用效果进行了研究，为以后政策反应等相关问题的讨论搭建了一个基础性的框架。第三，对于当前的宏观政策困境，本章在梳理了基本事实后建立了一个包含重工业、非重工业和地方政府的三部门模型，从一般均衡的角度，对外部冲击影响经济波动的各个渠道进行了刻画，并讨论了包括金融摩擦在内的各个因素在传导路径中的重要作用。这对于理解中国宏观政策困境、土地财政在经济波动中的作用以及未来改革方向的规划具有重要的意义。

关于土地财政的研究很多，本章则尝试从土地财政的视角出发，在一个一般均衡的框架中对中国宏观经济的若干事实进行分析。中国各个地区资源禀赋、经济发展水平存在很大差异，不同地区对土地财政的依赖存在很大的差异，如果能在一个模型中引入地方政府对土地财政依赖的差异性，并分析不同地方政府的政策反应差异，这将是一个非常有意义的研究课题，也是未来需要进一步研究的方向。

第六章

房价调控、地方政府债务与宏观经济波动

自 1998 年住房制度改革以来，我国房地产行业经历了快速发展，并成为国民经济中的支柱产业。与此同时，房价急剧上涨，我国商品房平均销售价格从 1998 年第 1 季度的 2124 元/平方米飙涨至 2019 年第 1 季度的 9065 元/平方米，整整涨了 327%。[①] 高房价在造成社会不平等、遏制居民消费的同时，抬高了制造业企业的融资成本和生产成本，挤出了制造业投资（陈小亮，2017）。对此，近年来国家采取多种方式持续加强对房地产市场的管控，严控房价上涨。但由于房价与地方政府债务风险高度“绑定”，对房价的调控可能触发地方债务风险。那么，房价调控如何影响地方政府债务风险？调控房价能否引导资金流向制造业部门？

在前面的章节中，我们从不同角度分析了土地财政行为对房价和宏观经济的影响。值得注意的是，地方政府为了拉动地方经济采取土地融资的模式，这直接推高了地方政府债务，也影响到地方政府的债务风险。房价管控会导致地价下降，这会降低地方政府从金融部门获得的抵押融资额度，进而影响非基建部门的融资额度和地方政府的偿债能力。因此，房价变动通过土地财政影响了地方政府的债务风险，而土地财政也放大了房价对宏观经济的影响，在房价调控中需要考虑到房价和土地财政的互动。对此，本章建立了一个多部门的动态随机一般均衡（DSGE）模型，并将地方政府的土地财政行为嵌入到模型中，同时为了刻画地方政府借贷行为对金融部门的影响，参考利亚科维洛（2015）和伯南克等（1999）的研究，本章在模型中引入金融摩擦。模型中地方政府依赖土地出让和土地抵押借贷为自己的开支融资，房价管控导致地价下降，从而降低了地方政府收入，直接影响了地方政府偿还债务的能力。如果地价下降没有触发地方政府债务违约，那么地价下降将带来两个方面的影响：一方面，地价下降导致地方政府收入下降，从而影响地方政府支出，使得基建部门产出下降，降低了总产出；另一方面，地价下降导致地方政府抵押借贷额的下降，使得金融中介流向地方政府的资金减少，这会导致金融部门的存贷溢价下

---

① 根据 Wind 数据库整理。

降，其他部门从金融部门获得贷款的成本下降，并通过金融加速器效应进一步放大，导致非基建部门投资上升、产出扩张。但如果地价下降触发地方政府债务违约，即地价下降使得地方政府收入下降使其无法偿还从金融部门获得的贷款，那么由此带来的债务违约将导致金融部门资产受到损失，使得金融中介减少贷款、存贷溢价大幅上升，导致整个经济中所有部门获得资金的成本急剧上升，并通过金融加速器放大，导致经济中所有部门的投资和产出大幅下降。

在房价调控对经济波动的影响中，与金融部门的资产负债表直接相关的存贷溢价摩擦扮演了最为重要的角色。那么如何在管控房价时不引发地方政府的违约和产出的大幅下降？进一步的政策反事实分析表明，在采取债务置换避免地方政府违约的情况下，应使用财政资金补充银行资本金或者降低银行准备金率，以此降低金融中介贷款的存贷溢价摩擦，这样才能在避免地方政府违约的同时，降低整个社会的融资成本，将房价调控对经济的负面影响程度降到最低。

本章的部分安排如下，第一节总结已有的研究，并指出不足；第二节通过分析中国主要的房价、地价、政府债务数据说明房价、土地财政和宏观经济波动的相关事实；第三节搭建本章的模型框架；第四节对参数进行校准，并说明模型的关键机制；第五节进行脉冲分析和反事实分析；第六节对本章的研究内容进行总结，说明本章研究的贡献。

第一节　文献回顾与评述

很多学者的实证研究都发现高房价对制造业部门存在显著的挤出效应。高房价带来的高利润率使得快速发展的房地产行业吸收了大量社会资金（吴海民，2012）。荣昭和王文春（2014）基于中国经济金融研究数据库（CSMAR）发现，35 个大中城市超过半数的上市工业企业拥有房地产业务，工业企业将投资重心转向房地产。高房价还会提升劳动力的城市生活成本，影响就业结构，“挤出”制造业就业，且降低制造业与建筑业的相对工资水平（佟家栋和刘竹青，2018）。高房价同时也带来了高地价（况伟大和李涛，2012），提高了制造业企业成本。房地产市场的过度繁荣推高了要素价格，导致制造业利润空间被压缩（黄静和屠梅曾，2009）。地价和房价的快速上涨，也扭曲了社会资源配置机制（中国经济增长前沿课题组，2011）。陈斌开等（2015）发现高房价导致资源流向高利润率、低生产率的房地产相关企业，产生资源错配。佟家栋和刘竹青（2018）研究发现房价上涨显著改变了中国制造业和建筑业的就业结构，在促进建筑业就业的同时“挤出”制造业就业。当然也有学者对此持相反观点，郭娟娟等（2020）研究发现房价上涨对中国制造业企业 OFDI 具有显著的正向影响，从而有助于提高资源配置效率并促进地区产业升级。

另一个必须注意的问题是，高房价也与地方政府偿债能力高度相关，房价下降很可能导致地方政府违约，触发地方政府债务风险。造成房价变动与地方政府偿债能力“绑定”的原因主要来自两个方面。一方面，当前地方政府举债以土地为依托，银行贷款往往以土地为抵押，地方融资平台发行城投债也多以土地为担保（杨灿明和鲁元平，2015）。伴随着房地产的繁荣，房价上升导致地价持续上涨，地方政府不仅增加了土地财政收入，也加大了土地抵押贷款等土地融资的力度（范剑勇和莫家伟，2014），导致债务规模不断扩大。如果无法化解存量债务，地方政府债务迅速攀升带来的财政风险，可能会直接传递到金融部门（徐忠，2018），引发系统性金融风险。从历史经验来看，政府债务累积可能导致主权债务危机，由此带来的金融风险会造成严重的经济衰退和福利损失（Reinhart and Rogoff，2011）。政府债务危机与实体经济之间形成恶性循环，债务风险演化成金融风险（Arellano et al.，2017）。法希和蒂罗尔（Farhi and Tirole，2018）指出在欧洲债务危机爆发的过程中，公共部门的债务风险与金融部门风险之间相互传染和相互加强，形成“厄运循环”。博科拉（Bocola，2016）基于格特勒和卡拉迪（Gertler and Karadi，2011）的框架引入主权债务违约，讨论了公共债务违约通过国内金融中介的资产负债表对实体经济产生影响的“流动性渠道”和“风险渠道”及其造成的巨大负面影响。

另一方面，土地出让收入是债务偿还的重要保障（张莉等，2018）。我国地方政府高度依赖土地出让收入进行偿债使得土地财政的风险与地方债务的风险交织在一起，增加了地方政府债务风险控制的难度（何杨和满燕云，2012）。与此同时，土地财政的不可持续性导致地方政府难以保持稳定的偿债能力，地方政府债务违约风险上升（杨林和侯欢，2015）。如果当前的房地产继续保持严控政策，房地产行业收入与投资的下滑将导致土地成交量和成交价格下行，土地出让金收入下降，这对于地方政府收入及融资将造成较大冲击（魏伟等，2018）。由此可见，一旦房价下跌到某一临界值，地方政府土地抵押品价值严重缩水、土地相关收入大幅下降，这将对地方政府偿债能力形成巨大的负面冲击，地方政府违约风险急剧上升。

如何在调控房价的同时防范地方债务风险是政策制定关注的焦点，但是在已有的相关文献中，讨论房价调控问题时没有关注到房价对地方政府债务风险的影响，而讨论地方债务问题时忽略了房价调控的要求。在地方债务和房价高度联系的情况下，需要将其放在一般均衡的框架下进行讨论。另外，已有研究更多是定性分析，缺乏系统性分析，而讨论最优的政策搭配需要在一个系统性框架下。

第二节　基本事实和背景

1998 年住房制度改革以来，我国经历了房价的急剧上涨。高房价造成了诸多社会问题，不利于全要素生产率的提高和经济结构的转型，对此近年来各地政府相继出台了很多严格的调控手段以控制房价的上涨。需要注意的是，不断上涨的房价在吸引大量的社会资金和银行贷款进入房地产行业，造成行业间发展不平衡的同时，也推动了地方政府利用土地储备向银行大规模举债，造成了地方政府的债务高企。在房价与地价、地价与地方政府偿债能力高度相关的背景下，对房价的管控会对宏观经济产生多方面的影响。

第一，房价和地价高度相关，高地价是高房价的主要推手，而高房价又拉升了地价，对房价的调控会影响土地价格（事实一）。

一方面，地价是房价的关键组成部分。根据国家统计局数据，2014 年土地成本单项占商品房销售额的比例高达 54%。与此同时，土地成本占房价的比重仍在上升。在 11 个城市中，2014 年土地成本占房价比例的平均值为 34.2%，到 2015 年比例上升为 40.1%，深圳更是从 40.1% 上升到 71.5%[①]。中国社会科学院 2018 年《房地产蓝皮书》公布的数据显示，2017 年土地平均成交价格与商品房平均销售价格的比值达到 0.68。因此对房价进行调控，势必影响作为房价主要成本的土地价格。

另一方面，在刚性住房需求下，高房价拉升了地价，而地价的上升又会进一步推动房价的上涨。地方政府为满足巨额公共财政支出，需要维持较高的土地价格，为此需要保证房地产的繁荣。若对房价进行管控，将抑制房地产业扩张，减少开发商的购地行为，从而降低地价，甚至有可能陷入“房价下降→地价下降→房价下降”的恶性循环。因此，在土地财政和土地抵押融资的背景下，面对巨大的地方政府债务偿还压力，地方政府需要保持房价上涨以维持高地价。

第二，在当前地方政府融资模式下，地方政府的收入高度依赖土地财政，地价的高低影响了地方政府的收入，决定了地方政府的偿债能力（事实二）。

目前地方政府已经形成了以地方政府融资平台为主要载体、以土地储备作为主要抵押支持、以银行信贷作为主要资金来源的融资模式，地方政

① 根据历年《中国国土资源统计年鉴》、国家统计局、Wind 数据库相关数据整理。

府的收入高度依赖土地财政，偿债能力依赖高地价，地价又与房价高度相关。形成该融资模式的原因有三个。

首先，1994 年的分税制改革造成了地方政府财权与事权的不匹配。当时分税制施行后，财权向中央政府倾斜，而事权向地方政府下放，地方政府的财政自给率骤降，从 1993 年的 102% 迅速降为 1994 年的 59%，后来一直在 59% 左右徘徊[①]。由此造成了地方政府巨大的财政资金缺口，使得地方政府除寻求中央政府的财政转移支付外，对债务融资有巨大需求。

其次，在"GDP 锦标赛""唯 GDP 论"的背景下，地方政府有举债创收、搞活经济的内在需求。面对投资驱动的经济增长模式引发的巨额基建投资资金需求，地方政府选择了土地出让收入和土地抵押借款相结合的土地融资模式。根据 Wind 数据库统计，2003～2015 年间土地出让金与地方一般预算收入之比平均为 49.74%，2015 年国有土地使用权出让收入达到 4.26 万亿元。同时，以土地作为抵押的土地融资是地方政府财政资金的重要来源，2015 年土地融资规模 3.68 万亿元。从 2003 年到 2019 年，许多城市基础设施投资资金的 60%～70% 是土地融资贷款（陈金至和宋鹭，2021）。地方投融资平台是地方政府主要的借债渠道（Bai et al.，2016），当地方政府得以通过投融资平台，以土地抵押和政府信用担保向银行贷款或向债券市场融资时，原有的"以地生财"的能力得到放大（向辉和俞乔，2020）。

最后，制度法规也约束了地方政府的外部融资行为。地方政府为了规避《预算法》和《担保法》的约束[②]，纷纷通过设立不同类型的地方融资平台，以土地储备为抵押、土地出让收入为担保，向银行获取贷款以支持基础设施的建设。其中，以储备土地资产向银行获得抵押贷款，成为地方融资平台最主要的融资方式。此外，土地出让收入不仅可以直接用于基建，而且以其作为担保和偿债来源发行地方债也是重要的融资渠道（张莉

① 根据财政部、Wind 数据库相关数据整理。

② 1995 年开始实施的《预算法》，明确规定地方政府不得直接举债；1995 年颁布的《担保法》又明文规定国家机关不得为保证人。

等，2018）。为了应对2008年全球金融危机的负面冲击，监管层积极鼓励商业银行对地方政府融资平台发放贷款[①]，这直接带动融资平台在全国范围内加速组建[②]。另外，地方政府还通过土地质押等方式进行融资，为基础设施建设提供资金支持。从2003年到2019年，许多城市基础设施投资资金的60%~70%是土地融资贷款。根据国际货币基金组织测算，中国地方政府隐性债务截至2022年达71.3万亿元，其中有大量债务是通过地方融资平台进行筹措。[③] 鉴于银行贷款往往以土地为抵押，地方融资平台发行城投债时多以土地为担保（杨灿明和鲁元平，2015），土地抵押贷款融资实现了信贷资金的财政化，由于地方政府承担最后还款人的角色，其面临的财政风险剧增（毛捷和曹婧，2019）。

在此情形下，地价变化对地方政府收入影响巨大，直接决定了地方政府的偿债能力。一方面，地方政府依赖土地出让收入满足自身公共支出。另一方面，以土地作为抵押的土地融资是地方政府财政资金的重要来源。根据Wind数据库统计，2015年地方债务总和为18.4万亿元，土地融资规模3.68万亿元。需要注意的是，地方政府性债务偿还高度依赖土地出让收入。根据中国审计署2013年12月发布的《全国政府性债务审计结果》，截至2012年底，11个省级、316个市级、1396个县级政府以土地出让收入担保偿还的债务余额3.5万亿元，占省市县三级政府负有偿还责任债务余额的37.23%。

第三，预算软约束的存在导致地方政府债务规模不断扩大，当庞大的地方政府债务超出中央政府正常救助能力时，地方政府债务就可能出现违约（事实三）。

预算软约束（soft budget constraint）一词最早由科尔内（Kornai，

---

① 央行与银监会在2009年3月份联合提出，支持有条件的地方政府组建投融资平台，发行企业债、中期票据等融资工具，拓宽中央政府投资项目的配套资金融资渠道。

② 据银监会统计，2009年全国新增融资平台2000多家，与之对比的则是1992年至2008年全国以各种形式成立的融资平台仅6000多家。

③ 张明：《正确认识与妥善化解地方政府债务风险》，http://www.nifd.cn/Interview/Details/3313，2022年4月29日。

1980）提出，是指政府会在国有企业出现亏损或资源短缺时通过各种方式进行救助。随着财政联邦理论的兴起和财政分权理论的不断发展，中央和地方政府之间的关系成为预算软约束新的研究对象，即当地方政府陷入财政危机时，中央政府负有救助责任。而中央政府的“兜底”使得地方政府不必太担心过度支出的后果，一方面，地方政府可以扩大支出；另一方面可以通过其他收入渠道为其自身支出获得融资支持（李永友和张帆，2019）。以上两种预算软约束在中国都是存在的，当前也有很多研究认为双重预算软约束是导致地方政府债务膨胀最重要的原因。郑华（2011）和王叙果等（2012）认为在双重预算软约束下，地方政府有激励进行发债，商业银行也有强烈的动机向地方政府融资平台提供贷款，最终导致地方政府债务规模急剧增加。周学东等（2014）采用博弈均衡模型研究发现，预算软约束超过阈值后会扭曲地方政府支出规模和质量，导致地方政府过度举债。姜子叶和胡育蓉等（2016）运用财政分权理论，分析了预算软约束对地方政府过度举债的影响机制，研究发现中央为调动地方政府积极性，施以资产性补贴、形成预算外收入、累积地方政府债务，且三者呈现同向运动的顺周期性，容易形成过度举债。王永钦等（2016）采用城投债数据进行实证研究后发现我国地方债市场确实存在较严重的软预算约束问题，地方政府债务规模膨胀。

从 2009 年到 2018 年，政府投资高速增长、融资平台快速扩张之后，地方债务风险已成隐患。其中显性债务尚可统计公布，隐性债务至今尚无定论，虽然具体金额无法准确给出，但其规模之大已是共识。张晓晶团队调研结果显示，2017 年地方政府融资平台债务约 30 万亿元，约占 GDP 的 40%；白重恩团队公布的调研结果为，截至 2017 年 6 月底，发行过城投债的企业债务余额大约是 47 万亿元。[①] 随着地方政府累积的存量债务越来越多，偿还到期债务本息的压力越来越大。如在 2019 年，包含隐性债务在

① 降蕴彰：《地方债高悬之忧：隐性债务的水有多深?》，https：//finance. qq. com/a/20180710/037489. htm，2018 年 7 月 10 日。

内的广义地方债务，加起来大概超过 50 万亿元，每年的利息约三万亿元，几乎占地方一般公共预算收入的 30%。[①] 如此高额的债务积累，导致在 2019 年中央政府对无法按期偿还到期债务的地方政府进行救助的成本极高，尤其是在地方债和房价风险过大、严控增量地方债的情况下，中央政府很难做到对地方政府的债务进行“兜底”（代替偿还），因此也会造成地方政府大量的到期债务违约或者通过债务置换等变相违约的方式来解决债务问题。

从以上分析可知，高房价支持了高地价，进而提升了土地抵押品价值和土地出让收入，降低了地方政府的债务风险（龚强等，2011；刘守英和蒋省三，2005；蒋省三等，2007）。但是，上述机制在房价下降的情况下可能发生逆转（温海珍等，2010；刘煜辉，2010）。刘煜辉（2010）、张玉新（2013）指出，地方政府债务融资是以房价和地价上涨为基础条件的，如果房地产市场下滑，地方政府债务风险爆发的可能性会大幅提高。同时，房价和地价风险可能通过土地出让和土地抵押借贷两种渠道，造成系统性金融风险（秦凤鸣等，2016）。地方政府债务与土地财政相联系，而土地相关收入的变动对地方政府债务影响最大，房价和地价波动是金融风险的重要来源（郑思齐等，2014；刘楠楠和侯臣，2016）。需要强调的是，地方政府债务融资资金的主要来源为银行贷款，同时银行大量认购地方政府债务使得债务风险转化为金融风险，因此商业银行成为了地方政府债务风险的载体（毛锐等，2018）。据平安证券宏观组测算，截至 2017 年上半年，商业银行涉房贷款总规模约 43.3 万亿元，占总贷款余额的 37.8%，占银行总资产的 25.5%。由此可见，一旦房价出现大规模下跌，接近四成银行贷款都将受到关联影响，具体而言，企业和政府违约风险上升、抵押品价值的缩水，将对银行的资产负债表造成巨大的负面冲击。因此，如果地方政府债务违约，会直接冲击金融部门的资产负债表，最终引发系统性金融风险（熊琛和金昊，2018）。

① 根据 Wind 数据库整理。

通过对以上事实的总结，本章看到管控房价会影响地价，地价下降又会影响地方政府的偿债能力，而当地方政府无法偿还债务且地方政府债务规模太大或者中央政府缺乏救助意愿时，地方政府出现违约，又可能会通过金融系统对经济带来严重的负面影响。基于这些事实，本章在下面建立了一个多部门的动态随机一般均衡模型。第一，为刻画房价与土地财政、地方政府债务的联系，本章将地方政府及其土地财政行为嵌入到模型中；第二，为刻画地方政府借贷行为对金融部门的影响，参考利亚科维洛（2015）和伯南克等（1999）的研究，本章在模型中引入金融摩擦。在此基础上，本章进行政策的反事实分析，讨论管控房价能否将资金引向非基建部门？如果地方政府出现债务违约，应采取怎样的政策进行应对？

第三节 理论模型

基于以上基本事实，为分析房价调控对宏观经济的影响并探究其影响渠道，本章建立了一个多部门的动态随机一般均衡模型。模型主要包含六个部门，其中，地方政府通过出售土地、向金融中介借贷以及中央政府转移支付获得收入，用于政府消费支出和基础设施建设支出。金融中介从家庭获得资金，借贷给地方政府、基建部门和非基建部门，同时金融部门存在两类摩擦：一方面，由于将存款转化为贷款需要耗费贷款成本，且金融部门受到外部监管约束，导致基准贷款利率高于存款利率，即存在存贷溢价摩擦；另一方面，由于存在信息不对称，企业融资能力受到净资产的限制，即存在外部融资溢价摩擦。基建和非基建部门企业利用自身净资产和从金融中介获得的贷款，购买生产要素进行生产。代表性家庭将获得的工资和上期存款利息，一部分用于消费品和房地产的自身消费，另一部分继续存入金融中介。零售商从基建和非基建部门购买产品，将其打包成异质的复合商品出售给其他部门，并通过卡尔沃定价方式（Calvo Price Setting）引入价格粘性。模型中各经济主体行为示意图如图 6 - 1 所示。

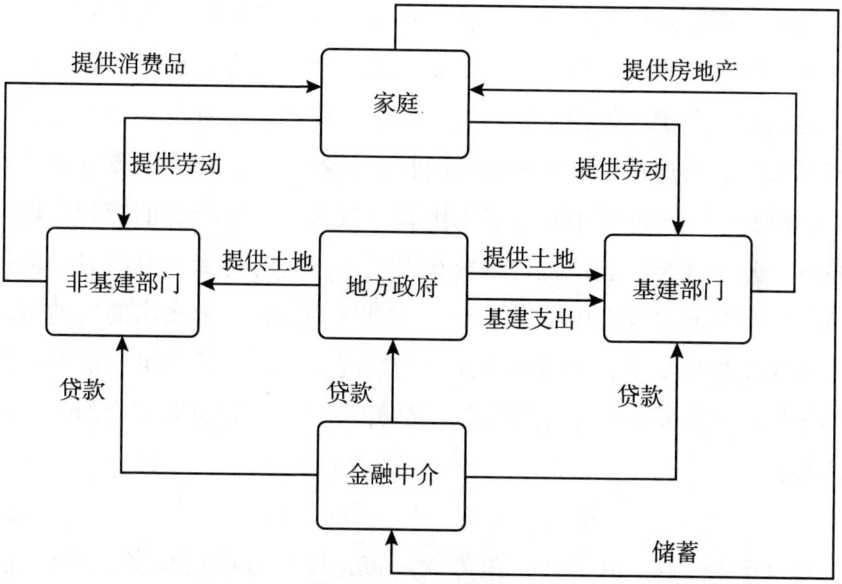

图 6 - 1　模型框架

一、地方政府

地方政府受到“GDP 锦标赛”的影响，有动力增加地方政府支出以作用于 GDP，同时财政收入和支出也是地方政府的重要考核指标，参考梅冬州等（2018）的研究，假定地方政府追求跨期政府支出规模最大化，并将生产型支出①统称为基础设施建设支出，将其他行政管理费、文教、科学和卫生事业费等其他费用定义为消费型支出。则地方政府的目标函数为：

$$\max E_t \sum_{t=0}^{+\infty} \beta_g^t [(1-\varphi_g)\ln Z_{c,t} + \varphi_g \ln Z_{g,t}] \tag{6.1}$$

① 生产型支出主要包括基本建设支出、企业挖潜改造资金、城市维护建设资金等（张军，2012）。

其中，β_g 为地方政府的跨期贴现因子，$Z_{c,t}$ 为消费型支出，$Z_{g,t}$ 为基础设施建设支出，用 φ_g 衡量地方政府对基建支出的偏好，φ_g 越大表示地方政府越偏好基建支出。

地方政府收入由预算内和预算外收入构成，预算内收入专款专用，地方政府对预算外收入有很大的自由支配权，地方政府的预算外收入主要依靠土地出让金和土地抵押贷款。由于本章主要考虑房价、地价对宏观经济波动的影响，而房价、地价对预算内收入影响较小，对地方政府的预算外收入影响较大，因此书中只考虑了预算外收入对政府行为的影响。地方政府依靠土地出让金、土地抵押融资获得收入，同时得到中央政府的转移支付 Rev_t。每期地方政府提供土地 Ls_t，卖出土地 Lm_t，未卖出的土地可以留存或用来抵押借贷。在没有出现违约的情况下，地方政府可以通过抵押土地向金融中介借贷，假定抵押借贷的杠杆率为 ω，则地方政府的抵押借贷额满足：

$$R_t^b B_{g,t} \leqslant \omega \pi_{t+1} P_{L,t+1}(Ls_t - Lm_t) \tag{6.2}$$

式（6.2）中，由于存在预算软约束，即地方政府债务无法偿还时，中央政府会对其救助，地方政府债务违约风险很低，所以地方政府的借贷成本为贷款基准利率 R_t^b。这样地方政府的预算约束为：

$$P_{c,t}Z_{c,t} + CB_{g,t-1} + P_{g,t}Z_{g,t} \leqslant P_{L,t}Lm_t + B_{g,t} + Rev_t \tag{6.3}$$

式（6.3）左边为地方政府当期支出，包括消费、当期偿债额和基建支出，右边是地方政府卖地收入、抵押融资和转移支付所得。这样地方政府的总债务积累方程如下：

$$TB_{g,t} = TB_{g,t-1} + B_{g,t} - CB_{g,t-1} \tag{6.4}$$

其中，$TB_{g,t}$是地方政府总的债务，$CB_{g,t-1}$是地方政府的每期偿债额，$B_{g,t}$为地方政府土地抵押借款额。地方政府每期偿债额度最低不能低于总债务的利息额：

$$CB_{g,t-1} \geqslant (R_t^b - 1) TB_{g,t-1} \tag{6.5}$$

当土地价格下降，土地出让收入太低无法满足该最低额即（$R_t^b - 1$）$TB_{g,t-1} \geqslant P_{L,t}Lm_t$ 时，存在两种情形，一种是预算软约束存在，中央政府直接救助地方政府；另一种是地方政府对金融中介违约，一旦发生违约，地方政府将无法通过土地抵押继续从金融中介获得贷款。在后面的脉冲分析中，本章对这两种情形分别进行讨论。

地方政府的消费型支出直接购买最终商品，而基建支出用于基建项目，基建项目需要投入土地 $Land_{g,t}$ 和投资品 $I_{g,t}$，投资品来源于基建部门，基建项目的生产函数为：

$$Z_{g,t} = I_{g,t}^{1-\psi_g} land_{g,t}^{\psi_g} \tag{6.6}$$

其中，ψ_g 是土地支出占基建支出的比重。成本最小化得到基础设施建设的边际成本 $P_{g,t}$ 和土地需求分别为：

$$P_{g,t} = \psi_g^{-\psi_g}(1-\psi_g)^{-(1-\psi_g)}(P_{h,t})^{1-\psi_g}(P_{L,t})^{\psi_g} \tag{6.7}$$

$$\psi_g P_{g,t} Z_{g,t} = P_{L,t} land_{g,t} \tag{6.8}$$

其中，$P_{h,t}$ 为投资品价格，即基建部门产品价格。基于借贷约束式（6.2）和预算约束式（6.3），地方政府最大化支出规模，得到以下一阶条件：

$$\lambda_{g,t} = \frac{\varphi_g}{Z_{g,t} P_{g,t}} \tag{6.9}$$

$$\lambda_{g,t} = \frac{1-\varphi_g}{Z_{c,t} P_{c,t}} \tag{6.10}$$

$$P_{L,t} = \frac{\lambda_{d,t}}{\lambda_{g,t}}(\omega\pi_{t+1} P_{L,t+1}) \tag{6.11}$$

其中，$\lambda_{g,t}$ 和 $\lambda_{d,t}$ 分别为预算约束和借贷约束的拉格朗日乘子。式（6.9）、式（6.10）分别是基建支出和消费型支出的最优条件。式（6.11）是地方政府土地出让的最优性条件，左边为卖出土地的边际收益，右边为抵押土地进行借贷的机会成本 $\lambda_{d,t}(\omega\pi_{t+1}P_{L,t+1})/\lambda_{g,t}$。

二、金融中介

经济中金融市场不完备，家庭存款要转化为贷款需要通过金融中介，假定金融中介风险中性。在金融中介转化贷款时，需要耗费成本，同时受监管机构对金融中介资本充足率的限制，可发放贷款额受净资产约束，导致贷款利率高于存款利率，即存在存贷溢价摩擦。在金融中介发放贷款时，由于信息不对称，金融中介无法准确判断企业的违约风险，净资产低的企业要付出更高的贷款利率，即存在外部融资溢价摩擦。以下本章对这两种摩擦进行详细设定。

（一）存贷溢价摩擦

金融中介上期贷款得到的本息和收益为 $R_t^b B_{t-1}^b$，基准贷款利率为 R_t^b，上期吸收存款的资金成本为无风险利率 R_{t-1}；当期吸收存款 d_t，发放贷款 B_t^b，耗费贷款成本 $S_t(B_t^b)$，其中成本函数满足 $S_t'(B_t^b)>0$ 且 $S_t''(B_t^b)<0$。同时，金融中介面临违约风险 ζ_t，当违约发生时，金融中介不能全部收回贷款本息和，净利润受损。则当期金融中介的留存收益为：

$$\Omega_t^b = R_t^b B_{t-1}^b - R_{t-1} d_{t-1} + d_t - B_t^b - S_t(B_t^b) - \zeta_t \tag{6.12}$$

此外，金融中介受到外在监管约束，由于巴塞尔协定对资本充足率有严格限制，故可发放贷款额应低于净资产的一定比例，假定该比例为 $(1-\varphi_b)$，外部约束为：

$$(1-\varphi_b)(B_t^b - \zeta_{t+1}) \leqslant B_t^b - d_t - \zeta_{t+1} \tag{6.13}$$

其中，$B_t^b - \zeta_{t+1}$ 是 t 期的可回收贷款额，考虑了违约风险带来的损失。$B_t^b - d_t - \zeta_{t+1}$ 是 t 期的净资产，整理可得：

$$d_t \leqslant \varphi_b(B_t^b - \zeta_{t+1}) \tag{6.14}$$

基于约束式（6.12）和式（6.14），金融中介最大化其留存收益（Iacoviello，2015）：

$$\max_{\Omega_t^b, d_t, B_t^b} \sum_{t=0}^{+\infty} \beta_b^t \log(\Omega_t^b) \tag{6.15}$$

得到最优性条件如下：

$$\frac{1}{\Omega_t^b} = \beta_b \mathrm{E}_t\left(\frac{1}{\Omega_{t+1}^b} R_t\right) + \lambda_{b,t} \tag{6.16}$$

$$1+\frac{\partial S_t(B_t^b)}{\partial B_t^b}=\beta_b E_t\left(R_{t+1}^b\frac{\Omega_t^b}{\Omega_{t+1}^b}\right)+\varphi_b\lambda_{b,t}\Omega_t^b \tag{6.17}$$

其中，$\lambda_{b,t}$是式（6.14）的拉格朗日乘子。式（6.16）是根据留存收益和吸收存款的一阶条件化简得到的，该式左边表明增加一单位存款所带来的正效用与式子右边相应增加所要付出的成本相等，式子右边包含下期需要付出的利息所带来的负边际效用贴现值以及存款的影子价格。式（6.17）是贷款的最优性条件，左边是减少贷款带来的当期收益的增加，右边是减少贷款所付出的成本，包括下期的贷款收入以及当期贷款所带来的负边际效用。

（二）外部融资溢价摩擦

信贷市场存在信息不对称，参考伯南克等（1999）的设定，企业资本由净资产和贷款组成，企业投资进行生产，同时产出水平存在不确定性。只有当产出达到一定水平时，企业才会偿还贷款，否则违约，宣告破产，金融中介付出清算成本并获得企业的剩余资产。而净资产少的企业，违约风险更大，为了弥补清算成本以及违约所带来的损失，金融中介对这类企业要求更高的企业贷款利率。故企业外部借贷面临的企业名义贷款利率与杠杆率相关：

$$R_{i,t+1}^l=\mu_{i,t}R_t^b=f(B_{i,t}/n_{i,t})R_t^b,\ i=h,\ c,\ f(0)=1,\ f'(.)>0 \tag{6.18}$$

即$t+1$期的企业外部贷款利率$R_{i.t+1}^l$是在t期基准贷款利率R_t^b的基础上进行加成$\mu_{i,t}$。若信贷市场不存在信息不对称，则$\mu_{i,t}=1$，无外部融资溢价，企业面临的是基准贷款利率；而在信息不对称存在时，金融中介要求更高的企业外部贷款利率，$\mu_{i,t}$是企业杠杆率的函数$f(B_{i,t}/n_{i,t})$，$n_{i,t}$是企业净资产。当企业杠杆率为0即无贷款时，企业贷款利率等同于基准贷款利率。而净资产不变的情况下，企业借贷越多，杠杆率越高，其面临的外部融资溢价越高，企业贷款利率越高。定义溢价弹性为v_i，表示杠杆率每上升一个单位，$f(B_{i,t}/n_{i,t})$ 上升v_i个单位，v_i越大外部融资溢价程度越高。h、c

分别代表基建部门和非基建部门，两部门受到的融资约束不同，溢价弹性不同。

三、基建部门（包含房地产部门）

本章将房地产部门和基建部门统称为基建部门。企业风险中性，为便于加总，假定企业在区间[0，1]连续分布。t 期基建部门企业购买土地和资本品、雇佣劳动进行生产，与生产消费品不同，土地在基建部门生产要素中占比较大。基建部门企业的生产函数为：

$$Y_{h,t}=A_{h,t}k_{h,t-1}^{\alpha_h}land_{h,t}^{\theta_h}l_{h,t}^{1-\alpha_h-\theta_h},\ \alpha_h,\ \theta_h\in(0,\ 1) \tag{6.19}$$

其中，α_h 是资本报酬占总要素回报的份额，θ_h 则是土地的要素回报的份额占比，θ_h 越大说明土地在生产中的重要性越大。$A_{h,t}$ 是技术进步率，$land_{h,t}$ 是投入的土地，$k_{h,t-1}$ 为资本，$l_{h,t}$ 是雇佣的劳动。

同时，为了满足生产所需，每期基建部门的资本品生产商买入最终产品来进行新增投资 $I_{h,t}$，生产资本品，参考利亚科维洛（2005）的设定，引入资本品生产的调整成本。投资与稳态值的偏离越大，消耗的成本越多，即：

$$\Psi\left(\frac{I_{h,t}}{k_{h,t-1}}\right)=\frac{I_{h,t}}{k_{h,t-1}}-\frac{\eta}{2}\left(\frac{I_{h,t}}{k_{h,t-1}}-\delta\right)^2 \tag{6.20}$$

δ 为资本折旧率，η 衡量偏离均衡对成本的影响程度。资本积累的动态路径为：

$$k_{h,t}=(1-\delta)k_{h,t-1}+\Psi\left(\frac{I_{h,t}}{k_{h,t-1}}\right)k_{h,t-1} \tag{6.21}$$

此外，产品市场存在价格粘性，零售商将购买的基建产品打包为异质产品卖出，卖出时的零售价格为 $P_{h,t}$，假定零售价与购买价之比为 $X_{h,t}(X_{h,t}>1)$，则购买价为 $P_{h,t}/X_{h,t}$。

资本品生产商以零售价购买投资品，生产后再将资本品卖出，在形成资本过程中，基于式（6.20）和式（6.21），通过决定投资来最大化利润：

$$\max_{I_{h,t}} q_{h,t}^k k_{h,t} - q_{h,t}^k k_{h,t-1} - \frac{P_{h,t}}{P_t} I_{h,t} \tag{6.22}$$

则资本品的实际价格 $q_{h,t}^k$ 由最优化条件决定：

$$q_{h,t}^k = \frac{1}{1-\eta\left(\frac{I_{h,t}}{k_{h,t-1}}-\delta\right)} \frac{P_{h,t}}{P_t} \tag{6.23}$$

同时，基建部门企业以净资产 $n_{h,t}$ 和外部融资 $B_{h,t}$ 来购买资本品，则：

$$q_{h,t}^k k_{h,t} = n_{h,t} + B_{h,t} \tag{6.24}$$

参考伯南克等（1999）的研究，假定 t 期末基建部门企业以价格 $q_{h,t}^k$ 买入资本品，下一期租给资本品生产商，租金率为资本的边际产出，期末收回资本品，折旧后以价格 $q_{h,t+1}^k$ 卖出得到剩余价值。则资本的实际收益率为：

$$E_t R_{h,t+1}^k = \frac{E_t\left[\frac{1}{X_{h,t+1}} \frac{P_{h,t+1}}{P_{t+1}} \frac{\alpha_h y_{h,t+1}}{k_{h,t}} + (1-\delta) q_{h,t+1}^k\right]}{q_{h,t}^k} \tag{6.25}$$

均衡时实际收益率应与实际贷款利率相等即 $E_t R_{h,t+1}^k = R_{h,t}^l / \pi_{h,t+1}$。

企业 t 期末获得资本收益，并偿还贷款本息，同时假定企业资产的 $(1-\chi_h)$ 用于消费①，则企业的净资产积累满足：

$$n_{h,t} = \chi_h\left(E_{t-1} R_{h,t}^k q_{h,t-1}^k k_{h,t-1} - \frac{R_{h,t-1}^l}{\pi_{h,t}} B_{h,t-1}\right) \tag{6.26}$$

显然，资本实际收益率 $R_{h,t}^k$、企业贷款利率 $R_{h,t-1}^l$ 和资产价格 $q_{h,t-1}^k$ 能影响企业净值积累，当冲击导致这些因素改变时，企业净值受到影响，由于存在外部融资溢价摩擦，企业净值又会影响企业贷款利率及贷款行为，进一步作用于企业净值，循环往复扩大了冲击对企业投资和产出的影响，这被称为“金融加速器”效应。例如，当外部冲击导致企业贷款利率下降时，企业净值增加，杠杆率下降，企业外部融资溢价随着杠杆率的下降而下降［见式（6.18）］，一方面进一步降低了企业贷款利率，另一方面减轻

① 这样可以保证企业净资产不能满足其生产，需要依赖外部融资。详见伯南克等（1999）的分析。

了企业的还贷压力，共同导致企业净值增加更多。

此外，基建部门企业通过决定需要雇佣的劳动和购买的土地来最小化成本，可得到以下最优化条件：

$$w_{h,t} = \frac{P_{h,t}}{X_{h,t}} \frac{(1-\alpha_h-\theta_h)y_{h,t}}{l_{h,t}} \tag{6.27}$$

$$P_{L,t} = \frac{P_{h,t}}{X_{h,t}} \frac{\theta_h y_{h,t}}{land_{h,t}} \tag{6.28}$$

式（6.27）是企业对劳动的需求方程，式（6.28）是土地需求方程，$P_{L,t}$是土地价格。

四、非基建部门

非基建部门与基建部门主要在以下几个方面存在差异：一是产出用途不同，基建部门产品供居民进行房屋消费和基建部门投资，而非基建部门产品为消费品，满足各部门生活消费；二是要素密集度不同，非基建部门的资本和土地的密集度较基建部门低，生产函数中相关参数的赋值与基建部门不同；三是信贷约束不同，基建部门多为重工业，国有企业控股比例较高且主要是大企业，由于预算软约束的存在，受到地方政府的政策支持和隐性担保，违约的可能性很低，受到的信贷约束程度较轻，也就是溢价弹性 v_i 比较小，借贷利率对企业净值和杠杆率不敏感。除以上差异外，非基建部门的基本行为方程与基建部门类似，为节省篇幅，本章略去相关论述。

五、代表性家庭

假定家庭可以生存无限期，并追求终身效用最大化，其终身效用以实际值的形式表示为：

$$E_0 \sum_{t=0}^{\infty} \beta^t \left\{ \frac{c_t^{1-\sigma}}{1-\sigma} + \psi \ln \frac{m_t}{P_t} + f_t \ln h_t - \vartheta \frac{l_t^{1+\varphi}}{1+\varphi} \right\} \tag{6.29}$$

其中，c_t 为对非基建部门产品的消费，对房地产的消费量为 h_t。β 为时间贴现因子，$\beta \in (0, 1)$。σ 为家庭的风险厌恶系数，$\sigma \in (0, 1)$。m_t/P_t 为家庭实际货币持有量。ψ 和 ϑ 分别控制实际货币持有量和劳动对效用的影响程度，$1/\varphi$ 为劳动供给弹性。f_t 表示房地产需求冲击，当冲击来临时，持有房地产的效用降低，从而对房地产的需求下降。

l_t 为总劳动供给，家庭为基建部门提供劳动 $l_{h,t}$，非基建部门提供劳动 $l_{c,t}$，且两类劳动通过 CES 函数形式进行复合（Iacoviello and Neri，2010）：

$$L_t = [\xi^{\frac{1}{\gamma}} (l_{h,t})^{\frac{\gamma-1}{\gamma}} + (1-\xi)^{\frac{1}{\gamma}} (l_{c,t})^{\frac{\gamma-1}{\gamma}}]^{\frac{\gamma}{\gamma-1}} \tag{6.30}$$

其中，ξ 是均衡时基建部门劳动占总劳动的份额，γ 为两部门间劳动替代弹性。

每期家庭通过劳动、储蓄获得收入，用于新增房地产消费和其他产品消费，向政府上交一次性总赋税 T_t 并将剩余收入再次存入金融中介。需要注意的是，每期的新增房地产来源于基建部门，同时基建部门将产品转化为商品房需要消耗成本①，参考利亚科维洛（2005）的设定，新增房地产的成本函数为：

$$\Phi_{h,t} = \varphi_h \left[\frac{h_t - (1-\delta) h_{t-1}}{h_{t-1}} \right]^2 \left(\frac{q_{h,t} h_{t-1}}{2} \right) \tag{6.31}$$

其中，$q_{h,t}$为房地产价格，房地产折旧率为 δ。t 期房地产需求为 h_t，要满足该需求需要投入的基建部门产品为 $q_{h,t}[h_t - (1-\delta) h_{t-1}] + \Phi_{h,t}$，则家庭的预算约束为：

$$P_t c_t + q_{h,t}[h_t - (1-\delta) h_{t-1}] + \Phi_{h,t} + d_t + m_t = w_{c,t} l_{c,t} + w_{h,t} l_{h,t} + R_{t-1} d_{t-1} + m_{t-1} - T_t \tag{6.32}$$

其中，基建部门和非基建部门的名义劳动工资分别为 $w_{h,t}$和 $w_{c,t}$，名义存款利率为 R_{t-1}。

① 包括管理费用、财务费用、销售费用等。

基于预算约束，家庭通过决定 c_t、d_t、h_t、$l_{h,t}$、$l_{c,t}$ 来最大化其终身效用，最优条件为：

$$c_t^{-\sigma} = \beta E_t c_{t+1}^{-\sigma} \frac{R_t}{\pi_{t+1}} \tag{6.33}$$

$$E_t \frac{1}{P_{t+1} c_{t+1}^{\sigma}} \beta q_{h,t+1} \left[1 - \delta + \frac{\varphi_h}{2} \left(\frac{h_{t+1}^2 - (1-\delta)^2 h_t^2}{h_t^2} \right) \right] - \frac{f_t}{h_t} = \frac{q_{h,t}}{P_t c_t^{\sigma}} \left[1 + \varphi_h \frac{h_t - (1-\delta) h_{t-1}}{h_{t-1}} \right] \tag{6.34}$$

$$\frac{w_{h,t}}{c_t^{\sigma}} = \vartheta N_t^{\varphi} (\xi l_t)^{-\gamma} (l_{f,t})^{\gamma} \tag{6.35}$$

$$\frac{w_{c,t}}{c_t^{\sigma}} = \vartheta N_t^{\varphi} [(1-\xi) l_t]^{-\gamma} (l_{c,t})^{\gamma} \tag{6.36}$$

其中，$\pi_{t+1} = P_{t+1}/P_t$。式（6.33）是根据消费和存款的一阶条件整理得到的家庭消费的欧拉方程，式（6.34）是房地产需求决定方程，式（6.35）和式（6.36）分别是基建部门和非基建部门的劳动供给方程。

六、粘性价格引入与市场出清条件

为了引入粘性价格，本章在模型中引入零售商（Christensen and Dib，2008；梅冬州和赵晓军，2015）。零售商以批发价从生产企业购入商品，无成本地将其打包为异质产品卖出，采用卡尔沃定价（1983）的做法，每期只有（$1-\phi$）比例的零售商可以灵活调整价格，则两部门的新凯恩斯菲利普斯曲线为：

$$\pi_{h,t} = \beta E_t \pi_{h,t+1} - \frac{(1-\phi_h)(1-\beta\phi_h)\hat{X}_{h,t}}{\phi_h},\ \pi_{h,t} = \frac{P_{h,t} - P_{h,t-1}}{P_{h,t-1}} \tag{6.37}$$

$$\pi_{c,t} = \beta E_t \pi_{c,t+1} - \frac{(1-\phi_c)(1-\beta\phi_c)\hat{X}_{c,t}}{\phi_c},\ \pi_{c,t} = \frac{P_{c,t} - P_{c,t-1}}{P_{c,t-1}} \tag{6.38}$$

假定中央政府通过调节短期利率来应对经济的变动，制定的货币政策满足 Taylor 规则：

$$\frac{R_t}{R}=\left(\frac{R_{t-1}}{R}\right)^{\mu_r}\left(\frac{GDP_t}{GDP}\right)^{\mu_y}\left(\frac{\pi_t}{\pi}\right)^{\mu_\pi} \tag{6.39}$$

其中，R、GDP 和 π 是稳态水平的利率、总产出和通货膨胀，μ_y 和 μ_π 分别是名义利率对当期 GDP 和通货膨胀的反应系数。

中央政府的财政收入来源于货币发行和一次性总赋税，用于对地方政府的转移支付。中央政府的财政收支平衡表示为：

$$m_t - m_{t-1} + T_t = Rev_t \tag{6.40}$$

GDP 由基建、非基建部门的产出构成：

$$GDP_t = \frac{P_{c,t}}{P_t}Y_{c,t} + \frac{P_{h,t}}{P_t}Y_{h,t} \tag{6.41}$$

市场均衡时，各市场出清。其中，非基建部门生产消费品用以满足家庭、政府消费以及自身投资：

$$Y_{c,t} = c_t + Z_{c,t} + I_{c,t} \tag{6.42}$$

基建部门的产出一部分用于自身投资 $I_{h,t}$，一部分用于基建支出 $I_{g,t}$，此外，居民的新增房地产需求需要的基建部门产出为 $q_{h,t}[h_t-(1-\delta)h_{t-1}]+\Phi_{h,t}$：

$$y_{h,t} = q_{h,t}[h_t-(1-\delta)h_{t-1}]+\Phi_{h,t}+I_{h,t}+I_{g,t} \tag{6.43}$$

土地市场中，地方政府提供土地，基建部门、非基建部门和政府基建支出需求土地，出清条件为：

$$land_{c,t} + land_{h,t} + land_{g,t} = Lm_t \tag{6.44}$$

借贷市场中，金融中介将居民储蓄转化为贷款，为地方政府、基建部门和非基建部门提供借贷融资：

$$B_{c,t} + B_{h,t} + B_{g,t} = B_t^b \tag{6.45}$$

基于研究需要，本章关注住房需求冲击 f_t 带来的影响，设定其服从一阶自回归模型（AR(1)）过程：

$$\ln f_t - \ln f = \rho_f(\ln f_{t-1} - \ln f) + \varepsilon_{f,t},\ \rho_f \in (0,\ 1),\ \varepsilon_{f,t} \sim N(0,\ \delta_{f,t}^2) \tag{6.46}$$

第四节　参数校准与模型关键机制

一、参数校准

在参数赋值时，根据参数的性质和分析的需要，本章将其分为能够根据已有文献直接校准的标准性参数和需要通过现实数据反推的结构性参数。标准性参数，主要参考前人的研究（Bernanke et al.，1999；Devereux et al.，2006；Gertler et al.，2007；Iacoviello and Neri，2010），取值如下：居民的跨期贴现率 β 取 0.99①，金融中介的 β_b 取 0.96，地方政府的贴现因子 β_g 取 0.9②；一般来说，劳动供给弹性的倒数 $\varphi \in (1, 2)$，本章取 1.3；资本品的年折旧率一般为 0.1，故季度折旧率取 0.025；价格粘性设定中的参数 ϕ_h 和 ϕ_c 均取 0.75，即价格每 4 期调整一次。为了便于模型求解，家庭的风险厌恶系数 σ 设为 1，基建部门和非基建部门的消费率（$1-\chi_f$）和（$1-\chi_c$）均取 0.03。劳动力在两个部门间的替代弹性 γ 取 0.8。由于中国不同部门企业受到的信贷约束不同（Chang et al.，2016），且基建部门多为重工业，能够以较低利率获得融资，而相对来说，非基建部门的融资约束较大，故非基建部门的外部融资溢价弹性 v 较基建部门更大，在文中本章分别取 0.05、0.01。

对于结构性参数，结合上述模型得到的均衡条件，本章求出模型的稳态值，再根据中国的现实数据反推出相应的参数取值。根据国家统计局数据，2013 年至 2021 年，固定资产投资占 GDP 的比重为 44% ~47%，其中

① 无风险的季度利率为 $r^4 = 1/\beta$。

② 在官员平均任职年限较短的情况下，官员的贴现因子更小。

房地产业固定资产投资占总投资的比例为22% ~26%。此外，地方政府基建投资占GDP比重约为13%（张军，2012），对此本章将基建部门占总产出的比重设定为30%，相应的非基建部门占比为70%。基建部门大多数是重工业，参考张春等（2016）对中国各个产业的估计，基建和非基建部门的资本回报份额 α_h 和 α_c 分别取0.6和0.32。利用国家统计局资金流量表数据核算，2013~2017年劳动报酬占比为50% ~51%。根据以上数据和模型中相关变量稳态值的表达式，反推出基建部门和非基建部门的土地份额 θ_h 和 θ_c 分别为0.08、0.04。地方政府基础设施建设中土地的份额 ψ_g 取0.11。

在基准模型分析之外，本章还对模型中的关键参数进行敏感性分析，与上述取值得到的结果进行对比，进一步验证本章结论的稳健性。例如，将外部融资的溢价弹性 v 取0，即关闭金融加速器。此外，本章也考虑了不存在存贷溢价摩擦的情况，即剔除式（6.16）和式（6.17），基准贷款利率等于无风险利率。参数取值的总结可参见表6-1。

表6-1 主要的参数赋值

参数	取值	参数含义	参数	取值	参数含义
β_g	0.90	地方政府的贴现因子	α_c	0.32	非基建部门资本份额
φ	1.3	劳动供给弹性的倒数	θ_c	0.04	非基建部门土地份额
δ	0.025	资本季度折旧率	α_h	0.6	基建部门资本份额
σ	1	风险厌恶系数	θ_h	0.08	基建部门土地份额
$1-\chi$	0.03	基建部门和非基建部门消费率	ψ_g	0.11	地方政府基础设施建设中土地的份额
γ	0.8	劳动力替代弹性	v_c	0.05	非基建部门外部融资溢价弹性
v_h	0.01	基建部门外部融资溢价弹性	$\frac{\overline{y_h}}{GDP}$	0.3	房地产及基建部门产出在GDP中的比重

二、主要机制的阐述

金融中介将居民存款转化为贷款为基建和非基建部门、地方政府提供融资，由于存在信贷摩擦，在外部冲击直接或间接影响相关变量时，会影响其他部门的融资成本，从而对投资和产出产生影响。故本章以金融中介为主要对象，结合模型中的关键方程，对外部冲击在经济体中的核心传导机制进行初步探讨。

模型中企业从金融中介获得的最终贷款成本为 $R_t^l = R_t \times (R_t^b/R_t) \times f(B_t/n_t)$，由三个部分构成：无风险基准利率 R_t、金融中介存贷溢价 R_t^b/R_t，以及金融加速器效应所带来的外部融资风险溢价 $f(B_t/n_t)$。当外部冲击直接或者间接影响其中任何一个时，都会影响企业的融资成本，从而影响部门投资和产出。

第一，对于存贷溢价 R_t^b/R_t，化简金融中介最优化方程式（6.16）和式（6.17）：

$$\beta_b \mathrm{E}_t\left[\frac{\Omega_t^b}{\Omega_{t+1}^b}(R_{t+1}^b - R_t)\right] = (1-\varphi_b)\lambda_{b,t}\Omega_t^b + \frac{\partial S_t(B_t^b)}{\partial B_t^b} \tag{6.47}$$

由于 $S_t'(B_t^b)>0$，贷款越多所需的成本越多，故基于式（6.47），在其他因素不变的情况下，贷款增加会提高金融中介的存贷溢价，进一步的，抬高资金成本，导致企业融资更加困难。

进一步分析式（6.47），其中，$\lambda_{b,t}$ 为金融中介资本充足率约束式［见式（6.14）］的拉格朗日乘子。如果发生违约冲击，金融中介自身的留存收益直接受损，此时外部监管带来的资本充足率约束变紧，金融中介受到的限制变强，即拉格朗日乘子 $\lambda_{b,t}$ 变大。这不仅直接影响了金融中介的贷款行为（为了满足资本充足率约束，金融中介需减少贷款发放），而且提高了金融中介提供贷款的代价。故金融中介将要求更高的存贷溢价，企业的借贷成本上升，对投资和产出产生负面影响。

第二，对于外部融资风险溢价，在金融加速器效应中，企业净资产是核心变量。结合两个部门的企业净值决定方程［见式（6.26）］，可以看到，资产价格 q_t^k 和借贷成本 R_t^l 是企业净资产的决定性因素。保持其他因素不变，借贷利率上升会导致企业净值下降，并通过式（6.18）进一步抬高企业的借贷利率，循环往复，从而产生金融加速器效应。反之，若其他条件不变，资产价格上升会提高企业净资产，则会降低企业的借贷成本，从而影响企业的借贷行为。

结合存贷溢价和外部融资风险溢价这两个传导渠道，这里简要分析冲击的传导路径。如果外部冲击导致地方政府减少从金融中介获得的贷款，那么金融中介贷款额的下降将降低存贷溢价，从而降低企业的融资成本。违约冲击则会通过两个渠道共同影响企业的融资成本：一是违约冲击迅速抬升存贷溢价；二是违约带来的高贷款利率导致企业净资产迅速下降，这会抬高外部融资风险溢价，两个溢价的上升大幅拉升了企业的融资成本，从而令整体经济形势恶化。

第五节　数值模拟和反事实分析

为了抑制房价过快上涨，中央政府出台了一系列调控政策，主要依靠限购、限贷等行政手段，在短期内抑制需求（王敏和黄滢，2013；余泳泽和张少辉，2017；陈小亮等，2018），在下面的分析中为简化分析，本章假定房价调控导致了房地产需求下降，从而对经济体各部门产生影响。

下面本章从负向房地产需求冲击出发，基于模型设定对此进行数值模拟。进一步的，由于地方政府的土地财政行为，房价调控带来的房价下降很可能导致地方政府无法偿还债务，这个时候由于预算软约束的存在，中央政府可能对地方政府直接救助，这个时候地方政府不会出现违约；但如有地方政府债务规模太大或者中央政府缺乏救助意愿时，地价下降就会导致地方政府出现债务违约。本章对于地方政府不违约和违约的情形分别进行了分析。最后，在我国地方政府债务高企的情况下，如何在管控房价时避免引发地方政府的违约和产出的大幅下降？本章对此进行了反事实分析，并给出了应对策略。在下面的脉冲图中，横坐标表示以季度为单位的时期，纵坐标表示相应变量偏离均衡值的百分比。

一、房价调控，不出现违约

图 6-2 刻画了房地产需求下降对各个变量的影响。从上至下、从左到右观察图中相关宏观经济变量[①]，房价管控导致家庭对房屋消费的需求下降，房价下降［见式（6.34）］。需求下降致使房地产厂商减少投资，且对土地的需求减少，地价随之下降。通过卖地、抵押土地来获得出让金收入和抵押贷款是地方政府收入的主要来源［见式（6.3）］，地价下降不仅直接影响了地方政府的卖地收入，而且导致了土地抵押品的价值损失，土地抵押借贷融资也减少［见式（6.2）］。地方政府收入削减，需要减少政府支出，而地方政府主要将资金投入基础设施建设，从而政府支出的减少导致基建支出下降。对于基建部门，一方面，需求下降带来的房地产投资下降直接影响其产出；另一方面，地方政府的基建支出下降也导致基建投资下降，二者共同作用下基建部门产出大幅下降［见式（6.43）］。这些影响路径跟前面的基本事实形成了较好的对应关系，表明模型对现实经济有较好的拟合度。

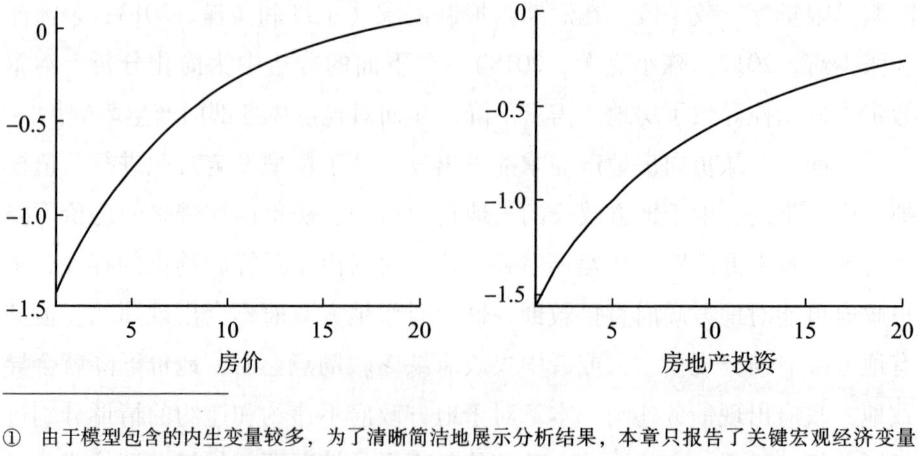

① 由于模型包含的内生变量较多，为了清晰简洁地展示分析结果，本章只报告了关键宏观经济变量的脉冲分析图。如对其他宏观经济变量的变动感兴趣，读者可向作者索取代码。

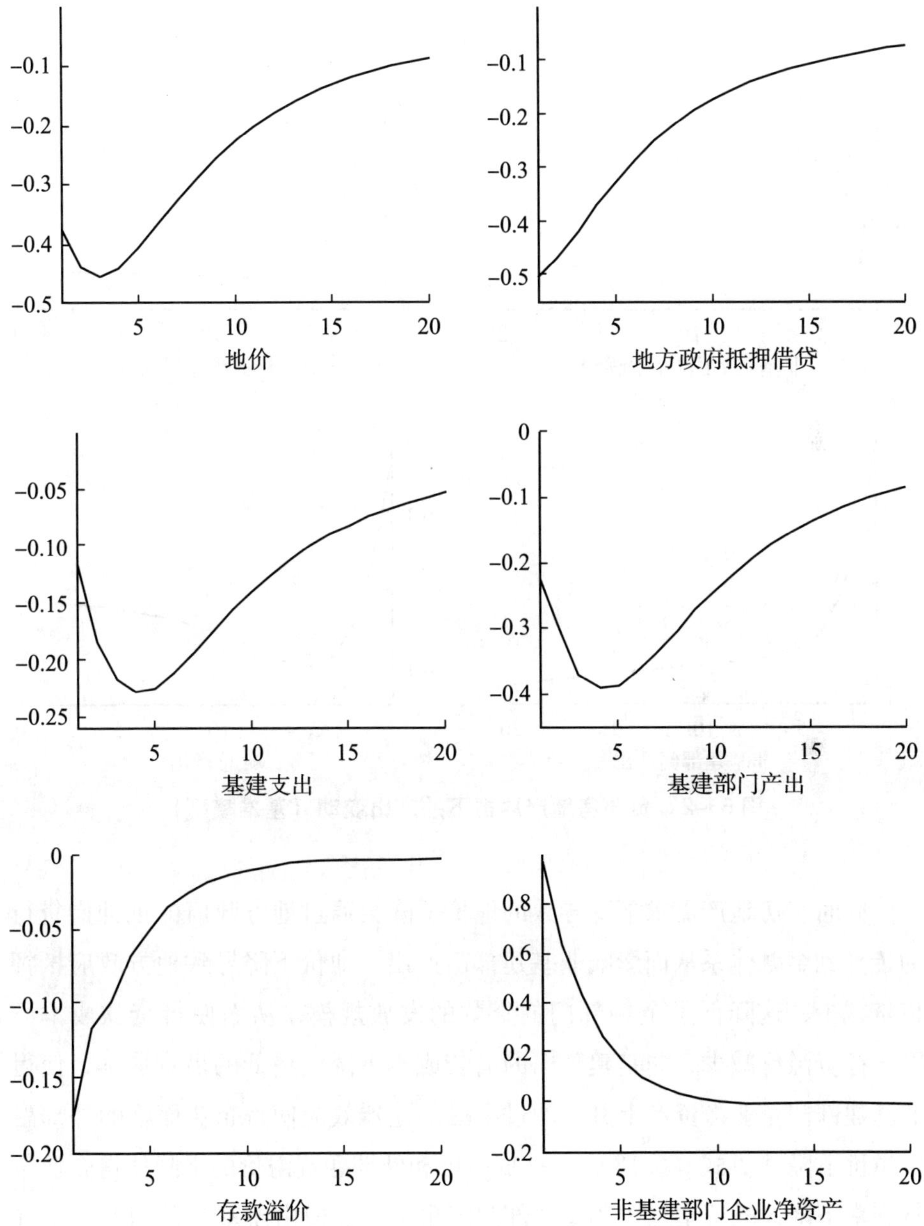
-0.1
-0.2
-0.3
-0.4
-0.5
5 10 15 20
地价
-0.1
-0.2
-0.3
-0.4
-0.5
5 10 15 20
地方政府抵押借贷
-0.05
-0.10
-0.15
-0.20
-0.25
5 10 15 20
基建支出
0
-0.1
-0.2
-0.3
-0.4
5 10 15 20
基建部门产出
0
-0.05
-0.10
-0.15
-0.20
5 10 15 20
存款溢价
0.8
0.6
0.4
0.2
0
-0.2
5 10 15 20
非基建部门企业净资产

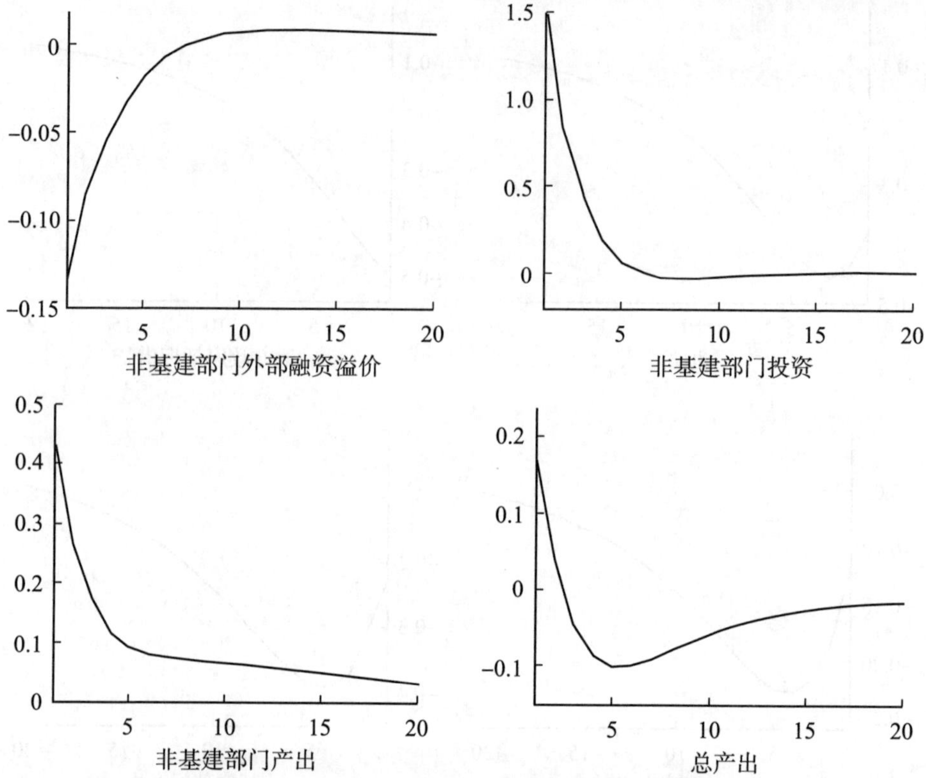

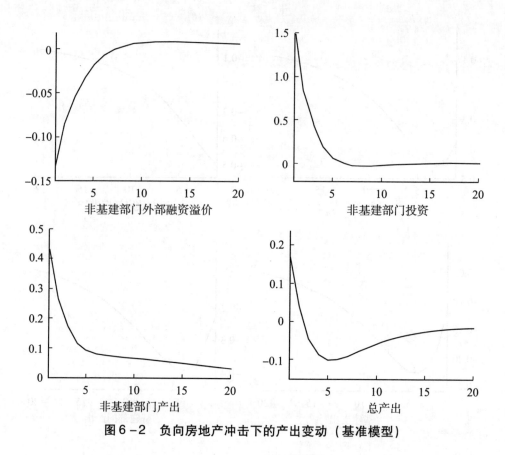

图6-2　负向房地产冲击下的产出变动（基准模型）

同时，房地产需求下降导致的地价下降会通过地方政府的抵押借贷行为传导到金融体系从而影响非基建部门产出。地价下降导致地方政府抵押借贷减少，这降低了金融部门的贷款的发放规模，从而使得贷款成本下降，存贷溢价减少，非基建部门的借贷成本下降。更低的借贷成本，使得非基建部门企业净资产上升，通过金融加速器效应使得企业面临的外部融资溢价下降［见式（6.18）］。存贷溢价和外部融资溢价的下降使得企业贷款利率下降，投资增加，非基建部门产出上升。但由于基建部门产出下降幅度较大，最终总产出是下降的。

需要注意的是，在以上负向冲击传导过程中，地方政府抵押借贷和存贷溢价摩擦起到了重要的作用。抵押借贷对产出的影响有两个渠道：一个渠道的传导较为直接，房价下降导致的抵押借贷的减少直接影响了基建支出，降低了基建部门产出；另一个渠道则通过金融部门，由于存在存贷溢价摩擦，金融部门贷款成本的变化会影响企业的融资成本，地方政府抵押借贷的减少降低了贷款成本，贷款利率的下降一方面直接降低了企业的融资成本，提高了企业的净资产；另一方面在金融加速器效应作用下，进一步降低了企业的融资成本，从而促进了非基建部门的投资和产出。

从上述分析可以看到，地方政府抵押借贷是负向房地产需求冲击影响总产出的重要传导渠道之一，对基建部门和非基建部门均有明显的影响，那么假若地方政府不能通过土地抵押进行融资。上述机制会有何变化？

图 6-3 报告了脉冲结果，case1 是基准模型，case2 则不考虑地方政府抵押借贷。在基准模型中，地价下降导致的地方政府抵押借贷减少会降低贷款成本，降低贷款利率，促进投资，而在没有抵押借贷的情况下（case2），地价变动不再影响政府借贷，不会对金融中介的贷款成本带来直接影响。此时相比于基准模型（case1），存贷溢价下降得更少，企业净资产上升得更少，非基建部门面临的外部融资溢价下降幅度减少，所带来的非基建部门投资的增加减少，故非基建部门产出的上升幅度明显小于基准情形。进一步的，case3 中直接将存贷溢价摩擦从模型中剔除，此时基准贷款利率等同于存款利率，无论是抵押借贷还是其他企业借贷都不影响基准贷款利率，相比于其他情形，case3 中贷款利率不变，企业净资产上升幅度减少，外部融资溢价下降幅度也随之减少，非基建部门投资较基准情形的上升程度大幅削弱，非基建部门产出上升幅度仅占基准情形的 1/3。

综上所述，房价下降带动地价下降，地方政府通过土地抵押获得的资金下降，进而改善了企业的融资状况。如果不存在地方政府抵押借贷，这种改善程度就会减弱；如果不存在金融中介的存贷溢价摩擦，那么这种改善程度将进一步减弱。

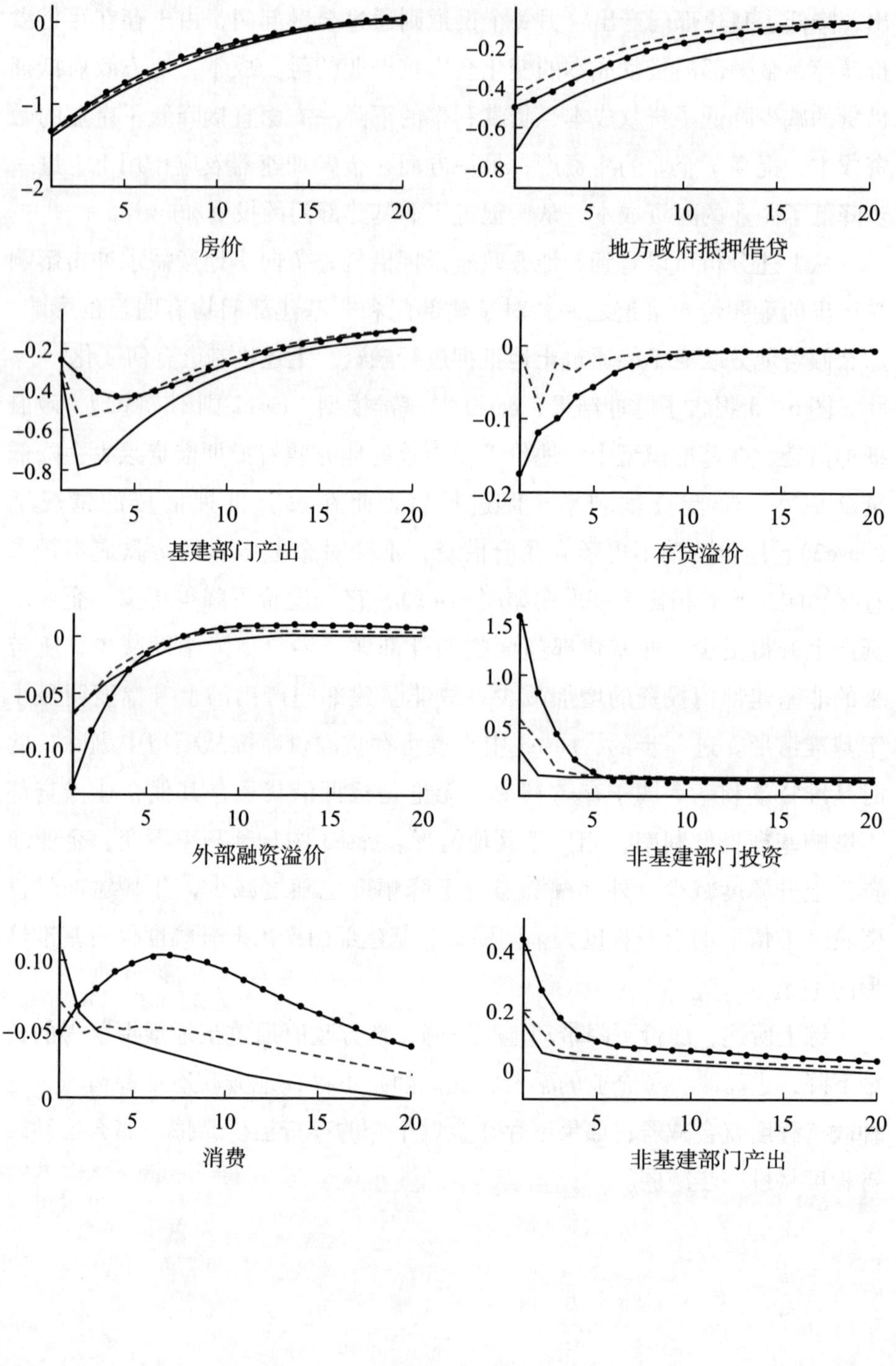

0
−1
−2
5
10
15
20
房价
−0.2
−0.4
−0.6
−0.8
5
10
15
20
地方政府抵押借贷
−0.2
−0.4
−0.6
−0.8
5
10
15
20
基建部门产出
0
−0.1
−0.2
5
10
15
20
存贷溢价
0
−0.05
−0.10
5
10
15
20
外部融资溢价
1.5
1.0
0.5
0
5
10
15
20
非基建部门投资
0.10
−0.05
0
5
10
15
20
消费
0.4
0.2
0
5
10
15
20
非基建部门产出

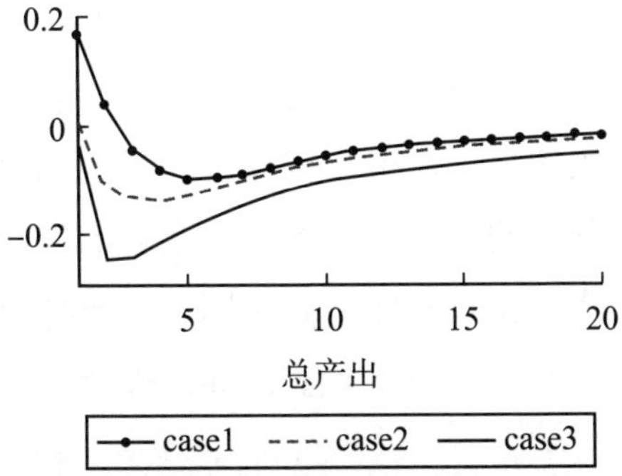

图 6－3　是否存在地方政府抵押借贷和存贷溢价摩擦

注：case1，基准模型；case2，基准模型剔除地方政府抵押借贷；case3，基准模型剔除存贷溢价摩擦。

二、房价调控，出现违约

以上分析均建立在不存在违约的基础上，然而中国地方政府债务自 2008 年以来快速增长，以可支配财力来衡量的负债率已超过国际货币基金组织（IMF）确定的参考值上限（蔡真，2018），地方政府债务风险已经处于较高水平。与此同时，地方政府的可支配财力与房地产市场息息相关，土地出让收入和抵押借贷都与房价、地价有着密切的联系，一旦房地产市场价格下降，地方政府可支配收入下降至临界水平，当地方政府债务规模太大或者中央政府缺乏救助意愿时，地方政府即爆发债务违约。此时地方政府无法通过土地抵押融资从金融中介借贷，且金融中介资产由于债务违约造成损失，这个时候债务风险就会转化为金融风险。该情形会对经济产生什么样的影响呢?

本章在模型中考虑地方政府违约的情形，图 6－4 的 case2 给出了此时的脉冲响应图。case2 中，当负向房地产需求冲击来临时，房价下降导致地价下降，地方政府依靠土地获得的收入减少，此时地方政府难以偿还已有债务，冲击发生后下一期地方政府违约。一方面，地方政府违约后信用受损，无法再从信贷市场融资，地方政府收入严重下降，基建支出随之大幅下降，严重影响了基建部门产出。另一方面，地方政府抵押借贷在银行贷款中所占份额较大，违约导致银行资产减少，净利润下降，受存贷约束限制，可发放贷款大幅减少，使得存贷溢价和贷款利率都大幅上升。而对于非基建部门，贷款利率的大幅上升提高了企业的借贷成本，使得非基建部门企业净值不断下降，在金融加速器作用下，非基建部门外部融资成本更高，贷款更加困难，大大抑制了非基建部门投资，从而使得非基建部门产出大幅下降。

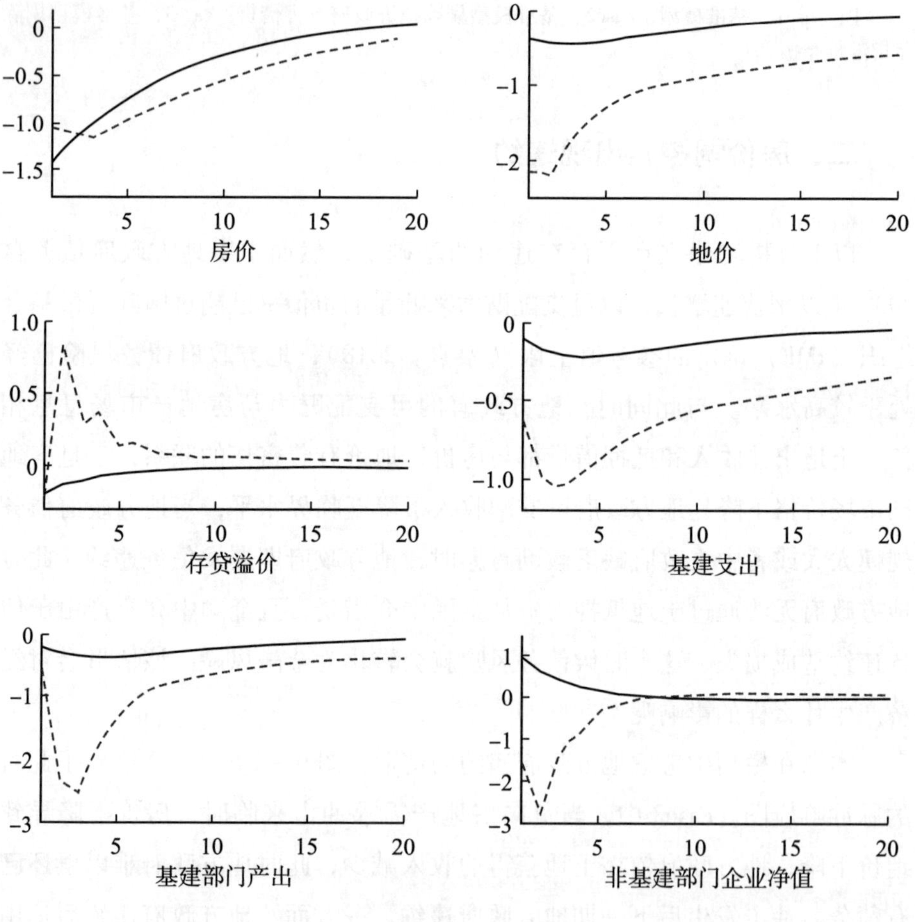

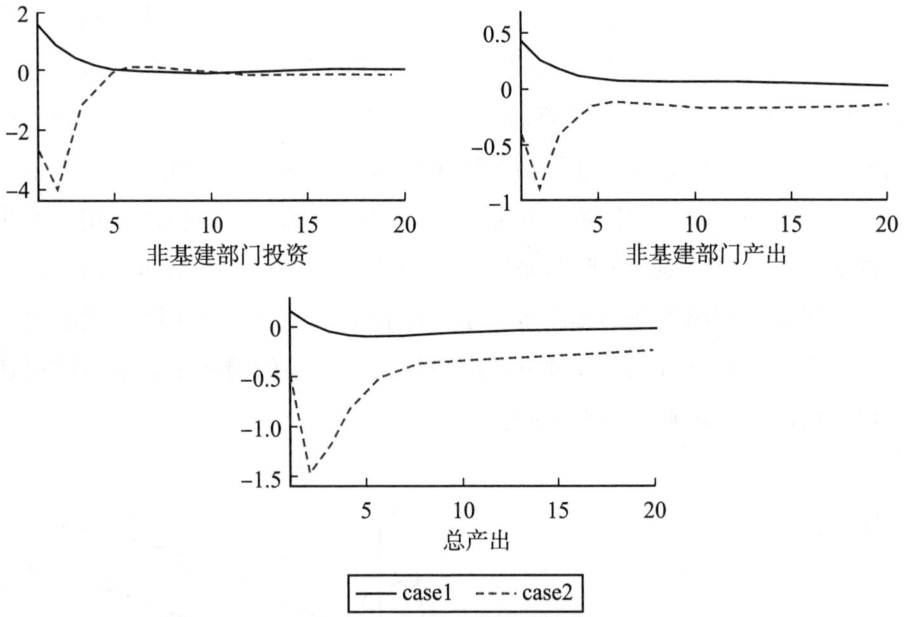

图6－4 地方政府是否违约

注：case1，基准模型；case2，地方政府违约发生。

可以看到，在基准情形下（case1），即地方政府未发生违约的情况下，地价下降减少了地方政府抵押借贷，降低了存贷溢价，使得非基建部门更易获得融资，促进了非基建部门产出。然而一旦地方政府发生违约，非基建部门不但不能以较低成本融资，反而会面临更高的贷款利率，非基建部门产出也受到影响，大幅下降。此外，对于基建部门，地方政府违约会严重影响政府收入，从而基建支出大幅下滑，基建部门产出也严重受损。故当负向房地产冲击引发地方政府违约时，无论是基建部门还是非基建部门都将受到严重的负向影响。

前面本章假定地方政府借贷所占份额较大，那么如果地方政府借贷占比较小呢？在模型中，金融中介为基建部门、非基建部门以及地方政府提供贷款。根据式（6.45），可以得到：

$$\frac{B_c}{B^b}\hat{B}_{c,t}+\frac{\overline{B}_h}{\overline{B}^b}\hat{B}_{h,t}+\frac{\overline{B}_g}{\overline{B}^b}\hat{B}_{g,t}=\hat{B}_t^b \tag{6.48}$$

其中，$\bar{B}$ 表示各部门贷款额的稳态值，在基准模型中，本章通过设定相关参数使得均衡时地方政府借贷占总贷款的份额较大，即 $\bar{B}_g/\bar{B}^b$ 取值为40%，下面调整参数，本章将其缩小为10%，图 6－5 的 case2 是相应的脉冲图。此时地方政府违约给金融中介带来的损失大大减轻，存贷溢价上升幅度远小于前面的情形，对非基建部门投资和产出的抑制作用也有很大的缓解。同时，地价下降带来的收入削减程度也较小，基建支出下降较少，基建部门产出下降的幅度也较小。综合下来，总产出下降程度较之前减小了很多。可以看到，在地方政府借贷占比较小的情况下，地方政府违约对产出的负面影响也相对下降。

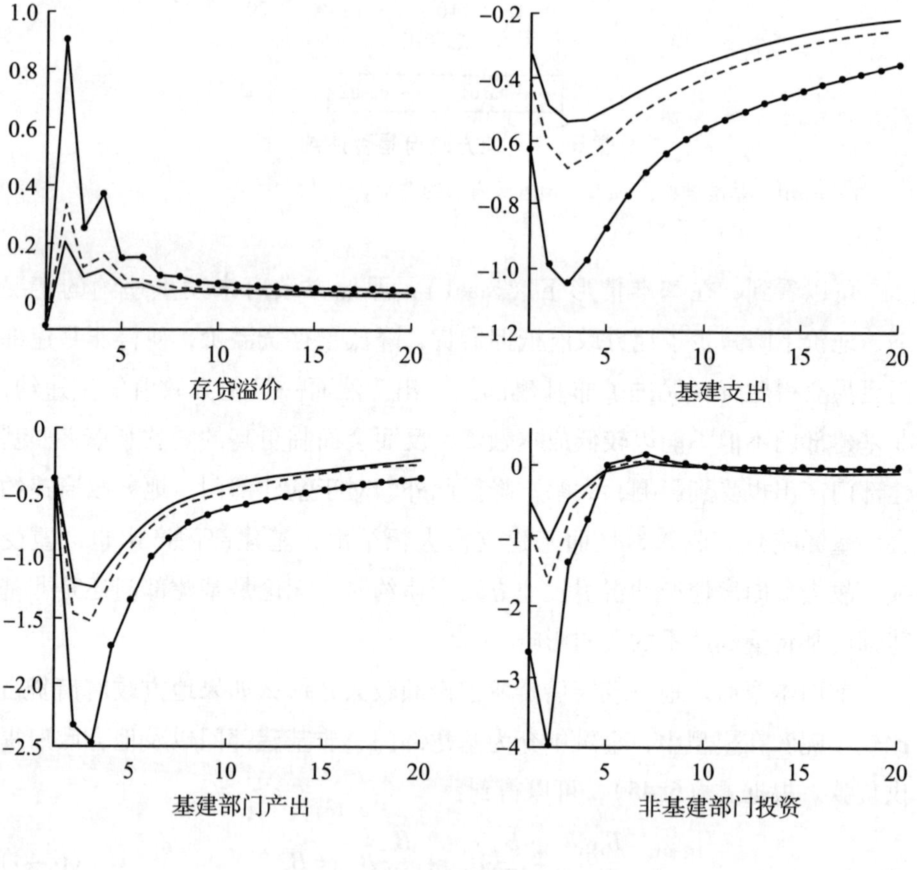

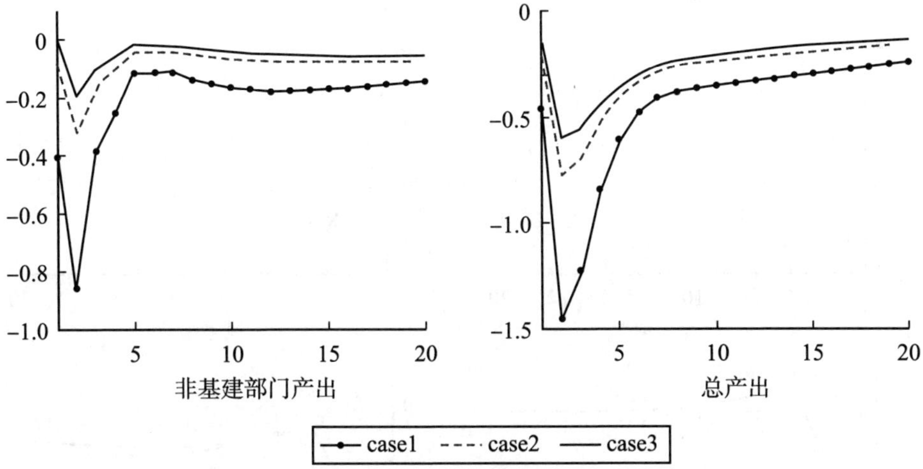

图 6-5　不同违约情形

注：case1，地方政府违约；case2，地方政府违约但政府借贷占比较小；case3，企业违约。

此外，本章也考虑不存在金融加速器效应的情形，图 6-6 的 case2 是相应的脉冲图。在不存在金融加速器效应时，非基建部门的净资产损失不影响企业的外部融资成本，相对于基准情形，其对非基建部门的投资和产出带来的负面影响要低。

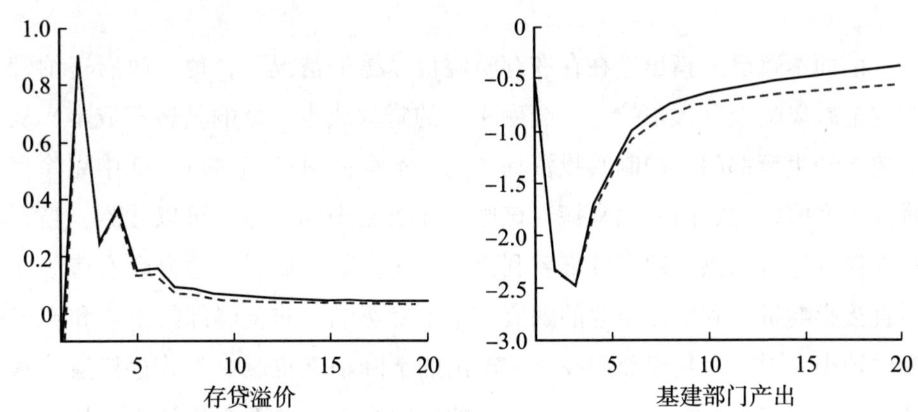

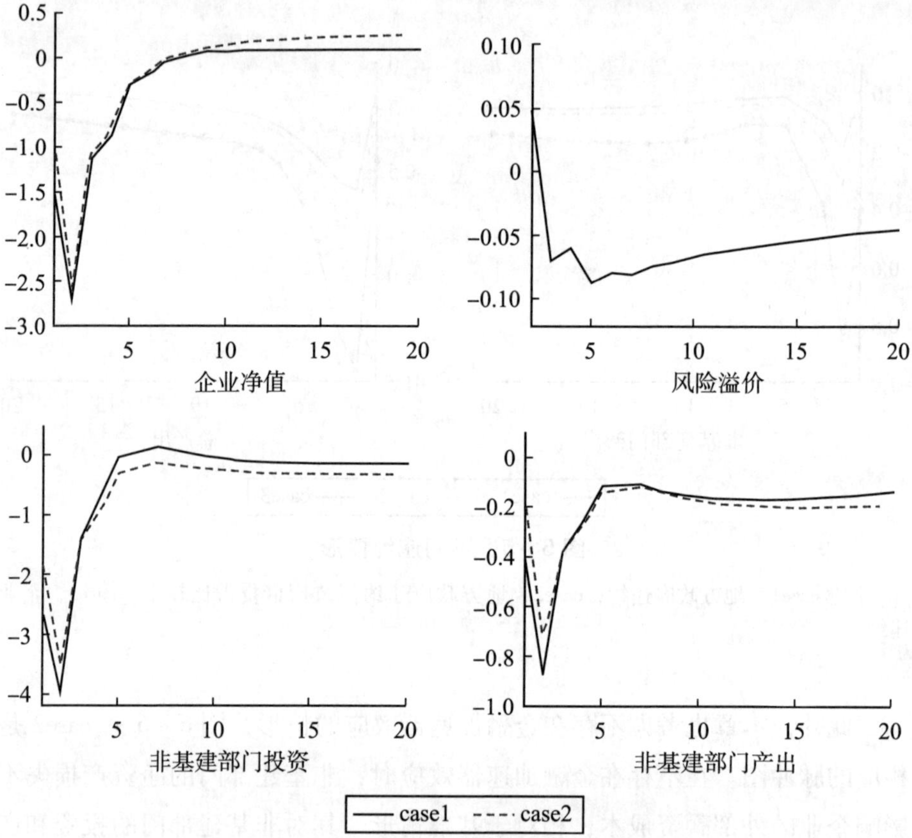

图6-6 是否存在金融加速器效应

注：case1，地方政府违约；case2，地方政府违约但无金融加速器效应。

前面本章已经指出，在存在存贷溢价摩擦的情况下，地方政府违约带来的金融风险上升大幅拉升了金融中介的贷款成本，影响其融资成本，从而传导到生产部门，抑制其投资和产出。本章在图6-7的case2中剔除存贷溢价摩擦，与之前对比来探究该摩擦在机制中的作用。可以看到，当不存在存贷溢价摩擦，即基准贷款利率等同于存款利率时，地方政府违约并不直接影响贷款利率，企业的融资成本不受影响，非基建部门投资和产出变化较小，同时，基建部门投资和产出的下降幅度也减小。故存贷溢价摩擦在传递和扩大地方政府违约所带来的负面影响中发挥了最重要的作用。

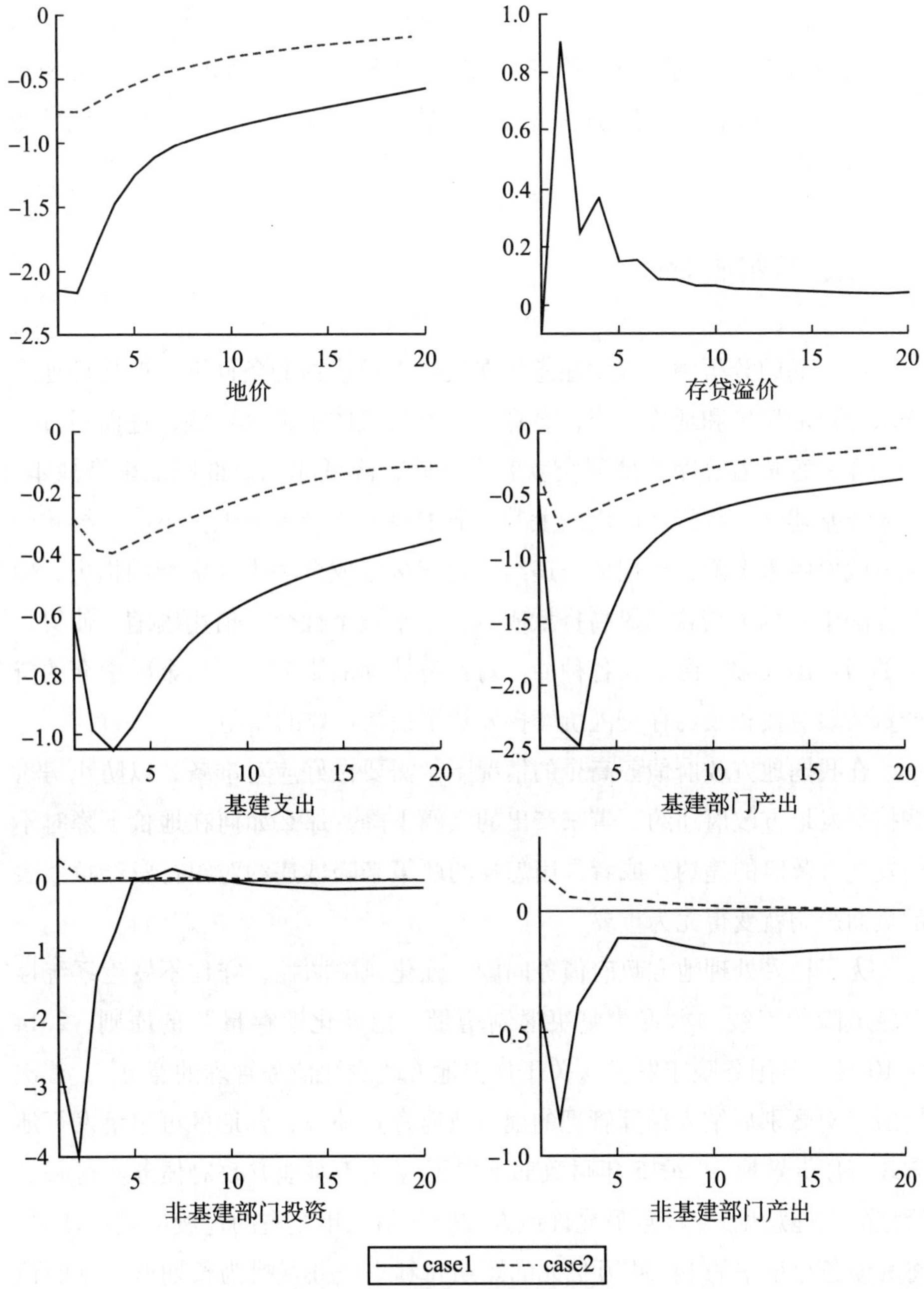

图 6－7　是否存在存贷溢价摩擦

注：case1，地方政府违约；case2，地方政府违约但无存贷溢价摩擦。

比较图6－6和图6－7可以清楚地看到，在违约冲击发生的条件下，银行自身行为造成的存贷溢价摩擦无论在传导路径还是影响程度上都扮演了最为重要的作用，金融加速器效应只是对该影响进行放大，且放大的影响程度有限。

三、政策应对

在上面的分析中，本章注意到在没有出现违约的条件下，严控房地产需求导致的房价和地价下降，会降低地方政府的抵押融资额，进而通过金融中介的存贷溢价摩擦使得贷款利率下降，降低非基建部门的融资成本，带来非基建部门投资和产出的上升。而如果房价带来的地价下降，导致的地方政府收入下降，出现债务违约，这直接造成金融中介资产的损失，使得金融中介减少贷款和提高贷款成本，带来整个社会的信用紧缩，使得各个部门产出大幅下降。在各种冲击对经济波动的影响中，与金融中介的资产负债表直接相关的存贷溢价摩擦发挥了最为重要的作用。

在我国地方政府债务高企的情况下，需要做好应对准备，以防止房价调控引发地方政府违约，带来产出的大幅下降。那么如何在地价下降时不引发地方政府的违约？或者采用怎样的政策来降低违约对银行资产负债表的负面影响就变得尤为重要。

为了稳妥处理地方政府债务问题，强化风险防控，守住不发生系统性金融风险的底线，本着“坚决遏制增量、稳妥化解存量”的原则，2014年10月2日国务院印发了《关于加强地方政府性债务管理的意见》，首次提出“对甄别后纳入预算管理的地方政府存量债务，各地区可申请发行地方政府债券置换”。2015年财政部下发了《关于对地方政府债务实行限额管理的实施意见》，该意见允许地方政府利用三年左右的过渡期发行债券，将其债务存量中的14.34万亿元的短期高利率债务置换为长期低利率的债务，在该文件的指引下，2015年至2018年，各地政府共发行了12.2万亿元的地方政府置换债，平均每年约置换3万亿元。[①] 债务置换在不增加政府债务余额的情况下，优化债务结构，降低了地方政府利息负担，缓解支出压力，避免了部分地方债务违约的情形出现。但在此过程中，金融中介购买置换债在利率和收益方面必然承受损失，实质上债务置换将财政风险部分转移至金融风险。

图6－8的case2即通过债务置换并限制地方政府借贷来应对外来负向冲击。一方面，通过债务置换，将即将到期的贷款转换为时限更长的新发债券，以延缓违约爆发的时间；另一方面，除已有债务之外，限制地方政府新增债务。在采取这些措施之后，金融中介可以减少当期坏账，大幅减少净资产损失。但是，尽管债务置换避免了地方政府违约的直接发生，地方政府债务还是存在“部分违约”，即在短期贷款转换为长期债券的过程中，金融中介损失了利息，金融中介净资产仍然受损。故存贷溢价有小幅上升，非基建部门投资小幅下降。债务置换后，尽管地方政府借贷受到限制，但相较于违约仍然能获得部分融资，基建支出下降幅度减小，基建部门产出下降幅度大幅减小。可以看到，尽管债务置换和限制借贷已经在很大程度上缓解了负向冲击对经济波动的影响，但这种“部分违约”仍然给金融部门带来损失，导致了整个社会的信用紧缩和产出下降。

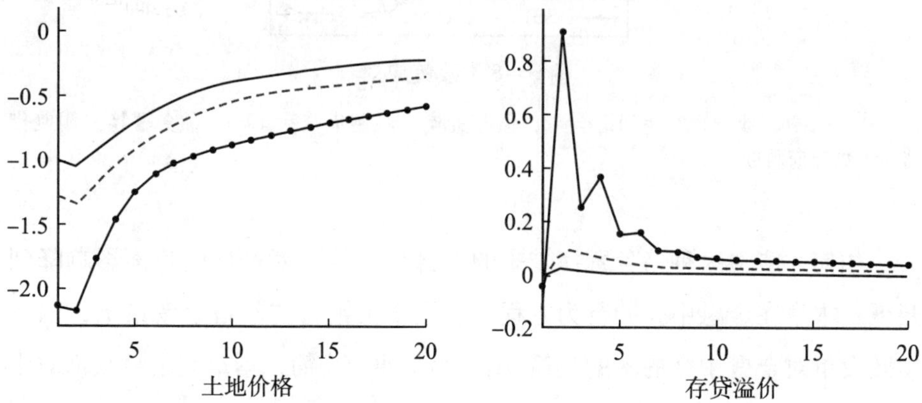

① 根据Wind数据库整理。

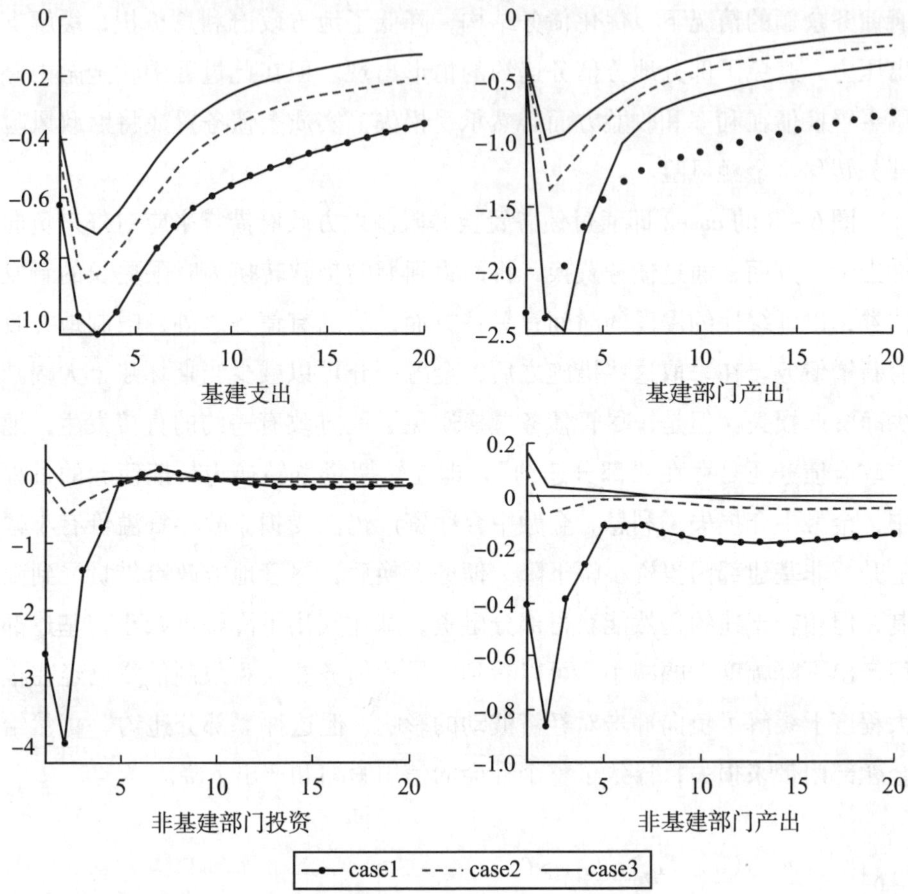

图6-8 政策应对

注：case1，地方政府违约；case2，债务置换+限制借贷；case3，债务置换+限制借贷+中央政府救助。

如何才能将这种债务置换带来的“部分违约”对产出的负面影响降到最低？本章在金融中介的行为方程中引入中央银行的准备金政策 τ_t，以及财政政策对金融中介的救助政策 tre_t。为了便于化简，本章假定财政部对中央银行的救助政策提供的资金为当期存款的某一比例 υ_t，这样式（6.12）变为：

$$\Omega_t^b = tre_t + (1-\tau_t)d_t + R_t^b B_{t-1}^b - R_{t-1}d_{t-1} - B_t^b - S_t(B_t^b) - \zeta_t$$
$$= (1-\tau_t+\upsilon_t)d_t - \zeta_t + R_t^b B_{t-1}^b - R_{t-1}d_{t-1} - B_t^b - S_t(B_t^b) \quad (6.49)$$

对应的限制约束式（6.14）变为：

$$(1-\varphi_b)(B_t^b - \zeta_{t+1}) \leqslant B_t^b - d_t - \zeta_{t+1} + tre_t \quad (6.50)$$

$$(1-\varphi_b)(B_t^b - \zeta_{t+1}) \leqslant B_t^b - (1-\upsilon_t)d_t - \zeta_{t+1} \quad (6.51)$$

$$(1-\upsilon_t)d_t \leqslant \varphi_b(B_t^b - \zeta_{t+1}) \quad (6.52)$$

金融中介最大化目标函数，化简后得到存贷溢价摩擦为：

$$\beta_b \mathrm{E}_t\left[\frac{\Omega_t^b}{\Omega_{t+1}^b}(R_{t+1}^b - R_t)\right] = (1-\varphi_b-\upsilon_t)\lambda_{b,t}\Omega_t^b + \left[\frac{\partial S_t(B_t^b)}{\partial B_t^b} + \tau_t - \upsilon_t\right] \quad (6.53)$$

在上面的分析中，存贷溢价摩擦在外部冲击影响经济波动中扮演了最核心的作用，因此在基准利率不能调整的情况下，减少存贷溢价的变动至关重要。结合式（6.53），在外部冲击导致利差扩大的背景下，降低准备金或者利用财政政策来补充银行自有资金的损失，将能够显著降低外部冲击导致的存贷溢价上升。

对此，case3 在 case2 的基础上，增加中央政府对金融中介的财政救助，以此弥补金融中介受到的损失，从而降低存贷溢价波动。此时，在同样的房价需求冲击下，存贷溢价下降很少，相比于其他情形（case1 和 case2），金融中介贷款成本上升较少，无论对基建部门还是非基建部门的投资影响都减弱。由于负向房地产需求冲击的挤出效应，家庭对非基建部门产品的需求上升，非基建部门产出略有上升。

第六节　结论和总结

本章基于中国宏观经济的特征事实，建立了一个多部门的动态随机一般均衡模型，引入地方政府的土地财政行为，将房价变动与地方政府的偿债能力联系起来，从一般均衡的角度分析了房价调控对宏观经济波动的影响。同时，针对如何实现房价调控和地方政府债务风险的平衡，本章进行了反事实分析，有助于理解当下房价调控的作用路径和影响效果。通过上述研究，本章发现房价下降会导致地价下降，由于地方政府依赖土地出让和土地抵押借贷为自己的开支筹集资金，地价下降导致地方政府收入减少。如果地方政府收入减少没有触发地方政府违约，那么地方政府收入减少将降低基建部门产出，导致总产出下降；同时地价下降还会降低地方政府抵押借贷额，使得金融中介流向地方政府的资金减少，导致金融部门的存贷溢价下降，进而降低了其他部门从金融部门获得贷款的成本，带来非基建部门投资上升、产出扩张。但如果地价下降降低了地方政府收入，并且导致地方政府无法偿还从金融部门获得的贷款，那么由此带来的债务违约将导致金融部门资产受到损失，大幅减少金融部门贷款数量，使得贷款利率大幅上升，从而整个经济中所有部门获得资金的成本急剧上升，并通过金融加速器效应的放大，导致经济中所有部门的投资和产出大幅下降。进一步的政策分析表明，在采取债务置换避免地方政府违约的同时，应使用财政资金补充银行资本金或者降低银行准备金率，以此稳定金融中介资产负债表，降低基准贷款利率，才能将房价调控对经济的负面影响程度降到最低。与之前的研究相比，本章存在以下几点创新。

首先，本章首次在一个多部门的动态随机一般均衡模型中，将房价与地方政府偿债能力联系起来并对地方政府的债务问题进行了讨论。地方政府的债务问题，一直是房价调控不可回避的焦点问题，已有研究更多的是定性分析且缺乏系统性。对此，本章通过在一个多部门的动态随机一般均衡模型中引入地方政府的土地财政行为，将房价如何影响地价，地价变动如何影响地方政府的偿债能力，进而对地方政府和金融中介的行为产生影响结合起来，梳理了房价与地方政府债务的影响路径，并对决定两者关系的关键因素进行了探讨。

其次，房价调控如何影响经济波动，现有的研究更多的是定性分析，本章首次构建了一个多部门的动态随机一般均衡模型，从一般均衡的角度，对房价调控影响经济波动的各个渠道进行了刻画，并讨论了包括地方政府抵押借贷、金融中介存贷溢价摩擦、外部融资溢价摩擦等各个因素在这其中的作用。这对于理解当前房价调控的作用路径和影响效果，具有重要的现实意义，也为相关政策的制定提供了依据。

最后，在经济增速下降，地方政府债务高企的背景下，房价调控很可能触发地方政府违约，带来系统性金融风险。如何在稳定房价使得资金流向制造业部门的同时，不触发地方政府债务的违约？本章在通过模型分析理清相关思路的基础上，尝试对该问题进行了回答，并提出了相关的对策建议。

第七章

保房价还是稳汇率

在第六章的研究中，我们在封闭经济下，讨论了房价调控和地方债务风险的联动以及如何实现最优的政策搭配。由于金融全球化的不断推进和中国金融开放程度的进一步扩大，也需要从开放宏观角度出发，进一步分析汇率稳定和房价调控之间的联系和冲突，以及在目标冲突下的取舍问题。

2021 年 11 月，美国宣布退出新冠肺炎疫情下的量化宽松以来，美联储进入加息周期。截至 2023 年 2 月，美联储已经加息八次，联邦基金利率从 0% ~0.25% 的区间上升到 4.50% ~4.75% 的水平，达到 2008 年国际金融危机以来的最高水平。[①] 在全球金融一体化的今天，美联储的政策具有非常强的外溢性，其加息会对新兴经济体的货币政策的独立性产生直接的冲击。随着中国金融开放程度的不断提高，美联储利率上升使得资本从中国大量流出，中国的外汇储备由 2022 年初的 3.8 万亿美元几个月内迅速降至年底的 3.3 万亿美元，在 2022 年 9 月份外储规模甚至一度跌至 3 万亿大关；与此对应，人民币汇率也从 2022 年初的 6.3 大幅贬值至 2022 年底的 7.0 水平。[②] 为了降低美联储对汇率和资本流动带来的冲击，一种政策是加强资本管制，这与当前扩大金融业开放的政策导向相背离；另一种是紧跟美联储提高利率，实行紧缩性的货币政策。需要提到的是，过去十几年中国一、二线城市房价大幅上涨，在此背景下，如果国内加息采用紧缩性的货币政策，势必会影响房地产的发展，一些学者担心这样会刺破房地产的泡沫，重创宏观经济。那么是否应该保房价而放弃汇率稳定呢？

对此，本章建立了一个小国开放经济模型，模型中引入了地方政府的土地财政行为，同时为了分析债务美元化对经济的影响，我们假定政府持有一部分国外债务，并引入了金融加速器效应。文中的数值模拟结果表明，在资本自由流动的情形下，美联储加息会导致资本外流和汇率贬值。

---

① 根据 Wind 数据库整理。

② 根据国家统计局网站数据整理。

如果货币政策当局提高利率遏制资本外流，会直接降低居民对住房的需求，以及对非房地产部门的投资。由于房地产和非房地产部门的生产都需要土地，在土地出让收入进入地方政府预算约束的背景下，土地需求减少带来的土地价格下降会使得地方政府的收入下降。这样通过地方政府的土地财政行为，使得基建支出减少，进而导致 GDP 的下降。如果为了稳定房价，则需要汇率贬值以应对外部冲击。汇率贬值虽然对出口有正面影响，但在企业存在外国债务的时候，汇率贬值提高了企业的名义债务存量，这会使得企业的净值下降。企业净值下降会通过金融加速器效应影响企业的外部融资成本，进而对企业的投资和生产产生负面影响。企业持有的外国债务越多，汇率贬值带来的负面影响越大。将这两种情形进行对比后发现，稳汇率时利率上升直接导致投资下降，并且利率上升导致的房价下降和地价下降，会通过地方政府的土地财政行为放大对 GDP 的负面影响，因而从对 GDP 或投资的影响来看，保房价优于稳汇率。

本章的部分安排如下：第一节总结和指出已有研究的不足，并通过定性分析说明“保房价”还是“稳汇率”的两难困境；第二节搭建本章的模型框架；第三节对参数进行校准，并说明本章模型的传导渠道和作用机制；第四节进行脉冲分析；第五节对本章的研究内容进行总结，说明本章研究的贡献。

第一节　文献回顾与评述

现有文献对是否应该稳定汇率和房价调整的相关问题有着大量的研究，但是大多只强调二者中的一个，没有将房价调整和稳定汇率放到同一个框架下进行讨论。支持稳汇率的学者认为人民币大幅贬值将导致资本外流，这一方面将影响人民币国际化的进程，另一方面汇率贬值将恶化具有美元外债的国内企业的资产负债表，从而影响宏观经济的稳定。现有文献对开放经济中，一国存在负债美元化时，应该采用稳定汇率即固定汇率还是让汇率自由浮动应对外部冲击进行较多的探讨。塞斯佩德斯等（Cespedes et al.，2004）将伯南克等（1999）的金融加速器推广到开放经济中，并考虑新兴经济国家存在负债美元化，重新讨论了不同汇率制度抵御外部冲击的优劣，其结果表明尽管负债美元化放大了稳定汇率的收益，但浮动汇率制仍在总的福利上优于固定汇率制。在此基础上，基于二阶的福利分析，部分研究发现企业负债美元化的存在极大地提高了稳定汇率下的社会福利水平，外债比例在一定水平下可得到固定汇率优于浮动汇率的福利排序（Elekdag and Tchakarov，2007）。梅冬州和龚六堂（2011）在一个存在金融加速器的小国开放经济模型中，分析了资产型货币错配的存在如何影响一国经济波动和汇率制度的选择。类似的，国际借贷的外部性和信贷摩擦对发生金融危机时汇率是否需要贬值的选择影响很大（Fornaro，2015），并且实际汇率对国际借贷约束的渠道主要包括净值效应和杠杠比率效应（Cespedes et al.，2017），汇率的贬值通过影响国内金融部门和企业的净值直接冲击宏观经济。针对新兴市场，亦有研究认为其国际借贷具有负的外部性，加上外币债务偿还具有顺周期性，因此宏观经济将陷入汇率贬值加大债务偿还金额、国际资本外逃加重、汇率更加贬值的恶性循环（Korinek，2018）。可见，在这些研究中，国内金融摩擦程度和负债美元化对一国汇率制度选择的影响很大。特别是对于新兴经济体，全球金融一体化与新兴经济体金融市场的不完备性相结合，削弱了货币政策应对外部冲击的能力（Obstfeld，2015）。而格特勒等（2007）建立了一个带有金融加速器的小国模型来模拟1997年到1998年金融危机中的韩国产出变动，发现金融市场的不完备可以解释产出下降幅度的一半。基于这些研究，一些学者认为不应任由人民币汇率贬值，应当提高资本管制或者跟随美联储加息以遏制资本外流，从而维持汇率的稳定。

然而，其他学者却认为应弃汇率而保房价，其原因在于我国房地产业与宏观经济联系紧密，房价下降对宏观经济影响巨大。如果为了稳定人民币汇率，我国央行提高利率采用紧缩性的货币政策，则有可能刺破房地产泡沫，触发系统性金融风险。但是，为什么房地产业会与宏观经济如此紧密地绑定在一起呢？一些学者注意到房地产通过与银行信贷的紧密联系增加了其与宏观经济的联动性。方意（2015）构建了包含银行部门的宏观经济学模型以分析货币政策和房地产价格冲击对银行风险承担行为的影响，研究表明房价上涨冲击，主要导致银行主动风险承担的增加。何青等（2015）通过一个包含价格刚性和抵押约束的动态随机一般均衡模型，深入分析了房地产市场与宏观经济波动之间的关系，研究发现房地产业和抵押约束的相互影响放大了各类经济冲击的影响，并成为驱动经济波动的重要因素。文凤华等（2012）探讨了房地产市场波动对金融脆弱性的影响，研究发现房地产价格和金融脆弱性具有双向的因果关系，且银行部门对房价冲击的反应更为敏感。由于房地产、住房贷款以及宏观经济的紧密联系，侯成琪和龚六堂（2014）建立了一个多家庭、多部门动态随机一般均衡模型，福利分析表明我国的货币政策应该考虑真实住房价格的变化。除此之外，许多学者关注到了土地财政在其中的特殊作用。一直以来，许多学者对土地财政如何影响房地产市场与宏观经济等问题进行了研究。事实上，自 2000 年以来，地方政府从土地出让与抵押中获得的收入是其最主要的收入来源。而地价与房价同步，由此导致地方政府有动机推动房价的上涨。张双长和李稻葵（2010）发现地方政府对土地财政的依赖程度与房价呈现同向变动，证实了地方政府具有为增收而促进房价上涨的动机。宫汝凯（2012）认为，面对财政收入与“GDP 考核观”的双重激励，地方政府为增收而产生卖地的冲动。地方政府一方面推高地价，另一方面保持高房价，共同促使房价持续高涨。以上大多为实证研究，现有少量的文献从一般均衡框架出发分析土地财政对房价和宏观经济的影响。高然和龚六堂（2017）在一个动态随机一般均衡模型框架中刻画了土地财政在宏观经济波动传导中的作用，发现土地财政的存在加大了房地产的波动，同时通过将房地产波动传导到实体经济而放大宏观经济的波动。梅冬州等（2018）将地方政府的土地出让行为和支出结构嵌入一个包含金融加速器的多部门动态随机一般均衡模型，分析了房价与 GDP 绑定的渠道和机制，其研究表明地方政府土地出让行为、地方政府对基础设施投资的偏好以及金融加速器效应放大了房价对投资和整个经济的影响。由此可见，在土地财政这一特殊背景下，房价与宏观经济紧密绑定在一起，使政策决策者陷入“控房价”和“稳增长”难以取舍的政策困境。

综上所述，无论是“弃房价而稳汇率”还是“弃汇率而保房价”，都各有利弊，这也造成宏观经济政策选择的两难。现有文献虽然也对其中的一方面或者一些问题进行分析，但是很少在一般均衡的框架下将两方面同时考虑，从而定量地比较这两种政策选择的利弊，并找出其中的关键影响因素。

第二节　理论模型

本章在伯南克等（1999）的 BGG 模型中引入房地产和非房地产部门，同时为了刻画土地财政，引入了地方政府，并将其推广到小国开放经济中。模型中地方政府是土地的唯一供给方，房地产和非房地产部门进行生产以及地方政府进行基础设施建设都需要土地。模型中主要包含六类经济主体：家庭、金融中介、资本品生产商、房地产部门、非房地产部门和地方政府。此外，为了引入价格粘性，还引入了零售商。

一、代表性家庭

遵循标准宏观模型设定的范式，代表性家庭生存无限期，每期选择购买消费品 C_t、住房 h_t，提供劳动 N_t 并持有一定的货币，来最大化终身效用：

$$E_0 \sum_{t=0}^{\infty} \beta^t \left[\frac{C_t^{1-\sigma}}{1-\sigma} + \chi \ln \frac{M_t}{P_t} + j_t \ln h_t - \kappa \frac{N_t^{1+\varphi}}{1+\varphi} \right] \tag{7.1}$$

其中，E 表示预期，M_t 是货币持有量，P_t 是价格水平，则 M_t/P_t 为居民持有的实际货币余额。σ 是家庭的风险厌恶系数，β 为贴现因子，j_t 为房地产需求冲击（Iacoviello，2005），劳动供给弹性是 φ 的倒数，参数 $\chi > 0$，$\kappa > 0$，分别刻画了实际货币余额和提供劳动对居民福利的影响。与开放经济模型的标准设定一样，C_t 是居民消费的一单位复合商品，由国内商品 $C_{H,t}$ 和进口的国外商品 $C_{F,t}$ 以 CES 形式复合而成：

$$C_t = [\alpha_1^{1/\rho_1}(C_{H,t})^{(\rho_1-1)/\rho_1} + (1-\alpha_1)^{1/\rho_1}(C_{F,t})^{(\rho_1-1)/\rho_1}]^{\rho_1/\rho_1-1} \tag{7.2}$$

参数 α_1 反映一国居民对本国商品的偏好，α_1 越大消费品中消费本国商品的比重越高，进口的国外消费品越低，ρ_1 衡量了国内外消费品的替代弹性。该经济自由贸易一价法则成立，S_t 是两国货币在 t 期的名义汇率，国外商品的价格为 $P_{F,t}^*$，这样 F 国商品在 H 国的价格满足 $P_{F,t} = S_t P_{F,t}^*$。$P_{c,t}$ 是国内消费品的价格，最小化一单位复合消费品的支出，得到一单位复合商品的价格水平和相应的需求方程为：

$$P_t = [\alpha_1 P_{c,t}^{1-\rho_1} + (1-\alpha_1) P_{F,t}^{1-\rho_1}]^{1/1-\rho_1} \tag{7.3}$$

$$\frac{C_{H,t}}{C_{F,t}} = \left(\frac{\alpha_1}{1-\alpha_1}\right)\left(\frac{P_{c,t}}{P_{F,t}}\right)^{-\rho_1} \tag{7.4}$$

代表性家庭向房地产部门和非房地产部门两个部门分别提供劳动 $n_{h,t}$ 和 $n_{c,t}$，这样总的劳动供给由两者复合而成（Iacoviello，2010）：

$$N_t = [(n_{h,t})^{1+\xi} + (n_{c,t})^{1+\xi}]^{1/1+\xi} \tag{7.5}$$

两个部门的劳动在消费者效用函数中存在异质性，我们用 ξ 进行刻画。ξ 越大，两个部门劳动力替代弹性越大，当 ξ 等于 0 时，两个部门的劳动完全替代。

居民每期提供劳动获取工资报酬，加上上一期储蓄和持有外国债券带来的利息，将所获得的这些收入用于对一般商品的消费，增加新的住房需求，并将剩下一部分存在金融中介机构产生 D_t，另一部分借贷给国外以债券形式持有 B_t，同时还要向中央政府上交一次性总赋税 T_t。参考一般的设定，持有外国债券存在二次型调整成本[①]。这样家庭的预算约束为：

$$P_tC_t+Q_{h,t}[h_t-(1-\delta)h_{t-1}]+D_t+S_tB_t+M_t$$
$$=W_{c,t}n_{c,t}+W_{h,t}n_{h,t}+R^n_{t-1}D_{t-1}+R^{n*}_{t-1}S_tB_{t-1}+P_t\frac{\psi}{2}(B_t-\bar{B})^2+M_{t-1}+\Pi_t-T_t \tag{7.6}$$

定义家庭在预算约束式中的拉格朗日乘子为 λ_t，家庭在约束下，最大化其目标函数，整理得到下面的最优性条件：

$$\lambda_t=1/P_tC_t^\sigma \tag{7.7}$$

$$\beta E_tR_t\lambda_{t+1}=\lambda_t \tag{7.8}$$

$$0=E_t\beta(1-\delta_h)Q_{h,t+1}\lambda_{t+1}+\frac{j_t}{h_t}-Q_{h,t}\lambda_{t+1} \tag{7.9}$$

$$\frac{W_{h,t}}{P_tC_t^\sigma}=\kappa_tN_t^\varphi(\gamma_nN_t)^{-\xi}(n_{h,t})^\xi \tag{7.10}$$

$$\frac{W_{c,t}}{P_tC_t^\sigma}=\kappa_tN_t^\varphi[(1-\gamma_n)N_t]^{-\xi}(n_{c,t})^\xi \tag{7.11}$$

$$E_t\left\{\frac{1}{P_{t+1}C_{t+1}^\sigma}\left[R_t^n(1-\psi\frac{P_t}{S_t}(B_t-\bar{B}))-\frac{S_{t+1}}{S_t}R_t^{*n}\right]\right\}=0 \tag{7.12}$$

式（7.8）是家庭消费的欧拉方程，决定居民的消费和储蓄行为；式（7.9）为居民对房地产需求的最优性条件；式（7.10）和式（7.11）分别是家庭在房地产和非房地产部门的劳动供给方程，式（7.12）是开放经济中未抵补的利率平价。

二、金融中介

为了分析金融市场不完备在经济波动中的作用，我们在模型中引入风险中性的金融中介。居民每期将剩余收入存入金融中介，以获得无风险利

① 为了避免效果模型中世界利率外生给定造成的单位根过程，参考施密特和乌里韦（Schmitt - Grohé and Uribe，2003），我们做如此设定。

率带来的收益，金融中介将这些存款借贷给企业家。在信贷市场信息不对称存在摩擦的情况下，与伯南克等（1999）的标准假设一样，借贷双方制定契约：当企业的收益大于一定界限时，企业以约定的利率归还银行贷款及相应的利息，而如果企业经营失败或隐瞒收益，金融中介就会对企业审查清算，企业剩余资产为金融中介所有，审查要耗费一定的成本。当企业自有资产很少，企业有很强的动力申请破产或违约，这给金融中介造成的审计成本和损失很大，故为达到资金供求平衡，金融中介会在借贷时对这类企业家要求更高的偿还利息①。由此我们可以得到金融中介的名义贷款利率为：

$$R_{j,t+1}^{d}=\eta_{j,t}R_{t}^{n}=f(B_{j,t}/NW_{j,t})R_{t}^{n},\ j=h,\ n,\ f(0)=1,\ f'(.)>0 \tag{7.13}$$

其中，$R_{j,t+1}^{d}$是 $t+1$ 期 j 部门企业借贷需要偿还给金融中介的名义贷款利率，$NW_{j,t}$是 t 期末 j 部门企业拥有的净资产，$B_{j,t}$是 t 期末 j 部门企业向金融中介融资所得，$B_{j,t}/NW_{j,t}$即为 t 期末 j 部门企业的杠杆率。在信贷市场完备的情况下，企业从银行借贷的贷款利率与内部融资成本相等，等于无风险利率 R_{t}^{n}。在存在金融市场不完备时，$\eta_{j,t}=f(.)$ 表示金融中介信贷的风险溢价，$f(0)=1$ 表示企业对外借贷为 0，完全依赖自有资金融资时，融资成本即为无风险利率。由 $f'(.)>0$ 可知，只要企业需要外部融资，就会存在外部融资溢价，当企业的净值很少，主要依靠外部融资时，企业家外部融资的风险溢价很高。定义风险溢价弹性系数 u，即杠杆率变动一个百分点带来风险溢价 $f(.)$ 上升 u 个百分点，u 越大企业杠杆率变动一单位带来的风险溢价上升越多。

三、生产部门

（一）房地产部门

房地产企业风险中性，在区间［0，1］连续分布，代表性房地产企业

① 具体分析见伯南克等（Bernanke et al.，1999），格特勒等（Gertler et al.，2007）。

t 期末购买用于下一期生产的资本品 $K_{h,t}$，购买的资金一部分来源于在 t 期末拥有实际净资产数量 $NW_{h,t}$，另一部分从国内金融中介借贷 $B^H_{h,t}$和国外金融中介 $B^F_{h,t}$。记 t 期资本实际价格为 Q^k_t，由于国内和国外商品计价单位不同，因此将外国资产负债用实际汇率（$e^r_t = S_t P^*_t / P_t$）进行换算，这样得到：

$$B^H_{h,t} + e^r_t B^F_{h,t} + NW_{h,t} = Q_{k,t} K_{h,t} \tag{7.14}$$

式（7.14）是对企业家资产负债表的一个简单刻画，等式的左边是企业负债和企业净值，等式右边是企业家资产。企业家负债由国内和国外两部分构成，由于两国货币计值单位不同，在债务数额不变的情况下，实际汇率的变化影响企业的总负债。企业生产房地产除需要资本外，每期还雇佣劳动 $n_{h,t}$和购买土地 $L_{h,t}$，相应的生产函数如下：

$$Y_{h,t} = [\gamma_h^{1/\rho_h}(A_{h,t}K^{\psi_h}_{h,t-1}n^{1-\psi_h}_{h,t})^{(\rho_h - 1/\rho_h)} + (1-\gamma_h)^{1/\rho_h}(L_{h,t})^{(\rho_h - 1/\rho_h)}]^{(\rho_h/\rho_h - 1)} \tag{7.15}$$

式（7.15）呈现的生产函数与一般的生产函数的区别在于以 CES 形式加入了土地。其中，$A_{h,t}$是房地产部门的技术进步率，$\gamma_h \in (0,\ 1)$ 是均衡时除土地以外的要素在总的要素份额中的比重，γ_h 越大说明土地在生产函数中起到的作用越小；ψ_h 是除土地外的要素中资本所占的份额；ρ_h 衡量了其他要素对土地的替代弹性，ρ_h 越小表明其他要素对土地的替代性越弱。相比于非房地产部门，土地在房地产部门需要的投入更多，γ_h 更小；相比于其他要素，土地在房地产部门中的专用性更强，ρ_h 更小。

房地产部门不存在价格粘性，为了方便分析，我们设定资本的实际拥有者每期使用完资本，会在期末对折旧后的资本重新估价，卖给资本品生产商。这样企业购买使用一单位资本的收益除了资本的边际产出外，还包括资本价格上升带来的资本利得。此时，资本的实际收益率为：

$$E_t R^k_{h,t+1} = E_t\left[\frac{q_{h,t+1}}{P_{t+1}} \frac{\partial Y_{h,t+1}}{\partial K_{h,t}} + (1-\delta) Q^k_{t+1}\right] \Big/ Q^k_t \tag{7.16}$$

$$\frac{\partial Y_{h,t}}{\partial K_{h,t-1}}=\psi_h\left(\frac{\gamma_h Y_{h,t}}{A_{h,t}K_{h,t-1}^{\psi_h}n_{h,t}^{1-\psi_h}}\right)^{1/\rho_c} K_{h,t-1}^{\psi_h-1}n_{h,t}^{1-\psi_h} \tag{7.17}$$

生产商最小化成本，$P_{L,t}$是土地的价格，可以得到：

$$w_{h,t}=\frac{q_{h,t}}{P_t}\frac{dY_{h,t}}{dn_{h,t}} \tag{7.18}$$

$$\frac{\partial Y_{h,t}}{\partial n_{h,t}}=A_{h,t}(1-\psi_h)\left(\frac{\gamma_h Y_{h,t}}{K_{h,t-1}^{\psi_h}n_{h,t}^{1-\psi_h}}\right)^{1/\rho_c} K_{h,t-1}^{\psi_h}n_{h,t}^{-\psi_h} \tag{7.19}$$

$$P_{L,t}=\frac{q_{h,t}}{P_t}\frac{\partial Y_{h,t}}{\partial L_{h,t}} \tag{7.20}$$

$$\frac{\partial\ Y_{h,t}}{\partial\ L_{h,t-1}}=\left[\frac{(1-\gamma_h)Y_{h,t}}{L_{h,t}}\right]^{1/\rho_h} \tag{7.21}$$

$$mc=\left[\gamma_h(mc1)^{(1-\rho_h)}+(1-\gamma_h)(P_{L,t})^{(1-\rho_h)}\right]^{1/(1-\rho_h)} \tag{7.22}$$

$$mc1=\psi_h^{-\psi_h}(1-\psi_h)^{-(1-\psi_h)}(R_{c,t+1}^k)^{\psi_h}(w_{h,t})^{1-\psi_h}(A_{h,t})^{-1} \tag{7.23}$$

式（7.18）和式（7.20）分别是房地产部门企业对劳动和土地的需求方程，式（7.22）是房地产部门一单位产出的边际成本。房地产企业 t 期末从投资中获得回报，同时偿还贷款利息，剩余的部分（$1-\phi_h$）用于消费，这样房地产企业的净值积累方程满足：

$$NW_{h,t}=\phi_h\left[R_{h,t}^k Q_{k,t-1}K_{h,t-1}-E_t\left(\frac{R_{h,t-1}^d}{\pi_t}B_{h,t-1}^H\right)-E_t\left(e_t^r\frac{R_{h,t-1}^{*d}}{\pi_t^*}B_{h,t-1}^F\right)\right] \tag{7.24}$$

可以看到，资产价格 Q_t^K、资本实际收益 $R_{h,t}^k$和实际汇率 e_t^r 的变动均会影响房地产企业净值。当资产收益下降或者借贷利率上升时，企业家净值会下降，观察式（7.13）我们可以知道这会带来企业融资风险溢价 $f(.)$ 的上升，一方面企业的投资成本随之增大，另一方面企业下一期需要偿还的贷款利息增加，综合作用下企业净值会进一步下降。这样循环下去，一个初始的冲击通过影响企业的外部融资成本，带来投资和产出的大幅下降，产生“金融加速器”效应。

（二）非房地产部门

在本章的模型中非房地产企业与房地产企业存在以下几个方面的不

同：第一，非房地产企业存在价格粘性；第二，在生产函数具体的参数构成中，非房地产企业相比于房地产企业对土地的依赖要低，其他要素对土地的替代弹性也较强。为节省篇幅，本章对于非房地产企业的基本行为方程，在不影响理解的情况下，进行简要的概述。

同样的，非房地产企业在 t 期末自身拥有的实际净资产数量为 $NW_{c,t}$，并向国内金融中介借贷 $B^H_{c,t}$ 和国外金融中介 $B^F_{c,t}$。以此用于购买下一期生产所需要的资本品 $K_{c,t}$。这样得到：

$$B^H_{c,t} + e^r_t B^F_{c,t} + NW_{c,t} = Q_{k,t} K_{c,t} \tag{7.25}$$

非房地产企业生产函数如下：

$$Y_{c,t} = [\gamma_c^{1/\rho_c}(A_{c,t}K^{\psi_c}_{c,t-1}n^{1-\psi_c}_{c,t})^{(\rho_c-1/\rho_c)} + (1-\gamma_c)^{1/\rho_c}(L_{c,t})^{(\rho_c-1/\rho_c)}]^{(\rho_c/\rho_c-1)} \tag{7.26}$$

其中，$n_{c,t}$ 为企业每期雇佣的劳动，$L_{n,t}$ 是购买的土地，$A_{c,t}$ 是非房地产部门的技术进步率。$\gamma_c \in (0, 1)$ 是均衡时除土地以外的要素在总的要素份额中的比重，ψ_c 是除土地外资本所占的要素份额，ρ_c 衡量了其他要素对土地的替代弹性。

非房地产部门存在价格粘性，为此我们在模型中引入零售商。零售商先以批发价向非房地产企业购买其生产出的商品，随后将这些商品分类加工后再以零售价格 P_t 卖出，我们用 X_t 表示零售价格和批发价格之比（$X_t > 1$），那么非房地产企业批发商品给零售商的价格就为 P_t/X_t。与房地产企业一样，非房地产企业使用一单位资本得到的收益由资本的边际产出和资本价格变动的利得构成，这样非房地产资本的实际收益率为：

$$E_t R^k_{c,t+1} = \frac{E_t\left[\frac{1}{X_{t+1}}\frac{\partial Y_{c,t+1}}{\partial K_{c,t}} + (1-\delta)Q^k_{t+1}\right]}{Q^k_t} \tag{7.27}$$

$$\frac{\partial Y_{c,t}}{\partial K_{c,t-1}} = A_{c,t}\psi_c\left(\frac{\gamma_c Y_{c,t}}{K^{\psi_c}_{c,t-1}n^{1-\psi_c}_{c,t}}\right)^{1/\rho_c} K^{\psi_c-1}_{c,t-1}n^{1-\psi_c}_{c,t} \tag{7.28}$$

非房地产生产商成本最小化，可以得到下列方程：

$$w_{c,t} = \frac{1}{X_t} \frac{\partial Y_{c,t}}{\partial n_{c,t}} \tag{7.29}$$

$$\frac{\partial Y_{c,t}}{\partial n_{c,t}} = A_{c,t}(1-\psi_c)\left(\frac{\gamma_c Y_{c,t}}{K_{c,t-1}^{\psi_c} n_{c,t}^{1-\psi_c}}\right)^{1/\rho_c} K_{c,t-1}^{\psi_c} n_{c,t}^{-\psi_c} \tag{7.30}$$

$$P_{L,t} = \frac{1}{X_t} \frac{\partial Y_{c,t}}{\partial L_{c,t}} \tag{7.31}$$

$$\frac{\partial Y_{c,t}}{\partial L_{c,t-1}} = \left(\frac{(1-\gamma_c)Y_{c,t}}{L_{c,t-1}}\right)^{\frac{1}{\rho_c}} \tag{7.32}$$

非房地产企业 t 期末从投资中获得回报，同时偿还贷款利息，剩余的部分（$1-\varphi_h$）用于消费，得到非房地产企业的净值积累方程：

$$NW_{c,t} = \phi_h\left[R_{c,t}^k Q_{k,t-1} K_{c,t-1} - E_t\left(\frac{R_{c,t-1}^d}{\pi_t} B_{c,t-1}^H\right) - E_t\left(e_t^r \frac{R_{c,t-1}^{*d}}{\pi_t^*} B_{c,t-1}^F\right)\right] \tag{7.33}$$

四、地方政府

地方政府的行为目标与第三章一致，也是追求支出最大化。这样地方政府的目标函数为：

$$\max E_t \sum_{t=0}^{+\infty} \beta_d^t [(1-\gamma_d)\ln G_{c,t} + \gamma_d \ln G_{f,t}] \tag{7.34}$$

其中，γ_d 衡量了地方政府对基础设施建设支出的偏好程度，γ_d 越大代表地方政府越偏好基础设施建设支出。地方政府财政收入包括卖地收入和中央政府的转移支付 Rev_t。LD_t 是每期卖出的土地。需要注意的是，由于政府消费直接购买最终生产的商品，而基础设施建设支出的边际成本和收益不断下降，因此我们引入调整成本，这样政府的预算约束可以写成下面的形式：

$$G_{c,t} + P_{f,t}G_{f,t} + \frac{\phi_g}{2}\left(\frac{G_{f,t} - G_{f,t-1}}{G_{f,t-1}}\right)^2 G_{f,t-1} \leqslant P_{L,t}LD_t + Rev_t \tag{7.35}$$

与直接的消费型支出不同，基础设施建设支出需要土地和资本品，对应的生产函数是：

$$G_{f,t}=K_{d,t}^{\alpha_d}L_{d,t}^{1-\alpha_d} \tag{7.36}$$

α_d 是基础设施建设中资本投入在总的要素投入中的比重。一单位基础设施建设相对应的支出成本为：

$$P_{f,t}=MC_{f,t}=\alpha_d^{\ -\alpha_d}(1-\alpha_d)^{-(1-\alpha_d)}(R_{d,t+1}^{k})^{\alpha_d}(P_{L,t})^{1-\alpha_d} \tag{7.37}$$

定义拉格朗日乘子为 $\lambda_{g,t}$，得到地方政府选择政府消费和基础设施建设投资的最优性条件：

$$\lambda_{g,t}=\gamma_d/G_{c,t} \tag{7.38}$$

$$\gamma_d/G_{f,t}-\lambda_{g,t}P_{f,t}\left[1+\phi_g\left(\frac{G_{f,t}-G_{f,t-1}}{G_{f,t-1}}\right)\right]$$
$$-\lambda_{g,t+1}\phi_g P_{f,t+1}\left[\frac{1}{2}\left(\frac{G_{f,t}-G_{f,t-1}}{G_{f,t-1}}\right)^2-\frac{G_{f,t+1}}{G_{f,t}}\left(\frac{G_{f,t+1}-G_{f,t}}{G_{f,t}}\right)\right]=0 \tag{7.39}$$

五、资本品生产商

参考标准动态随机一般均衡模型（Christiano et al.，2007；Christensen and Dib，2008）的设定，我们引入资本品生产商。t 期末资本品生产商从企业家手中购买折旧剩余的资本品 $(1-\delta)K_t$，并加以投资 I_t 来生产和积累资本品，用于下一期的生产活动，整个资本品运动过程存在一定的调整成本，参考利亚科维洛（Iacoviello，2005）的设定，我们得到资本品的变化路径：

$$K_{t+1}=(1-\delta)K_t+I_t-\frac{\phi_i}{2}\left(\frac{I_t}{K_t}-\delta\right)^2K_t \tag{7.40}$$

投资品 I_t 由 H 国的投资品 $I_{H,t}$ 和进口 F 国的投资品 $I_{F,t}$ 以 CES 形式组合而成。$P_{H,t}$ 为国内资本品的价格，$P_{F,t}$ 为国外投资品在国内的价格，I_t 的具体形式和单位投资品对应的价格为：

$$I_t=[(1-\alpha_3)^{\frac{1}{\rho_3}}(I_{H,t})^{\frac{\rho_3-1}{\rho_3}}+\alpha_3^{\frac{1}{\rho_3}}(I_{F,t})^{\frac{\rho_3-1}{\rho_3}}]^{\frac{\rho_3}{\rho_3-1}},$$
$$P_{I,t}=[(1-\alpha_3)(P_{H,t})^{1-\rho_3}+\alpha_3(P_{F,t})^{1-\rho_3}]^{\frac{1}{1-\rho_3}} \tag{7.41}$$

其中，$\rho_3>0$ 是国内投资品对国外投资品的替代弹性，$\alpha_3\in(0,1)$ 表示投资品中使用国外投资品的比例，α_3 越大投资品中使用国外投资品的比例越大。

资本品生产商在约束式（7.36）下选择投资最大化利润①，得到资本品的实际价格：

$$Q_t^k=\frac{1}{1-\phi_i(I_t/K_t-\delta)}\frac{P_{I,t}}{P_t} \tag{7.42}$$

式（7.42）中，资本价格 Q_t^k 是关于投资 I_t 的单调递增函数，即更多的投资会带来资产价格的迅速上升，投资的下降则带来资本价格的下降。

六、零售商

由上可知，考虑到非房地产部门存在价格粘性，我们需要在模型中引入零售商。参考克里斯坦森和迪布（2008）、梅冬州和龚六堂（2011）的设定，零售商在竞争的市场上从非房地产企业手中购买商品后，将产品分类形成差异，居民购买由这些差异商品构成的复合商品。每期只有 $1-\theta$ 比例的零售商可以调整价格（Calvo，1983），这样可以求解简化得到标准的新凯恩斯菲利普斯曲线：

$$\pi_{H,t}=\beta E_t\pi_{H,t+1}-\lambda x_t,\ \lambda=(1-\theta)(1-\beta\theta)/\theta \tag{7.43}$$

$$\pi_{H,t}=P_{H,t}/P_{H,t-1}-1 \tag{7.44}$$

七、市场出清条件与宏观均衡

中央政府每期利用家庭上缴的一次性总赋税和货币的发行，为自己对地方政府的转移支付融资，保持了预算的平衡：

---

① $\max\limits_{I_t}E_0\sum\limits_{t=0}^{\infty}\Lambda_t(Q_{t+1}^k-Q_t^kK_t-P_{I,t}I_t/P_t)$，折现因子 $\Lambda_t=\beta^t(C_t/C_0)^{-1}$。

$$M_t - M_{t-1} + T_t = \mathrm{Rev}_t \tag{7.45}$$

中央政府制定货币政策，假定通过调节短期利率来应对经济的变动，货币政策满足 Taylor 规则：

$$\frac{R_t^n}{R} = \left(\frac{R_{t-1}^n}{R}\right)^{\rho_r}\left(\frac{GDP_t}{GDP}\right)^{\rho_y}\left(\frac{\pi_{H,t}}{\pi_H}\right)^{\rho_\pi}\left(\frac{S_t}{S}\right)^{\rho_s}\varepsilon_{m,t} \tag{7.46}$$

其中，R、GDP 和 π 是稳态的利率、总产出水平和通货膨胀，ρ_r 反映了上期货币政策对现在的影响，ρ_y、ρ_π 和 ρ_s 均大于 0，分别是名义利率对 GDP、国内通货膨胀和名义汇率的反应系数。$\varepsilon_{m,t}$是货币政策冲击，其标准差为 $\delta_{m,t}$。ρ_s 越大代表货币政策对名义汇率的变动越敏感，当ρ_s 等于 0 时，此时货币政策不对名义汇率进行任何反应，对应浮动汇率制；当ρ_s 趋于无穷大时，此时名义汇率的任何变动都会导致利率的剧烈反应，这对应固定汇率制。

GDP 由房地产和非房地产部门的产出构成：

$$GDP_t = Y_{c,t} + (q_{h,t}/P_t)Y_{h,t} \tag{7.47}$$

市场均衡时，各个市场均满足出清条件。其中，非房地产部门生产的商品用于居民消费，投资和政府消费型支出，这样非房地产部门市场出清条件为：

$$Y_{c,t} = C_{H,t} + I_{H,t} + G_{c,t} + EX_t \tag{7.48}$$

房地产部门的产出用于满足居民新增的购房需求，对应市场出清条件为：

$$Y_h = h_t - (1-\delta)h_{t-1} \tag{7.49}$$

地方政府提供的土地，作为房地产企业、非房地产企业和政府基础设施建设类支出所必需的生产要素，土地市场对应的出清条件为：

$$L_{c,t} + L_{h,t} + L_{d,t} = LD_t \tag{7.50}$$

资本品生产商生产的资本品，是房地产企业、非房地产企业和政府基础设施建设是所必需的生产要素，这样资本品市场对应的出清条件为：

$$K_{c,t} + K_{h,t} + K_{d,t} = K_t \tag{7.51}$$

基于研究需要，参考格特勒等（2007）我们主要讨论世界利率冲击和出口冲击，这两个冲击均服从下面的 AR（1）过程，具体形式如下：

$$\ln R_t^{*n} - \ln R^{*n} = \rho_r(\ln R_{t-1}^{*n} - \ln R^{*n}) + \varepsilon_{r,t},\ \rho_r \in (0,\ 1),\ \varepsilon_{r,t} \sim N(0,\ \delta_{r,t}^2) \tag{7.52}$$

$$\ln EX_t - \ln EX = \rho_{ex}(\ln EX_{t-1} - \ln EX) + \varepsilon_{ex,t},\ \rho_{ex} \in (0,\ 1),\ \varepsilon_{ex,t} \sim N(0,\ \delta_{ex,t}^2) \tag{7.53}$$

第三节　参数校准和机制分析

一、参数校准

参考动态随机一般均衡模型求解的一般步骤，我们对模型的一阶条件进行对数线性化，然后对数值模拟中相应的参数进行赋值和估计。本章在 BGG 的“金融加速器”模型的基础上引入房地产和非房地产部门，同时还引入地方政府的土地财政行为。对此，在下面的参数赋值时，参考利亚科维洛和内里（2010）的研究，根据参数的性质和分析的需要，我们将其分成三个部分：第一，对于标准的参数我们一方面借鉴伯南克等（1999）、德弗罗等（Devereux et al.，2006）和格特勒等（2007）金融加速器模型的标准设定；另一方面，对于房地产和非房地产部门引入的参数设定问题，我们参考利亚科维洛和内里（2010）、兰贝蒂尼等（Lambertini et al.，2013）的研究。第二，对于模型中的结构性参数，如房地产投资占总投资的比重、房地产部门产出在整个 GDP 中的比重等指标，我们利用近几年中国的宏观数据进行估计。第三，对于无法确定的参数，尤其是各个冲击的标准差和自相关系数，我们参考之前的研究给出先验分布，然后利用中国宏观经济变量的时间序列数据，采用贝叶斯方法进行估计。

参数 β 和 β_G 分别是居民和地方政府的主观贴现率，我们均取 0.99[①]；资本品的年折旧率一般为 0.1，这样资本品的季度折旧率取 0.025；劳动力供给弹性的倒数 φ 一般在 1 到 2 之间，我们取 1.3；价格粘性的参数 θ 我们设为 0.75，这些参数的取值都和标准的动态随机一般均衡模型一致。为了简化处理，家庭部门的风险规避系数取 1，投资需求对边际产出的参数 ϖ 取 0.81，房地产部门和非房地产部门的消费率（$1-\varphi_h$）和（$1-\varphi_c$）均取 0.03，债券的调整成本系数 ψ 取 0.0007，这些参数的取值均来自经典的金融加速器模型（Bernanke et al.，1999；Devereux et al.，2006；Gertler et al.，2007）。参考利亚科维洛和内里（2010）对于房地产部门和非房地产部门的设定，劳动力在两个部门的异质性参数 ξ 取 0.8，住房偏好的均值 j 取 0.2（何青等，2015）。对于非房地产部门，不失一般性，土地对其他要素的替代弹性 ρ_c 取 1；而对于房地产部门，由于土地的专用性强，因此土地对其他要素的替代弹性 ρ_h 取 0.1[②]。

对于结构性的参数，结合理论模型得到的最优性条件，我们求出模型的稳态值，并将稳态点的变量用外生参数表示出来，再根据中国的现实数据得到相应变量的值，进而反推出相应的参数取值。参考许宪春等（2015）的研究，无论从支出法还是收入法，2008 年至 2019 年，房地产产出占 GDP 的份额一直在 13% ~15%，我们取均值 14%；固定资产投资占 GDP 的比例为 45% ~53%，我们取均值 50%；2008 年至 2019 年，房地产投资占总投资的比例一直维持在 19% 附近，对此模型中房地产投资占总投资的比例取 19%；参考白重恩和钱震杰（2010）的研究，劳动要素回报占总要素回报的比重取值为 45%。根据 Wind 数据库统计，2021 年广义基础设施投资占全社会固定资产投资的比例为 24%，占 GDP 的比例为 13%，政府财政支出占 GDP 的比例一直维持在 26% 的比例（张军，2012）；基于

① 无风险的季度利率为 $r^n=1/\beta$。

② 实际上只要这些数值取值在合理的范围内，它们的取值不影响模型数值模拟的结论。

此，在基准模型中，均衡时政府用于基础设施建设支出的比重 γ_d 取为 0.5。另外，2008 年至 2019 年，出口占 GDP 的比例一直在 20% 到 26%，我们取均值 23%；根据联合国 BEC 的分类，2005 年至 2022 年中国的消费品进口占总进口比例一直在 4% ~ 6%，进口的商品中消费品的比例为 6%。

根据这些基本事实和模型的均衡条件，我们可以倒推出非房地产部门土地的份额（$1-\gamma_c$）为 0.06，除土地外生产函数中资本品的份额 ψ_c 为 0.3；房地产部门土地的份额（$1-\gamma_h$）为 0.3，除土地外生产函数中资本品的份额 ψ_h 为 0.4，地方政府基础设施建设中土地的份额（$1-\alpha_d$）为 10%；进口的消费品在总的消费品中的份额（$1-\alpha_1$）为 0.04，进口的投资品在总的资本品中的份额 α_3 为 0.45。

需要强调的是，考虑到本章的结果较为定性，在后文的脉冲分析中，我们会将以上这些参数取值设定下得到的结果作为一个基准的参照，并调整那些影响模型结论的参数来进行敏感性（Robust）分析，通过与基准的比较来补充本章的定性讨论。风险溢价弹性系数 u 一般设定在 0 到 0.2 之间[①]，为了比较金融加速器效应的存在与否及其强弱不同对整个经济的影响，我们也分别取 u 为 0、0.05 和 0.1 来进行对比，其中 u 等于 0 时金融加速器机制关闭。主要的参数取值见表 7－1。

表 7－1　主要的参数赋值

参数含义	参数	取值	参数含义	参数	取值
居民的贴现因子	β	0.99	两部门劳动的异质性	ξ	0.8
地方政府的贴现因子	β_G	0.99	非房地产部门资本份额	ψ_c	0.3
劳动供给弹性的倒数	φ	1.3	非房地产部门土地份额	$(1-\gamma_c)$	0.06

① 具体参考塞斯佩德斯等（Céspedes et al.，2004）、德弗罗等（Devereux et al.，2006）和格特勒等（Gertler et al.，2007）的研究。

续表

参数含义	参数	取值	参数含义	参数	取值
资产价格对投资的反应系数	ϖ	0.81	非房地产部门土地对其他要素的替代弹性	ρ_c	1
资本品季度折旧率	δ	0.025	房地产部门资本份额	ψ_h	0.4
住房偏好的均值	j	0.2	房地产部门土地份额	$(1-\gamma_h)$	0.3
政府生产型支出中土地的份额	$(1-\alpha_d)$	0.1	房地产部门土地对其他要素的替代弹性	ρ_h	0.1
消费品中进口品的比重	$1-\alpha_1$	0.04	投资品中进口品的比重	α_3	0.45

二、模型机制分析

为了便于理解下面的脉冲分析，我们在本节对模型的传导渠道和作用机制进行一个简单直观的阐述。

结合开放经济下的利率平价方程式（7.12），世界利率发生变动时，国内经济政策的调整有两种选择，一种是维持汇率不变（$S_{t+1}=S_t=S$），利率紧跟国外进行调整，也就是完全依靠国内名义利率的变动来应对外部冲击；另一种是让汇率变动，以减少外部冲击下国内名义利率的变动幅度。

在下面的分析中，我们要将稳汇率和保房价两种情形进行对比，那么这两种情形对应的政策规则是什么？稳汇率就是保持汇率的稳定，也就是货币政策对汇率的任何偏离都要及时反应，对应的政策是维持汇率固定或者将汇率的波动维持在一个很小的区间内，即货币政策规则式（7.46）当名义利率对汇率的系数 ρ_s 很大时的情形。

根据式（7.9）房价的变动取决于住房需求和名义利率，如果不考虑住房需求（剔除 j_t/h_t），结合式（7.8），式（7.9）可化简为：

$$Q_{h,t+1}/Q_{h,t}=\lambda_t/\beta(1-\delta_h)\lambda_{t+1}=R_t/(1-\delta_h) \tag{7.54}$$

式（7.54）表明利率的变动是造成房价变动的重要原因，那么如果要稳定房价，因此就要减少外部冲击造成的利率变动。这要求货币政策不对名义汇率变动的直接影响做任何反应，只对国内产出和国内通胀的变动进行反应。也就是稳定房价对应让汇率自由浮动，以汇率的变动来应对和减缓外部的冲击。

那么在这两种情形下，外部冲击是如何影响经济体的呢？以世界利率上升为例，在稳汇率的情形下，国内名义利率必须跟着国外利率上升。更高的利率会直接通过式（7.9）作用于房价，房价又会影响地价。因为土地买卖进入地方政府收入，这样通过地方政府预算约束式（7.35）对 GDP 和投资产生影响。

而如果选择保房价，也就是减少外部冲击下利率的变动，此时汇率会出现大幅贬值。如果企业持有外债，那么汇率的贬值将直接导致企业的净值下降。而企业的净值下降，通过式（7.10）金融加速器效应带来企业融资风险溢价的上升，一方面企业的投资成本随之增大，另一方面企业下一期需要偿还的贷款利息增加，综合作用下企业净值会进一步下降。这样循环下去，一个初始的冲击通过影响企业的外部融资成本，带来投资和产出的大幅下降。

第四节　脉冲分析

在对模型的参数进行赋值后，本章将讨论保房价或者稳汇率等不同政策选择情形下，外部冲击对国内宏观经济所造成的影响。为此，首先，在稳汇率的政策背景下，分析世界利率上升冲击对宏观经济造成不利影响的作用效果和传导机制，以及土地财政和金融加速器在其中所起到的作用；其次，在保房价的政策选择下，重新分析世界利率冲击对宏观经济的影响效果和作用机制，以及土地财政和金融加速器的作用；再次，将保房价与稳汇率的情形进行对比，以直观地反映出两种政策的效果对比；最后，分析经济体在面临出口下降冲击时，保房价与稳汇率的政策如何抉择。

一、稳汇率情形下，世界利率冲击的影响

稳汇率情形就是维持固定汇率制，保持汇率不变。图 7－1 给出了在固定汇率制度下世界利率上升时，各个主要宏观经济变量的脉冲响应。其中，实线表示存在土地财政时的情形（case1），即包含了地方政府卖地行为、支出偏好等机制；而虚线对应的是不存在土地财政时的情形（case2）。可以看出，在不存在土地财政的情况下，当汇率保持不变时，根据非抵补的利率平价公式，世界利率上升势必导致国内利率上升。进一步的，国内利率上升，一方面通过欧拉方程降低居民消费，从而减少非房地产部门的投资和产出；另一方面通过抑制居民住房需求，从而大幅拉低房价，国内利率的上升和房价的下降，使得土地价格下降。当存在土地财政时，此时房价和地价下降将直接导致地方政府卖地收入降低，并进一步导致地方政府支出下降，由于地方政府的支出主要用于基础设施建设，政府支出的下降将直接导致总投资的下降，最终导致 GDP 大幅下降。而不存在土地财政时，政府卖地收入与基建支出等不会受到房价和地价下降的影响，因而产出下降相对较少。

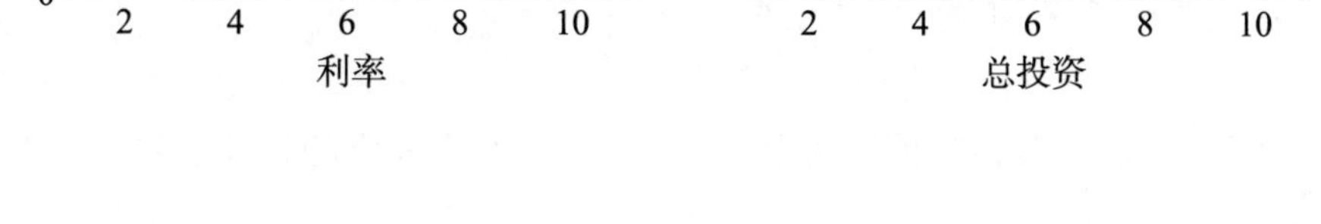

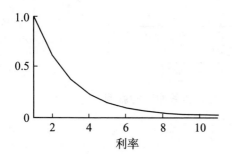

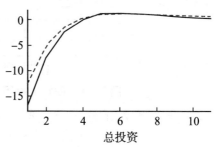

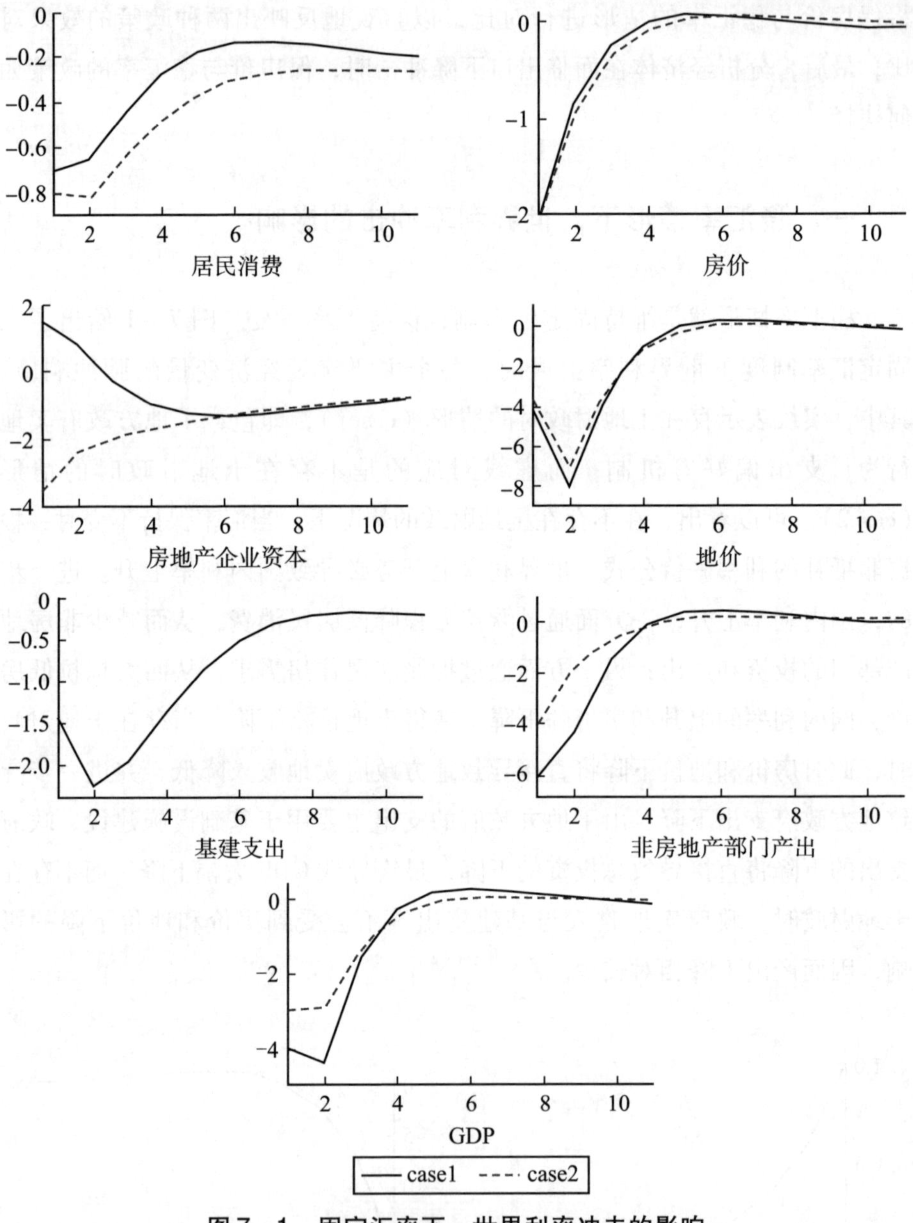

图7-1　固定汇率下，世界利率冲击的影响

注：case1，有土地财政；case2，无土地财政。

资产价格和金融摩擦在经济波动中也扮演了重要的作用，图7-2我们分析了金融加速器机制在外部冲击影响经济中的作用。世界利率上升导致投资下降，进而导致资产价格下降，由于金融加速器的存在，资产价格的下降导致企业净值下降，并通过金融加速器效应，导致房地产和非房地产部门外部融资的风险溢价上升，这将直接导致非房地产部门企业投资和产出下降。我们在 case3 中进一步将土地财政剔除，此时房价和地价的变动不再影响地方政府的收入，外部冲击对地方政府支出的负面影响减弱，对非房地产部门的产出负面影响减少。这些结果表明，土地财政和金融加速器效应均放大了世界利率冲击的负面影响，而且土地财政和金融加速器所起的放大作用是互相加强的。此外，金融加速器机制的引入导致世界利率上升对非房地产部门的负面影响变得更大。当土地财政和金融加速器同时存在时（case1），总投资和 GDP 下降得最多；仅存在土地财政机制而不存在金融加速器时（case2），总投资和 GDP 的降幅与两种机制都存在时的情形相比改善很多；当两种机制均不存在时（case3），总投资和 GDP 降幅最小。

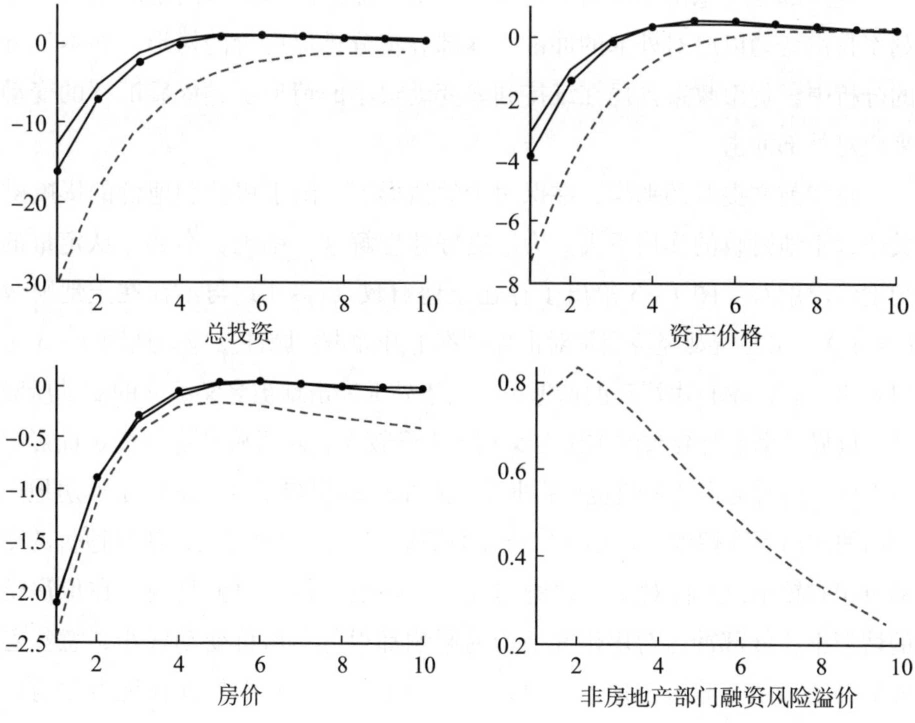

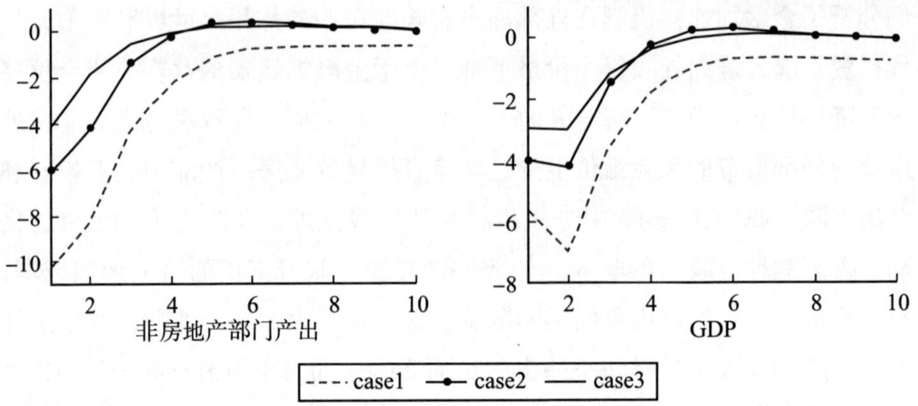

图7-2　固定汇率下，金融加速器效应对世界利率冲击的影响

注：case1，土地财政+金融加速器；case2，无金融加速器，有土地财政；case3，均无。

二、保房价下，世界利率冲击的影响

上述部分对稳汇率的情形进行了分析，即在汇率保持固定的情形下让利率自由变动以应对外部的冲击，本部分将分析保房价的情形。在本部分的分析中，货币政策当局在维持利率变动很小的情形下，依靠汇率的变动来应对外部冲击。

正如前文提及的那样，在保房价的情形下，由于房价和地价的影响被关闭，土地财政的作用不大。为了更好地理解这一结论，本部分从定量的角度给出解释。图7-3给出了存在土地财政（case1）与不存在土地财政（case2），主要宏观经济变量对世界利率上升冲击的脉冲反应。从图7-3可以看出，在汇率自由浮动的情形下，由于外部冲击都被名义汇率的变动所吸收，世界利率上升导致的本国名义利率上升较少，对投资和房价的负面影响也很低。同时汇率的贬值也使得非房地产部门的出口增加，减缓了非房地产部门的产出下降幅度。较小的房价和非房地产部门产出变动，使得地价的变动也相对较小，这样对地方政府的收入影响也很低。也就是说，在保房价的情形下，外部冲击对房价和地价的影响都很低，房价变动很小，意味着外部冲击对地方政府土地出让收入的影响很小，这样即使存在地方政府的土地财政行为，其对总投资和 GDP 变化的影响也非常有限。

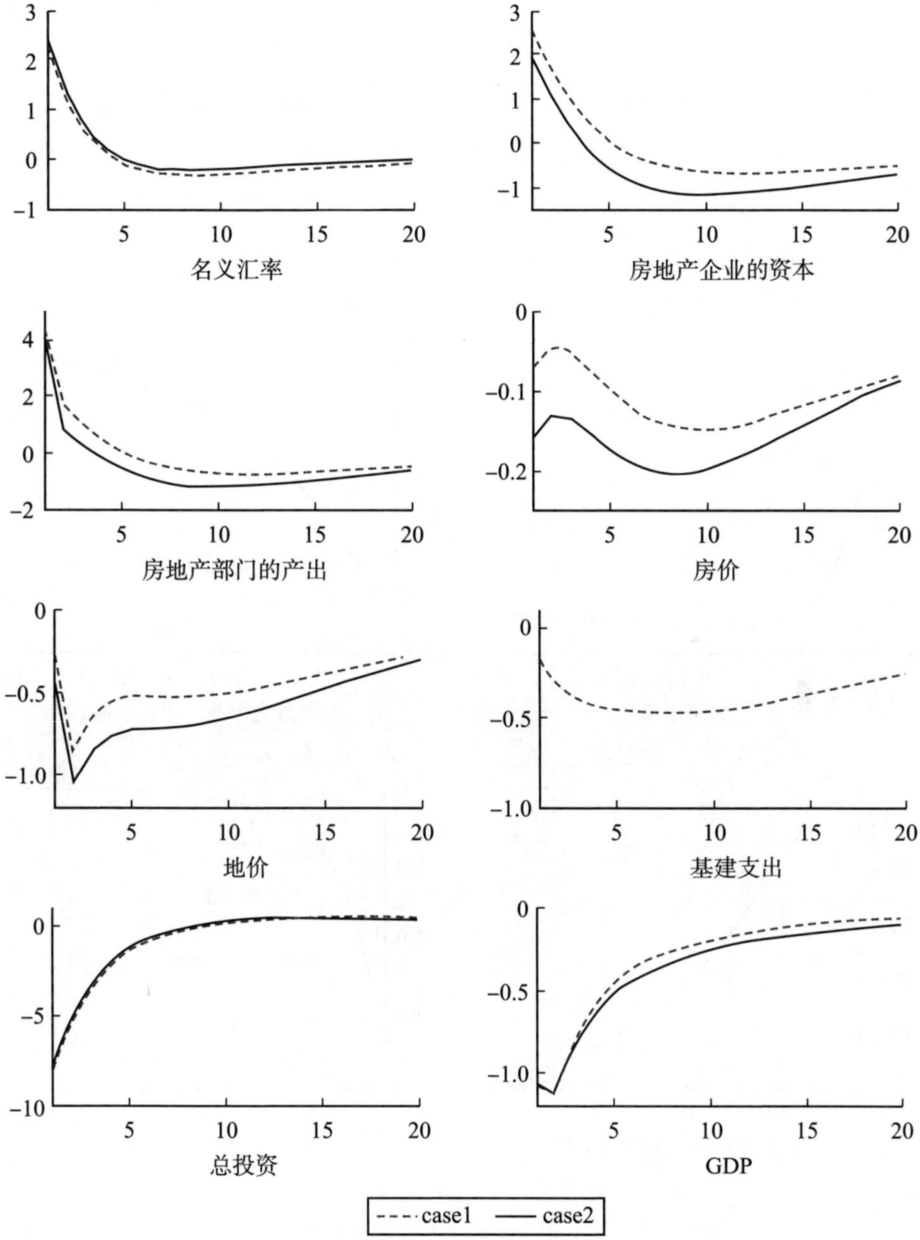

图 7－3　浮动汇率下，土地财政对世界利率冲击的影响

注：case1，存在土地财政；case2，不存在土地财政。

由于该情形下是否有土地财政的结果对比差异不明显，因此本部分更多地关注金融加速器机制和企业持有外债的作用。图 7－4 展现了在保房价下，国内主要的宏观经济变量对世界利率上升的脉冲反应。在保房价的政策下，即汇率自由浮动，此时世界利率上升带来的紧缩效用在造成汇率大幅贬值的同时，也使得企业净值下降，由于金融加速器的作用，企业净值的下降导致企业外部融资的风险溢价上升，最终导致企业的投资和产出进一步下降。

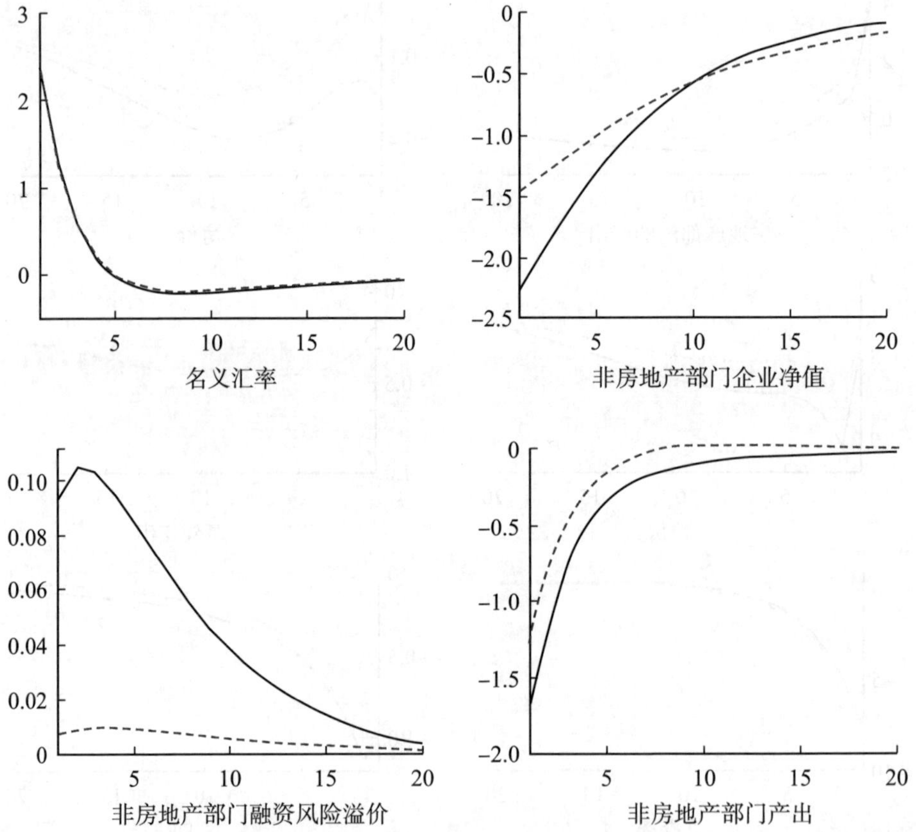

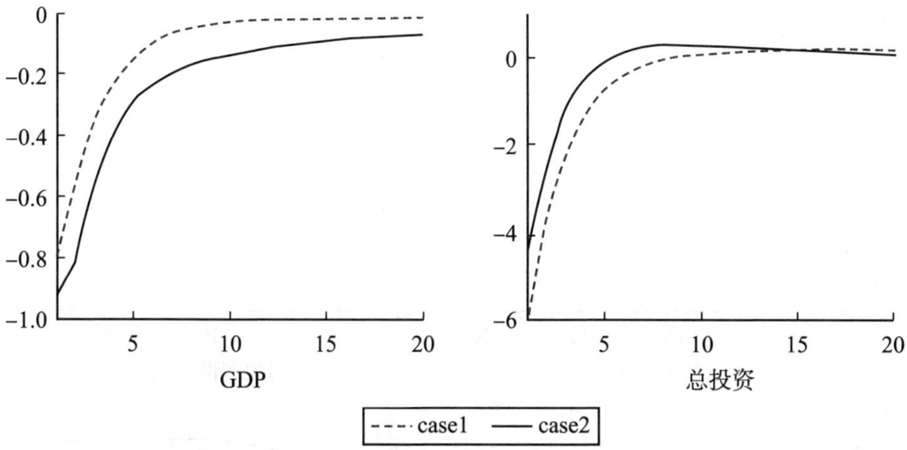

图 7-4 浮动汇率下，金融加速器效应对世界利率冲击的影响

注：case1，不存在金融加速器；case2，存在金融加速器。

由上述分析可知，在保房价的政策背景下，世界利率上升将导致汇率大幅贬值。企业在国际市场上存在借贷行为，由于债务都以外币标价，这样汇率贬值将极大地提高这些企业的债务水平和杠杆率，很显然，同样的汇率贬值，不同的债务水平，对企业的影响也不一样。因此，本部分将分析不同的债务水平下，世界利率对国内宏观经济的负面影响。图 7-5 反映了是否存在外债对世界利率不利冲击传导的影响。其中，图中实线表示不存在外债的情形，而虚线表示存在外债。可以看出，存在外债时（case1）与不存在外债的情形（case2）相比，非房地产企业净值下降得更多，企业融资溢价上升得更多，这导致该部门产出也下降得更多，最终GDP 相应也下降得更多。对这一结果的解释如下：世界利率上升导致汇率贬值，在存在外债时，汇率贬值意味着以本币换算的外债金额变多，此时企业的净值下降更多，杠杆率也上升更多，通过金融加速器效应导致企业外部融资溢价上升得更多，从而导致部门产出的降幅加大，因此 GDP 的下降幅度也变大了。

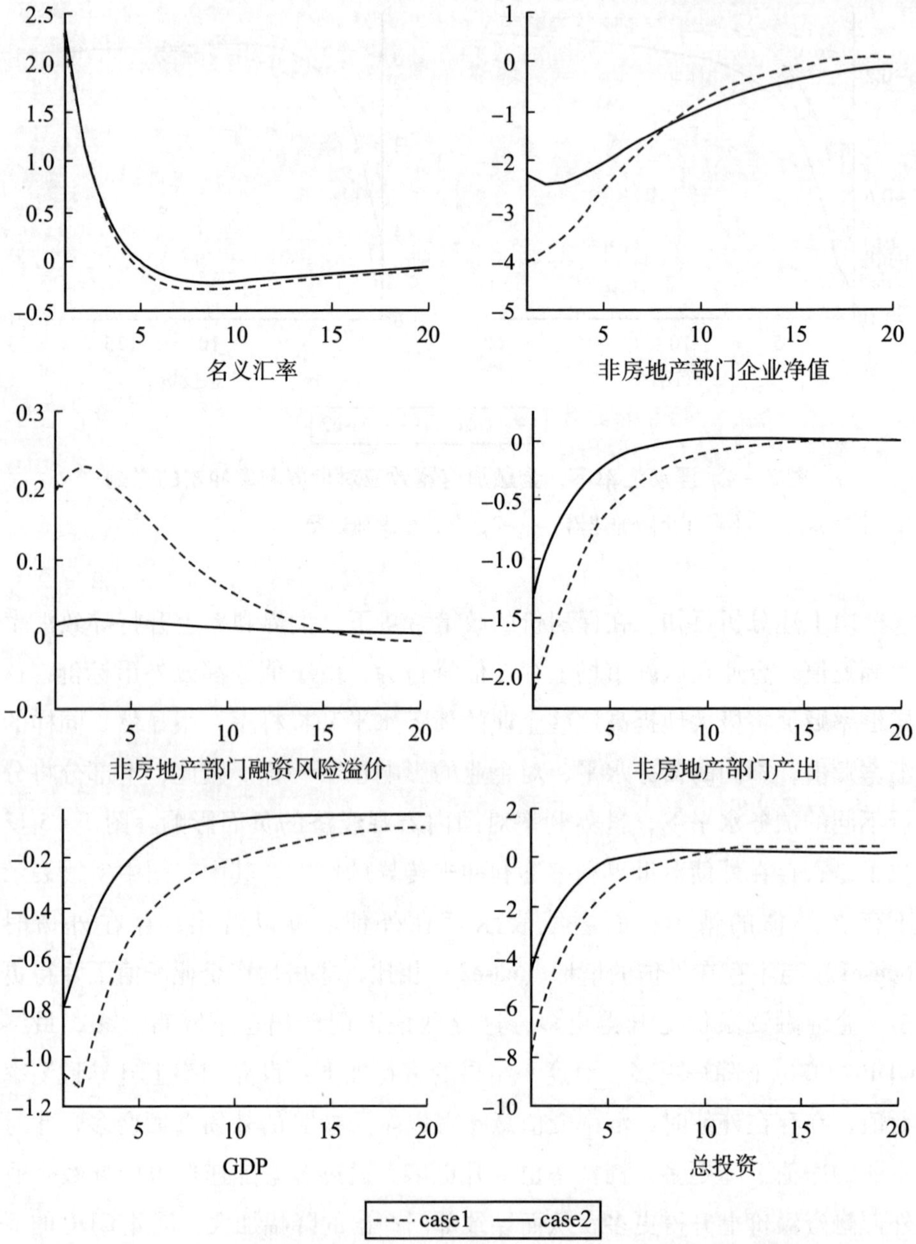

图7-5　浮动汇率下，是否持有外债对世界利率冲击的影响

注：case1 和 case2 均存在金融加速器效应；case1，持有外债；case2，不持有外债。

图 7 –5 对外债是否存在的影响进行了分析，但始终假设金融加速器效应是存在的。那么，在持有外债时，金融加速器的存在又起到了什么样的作用呢？图 7 –6 对这一问题进行了回答。设定外债始终存在，图 7 –6 对比了金融加速器是否存在时，主要宏观经济变量对世界利率上升的脉冲反应结果。在存在金融加速器效应时（case1），非房地产企业净值下降和杠杆率的上升导致企业外部融资风险溢价大幅上升，从而使得非房地产部门产出下降很多。然而，如果金融加速器效应被关闭（case2），此时企业净值和杠杆率的变动不影响企业外部融资溢价，世界利率冲击对总投资和 GDP 的负面影响也有所减弱。

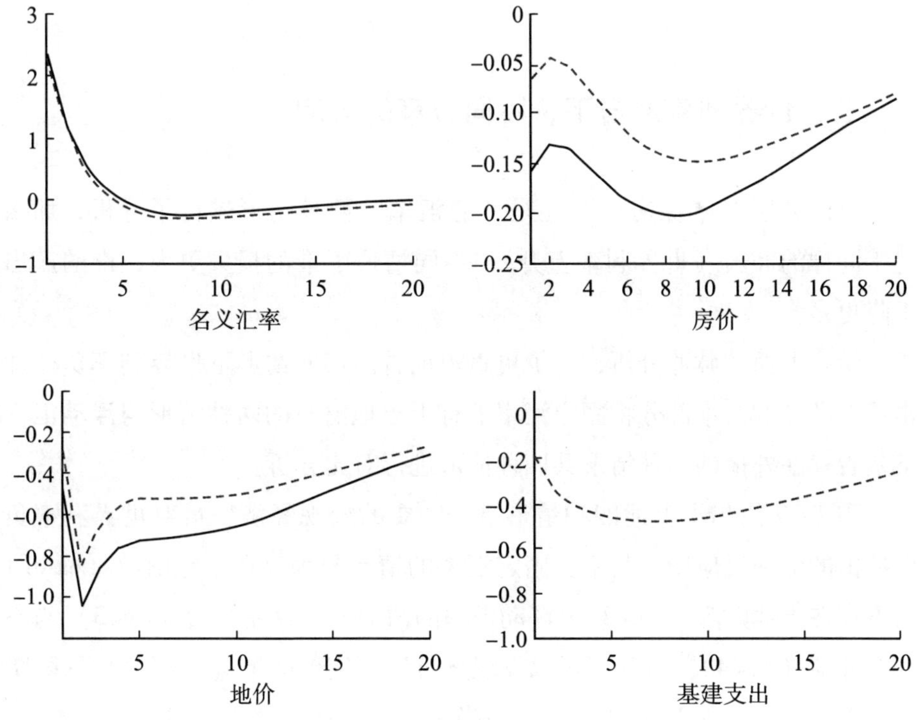

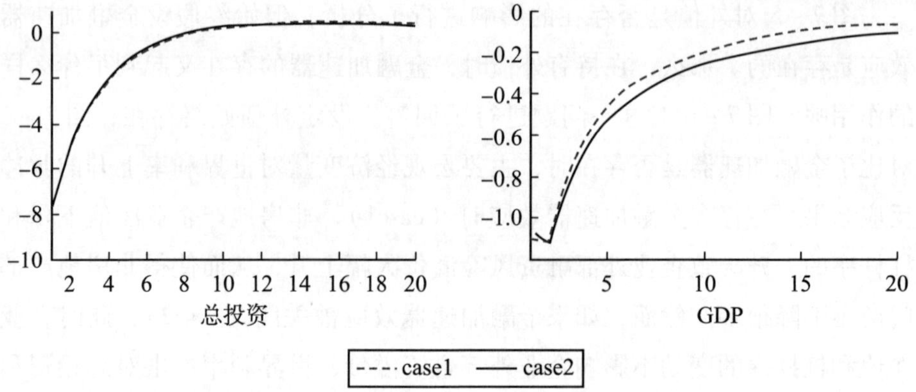

图7-6 浮动汇率下，金融加速器效应下世界利率冲击的影响

注：case1 和 case2 均持有外债；case1，存在金融加速器效应；case2，不存在金融加速器。

三、世界利率冲击下，不同政策的影响

上面分别对“保房价”还是“稳汇率”两种情形进行了分析，那么对于同样的冲击（世界利率上升），不同情形下谁的损失更大，谁的产出下降更多？

结合上面的脉冲分析，为了更直观地看出不同情形下世界利率负面冲击传导的影响，本部分将固定汇率下有无土地财政的两种情形与浮动汇率下是否存在外债的两种情形共四种情形进行对比分析。

图7-7给出了上述四种情形下，主要的宏观经济变量对世界利率负向冲击的脉冲反应图。其中，固定汇率的情形分为存在土地财政（case1）与不存在土地财政（case2），浮动汇率的情形分为存在外债（case3）与不存在外债（case4）。首先，可以发现房价在固定汇率下（稳汇率）的降幅远大于在浮动汇率下（保房价）的降幅，在浮动汇率下，房价基本不变。这也正好说明，稳汇率意味着牺牲房价的稳定，而保房价则需要让汇率浮动。其次，固定汇率的情形下，总投资和GDP的降幅明显地大于在浮动汇率下对应的情形。进一步的，在固定汇率下，土地财政的存在显著地放大

了世界加息对国内总投资和 GDP 的负面影响。固定汇率下，不存在土地财政时，总投资和 GDP 分别下降近 20% 和 4%，而在土地财政存在时，总投资和 GDP 的降幅分别接近 30% 和 6%，土地财政的放大作用达到近 50%。因此，土地财政的放大作用十分明显。然而，在让汇率自由浮动保房价的情况下，虽然外债的存在也放大了世界利率负向冲击的影响，但是相比于土地财政的放大作用，其放大效果是有限的。综上所述，保房价优于稳汇率，并且在稳汇率的情况下土地财政显著地放大了世界加息冲击对国内经济的影响，从而加大了稳汇率的成本。

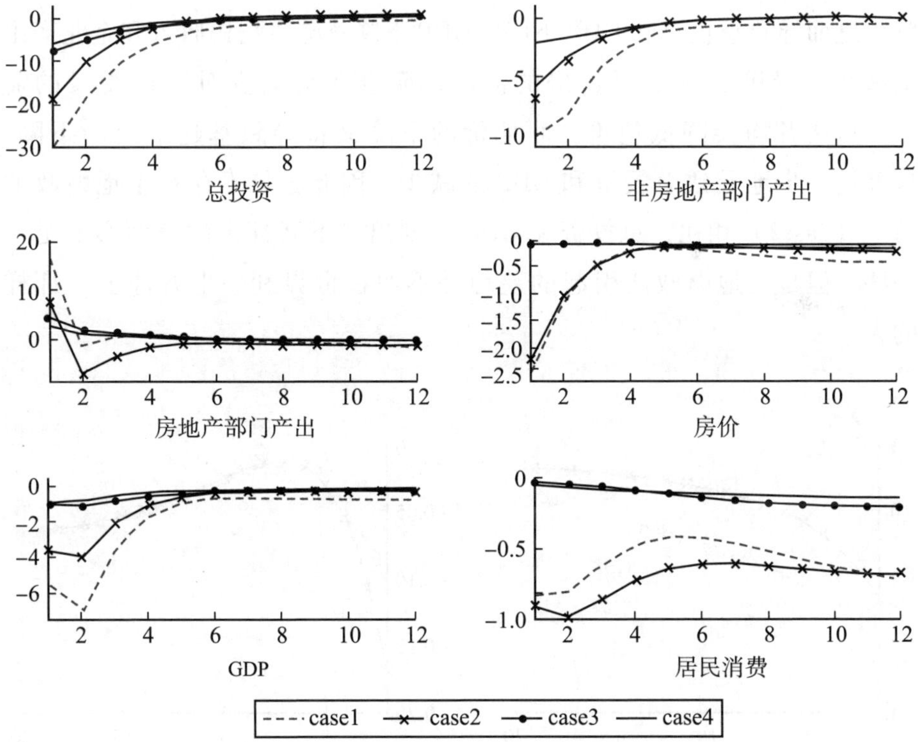

图 7-7 不同汇率制度下，世界利率冲击的影响

注：case1，汇率固定，存在土地财政，存在金融加速器效应；case2，汇率固定，不存在土地财政，存在金融加速器效应；case3，汇率自由浮动，持有外债，存在金融加速器效应；case4，汇率自由浮动，不持有外债，存在金融加速器效应。

四、出口下降冲击的影响

以上部分对世界利率上升冲击的情形进行了分析，而事实上外部冲击中还包括外需下降所带来的冲击，也就是出口下降带来的冲击。本部分将讨论在面临出口下降的冲击时，稳汇率与保房价的政策选择。

图 7-8 展示了出口下降冲击对国内主要宏观经济变量的影响，其中 case1 与 case2 分别对应土地财政是否存在的情形。以土地财政存在时的脉冲图为例进行分析（case1），出口下降直接导致非房地产部门产出下降，进而导致总投资和 GDP 下降。GDP 下降意味着居民收入和企业产出的减少，居民会减少对住房的需求，而企业会减少对土地要素的需求，这两者均会降低地价。而地价的下降又将导致基建支出的下降，这又进一步地导致总投资和 GDP 的减少。因此，与不存在土地财政的情形（case2）相比，总投资和 GDP 受到出口下降冲击的负面影响更大一些，但是土地财政所引起的差距并不像在世界利率上升冲击下那样的大。

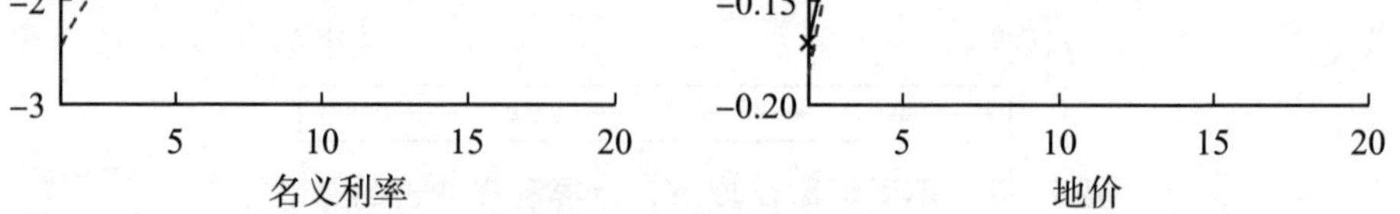

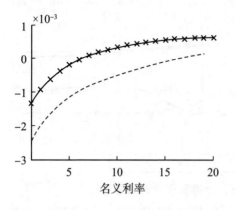

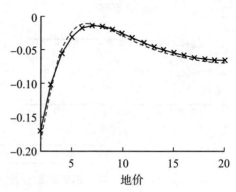

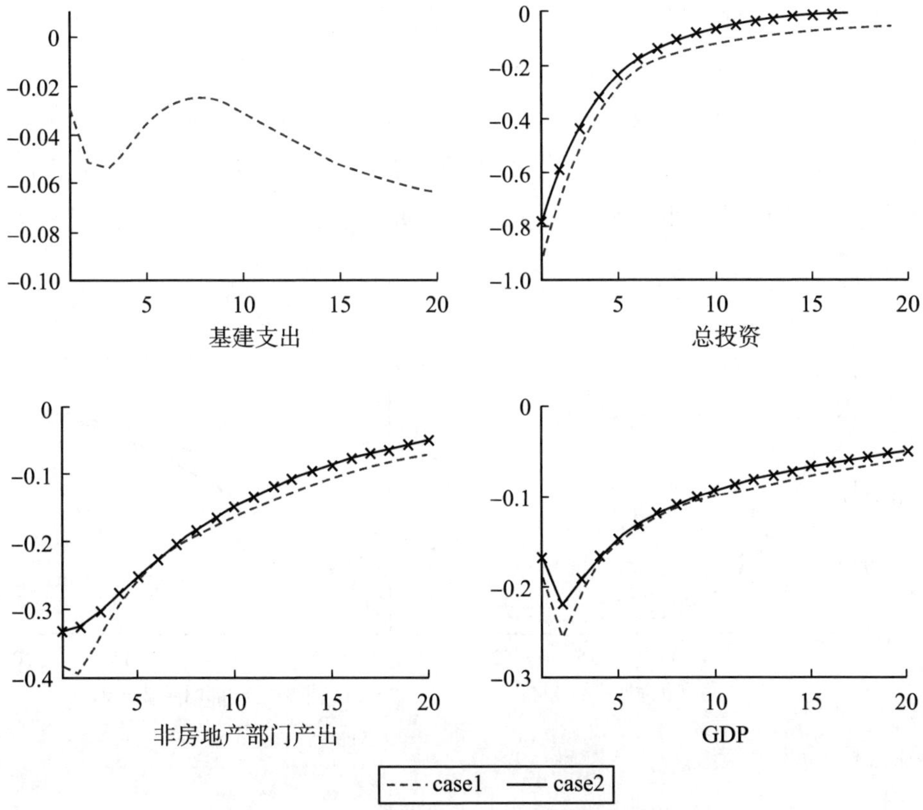

图7-8　固定汇率下，出口下降冲击的影响

注：case1，存在土地财政；case2，不存在土地财政。

类似的，接下来分析浮动汇率下，金融加速器与外债的存在所起的作用如何。图7-9表示在浮动利率下，主要宏观经济变量对出口下降冲击的反应。其中，case1、case2以及case3分别对应持有外债、不持有外债以及持有外债但无金融加速器的情形。以金融加速器和外债同时存在的情形（case1）为例来分析出口下降冲击在浮动汇率下的传导路径。出口下降时，导致GDP的下降，泰勒规则下央行采取降息的政策来刺激经济，因而国内名义利率下降。此时本币将贬值，故直接标价法的名义汇率上升。同时，出口下降直接导致非房地产部门的产出减少，最终使得GDP下降。接下来，分析外债的作用，对比 case1 与 case2 可知，名义汇率的贬值在存在外债时将进一步造成企业的净值下降与杠杆率上升，这使得企业外部融资的溢价比不存在外债时（case2）的情况上升得更多。因此，在存在外债时，GDP 减少得更多。但是，在存在外债的情况下，若关闭了金融加速器的机制（case3），则企业的净值和产出下降的幅度将变小，最终使得 GDP 的减少也得到改善，这表明金融加速器的存在起到了放大作用。

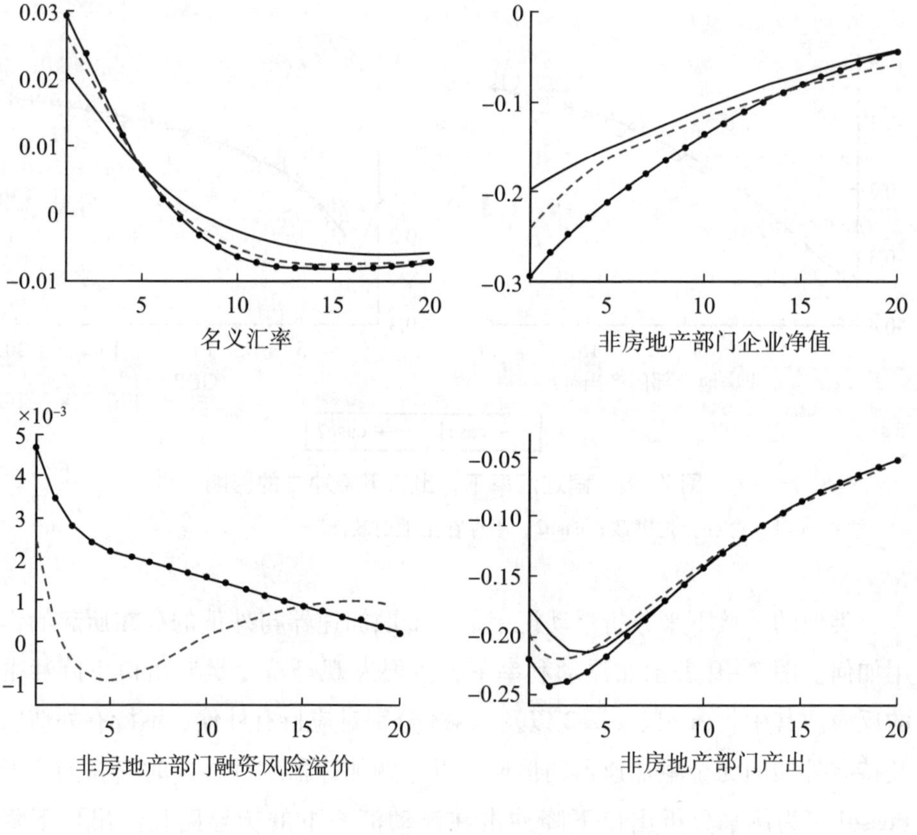

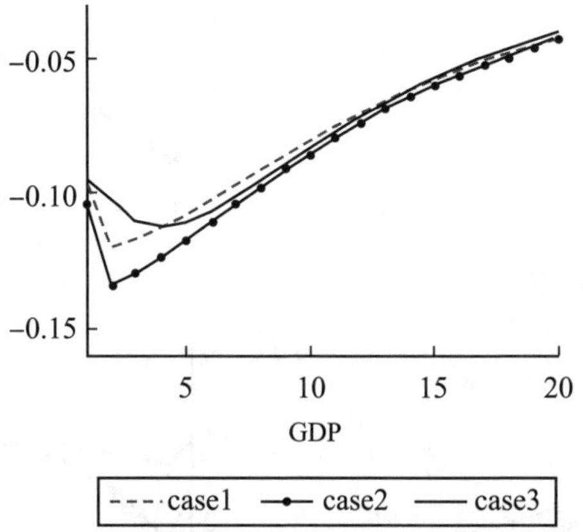

图7－9　浮动汇率下，出口下降冲击的影响

注：case1，持有外债；case2，不持有外债；case3，不存在金融加速器效应，持有外债。

上述部分分析了在不同的汇率制度下土地财政、外债以及金融加速器的作用。那么，在出口下降的冲击下，稳汇率与保房价的政策效果哪个更好？为了更加直观地回答这一问题，本部分将这几种情况放在一张图中进行对比。图7－10给出了出口下降冲击下，不同汇率制度的选择对出口下降所带来负面影响的改变。首先对比在固定汇率下土地财政存在（case1）与不存在（case2）时脉冲结果的差异，然后将这两者与浮动汇率下持有外债的情形（case3）对比。类似的，保房价（即汇率自由浮动）相比固定汇率的两种情形，总投资和GDP的降幅小得多，这表明保房价依旧优于稳汇率。在固定汇率下，存在土地财政下，总投资和GDP的下降幅度比不存在土地财政时的情况要大，但相比于世界利率冲击下的情形，这种差距在减小。

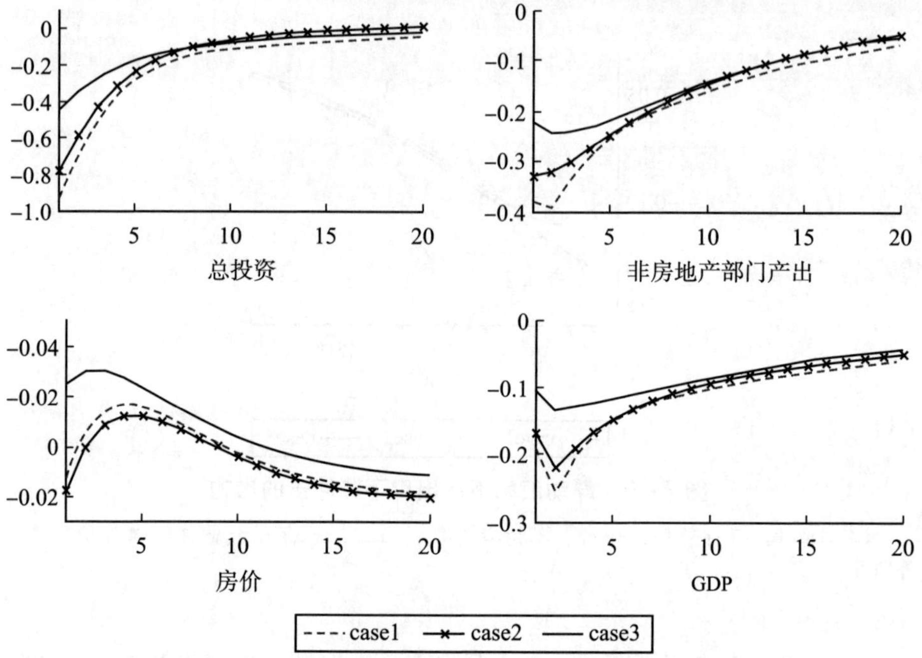

图7-10　不同汇率制度下，出口下降冲击的影响

注：case1，固定汇率，存在土地财政；case2，固定汇率，不存在土地财政；case3，汇率自由浮动，持有外债。

第五节　总　　结

在美联储步入加息周期的背景下，中国将面临短期资本外流的压力。在此情形下，政策当局应该提高利率采取紧缩性的货币政策以稳定汇率来遏制资本的外流（稳汇率），还是应该让汇率贬值，维持当前的货币政策，减少利率变动对房价的影响（保房价）。对此，本章在小国开放经济的动态随机一般均衡模型中对这两种情形进行了对比，研究发现世界利率的上升会导致资本外流，如果选择稳汇率，那么货币政策应该提高利率。提高利率存在两个方面的作用，一方面降低对住房的需求；另一方面将减少对生产部门的投资。由于房地产部门和非房地产部门的生产都需要土地，两个部门需求和产出下降，将使得土地需求和土地价格下降。在土地出让收入进入地方政府预算约束的背景下，土地价格的下降拉低了地方政府的收入，并使得其对基础设施建设的支出下降，并进而导致 GDP 的下降。而如果政策当局选择“保房价”，也就是让汇率贬值以应对外部冲击，降低利率的变动对房价的影响。此时汇率贬值能够促进出口，但在企业存在外币债务的情形下，汇率贬值会导致债务水平上升，进而导致企业净值下降。企业外币债务的比重越高，汇率贬值导致的企业净值下降越多。企业净值下降，会通过金融加速器效应，使得企业的外部融资风险溢价上升，对投资和产出带来负面影响。将这两种情形下的投资和产出变动进行直接比较，由于土地财政行为的存在，使得房价与地价直接联系，稳定汇率而加息导致的负面效果被土地财政行为进一步放大，而保房价导致的汇率贬值，由于我国企业外债水平较低，这种负面影响相对较小，两者相比保房价相对优于稳汇率。

但需要注意的是，之所以稳定房价优于稳定汇率，不是认为当前的高房价具有合理性，而是因为高房价通过地方土地财政行为与经济波动和 GDP 波动高度绑定，这使得相比于人民币汇率贬值，加息采用紧缩性的货币政策造成的负面影响更大。而当前高的房价，实际上存在很大的危险（王弟海等，2015；徐奇渊，2018）。

对于当前热点的保房价还是稳汇率的争议，本章在整理相关文献的基础上建立了一个包含房地产、非房地产的多部门模型，从一般均衡的角度，对这两个政策的作用路径和作用渠道进行了细致的刻画，并详细地讨论了包括金融摩擦在内的各个因素在传导路径中的重要作用。这对于理解当前的中国宏观政策困境、土地财政在经济波动中的作用以及未来改革方向的规划具有重要的意义。但本章对地方政府行为的刻画较为简单，更加细致的分析将是未来进一步研究的方向。

第八章 主要结论和政策建议

土地财政如何影响宏观经济是近年来宏观经济理论研究和实践始终在探讨的一个核心问题。本书尝试对这一问题展开全面、系统、多视角的研究，在介绍土地财政发展的历史和背景的基础上，从五个方面详细讨论了土地财政对宏观经济波动和宏观政策制定的影响。本章对前几章的研究结论进行概括总结，并在此基础上提出有针对性的政策建议。概括起来，本书的主要研究结论包括以下几点。

第一，房价波动通过地方政府的土地财政行为影响地方政府收支，并在金融加速器效应下引起总投资和GDP的剧烈波动，从而深度影响了中国经济。

一方面，由于房价与地价高度联动，房价的上涨抬高了土地价格，使地方政府收入增加。在“GDP锦标赛”下，地方政府倾向于将土地财政带来的收入用于基础设施投资，而房地产投资与基础设施投资分别占据总投资约19%与26%的比例。[①] 因此房价上涨直接带动了总投资规模的上升，并拉动了GDP增长。另一方面，基础设施投资的增加推升了土地和资产价格，这再次提高了地方政府的收入水平，且资产价格上升还会改善企业净值，降低企业融资成本，促进企业投资和产出的扩张，使房价对GDP的影响被进一步放大。但值得注意的是，房价上升会挤出居民消费，引起居民福利的下降。总的来说，地方政府对土地财政的过度依赖导致地方政府的收支周期与房价周期直接联系在一起，成为驱动投资和产出波动的重要因素，致使房地产部门与中国经济紧密关联。

第二，地方政府通过土地抵押获取资金，放大了房价、地价变动对中国宏观经济的影响，抬高了其他部门获得资金的成本，带来了政府的债务扩张。

2008年后，地方政府通过设立融资平台使得依赖土地抵押获取的贷款在地方政府财政收入中的比重越来越高，土地财政演化成土地金融。在该情形下，土地价格的上涨导致银行贷款更多地流向地方政府，使得地方政

① 根据Wind数据库整理。

府撬动的资金越来越多，导致地方政府债务水平急剧上涨。与此同时，在土地相关的收入占据地方政府主要收入的背景下，土地抵押贷款的存在使得地价变动对地方政府财政收入的影响更加剧烈。地方政府将增加的资金用于基础设施建设，带来了投资和GDP的变动。土地抵押贷款的存在，进一步提高了房价、土地价格变动对宏观经济波动的影响。需要注意的是，金融中介的更多资金流入地方政府，导致非基建等其他部门获得贷款的数量下降、成本上升，从而产生两方面的后果。其一，更高的土地价格和更高的融资成本直接导致其他部门的投资和产出下降，导致非基建部门的持续萎缩；其二，由于研发机构生产知识和将知识转化为可以利用的技术都需要资金，更高的融资成本导致非基建部门的研发投资和技术的转化率下降，这对企业的技术进步和经济的长期增长都存在不利影响。

第三，地方政府将获得的土地财政收入用于基建支出，降低了资源配置的效率，不利于经济结构的转型，对长期的经济增长带来负面影响。

土地价格的上涨导致了地方政府的土地财政收入增加，这些收入的大部分被用于基础设施建设。大量的资金长期流向基建部门，导致其占总投资比重不断扩大，在这种情形下会对经济增长产生负面影响。一方面，非基建部门的投资主要来自民营企业或制造业部门，基建支出过高会挤出这些部门的投资，从而导致投资结构的恶化，长期而言对于经济转型不利。相比基建部门，非基建部门的生产率更高，技术进步更快。由于资金的边际产出递减，大量的资金流向基建部门，导致基建部门的边际产出持续下降，而非基建部门由于投入不足，边际产出一直处于高位，基建和非基建部门的边际产出离散程度不断增加，降低了经济中资源的配置效率。另一方面，相比于基建部门，非基建部门技术进步率更高，而基建部门的持续扩张导致非基建部门不断萎缩，降低了技术进步对经济的贡献率，不利于经济的持续增长。

第四，地方政府的土地财政行为使得我国各项宏观经济政策存在冲突，导致政策制定者难以权衡。其中，具有代表性的两难困境包括以下几个方面。

一是“控房价”与“稳增长”。地方政府依赖基础设施建设等重工业部门拉动投资和GDP的增长，但是这种模式需要大量的资金，与土地相关的出让收入和抵押融资成为这些资金的主要来源。地方政府为获取足够的收入满足其支出，促使土地价格上涨并由此带来土地相关收入的增加。地价上涨，一方面直接增加地方政府的土地出让金以及相关税收收入，另一方面通过抵押品效应间接影响地方政府的外部融资能力。房价的上涨也能助推地价上涨，因此地方政府有动机将房价维持在高位水平。在土地财政这一特殊背景下，房价与地方经济发展紧密绑定在一起，使政策决策者陷入两难困境，在“控房价”与“稳增长”之间难以取舍。

二是“稳增长”与“调结构”。地方政府通过土地出让收入和土地抵押贷款融资获取大量财政收入，而金融资源的有限性决定了大量的政府融资在短期挤出对实体企业的信贷供给，增加其资金使用成本。为了短期迅速地拉升GDP，地方政府将获得的收入大部分用于基建部门的支出，这使得基建投资在整个经济中的比例不断上升，而更高的融资成本导致非基建部门的投资和产出下降，直接后果就是挤出以制造业为主的民营部门投资，恶化了投资结构，从而经济陷入“稳增长”与“调结构”的两难困境。

三是“保房价”与“防风险”。由于房价与地方政府债务风险高度“绑定”，房价调控不当极有可能触发地方债务风险。地方政府一方面通过土地抵押融资获取收入，另一方面高度依赖土地出让收入进行偿债。由于土地财政与地方债务交织在一起，房价管控会直接影响地方政府的偿债能力。如果调控房价带来的地价下降导致地方政府出现债务违约，造成金融部门资产损失，这将使得金融中介减少贷款和提高贷款成本，带来整个社会的信用紧缩，使得经济中各部门的产出大幅下降。因此，“保房价”和“防风险”在一定程度上存在冲突，如何在调控房价的同时稳定地方政府债务风险成为政策制定的难题。

四是“资本账户开放”与“稳增长”。地价是影响土地相关的出让收入和抵押融资额度的关键变量，也因此可以直接影响地方政府拉动投资和

GDP 增长的财政支出。因此，在外部冲击来临时，土地财政成为冲击的放大器，增加了负向冲击对宏观经济的影响。外部冲击带来的紧缩效应导致房价和地价下降，而土地价格的下降直接使得地方政府土地出让收入和土地抵押收入都出现下降，地方政府的收入和支出也随之减少，对重工业部门商品的需求下降，最终导致重工业部门产出的下降，乃至总产出的下降。政策制定者若利用资本管制和人民币贬值隔绝外部冲击的影响，将不利于人民币国际化进程，也与资本账户开放的大方向相悖。

五是“保房价”与“稳汇率”。在美联储持续加息、美国利率处于高位的情况下，中国面临资本外流和汇率贬值的压力。如果货币政策当局为了稳定汇率而提高利率遏制资本外流，这会直接增加居民购房融资成本和企业融资成本，降低居民对住房的需求以及非房地产部门的投资，从而房价下跌并引致 GDP 下降。由于土地财政的存在，房价与地价直接联系，为稳定汇率而加息导致的负面效果会被土地财政行为进一步放大。如果为了稳定房价，则需要汇率贬值以应对外部的冲击。汇率贬值虽然对出口存在正面影响，但当企业存在外国债务时，汇率贬值会提高企业的名义债务存量，使得企业净值下降。由于企业存在融资约束，企业的外部融资成本也会上升，进而对企业的投资和生产产生负面影响。由此可见，无论是“保房价”还是“稳汇率”，都会对经济增长产生负面影响，此时政策制定者将难以权衡取舍。

结合上述研究结论，本书将从以下几个方面提出具体的政策建议。

第一，以土地为依托的地方政府融资平台的高杠杆率是加剧经济波动、触发金融危机的重要因素，因此需要重点加强对地方政府融资平台的监管。

一是加强对地方政府融资平台的监管，稳妥推进显隐性债务合并监管。地方政府融资平台的各类风险应被纳入宏观审慎评估（Macro Prudential Assessment，MPA）体系考核，同时，应将降低杠杆率政策细化到降低融资平台的杠杆率，进而清理整顿地方融资平台。在理清政府与平台关系的基础上，严格按照《预算法》的要求，明确地方政府依法举债融资的边界，严格控制流程和限制额度，严控债务增量。对于地方政府的直接负债，也应纳入预算规范管理。此外，还应进一步完善政府会计准则和报告体系，对“预计负债”等相关概念的界定进一步明确和细化，详细披露或有负债和隐性债务并分类管理，将隐性债务与法定债务“合并监管”，按一定的时间频次、可比的统计口径进行信息公开，合理引导和稳定各方预期。二是进一步健全地方政府债务的前瞻性风险预警机制，完善以债务率为主的评估指标体系，在“红橙黄绿”评定基础上探索构建更多情境下的预警模型，并加强预警结果应用，提升预判性及准确性，有效前移风险防控关口。对于现有或潜在高风险地区细化应急处置及惩罚措施，在其有效控制债务规模前完善举债约束机制，并加大督查问责力度。三是持续推进隐性债务控增化存，稳妥化解隐性债务风险。着力加强风险源头管控，并加大“以时间换空间”力度，通过合理有序推进地方债置换、金融机构贷款置换，在不新增债务的硬约束下压降债务成本、平滑短期债务风险。此外，还可综合运用房地产投资信托基金（Real Estate Investment Trust，REITs）等手段盘活存量国有资产、加大融资平台重组整合和市场化转型等其他化债措施，稳妥化解存量债务风险。

第二，进一步完善对地方政府的考核机制，优化财政支出结构，推动产业结构的转型升级，提高全要素生产率对经济增长的贡献率，赋能经济高质量发展。

地方政府对基建部门的支出偏好，使得需求和资源更多地流向基建部门，而土地融资行为加剧了资源配置效率的恶化，使得非基建部门面临更高的融资成本和更低的企业利润，企业采用新技术的预期收益下降。这损害了非基建部门的新技术研发投入和知识转化过程，导致其技术进步率下降，最终导致非基建部门产出的不断下降，引发全要素生产率（TFP）的持续下降。中国经济未来要走向高质量发展之路，需要更好地推动产业结构的转型升级，其关键就是提高全要素生产率对经济增长的贡献率，以保证中高速经济增长并顺利跨越中等收入阶段。

对此，一方面，进一步完善对地方政府的考核机制，从制度设计上改变对以经济增长为核心的考核制度，建立有效、可操作的多元化考核指标体系，降低对经济增速和基建投资拉动的过度依赖，注重考核发展方式、发展质量与保障和改善民生的实际成效。科学的考核机制设计可以从根本上扭转地方政府盲目追求短期经济增长而导致的短视行为，如改变投资拉动短期增长模式的过度依赖症，进而改变投资结构扭曲，引导财政资金流向全要素生产率更高的部门，有效提升资源配置效率。另一方面，深化财税改革激发科创活力，形成和创新发展相适应的财税政策。加快推动创新创业发展动力升级，需要加大财政政策支持力度，但以往的预算补助或减税激励未必能够真正激发创新活力，未来仍需重新设计一套科学合理的政策体系。不能简单地鼓励申请专利等增加知识存量的行为，而应切实关注创新企业的真实需求和成本信息，尽可能地保障企业对知识成果的转换。例如，建立科技创新贷款贴息机制、实行阶段性成果转化的税收优惠，还可以考虑运用“政府推荐 + 担保 + 贷款”等模式缓解科技型企业增信难题，使财政资金作用于提高科技成果转化率，让财税政策对全要素生产率的助推作用更加明显。

第三，对于土地财政的改革，本着循序渐进的原则，弱化政府收入周期与房价、地价变动的关联性，削弱各方拉升土地财政的不良冲动。

我国特有的土地市场结构与地方政府的土地财政行为，导致房价波动与宏观经济波动高度相关，进而使政策决策者陷入“控房价”和“稳增长”的两难困境。短期看，政府应当提取一定比例的土地出让收入，建立土地收益储备基金，并将以基金形式积累下来的土地买卖收益，用于城市化过程中的公共服务和特定人群的社会保障供给。由此，在弱化政府收入周期与房价变动的关联性、降低经济波动的同时，也有利于实现跨期预算平衡，加强地方政府对公共服务的投入。而长期看，一方面，改革我国土地出让金的管理和使用方式。地方政府在出让土地时，能够一次性获取包括出让金、契税、增值税等款项，这一快速增加短期收入的方式给予地方政府进行土地交易的动机。实施土地出让收入的储备基金管理制度，限制土地出让相关款项的一次性大规模使用，并形成投资收益。如此，既避免政府在短期内为获取大量财政收入进行基建投资的短视行为，也为政府提供可持续的收入来源，有助于降低“官员晋升锦标赛”引致的一系列负面影响。另一方面，则要拓宽地方政府的收入来源，转变政府获得财政收入的传统方式，主动增加政府收入的来源，合理利用政府投资基金，促进地方产业的发展，提高税收和投资收益在政府收入中的规模占比，降低对土地出让收入的过度依赖。

第四，为实现在控房价的同时最小化其对经济增长的负面影响，斩断“房价—金融中介—地方政府收入”的传导链。

地方政府融资平台利用土地抵押从金融机构获得贷款，而房地产市场已成为地方政府偿还巨额贷款和实现土地出让收入的通道，土地相关收入是地方政府偿还债务的主要资金来源，房价涨跌与土地出让收入之间存在紧密联系。因此，房地产市场的波动势必会影响地方政府的偿债能力，诱发地方政府债务风险，且土地财政收入的大幅降低，会恶化与地方国企和地方融资平台相关金融机构的资产负债表，最终都将体现在金融体系的风险上，导致短期内宏观金融风险增大。为避免房价调控导致地方政府债务违约风险，并通过金融部门风险传导进一步引发系统性金融风险，应当先斩断风险传导机制。对此，应当在全国范围内建立系统性的地方政府债务风险分类处置和风险应急处置制度，要求地方政府及时预报债务风险并提供风险处置预案。如有必要，对地方国企和地方融资平台相关金融机构提供短期资金借贷便利、债务置换乃至降低银行准备金率等救助措施，及时斩断金融风险传导路径。另外，在风险的测度上，地方政府应当充分认识地方政府债务与房价的联动效应，构建风险管理网络模型，对房价波动带来的风险进行测度和预警，同时债务治理和房价调控需“双管齐下”，采用合理的政策与手段共同调控，以维持金融市场的稳定。在风险的预防上，严格规范地方融资平台的运作，明确举债规模上限，限定地方政府债务增量，将地方政府违约风险降到最低。

土地财政依靠土地价格的上涨带来土地出让金的增加，使得高房价成为地方政府收入增加的重要方式。地方政府与土地相关的收入来源从土地出让和土地抵押转向对存量土地进行征税，以税收作为土地相关收入的主体后，地方政府对土地财政的依赖将随之消失，房价影响地价进而影响地方政府收支的传导链也将随之被斩断，从而最小化控房价对经济增长的负面影响。因此，应逐步调整土地收入结构，增加财产税、土地增值税的税收强度，实现土地财政从“土地出让收入为主”到“以税收收入为主”的转型，来降低地方政府对土地买卖收入的依赖，弱化房价周期对地方政府行为的影响。具体而言，对于财产税和土地增值税等税收体制的改革可以采用逐步扩大税种与税基的模式，首先对商业组织和企业单位等盈利主体展开商用房相关的税收，随后扩大至产权房，最后则可以实现房产税的全面覆盖。同时，上述制度的顺利实施还需要地方政府建立健全住房等级制度、设立房产价值评估机构以及设置房产税征收的监督部门，确保地方政府从“土地出让”到“税收财政”的顺利过渡。

第五，对房地产市场进行调控时，在中长期优化产业结构，降低地方政府对房地产部门的依赖。

房地产业的发展不仅受到房地产市场本身的影响，还受到房地产市场之外诸多因素的影响。其中，房地产市场是地方政府拉动增长的重要工具，而产业结构失衡是导致地方政府高度依赖房地产拉动经济发展的深层问题之一。我国经济产业结构呈现出钢铁、水泥、玻璃等产能过剩行业的增加值占比相对较高，而高新技术行业的增加值占比相对较低的产业结构，存在产业结构失衡现象。在相对失衡的产业结构下，房地产成为地方政府稳增长、刺激增长的重要工具。地方政府部门严重依赖房地产部门带动钢铁、水泥、玻璃等行业发展，缺乏调控房价的持续动力，不利于房地产市场的良性循环和健康发展。要想促进房地产市场平稳健康发展，必须要解决经济产业结构失衡的深层次问题，在中长期的时间跨度内，降低地方政府对房地产部门的依赖。应优化产业结构，既要增加对高端制造业、人工智能、大数据等新兴产业的补贴和支持，又要减少对钢铁、水泥、玻璃等产能过剩行业不必要的财政补贴和税收减免，改变房地产在各地产业结构中的地位，从而更有效地降低地方政府对房地产的依赖，构建和完善房地产长效机制。此外，在优化调整产业结构的过程中，部分产能过剩行业退出市场会带来失业问题和经济增速下滑问题，需要相应的稳定政策和增长政策与之配合，以在短期内缓解产业结构调整对经济与社会的冲击，减轻调整过程中所面临的阻碍，保障优化经济产业结构政策的真正落实和产业结构调整的顺利过渡。

第六，妥善处理金融部门对外开放与预防系统性金融风险之间的关系。

在地方政府过度干预经济导致债务高企、房价飞涨的背景下，持续加息导致的资本外流和恐慌可能会加剧中国的系统性金融风险，甚至引爆危机。在跨境资本流动压力增加的情况下，如果选择提高利率稳定汇率，则会降低住房需求，并通过土地财政放大对经济的负面影响；而如果选择稳定房价，又会加剧资本的流动和人民币的贬值。需要注意的是，由于我国企业外债水平较低，保房价相较于稳汇率带来的负面影响相对较小。但是这并不意味着当前的高房价具有合理性，而是因为高房价通过地方土地财政行为与经济波动高度绑定，使得加息带来的负面影响相比于人民币贬值的影响更大。而当前的高房价实际上存在很大的危险性，要在实现控房价的同时将其对经济增长的负面影响降到最小，需要斩断房价与经济波动高度绑定的关系。

外部冲击下，无论是采用何种方法应对，都会对经济产生负面影响。相比于推进人民币国际化和资本账户开放，削弱和规避外部冲击对经济的负面影响已成为当务之急。对此，中国人民银行应该加快构建宏观审慎监管体系，并利用宏观审慎监管措施逐渐替代资本流动管制措施，提高信贷类宏观审慎工具的有效性，有针对性地防控资本异常流动，缓释系统性金融风险。就当前调整资本流动的方式而言，逐渐运用价格型工具（如托宾税等）来替代数量型工具，必要时可以采用资本管制。在宏观审慎监管框架尚未真正建立、相应的改革尚未完成的背景下，中国政府应该对资本账户的开放继续保持渐进、审慎、可控的态度。

第七，重新梳理中央和地方的税收和财政关系，深化财税体制改革，并建立匹配多元目标治理体系下的政绩考核激励约束制度和财政评估制度，规范政府支出和新增债务管理。

1994 年分税制改革的实施，形成了“财权集中，事权下放”的分权制度，分税制有效规范我国的财政管理体制，但地方财政收支不可避免地产生缺口，导致地方政府严重依赖土地财政。同时，以往过度强调经济增长指标的政府行政绩效考核机制使地方政府过分关注经济增长速度，导致财政支出和地方政府举债规模大幅增长，进一步加剧地方政府对土地财政的依赖。若要从根本上削弱地方政府与土地财政相关的短视行为，需要深化我国财税体制的改革，并建立匹配多元目标治理体系下的政绩考核激励约束制度和财政评估制度，规范政府支出和新增债务管理。一是改革分税制，使中央下放财权，将部分共享税让渡给地方政府。在短期内保持当前的中央税和地方税税种，将共享税的分配比例逐步向地方倾斜，适当加大地方政府掌握的财权。同时，规范事权的在中央和地方政府之间的划分，中央可以明确列举财政支出的正面清单，地方则主要采用负面清单，在权责明确划分的情况下减少彼此之间的相互干预。二是完善现代税收制度，健全地方税、直接税体系，优化税制结构，提升地方政府财税实力。在长期改革经验的不断积累和社会经济得到更加充分发展的情况下，逐渐增加地方政府收纳的税种，实现税基的扩大，建立协调可持续的税收模式。三是建立和完善考核问责机制以及财政评估制度，把政府性债务作为一个硬指标纳入政绩考核，严格落实政府举债终身问责制和债务问题倒查机制，进一步规范政府支出和新增债务管理。

参 考 文 献

［1］白重恩、钱震杰：《劳动收入份额决定因素：来自中国省际面板数据的证据》，载《世界经济》2010年第12期。

［2］白重恩、张琼：《中国经济减速的生产率解释》，引自吴敬琏主编《比较》，中信出版社2014年版。

［3］蔡昉：《认识中国经济减速的供给侧视角》，载《经济学动态》2016年第4期。

［4］蔡继明、程世勇：《地价双向垄断与土地资源配置扭曲》，载《经济学动态》2010年第11期。

［5］蔡跃洲、付一夫：《全要素生产率增长中的技术效应与结构效应——基于中国宏观和产业数据的测算及分解》，载《经济研究》2017年第1期。

［6］蔡真：《我国系统性金融风险与房地产市场的关联、传染途径及对策》，载《中国社会科学院大学学报》2018年第5期。

［7］车树林：《政府债务对企业杠杆的影响存在挤出效应吗？——来自中国的经验证据》，载《国际金融研究》2019年第1期。

［8］陈斌开、金箫、欧阳涤非：《住房价格、资源错配与中国工业企业生产率》，载《世界经济》2015年第4期。

［9］陈斌开、徐帆、谭力：《人口结构转变与中国住房需求：1999－2025——基于人口普查数据的微观实证研究》，载《金融研究》2012年第1期。

［10］陈斌开、杨汝岱：《土地供给、住房价格与中国城镇居民储蓄》，

载《经济研究》2013 年第 1 期。

[11] 陈斌开、张川川:《人力资本和中国城市住房价格》,载《中国社会科学》2016 年第 5 期。

[12] 陈创练、姚树洁、郑挺国、欧璟华:《利率市场化、汇率改制与国际资本流动的关系研究》,载《经济研究》2017 年第 4 期。

[13] 陈金至、宋鹭:《从土地财政到土地金融——论以地融资模式的转变》,载《财政研究》2021 年第 1 期。

[14] 陈小亮、李三希、陈彦斌:《地方政府激励机制重构与房价调控长效机制建设》,载《中国工业经济》2018 年第 11 期。

[15] 陈小亮:《房地产对经济增长的短期与长期影响》,载《中国高校社会科学》2017 年第 6 期。

[16] 程瑶:《制度经济学视角下的土地财政》,载《经济体制改革》2009 年第 1 期。

[17] 储德银、邵娇:《财政纵向失衡、公共支出结构与经济增长》,载《经济理论与经济管理》2018 年第 10 期。

[18] 邓子基:《关于土地财政的几个问题》,载《学术评论》2012 年第 1 期。

[19] 董再平:《地方政府"土地财政"的现状、成因和治理》,载《理论导刊》2008 年第 12 期。

[20] 杜雪君、黄忠华、吴次芳:《中国土地财政与经济增长——基于省际面板数据的分析》,载《财贸经济》2009 年第 1 期。

[21] 樊继达:《治理土地财政:一个公共经济分析框架》,载《国家行政学院学报》2011 年第 4 期。

[22] 范剑勇、莫家伟:《地方债务、土地市场与地区工业增长》,载《经济研究》2014 年第 1 期。

[23] 范言慧、席丹、殷琳:《繁荣与衰落:中国房地产业扩张与"荷兰病"》,载《世界经济》2013 年第 11 期。

[24] 范子英:《土地财政的根源:财政压力还是投资冲动》,载《中

国工业经济》2015 年第 6 期。

［25］方意：《货币政策与房地产价格冲击下的银行风险承担分析》，载《世界经济》2015 年第 7 期。

［26］伏润民、缪小林、高跃光：《地方政府债务风险对金融系统的空间外溢效应》，载《新产经》2017 年第 10 期。

［27］盖庆恩、朱喜、程名望、史清华：《要素市场扭曲、垄断势力与全要素生产率》，载《经济研究》2015 年第 5 期。

［28］高然、龚六堂：《土地财政、房地产需求冲击与经济波动》，载《金融研究》2017 年第 4 期。

［29］宫汝凯：《财政不平衡和房价上涨：中国的证据》，载《金融研究》2015 年第 4 期。

［30］宫汝凯：《分税制改革、土地财政和房价水平》，载《世界经济文汇》2012 年第 4 期。

［31］宫汝凯：《分税制改革与中国城镇房价水平——基于省级面板的经验证据》，载《金融研究》2012 年第 8 期。

［32］龚强、王俊、贾珅：《财政分权视角下的地方政府债务研究：一个综述》，载《经济研究》2011 年第 7 期。

［33］郭娟娟、冼国明、田朔：《房价上涨是否促进中国制造业企业 OFDI》，载《世界经济》2020 年第 12 期。

［34］郭强、张明：《全球生产率之谜研究新进展》，载《金融评论》2017 年第 3 期。

［35］何建武：《全要素生产率：持续改善配置结构》，引自刘世锦主编《中国经济增长十年展望（2014 - 2023）：在改革中形成增长新常态》，中信出版社 2014 年版。

［36］何青、钱宗鑫、郭俊杰：《房地产驱动了中国经济周期吗?》，载《经济研究》2015 年第 12 期。

［37］何兴强、杨锐锋：《房价收入比与家庭消费——基于房产财富效应的视角》，载《经济研究》2019 年第 12 期。

[38] 何杨、满燕云：《地方政府债务融资的风险控制——基于土地财政视角的分析》，载《财贸经济》2012 年第 5 期。

[39] 侯成琪、龚六堂：《货币政策应该对住房价格波动作出反应吗？——基于两部门动态随机一般均衡模型的分析》，载《金融研究》2014 年第 10 期。

[40] 侯伟凤、田新民：《地方债务支出、投资性房产需求与宏观经济波动》，载《统计与决策》2021 年第 1 期。

[41] 黄静、屠梅曾：《房地产财富与消费：来自于家庭微观调查数据的证据》，载《管理世界》2009 年第 7 期。

[42] 黄志刚、郭桂霞：《资本账户开放与利率市场化次序对宏观经济稳定性的影响》，载《世界经济》2016 年第 9 期。

[43] 黄志刚、许伟：《住房市场波动与宏观经济政策的有效性》，载《经济研究》2017 年第 5 期。

[44] 黄忠华、杜雪君：《土地资源错配研究综述》，载《中国土地科学》2014 年第 8 期。

[45] 贾康、刘微：《“土地财政”：分析及出路——在深化财税改革中构建合理、规范、可持续的地方“土地生财”机制》，载《财政研究》2012 年第 1 期。

[46] 姜子叶、胡育蓉：《财政分权、预算软约束与地方政府债务》，载《金融研究》2016 年第 2 期。

[47] 蒋省三、刘守英、李青：《土地制度改革与国民经济成长》，载《管理世界》2007 年第 9 期。

[48] 蒋震：《工业化水平、地方政府努力与土地财政：对中国土地财政的一个分析视角》，载《中国工业经济》2014 年第 10 期。

[49] 况伟大、李涛：《土地出让方式、地价与房价》，载《金融研究》2012 年第 8 期。

[50] 况伟大：《利率对房价的影响》，载《世界经济》2010 年第 4 期。

［51］况伟大：《预期，投机与中国城市房价波动》，载《经济研究》2010 年第 9 期。

［52］赖平耀：《中国经济增长的生产率困境：扩大投资下的增长下滑》，载《世界经济》2016 年第 1 期。

［53］雷潇雨、龚六堂：《基于土地出让的工业化与城镇化》，载《管理世界》2014 年第 9 期。

［54］李保春：《我国土地财政现象若干思考》，载《财政研究》2010 年第 7 期。

［55］李郇、洪国志、黄亮雄：《中国土地财政增长之谜——分税制改革、土地财政增长的策略性》，载《经济学（季刊）》2013 年第 4 期。

［56］李嘉楠、游伟翔、孙浦阳：《外来人口是否促进了城市房价上涨？——基于中国城市数据的实证研究》，载《南开经济研究》2017 年第 1 期。

［57］李江一：《“房奴效应”导致居民消费低迷了吗?》，载《经济学（季刊）》2018 年第 1 期。

［58］李力行、黄佩媛、马光荣：《土地资源错配与中国工业企业生产率差异》，载《管理世界》2016 第 8 期。

［59］李升、宁超、席枫：《土地财政问题研究：一个文献综述》，载《天津商业大学学报》2018 年第 4 期。

［60］李永友、张帆：《垂直财政不平衡的形成机制与激励效应》，载《管理世界》2019 年第 7 期。

［61］李勇刚、高波、任保全：《分税制改革、土地财政与公共品供给——来自中国 35 个大中城市的经验证据》，载《山西财经大学学报》2013 年第 11 期。

［62］李玉龙：《地方政府债券、土地财政与系统性金融风险》，载《财经研究》2019 年第 9 期。

［63］梁若冰：《财政分权下的晋升激励、部门利益与土地违法》，载《经济学（季刊）》2010 年第 1 期。

[64] 刘凯：《中国特色的土地制度如何影响中国经济增长——基于多部门动态一般均衡框架的分析》，载《中国工业经济》2018 年第 10 期。

[65] 刘立峰：《地方政府的土地财政及其可持续性研究》，载《宏观经济研究》2014 年第 1 期。

[66] 刘楠楠、侯臣：《我国地方政府债务的可持续性分析》，载《经济学家》2016 年第 7 期。

[67] 刘尚希：《不确定性：财政改革面临的挑战》，载《财政研究》2015 年第 12 期。

[68] 刘世锦、刘培林、何建武：《我国未来生产率提升潜力与经济增长前景》，载《管理世界》2015 年第 3 期。

[69] 刘守英、蒋省三：《土地融资与财政和金融风险——来自东部一个发达地区的个案》，载《中国土地科学》2005 年第 5 期。

[70] 刘树成：《民间投资增速严重下滑与宏观经济波动》，载《中国工业经济》2016 年第 11 期。

[71] 刘煜辉、沈可挺：《中国地方政府公共资本融资：问题、挑战与对策——基于地方政府融资平台债务状况的分析》，载《金融评论》2011 年第 3 期。

[72] 刘煜辉：《高度关注地方投融资平台的"宏观风险"》，载《中国金融》2010 年第 5 期。

[73] 刘元春、陈金至：《土地制度、融资模式与中国特色工业化》，载《中国工业经济》2020 年第 3 期。

[74] 卢洪友、袁光平、陈思霞、卢盛峰：《土地财政根源："竞争冲动"还是"无奈之举"？——来自中国地市的经验证据》，载《经济社会体制比较》2011 年第 1 期。

[75] 罗党论、佘国满：《地方官员变更与地方债发行》，载《经济研究》2015 年第 6 期。

[76] 吕健：《政绩竞赛、经济转型与地方政府债务增长》，载《中国软科学》2014 年第 8 期。

[77] 马树才、华夏、韩云虹:《地方政府债务如何挤出实体企业信贷融资?——来自中国工业企业的微观证据》,载《国际金融研究》2020 年第 5 期。

[78] 毛捷、曹婧:《中国地方政府债务问题研究的文献综述》,载《公共财政研究》2019 年第 1 期。

[79] 毛捷、徐军伟:《中国地方政府债务问题研究的现实基础——制度变迁、统计方法与重要事实》,载《财政研究》2019 年第 1 期。

[80] 毛锐、刘楠楠、刘蓉:《地方政府债务扩张与系统性金融风险的触发机制》,载《中国工业经济》2018 年第 4 期。

[81] 梅冬州、崔小勇、吴娱:《房价变动、土地财政与中国经济波动》,载《经济研究》2018 年第 1 期。

[82] 梅冬州、龚六堂:《新兴市场经济国家的汇率制度选择》,载《经济研究》2011 年第 11 期。

[83] 梅冬州、赵晓军:《资产互持与经济周期跨国传递》,载《经济研究》2015 年第 4 期。

[84] 孟宪春、张屹山:《家庭债务、房地产价格渠道与中国经济波动》,载《经济研究》2021 年第 5 期。

[85] 秦凤鸣、李明明、刘海明:《房价与地方政府债务风险——基于城投债的证据》,载《财贸研究》2016 年第 5 期。

[86] 饶晓辉、刘方:《政府生产性支出与中国的实际经济波动》,载《经济研究》2014 年第 11 期。

[87] 荣昭、王文春:《房价上涨和企业进入房地产——基于我国非房地产上市公司数据的研究》,载《金融研究》2014 年第 4 期。

[88] 邵朝对、苏丹妮、邓宏图:《房价、土地财政与城市集聚特征:中国式城市发展之路》,载《管理世界》2016 年第 2 期。

[89] 邵新建、巫和懋、江萍、薛熠、王勇:《中国城市房价的“坚硬泡沫”——基于垄断性土地市场的研究》,载《金融研究》2012 年第 12 期。

［90］孙秀林、周飞舟：《土地财政与分税制：一个实证解释》，载《中国社会科学》2013 年第 4 期。

［91］唐云锋、马春华：《财政压力、土地财政与“房价棘轮效应”》，载《财贸经济》2017 年第 11 期。

［92］唐在富：《中国土地财政基本理论研究——土地财政的起源、本质、风险与未来》，载《经济经纬》2012 年第 2 期。

［93］陶然、陆曦、苏福兵、汪晖：《地区竞争格局演变下的中国转轨：财政激励和发展模式反思》，载《经济研究》2009 年第 7 期。

［94］佟家栋、刘竹青：《房价上涨、建筑业扩张与中国制造业的用工问题》，载《经济研究》2018 年第 7 期。

［95］王策、周博：《房价上涨、涟漪效应与预防性储蓄》，载《经济学动态》2016 年第 8 期。

［96］王弟海、管文杰、赵占波：《土地和住房供给对房价变动和经济增长的影响——兼论我国房价居高不下持续上涨的原因》，载《金融研究》2015 年第 1 期。

［97］王举、吕春梅、戴双兴：《土地财政与房地产业发展》，载《地方财政研究》2008 年第 10 期。

［98］王敏、黄滢：《限购和房产税对房价的影响：基于长期动态均衡的分析》，载《世界经济》2013 年第 1 期。

［99］王频、侯成琪：《预期冲击、房价波动与经济波动》，载《经济研究》2017 年第 4 期。

［100］王世磊、张军：《中国地方官员为什么要改善基础设施？——一个关于官员激励机制的模型》，载《经济学（季刊）》2008 年第 2 期。

［101］王文春、荣昭：《房价上涨对工业企业创新的抑制影响研究》，载《经济学（季刊）》2014 年第 2 期。

［102］王贤彬、张莉、徐现祥：《地方政府土地出让、基础设施投资与地方经济增长》，载《中国工业经济》2014 年第 7 期。

［103］王叙果、张广婷、沈红波：《财政分权、晋升激励与预算软约

束——地方政府过度负债的一个分析框架》，载《财政研究》2012 年第 3 期。

［104］王永钦、陈映辉、杜巨澜：《软预算约束与中国地方政府债务违约风险：来自金融市场的证据》，载《经济研究》2016 年第 11 期。

［105］王玉波：《土地财政推动经济与城市化作用机理及实证研究》，载《南京农业大学学报（社会科学版）》2013 年第 3 期。

［106］魏伟、陈骁、张明：《中国金融系统性风险：主要来源、防范路径与潜在影响》，载《国际经济评论》2018 年第 3 期。

［107］温海珍、吕雪梦、张凌：《房价与地价的内生性及其互动影响——基于联立方程模型的实证分析》，载《财贸经济》2010 年第 2 期。

［108］文凤华、张阿兰、戴志锋、杨晓光：《房地产价格波动与金融脆弱性——基于中国的实证研究》，载《中国管理科学》2012 年第 2 期。

［109］文建东、潘亚柳：《动态随机一般均衡方法的形成与发展》，载《经济学动态》2013 年第 8 期。

［110］吴海民：《资产价格波动、通货膨胀与产业"空心化"——基于我国沿海地区民营工业面板数据的实证研究》，载《中国工业经济》2012 年第 1 期。

［111］吴群、李永乐：《财政分权、地方政府竞争与土地财政》，载《财贸经济》2010 年第 7 期。

［112］伍晓鹰：《中国工业化道路的再思考：对国家或政府作用的经济学解释》，引自吴敬琏主编《比较》，中信出版社 2014 年版。

［113］向辉、俞乔：《债务限额、土地财政与地方政府隐性债务》，载《财政研究》2020 年第 3 期。

［114］项后军、巫姣、谢杰：《地方债务影响经济波动吗》，载《中国工业经济》2017 年第 1 期。

［115］熊琛、金昊：《地方政府债务风险与金融部门风险的"双螺旋"结构——基于非线性 DSGE 模型的分析》，载《中国工业经济》2018 年第 12 期。

[116] 徐建炜、徐奇渊、何帆：《房价上涨背后的人口结构因素：国际经验与中国证据》，载《世界经济》2012 年第 1 期。

[117] 徐奇渊：《打好防范化解重大风险攻坚战——基于双支柱宏观调控框架和供给侧结构性改革的视角》，载《行政与法》2018 年第 1 期。

[118] 徐忠：《新时代背景下中国金融体系与国家治理体系现代化》，载《经济研究》2018 年第 7 期。

[119] 许宪春、贾海、李皎、李俊波：《房地产经济对中国国民经济增长的作用研究》，载《中国社会科学》2015 年第 1 期。

[120] 闫先东、张鹏辉：《土地价格、土地财政与宏观经济波动》，载《金融研究》2019 年第 9 期。

[121] 杨灿明、鲁元平：《我国地方债数据存在的问题、测算方法与政策建议》，载《财政研究》2015 年第 3 期。

[122] 杨继东、杨其静、刘凯：《以地融资与债务增长——基于地级市面板数据的经验研究》，载《财贸经济》2018 年第 2 期。

[123] 杨俊杰：《房地产价格波动对宏观经济波动的微观作用机制探究》，载《经济研究》2012 年第 1 期。

[124] 杨林、侯欢：《新型城镇化进程中防范地方政府债务风险的对策》，载《经济研究参考》2015 年第 8 期。

[125] 杨子晖、陈创练：《金融深化条件下的跨境资本流动效应研究》，载《金融研究》2015 年第 5 期。

[126] 尹恒、朱虹：《县级财政生产性支出偏向研究》，载《中国社会科学》2011 年第 1 期。

[127] 余静文、谭静、蔡晓慧：《高房价对行业全要素生产率的影响——来自中国工业企业数据库的微观证据》，载《经济评论》2017 年第 6 期。

[128] 余泳泽、张少辉：《城市房价、限购政策与技术创新》，载《中国工业经济》2017 年第 6 期。

[129] 张杰、高德步、夏胤磊：《专利能否促进中国经济增长——基

于中国专利资助政策视角的一个解释》，载《中国工业经济》2016 年第 1 期。

[130] 张杰、周晓艳、李勇：《要素市场扭曲抑制了中国企业 R&D?》，载《经济研究》2011 年第 8 期。

[131] 张军、高远、傅勇、张弘：《中国为什么拥有了良好的基础设施?》，载《经济研究》2007 年第 3 期。

[132] 张军、吴桂英、张吉鹏：《中国省际物质资本存量估算：1952—2000》，载《经济研究》2004 年第 10 期。

[133] 张军：《中国的基础设施投资——现状与评价》，“CMRC 中国经济观察”第 28 次报告会会议论文，2012 年 2 月。

[134] 张莉、年永威、刘京军：《土地市场波动与地方债——以城投债为例》，载《经济学（季刊）》2018 年第 3 期。

[135] 张莉、魏鹤翀、欧德赟：《以地融资、地方债务与杠杆——地方融资平台的土地抵押分析》，载《金融研究》2019 年第 3 期。

[136] 张路：《地方债务扩张的政府策略——来自融资平台“城投债”发行的证据》，载《中国工业经济》2020 年第 2 期。

[137] 张双长、李稻葵：《“二次房改”的财政基础分析——基于土地财政与房地产价格关系的视角》，载《财政研究》2010 年第 7 期。

[138] 张雄、张安录、邓超：《土地资源错配及经济效率损失研究》，载《中国人口·资源与环境》2017 年第 3 期。

[139] 张玉新：《地方政府土地融资风险及其管理》，载《中国行政管理》2013 年第 1 期。

[140] 赵扶扬、陈斌开、刘守英：《宏观调控、地方政府与中国经济发展模式转型：土地供给的视角》，载《经济研究》2021 年第 7 期。

[141] 赵扶扬、王忏、龚六堂：《土地财政与中国经济波动》，载《经济研究》2017 年第 12 期。

[142] 赵扶扬：《地价高估、公共投资与资源错配》，载《经济研究》2022 年第 3 期。

[143] 赵凯、刘成坤:《住房价格、土地价格与地方政府行为》，载《统计研究》2018 年第 10 期。

[144] 赵倩、沈坤荣:《土地财政背景下的行政干预及其经济波动效应》，载《经济与管理研究》2018 年第 9 期。

[145] 赵燕菁:《土地财政: 历史、逻辑与抉择》，载《城市发展研究》2014 年第 1 期。

[146] 折晓叶:《县域政府治理模式的新变化》，载《中国社会科学》2014 年第 1 期。

[147] 郑华:《预算软约束视角下地方政府过度负债偏好的制度成因分析》，载《财政研究》2011 年第 1 期。

[148] 郑思齐、孙伟增、吴璟、武赟:《“以地生财，以财养地”——中国特色城市建设投融资模式研究》，载《经济研究》2014 年第 8 期。

[149] 中国经济增长前沿课题组、张平、刘霞辉、袁富华、王宏淼、陆明涛、张磊:《中国经济增长的低效率冲击与减速治理》，载《经济研究》2014 年第 12 期。

[150] 中国经济增长前沿课题组、张平、刘霞辉:《城市化、财政扩张与经济增长》，载《经济研究》2011 年第 11 期。

[151] 周彬、杜两省:《“土地财政”与房地产价格上涨: 理论分析和实证研究》，载《财贸经济》2010 年第 8 期。

[152] 周飞舟:《分税制十年: 制度及其影响》，载《中国社会科学》2006 年第 6 期。

[153] 周黎安:《中国地方官员的晋升锦标赛模式研究》，载《经济研究》2007 年第 7 期。

[154] 周学东、李文森、刘念:《地方债务管理与融资规范研究》，载《金融研究》2014 年第 101 期。

[155] 朱英姿、许丹:《官员晋升压力、金融市场化与房价增长》，载《金融研究》2013 年第 1 期。

[156] Aghion, P., Howitt, P., A Model of Growth through Creative

Destruction. *Econometrica*, Vol. 60, No. 2, March 1992, pp. 323 – 351.

[157] Anzoategui, D., Comin, D., Gertler, M., Martinez, J.. Endogenous Technology Adoption and R & D as Sources of Business Cycle Persistence. *American Economic Journal: Macroeconomics*, Vol. 11, No. 3, July 2019, pp. 67 – 110.

[158] Arellano, C., Bai, Y., Lizarazo, S.. Sovereign Risk Contagion. NBER Working Paper, No. w24031, 2017.

[159] Bai, C. E., Hsieh, C. T., Song, Z. M.. The Long Shadow of a Fiscal Expansion. NBER Working Paper, No. w22801, 2016.

[160] Barro, R. J.. Economic Growth and Convergence, Applied to China. *China & World Economy*, Vol. 24, No. 5, September 2016, pp. 5 – 19.

[161] Bernanke, B., Gertler, M. The Financial Accelerator in a Quantitative Business Cycle Framework. In J. Taylor and M. Woodford (eds.), *Handbook of Macroeconomics*. Amsterdam: North – Holland, 1999, pp. 1341 – 1393.

[162] Bianchi, F., Kung, H., Morales, G.. Growth, Slowdowns, and Recoveries. *Journal of Monetary Economics*, Vol. 101, January 2019, pp. 47 – 63.

[163] Bocola, L.. The Pass – Through of Sovereign Risk. *Journal of Political Economy*, Vol. 124, No. 4, August 2016, pp. 879 – 926.

[164] Calvo, G. A.. Staggered Prices in a Utility – Maximizing Framework. *Journal of Monetary Economics*, Vol. 12, No. 3, September 1983, pp. 383 – 398.

[165] Calza, A., Monacelli, T., Stracca, L.. Housing Finance and Monetary Policy. *Journal of the European Economic Association*, Vol. 11, No. suppl_1, January 2013, pp. 101 – 122.

[166] Carroll, C. D., Otsuka, M., Slacalek J.. How Large Are Housing and Financial Wealth Effects? A New Approach. *Journal of Money, Credit and Banking*, Vol. 43, No. 1, January 2011, pp. 55 – 79.

[167] Céspedes, L. F., Chang, R., Velasco, A.. Balance Sheets and Exchange Rate Policy. *American Economic Review*, Vol. 94, No. 4, September 2004, pp. 1183 – 1193.

[168] Céspedes, L. F., Chang, R., Velasco, A.. Financial Intermediation, Real Exchange Rates, and Unconventional Policies in an Open Economy. *Journal of International Economics*, Vol. 108, May 2017, pp. 76 – 86.

[169] Chaney, T., Sraer, D., Thesmar, D.. The Collateral Channel: How Real Estate Shocks Affect Corporate Investment. *American Economic Review*, Vol. 102, No. 6, October 2012, pp. 2381 – 2409.

[170] Chang, C., Chen, K., Waggoner, D. F., Zha, T.. Trends and Cycles in China's Macroeconomy. *NBER Macroeconomics Annual*, Vol. 30, No. 1, 2016, pp. 1 – 84.

[171] Chen, J., Guo, F., Wu, Y.. One Decade of Urban Housing Reform in China: Urban Housing Price Dynamics and the Role of Migration and Urbanization, 1995 – 2005. *Habitat International*, Vol. 35, No. 1, January 2011, pp. 1 – 8.

[172] Christensen, I., Dib, A.. The Financial Accelerator in An Estimated New Keynesian Model. *Review of Economic Dynamics*, Vol. 11, No. 1, January 2008, pp. 155 – 178.

[173] Christiano, L. J., Eichenbaum, M. S., Trabandt, M.. On DSGE Models. *Journal of Economic Perspectives*, Vol. 32, No. 3, Summer 2018, pp. 113 – 40.

[174] Christiano, L., Motto, R., Rostagno, M.. Financial Factors in Business Cycles, 2007.

[175] Comin, D., Gertler, M.. Medium – Term Business Cycles. *American Economic Review*, Vol. 96, No. 3, June 2006, pp. 523 – 551.

[176] Davis, J. S., Huang, K. X. D., Sapci, A.. Land Price Dynamics and Macroeconomic Fluctuations with Imperfect Substitution in Real Estate

Markets. *Journal of Economic Dynamics and Control*, Vol. 134, No. 104274, January 2022.

[177] Davis, M. A., Heathcote, J.. Housing and The Business Cycle. *International Economic Review*, Vol. 46, No. 3, July 2005, pp. 751 – 784.

[178] Davis, M. A., Heathcote, J.. The Price and Quantity of Residential Land in the United States. *Journal of Monetary Economics*, Vol. 54, No. 8, November 2007, pp. 2595 – 2620.

[179] Devereux, M. B., Lane, P. R., Xu, J.. Exchange Rates and Monetary Policy in Emerging Market Economies. *The Economic Journal*, Vol. 116, No. 511, April 2006, pp. 478 – 506.

[180] Eichengreen, B., Park, D., Shin, K.. The Global Productivity Slump: Common and Country – Specific Factors. *Asian Economic Papers*, Vol. 16, No. 3, 2017, pp. 1 – 41.

[181] Elekdağ, S., Tchakarov, I.. Balance Sheets, Exchange Rate Policy, and Welfare. *Journal of Economic Dynamics and Control*, Vol. 31, No. 12, December 2007, pp. 3986 – 4015.

[182] Fang, H., Gu, Q., Xiong, W., Zhou, L. A.. Demystifying the Chinese Housing Boom. *NBER Macroeconomics Annual*, Vol. 30, No. 1, 2016, pp. 105 – 166.

[183] Farhi, E., Tirole, J.. Deadly Embrace: Sovereign and Financial Balance Sheets Doom Loops. *The Review of Economic Studies*, Vol. 85, No. 3, July 2018, pp. 1781 – 1823.

[184] Feltenstein, A., Iwata, S.. Decentralization and Macroeconomic Performance in China: Regional Autonomy Has Its Costs. *Journal of Development Economics*, Vol. 76, No. 2, April 2005, pp. 481 – 501.

[185] Fornaro, L.. Financial Crises and Exchange Rate Policy. *Journal of International Economics*, Vol. 95, No. 2, March 2015, pp. 202 – 215.

[186] Gertler, M., Karadi, P.. A Model of Unconventional Monetary

Policy. *Journal of Monetary Economics*, Vol. 58, January 2011, pp. 17 – 34.

[187] Gertler, M., Gilchrist, S., Natalucci, F. M.. External Constraints on Monetary Policy and the Financial Accelerator. *Journal of Money, Credit and Banking*, Vol. 39, No. 2 – 3, April 2007, pp. 295 – 330.

[188] Gould, J. P.. Adjustment Costs in the Theory of Investment of the Firm. *The Review of Economic Studies*, Vol. 35, No. 1, January 1968, pp. 47 – 55.

[189] Griliches, Z.. Patent Statistics as Economic Indicators: A Survey. In Zvi Griliches (ed.), *R&D and Productivity: The Econometric Evidence*. Chicago: University of Chicago Press, 1998, pp. 287 – 343.

[190] Hall, R. E.. Measuring Factor Adjustment Costs. *The Quarterly Journal of Economics*, Vol. 119, No. 3, August 2004, pp. 899 – 927.

[191] Hasumi, R., Iiboshi, H., Nakamura, D.. Trends, Cycles and Lost Decades: Decomposition from a DSGE Model with Endogenous Growth. *Japan and the World Economy*, Vol. 46, June 2018, pp. 9 – 28.

[192] Hayashi, F., Prescott, E. C.. The 1990s in Japan: A Lost Decade. *Review of Economic Dynamics*, Vol. 5, No. 1, January 2002, pp. 206 – 235.

[193] Iacoviello, M., Neri, S.. Housing Market Spillovers: Evidence from an Estimated DSGE Model. *American Economic Journal: Macroeconomics*, Vol. 2, No. 2, April 2010, pp. 125 – 164.

[194] Iacoviello, M.. Financial Business Cycles. *Review of Economic Dynamics*, Vol. 18, No. 1, January 2015, pp. 140 – 163.

[195] Iacoviello, M.. House Prices, Borrowing Constraints, and Monetary Policy in the Business Cycle. *American Economic Review*, Vol. 95, No. 3, June 2005, pp. 739 – 764.

[196] Iacoviello, M.. Housing in DSGE Models: Findings and New Directions. *Housing markets in Europe: A Macroeconomic Perspective*, January

2010, pp. 3 – 16.

[197] Justiniano, A., Primiceri, G. E., Tambalotti, A.. Household Leveraging and Deleveraging. *Review of Economic Dynamics*, Vol. 18, No. 1, January 2015, pp. 3 – 20.

[198] Kaihatsu, S., Kurozumi, T.. Sources of Business Fluctuations: Financial or Technology Shocks? *Review of Economic Dynamics*, Vol. 17, No. 2, 2014, pp. 224 – 242.

[199] Kiyotaki, N., Michaelides, A., Nikolov, K.. Winners and Losers in Housing Markets. *Journal of Money, Credit and Banking*, Vol. 43, No. 2 – 3, March 2011, pp: 255 – 296.

[200] Korinek, A.. Regulating Capital Flows to Emerging Markets: An Externality View. *Journal of International Economics*, Vol. 111, March 2018, pp. 61 – 80.

[201] Kornai, J.. *Economics of Shortage. v. AB*. Amsterdam: North – Holland, 1980.

[202] Lambertini, L., Mendicino, C., Punzi, M. T.. Leaning Against Boom – Bust Cycles in Credit and Housing Prices. *Journal of Economic Dynamics and Control*, Vol. 37, No. 8, August 2013, pp. 1500 – 1522.

[203] Leamer, E. E.. Housing is the Business Cycle. NBER Working Paper, No. w13428, 2007.

[204] Liu, Z., Wang, P., Zha, T.. Land Price Dynamics and Macroeconomic Fluctuations. *Econometrica*, Vol. 81, No. 3, May 2013, pp. 1147 – 1184.

[205] Mian, A., Rao, K., Sufi, A.. Household Balance Sheets, Consumption, and the Economic Slump. *The Quarterly Journal of Economics*, September 2013, Vol. 128, No. 4, pp. 1687 – 1726.

[206] Obstfeld, M.. Trilemmas and Tradeoffs: Living with Financial Globalization. In Steven J. Davis, Edward Surendran Robinson, and Bernard Yeung

(eds.), *The Asian Monetary Policy Forum: Insights for Central Banking*. Singapore: World Scientific Publishing Co. Pte. ltd., 2021, pp. 16 – 84.

[207] Pritchett, L., Summers, L. H.. Asiaphoria Meets Regression to the Mean. NBER Working Paper, No. w 20573, 2014.

[208] Reinhart, C. M., Rogoff, K. S.. From Financial Crash to Debt Crisis. *American Economic Review*, Vol. 101, No. 5, August 2011, pp. 1676 – 1706.

[209] Romer, P. M.. Endogenous Technological Change. *Journal of Political Economy*, Vol. 98, No. 5, Part 2, October 1990, pp. 71 – 102.

[210] Rotemberg, J. J.. Sticky Prices in The United States. *Journal of Political Economy*, Vol. 90, No. 6, December 1982, pp. 1187 – 1211.

[211] Schmitt – Grohé, S., Uribe, M.. Closing Small Open Economy Models. *Journal of International Economics*, Vol. 61, No. 1, October 2003, pp. 163 – 185.

[212] Taylor, J. B.. Housing and Monetary Policy. NBER Working Paper, No. w13682, 2007.

[213] Uhlig, H. F.. A Toolkit for Analyzing Nonlinear Dynamic Stochastic Models Easily, June 1995.

[214] Wei, S. J., Zhang, X., Liu, Y.. Status Competition and Housing Prices. NBER Working Paper, No. w18000, 2012.

[215] Wu, H. X.. China's Growth and Productivity Performance Debate Revisited. The Conference Board Economics Working Papers, No. 14 – 01, 2014.

[216] Xiong W.. The Mandarin Model of Growth. NBER Working Paper, No. w25296, 2018.

[217] Xu, X. E., Chen, T.. The Effect of Monetary Policy on Real Estate Price Growth in China. *Pacific – Basin Finance Journal*, Vol. 20, No. 1, January 2012, pp. 62 – 77.

[218] Zhang, C.. Money, Housing, and Inflation in China. *Journal of Policy Modeling*, Vol. 35, No. 1, January – February 2013, pp. 75 – 87.

[219] Zhang, Y., Hua, X., Zhao, L.. Exploring Determinants of Housing Prices: A Case Study of Chinese Experience in 1999 – 2010. *Economic Modelling*, Vol. 29, No. 6, November 2012, pp. 2349 – 2361.

后　记

自读博士以来，我一直在龚六堂教授的指导下从事学术研究，研究主题围绕开放宏观经济学展开。2012 年毕业后，我进入中央财经大学工作，并在接下来的几年里继续做开放宏观经济领域的研究，涉及货币错配、跨国经济周期传递以及开放经济下的货币政策等问题。关于我为何会突然转向土地财政的研究，这背后实际上是有一定机遇和巧合的。

2015 年中国人民银行与欧盟央行共同举办了“中国房地产市场波动与经济周期”论坛，旨在邀请欧盟和中国的专家学者围绕各自国家的房地产与宏观经济波动进行报告和交流。由于我曾经给中国人民银行做过 DSGE 模型方面的培训，便受到中国人民银行工作人员的邀请，希望我能结合中国宏观经济的特点，撰写一篇关于中国房地产与中国经济波动的论文，并在其中体现出中国房地产的特点。在接到这个课题之初，由于时间非常紧迫，我们一开始为了赶时间，只是构建了一个带有房地产的标准 DSGE 模型，并利用中国的数据进行参数估计，然后进行分析。然而，在整理结果的过程中，我们发现该模型对现实数据的拟合效果不佳，而且模型的设定与发达经济体相似，未能体现出中国宏观经济的特别之处，因此这样的研究意义不大。鉴于这是一次跨国交流，我们认为模型需要体现出中国房地产市场的特点，特别是要挖掘出中国与欧洲房地产市场的主要区别，这样才具有意义。于是，我们决定重新构建模型。

在阅读相关文献，并与两位在业界工作的博士同学（林虎和万钊）进行了多次交流后，我们发现中国房地产市场与发达国家最大的不同之处在于房地产连接了地方政府的土地财政行为，而且在土地公有制下，中国的土地财政行为又呈现出鲜明的特点。为了检验土地财政在连接房地产与宏观经济波动中的作用，我们搜集和整理了房价、土地出让收入、基建支出等一系列宏观经济指标。鉴于时间紧迫，当时我指导的两位硕士生（陈金至和吴娱）通宵达旦地从各个数据库搜集和整理数据①。基于整理的大量数据，我们系统梳理了房价、土地财政和中国宏观经济波动的相关事实，并理顺了这三者之间的关系。在此基础上，我们在一周之内构建了一个嵌入地方政府土地财政的DSGE模型，并进行了拟合和机制检验。随后，我们制作了简要的PPT，在会议上进行了汇报。

在论文汇报的过程中，外方专家提出了许多问题，涉及地方政府土地获取的来源以及卖地所得款项被地方政府自由运用的情况。可能是中国土地财政制度的特殊性，更多地可能是本人蹩脚的英文，导致我回答后外方专家不太满意。在场的刘斌老师和李宏瑾老师认为，尽管模型相对简单，但在宏观模型中嵌入地方政府行为仍然具有重要意义，并建议我将其写成完整的论文。事后，我根据在场老师的建议完成了初稿，并向龚六堂教授进行了汇报。龚老师认为这篇论文具有一定的贡献，他强调土地财政在中国宏观经济中非常重要，不仅会影响经济波动，还会影响政策制定，并鼓励我在这个领域继续深入研究。在龚老师的鼓励和支持下，我与他的其他学生一起（中国财政科学研究院宏观经济研究中心王志刚研究员，对外经济贸易大学温兴春老师，北京大学崔小勇老师，中央民族大学雷文妮老师），围绕土地财政与地方政府债务、土地财政与宏观经济政策、土地财政与生产率等方面展开了一系列研究。

通过对土地财政的研究，我本人收获很大，不仅加深了我对中国宏观经济波动和宏观政策制定的理解，在此基础上发表了一些高水平的论文，其中两篇代表性论文先后获得了“洪银兴经济学奖”和“刘诗白经济学奖”。更重要的是，之前我的研究往往是零散的，很多时候只是抓住一个

① 这两位学生后来都攻读博士学位，他们的博士论文都围绕房价和土地财政展开。

想法做一个问题，但通过对土地财政的研究，我对研究的深度和广度都得到了很大的提升。从接到项目到完成初稿，再到围绕这一重要主题展开研究，我确定了“以政策和学术界关注的重大现实问题为导向，利用规范的经济学方法，立足中国经济的特点，构建符合中国转型经济特点的宏观经济模型，为宏观调控实践提供指导”的研究框架。

对读者而言，本书一方面可作为了解土地财政如何影响宏观经济波动和宏观政策制定的参考资料。本书详细考察了地方政府土地财政各个行为的作用路径和效果，分析了土地财政对经济波动、生产率以及宏观政策制定的影响，进而探讨了在封闭和开放经济条件下如何调控房价和应对外部冲击的问题。另一方面，本书还可作为DSGE模型在讨论中国问题建模方面的借鉴和参考资料。本书主要运用DSGE模型的标准方法，嵌入地方政府的土地财政，并讨论其对宏观经济的影响。书中探讨了如何将地方政府行为纳入模型、如何构建一个两部门的DSGE模型，以及如何将封闭模型拓展到开放经济中。这些做法可以为后续研究者提供相关的思路和参考。

感谢国家社科基金重大项目“防范化解房价波动引发的经济金融风险研究”（项目编号：22&ZD131）的资助，没有这项资助，这本书将无法问世。特别感谢我的导师龚六堂教授，没有他的悉心指导、支持和鼓励，我不可能开展这么深入的研究，也不可能在这一领域取得如此多的研究成果。同时，也要感谢经济科学出版社，他们的慧眼识珠使得这本书能够付梓。

在我国宏观经济的运行中，各级政府（中央与地方、地方与地方）扮演着至关重要的角色。本书以地方政府的土地财政行为为切入点，分析了地方政府对中国宏观经济波动的影响。地方政府干预经济的方式多种多样，土地财政行为复杂且丰富，本书只是对此进行了初步研究，未来我们将继续努力，深入探讨这些问题，期望各位读者能够给予更多指导和支持。